新版

世界各国史

9

西アジア史

Ⅱ

イラン・トルコ

永田雄三 編

山川出版社

ペルセポリスのクセルクセス門遺跡　アカイメネス朝発祥の地パールサに建設された王宮。建物の側壁や階段部分に写実性と装飾性をかね備えたみごとなレリーフがほどこされている。

移動するイランの遊牧民　彼らの生み出す畜産品は国家にとって重要な収入源であり、また婦人たちの製作する絨毯は遊牧文化の粋であった。

イスファハーン(イマームの広場)　サファヴィー朝のアッバース1世時代以後、首都として“イスファハーンは世界の半分”といわれるほどの繁栄を謳歌し、イランの学芸・文化の一大中心地となった。

シャイフ=ルトゥフッラー・モスクのドーム　イスファハーンの中心にある「王の広場」の東に位置するこのモスクは、ベージュを基調とした華麗なドームで見る人を圧倒する。

スレイマニエ・モスク　金角湾沿いの高台にそびえるこのモスクは、その壮大さとシルエットの美しさで知られる。赤く染まった夕焼けを背景に黒々と浮かぶ幻想的なその姿は、東洋のイメージの原点である。

ワインを供するロボット　12～13世紀のアナトリアには数多くのトルコ系小侯国が生まれた。東アナトリアのアルトゥク侯国に仕えたアルジャザリーの書物に描かれたこの挿絵は、当時のイスラーム世界がもつ技術の高さを示している。

ミニアチュールに描かれたイスタンブルの祝祭(18世紀)　絵の上部に描かれたヨーロッパからの使節たちの前を行進する裁縫師のギルド。イベリア半島から移住したユダヤ人たちの牽く"三つの頭をもつ龍"や道化師たちの姿もみえる。

テヘラン　テヘランはアルボルズ山脈の南麓に広がる高原都市である。写真手前正面のバーゲ・メッリー門の向こう側は外務省をはじめとする中央官庁街。後景には雪をいただく4千メートル級のアルボルズの山並みがみえる。

まえがき

　本書は西アジアのうち、いわゆる非アラブ地域、すなわちイラン・トルコ地域を対象としている。本書の題名から、読者はあるいは現在のイラン・イスラーム共和国やトルコ共和国に限定された地域だけを想定されるかもしれない。しかし、そもそも現在のようなトルコとイランという国ができたのは、二〇世紀にはいってからのことにすぎない。本書をお読みいただければわかるように、「イラン」にしても「トルコ」にしても、それぞれニュアンスは異なるが、歴史的にはさらに広い地域を含む概念である。タイトルにはあらわれていないが、本書ではアフガニスタンが近・現代史に限って取り上げられている。これもまた、現在アフガニスタンと呼ばれる領域が確定したのが十九世紀末以来のことだからである。この領域の一部は、それまではむしろ広義の「イラン」に含まれていた。

　このように、本書の扱う範囲は、われわれが理解している「国民国家」の領域ではカヴァーしきれない、広範な地域、それも国家形成や文化のあり方によって、歴史的に伸縮自在な「地域」である。本書の執筆者が、時に、分担する時代と地域について定義を試みているのはそのためである。その意味で本書は従来の概説書とは少し違った体裁となっていることを了とされたい。

本書のいまひとつの特徴は、中央ユーラシアから移動したトルコ・モンゴル系の人々、とりわけトルコ人がはたした役割に焦点のひとつが据えられていることであろう。一三〇〇有余年におよぶ西アジア・イスラーム史の後半にあたる十一世紀以後の西アジア史は、トルコ人が政治的主導権を握っただけではなく、彼らが中央ユーラシアで培った遊牧騎馬民的規範、習俗、メンタリティ、そして文化が、アラブによってうち立てられたイスラーム文明に新たな活力と色合いを添えた時代として特徴づけられるからである。

一九七二年に世界各国史の一冊として刊行された『西アジア史(新版)』は、おおむね、アラブ、イラン、トルコの各地域を柱とした構成になっている。その「まえがき」で編者は、一〇年後、二〇年後に大改訂が加えられるならば、三冊か四冊の分量からなる、より詳細な叙述が必要であろうと述べている。あれからちょうど三〇年後にあたる今回は、アラブ地域と非アラブ地域との二冊として刊行される運びとなった。これは編集上の都合もあろうが、今ひとつの理由は、「イラン」「トルコ」の各地域の歴史が切り離すことのできない重層性をもって展開しているからでもある。「歴史的イラン」と「歴史的トルコ」が、それぞれに独自の「世界」として立ちあらわれるのはサファヴィー朝とオスマン帝国といった二大国家が成立した十六世紀以降のことである。その場合でも前者は現在のイランよりも広く、トルコ、中央アジア、アフガニスタンの一部と重なり、後者はアラブ地域とバルカン半島を重要な領土としていた。そうした歴史的経験をもつこの地域が、現在のように「国民国家」の国境によって分断されたことが、国境をこえた近隣諸国との関係をたえず緊張に満ちたものとしているのである。

地名や人名の表記については、各執筆者の表記を尊重し、かつ、できるだけ原音に近い表記を試みたが、すでにわが国に定着しているものは、それにしたがった。また、イスラームにかかわる基本事項はアラビア語による表記を採用した。

最後に、巻末の索引、年表、王朝系図の作成には日本大学講師粕谷元氏に全面的に協力していただいた。ここに記して感謝の意を表明します。

二〇〇二年七月

永田雄三

目次

西アジア史 II

序章　「イラン」「トルコ」の世界

「イラン」「トルコ」地域の自然環境、民族、言語、宗教・宗派

　本書の対象とされた地域の境域は以下に述べる諸国の国境とは一致しないが、ここではひとまず現在のアフガニスタン、イラン、トルコの各国別に述べることにしよう。そのことによって、これらの国がその国境内だけでは決して処理しきれない複雑な問題を抱えていることがかえって鮮明に浮かび上がってくると思われるからである。本書の扱う、さらに広い地域と重なるところの多いバルカンや中央アジア方面にかんしては本シリーズの『バルカン史』『中央ユーラシア史』などを参照されたい。

アフガニスタン

　アフガニスタンは現在西はイラン、北はトルクメニスタン、ウズベキスタン、タジキスタンといった中央アジア諸国、東と南はパキスタンと国境を接している。さらにはパミール回廊をへて中国とつながっている。人口はおよそ二二〇〇万人(一九九七年)ほどで、国土面積は日本の約一・七倍である。この国の北東から南西にかけてヒンドゥークシュ山脈とその支脈が張り出しており、この山塊から流れ出るヘルマンド川流域の平野部が国土の南西部を占めている。全体として集落の存在する地域は海抜四〇〇～二六〇〇メートルにおよぶ高原である。また、海に開かれていない内陸部に位置するため、乾燥

度がきわめて高く、天水による農業の成り立たない地方も多い。これらの地方ではガナートあるいはカーレーズと呼ばれる地下灌漑溝による灌漑農業が営まれている。こうした施設の建設と維持には大きな資本を必要とするので、農民は国家や大地主の力に頼るほかない。また、全人口の一六%を数えるといわれる遊牧民の多いこともこの国の特徴である。

アフガニスタンの名は全人口の四〇%は下らないと推定される「アフガン人」からきている。ただし、これはペルシア語による他称で(最近は自称もしている)、彼ら自身は自らパシュトゥーンあるいはパフトゥーンという。かれらはペルシア語の一方言であるパシュトゥー語を話す。次に大きな集団はタジク人で、その名が示すように中央アジアのタジキスタン共和国と民族的に同類である。かれらもまた、ペルシア語の一方言であるダリー語を母語とする定住農耕民で、カーブルより北のパンジシェール渓谷やアム川上流地域を居住圏とする。次いで大きなダリー語の話者集団はハザーラ人で、中央部の山岳地帯を居住圏とする。ダリー語の話者としては、このほかに農業を主たる生業とし、ヘラート、カンダハール、ガズニなどアフガニスタンの西南方面を主たる居住圏とするファールスイーワーンや、グール地方を主たる生活圏とするアイマーク人などがいる。テュルク系の集団として最大の集団はウズベク人で、マザーレ・シャリーフからマイマナにかけての北部を中心に居住する。彼らは歴史的には遊牧生活を主たる生業としていたが、現在はほとんどが定住農耕民か都市居住者である。トルクメン人はアム川南岸域、トルクメニスタン共和国との国境沿いの地域を居住圏としている。ほかに、帝政ロシアやボリシェヴィキの支配を嫌って中央アジアから移り住んだクルグズ(キルギス)人、カザフ人などがいる。これらテュルク系集団の多くはダリー

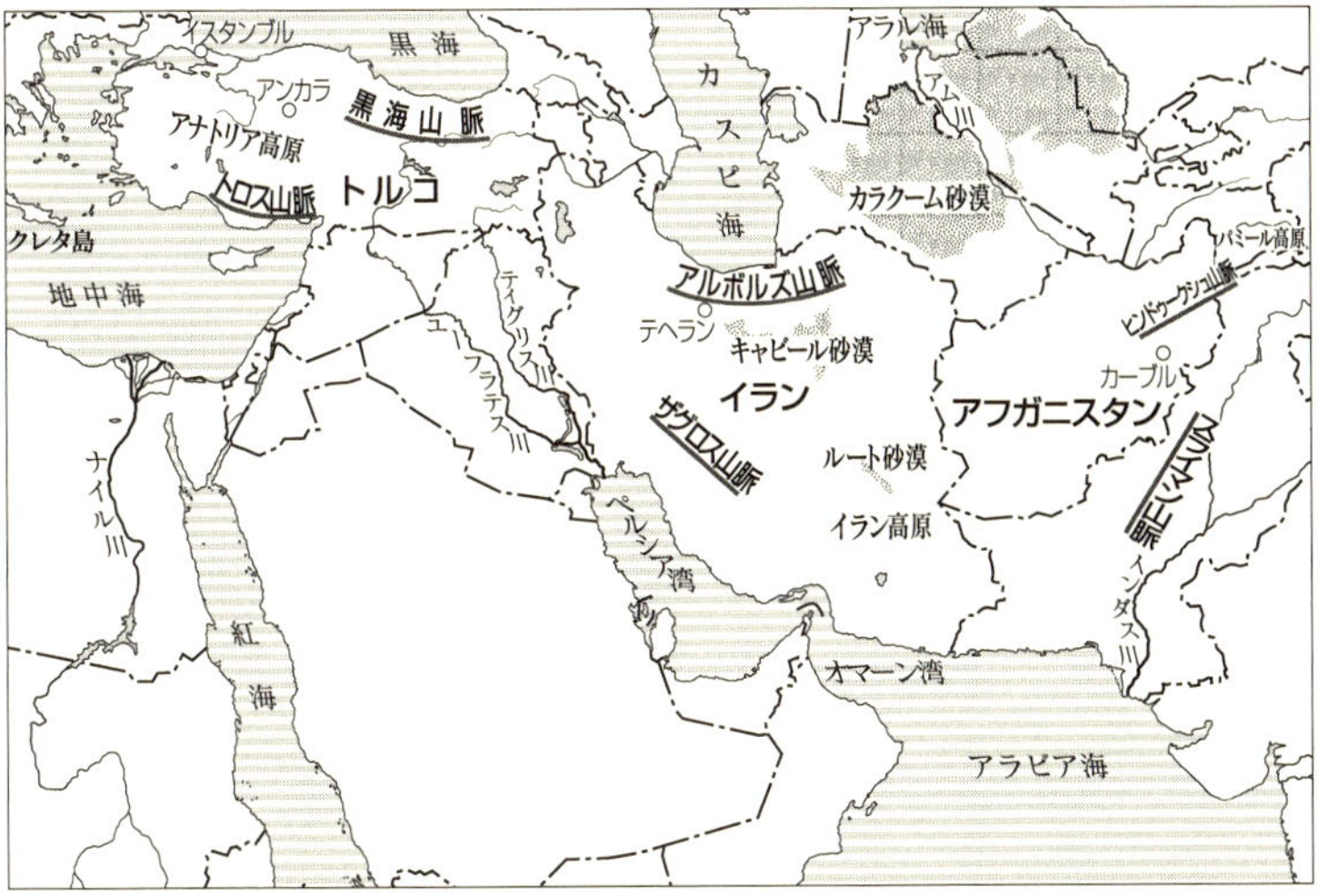

トルコ・イラン・アフガニスタンの地勢

語とのバイリンガルであり、また、パシュトゥーン人の多くも第二言語としてダリー語を会得しており、アフガニスタンにおけるリンガフランカはダリー語であるといってよい。特異な存在であるモゴール族は、今なおモンゴル語を保持しているといわれる。

宗教的にみると、スンナ派に属するのはパシュトゥーン人のほかウズベク人、トルクメン人、クルグズ人、カザフ人といったテュルク系諸民族とアイマーク人のような少数民がいる。十二イマーム派シーア派に属しているのは、ハザーラ人(ただし一部はイスマーイーリー派)、ファールスイーワーンなどである。

イラン　現在イランの人口は六六〇〇万強(二〇〇一年)で、面積は日本の約四・五倍である。この国の北部にはアルプス・ヒマラヤ造山帯の一部をなすアルボルズ山脈がカスピ海の南岸をとりまくように東西に走っており、四〇〇〇メートル級の山並みが連なっている。北西部から南東部は、イラクとの国境とペルシア湾(アラビア湾)に沿ってのびるザグロス山脈と総称される山岳地帯である。この二つの山脈に挟まれた地帯の東部にはキャヴィールおよびルートのような広大な砂漠が広がっており、人口は極端に少ない。ザグロス山脈の東部からアフガニスタンにかけての南東部が海抜平均七〇〇メートルに達するイラン高原である。両山脈の出会う北西部のアゼルバイジャン地方は海抜一五〇〇メートルに達する。こうした地形をもつイランの内陸部はペルシア湾やカスピ海からくる湿った空気が遮断されるため降雨が少なく、また夏は高温に達するため天水による農業は成立しない。このため、ここでもガナート地下灌漑溝による灌漑農業がおこなわれていることはつとに知られている。しかし、アルボルズ山脈の北側のカスピ海南岸地方は一転して降雨量の多い豊かな農業地帯で、わが国の景観を彷彿とさせる水田地帯が広がっている。

ペルシア語を母語とするペルシア人(ファールス)が首都のテヘランをはじめとする都市部に加えて、イラン中央高原地帯に広く分布する。その数は全人口のほぼ半分であろうと推定されている。一方、テュルク語系に属する言語集団としてアゼルバイジャン語を話す者が全人口の一七~二四%を占めると推定され、北西部のアゼルバイジャン州を中心に全国に分布している。彼らはアゼルバイジャン共和国およびトルコ共和国に住む人々と民族的・文化的共通性をもっている。ザグロス山系に住むクルド人はトルコ、イラク、シリアなどとの国境にまたがって分布している。イラン南西部のフーゼスターンの油田地帯からペルシア湾岸にかけてアラブ系住民が、また、東南にはバルーチ人がアフガニスタン、パキスタンとの国境にまたがって一五〇〇万人ほど住んでいる。このほかにガシュガーイー人、シャーサヴァン人、トルクメン人などの遊牧・定住の部族集団が数十万規模で点在している。ペルシア語系のロル語を話すバフティヤーリー人を含む広義のロル人と呼ばれる集団はイラン高原南西部のザグロス山脈周辺に一七〇万人ほど存在し、ペルシア人、アゼルバイジャン人、クルド人につぐ民族集団を構成している。

宗教的には全人口の九〇%が十二イマーム派シーア派に属し、ペルシア人、バフティヤーリー人、ロル人などのペルシア語系の人々、それにアゼルバイジャン人、ガシュガーイー人、シャーサヴァン人などのテュルク語系集団の大部分とクルド人の一部がこの派に属する。七%程度がスンナ派で、クルド人の大部分と、バルーチ人、トルクメン人などがこれを奉じている。宗教的少数派にはゾロアスター教徒、ユダヤ教徒、バハーイー教徒、アルメニア使徒教会あるいはアルメニア典礼カトリック教会に属するアルメニア人とネストリウス派(アッシリア教会)あるいはカルディア教会、一部にプロテスタントに属するアッシリア人などが存在する。

トルコ　トルコの人口は六六〇〇万人強(二〇〇一年)で、面積は日本の約二倍である。トルコの大部分は三方を海で囲まれたアナトリア(小アジア)半島であるが、北側には黒海に平行して黒海山脈、南部には地中海に平行してトロス山脈などの山岳地帯があるため、海抜一〇〇〇メートルをこえる中央部のアナトリア高原は乾燥している。しかし、イランやアフガニスタンに比べて北方に位置するために相対的に夏の温度が低く、天水による農業が可能で小麦・大麦などの栽培に適している。標高五〇〇〇メートルをこえるアララット山にいたる東部山岳地帯では牧畜が主産業となっている。これにたいして沿岸部は雨量も多く、エーゲ海沿岸地方のオリーブ、綿花、ブドウ、イチジク、タバコ、地中海沿岸地方の柑橘類、黒海

トルコ農村の女性　早朝，タバコ葉を乾す準備をする女性たち。

沿岸地方のタバコ、紅茶、ヘーゼルナッツに代表される商品作物栽培が盛んである。南東アナトリアの平野は、かつては遊牧民の冬営地であった。一八六〇年代に綿花栽培地として開発されて豊かな農村地帯に変貌したが、部族社会の構造がそのまま定着した特異な地域である。

　トルコでは言語別の統計が存在しないので正確なところはわからないが、全人口の八割以上をトルコ人が占めると思われる。トルコ人は、そもそもモンゴル高原や中央アジアを故地とするテュルク系民族の一部で、中央ユーラシアに住む同系民族と強い連帯感をもっている。このことは中央ユーラシアのテュルク系民族にもいえる。たとえば、一九八二年にアフガン戦争を避けて一一〇〇人ほどのクルグズ人が移住してきた。カザフ人はアルタイ山脈からチベット、カシュミールをへて一九五〇年代に移住してきた。ウズベク人もまた、アフガニスタンからの難民として移住しており、その人口は四〇〇〇人をこえるという。ザカフカース南東部からイランにかけての地域に住んでいたアゼルバイジャン人の一部はトルコ東部のカルス地方を中心に二〜三万人存在すると推定されている。これらテュルク系の人びとのほかにチェルケス人(自称はアディゲ、その人口は一〇〇万人をこえる)、アラブ人(南東アナトリアのハタイを中心に二〇数万人)がいるが、もっとも大きな非トルコ系住民としてクルド人がいる。その人口は正確にはわからないが、一〇〇〇万人前後と推定されている。かれらの言語である「クルド語」は実際には多くの方言に別れており、互いに意思の疎通が困難であるという。クルド人はトルコのほかにもイラク北部やイラン西部、シリア、アルメニアにも存在し、その総人口は二〇〇〇〜二五〇〇万ともいわれており、かれらの自治要求運動は西アジア最大の民族問題のひとつである。オスマン帝国時代に多数存在したアルメニア人とギリシア人は、現在ではその数を大幅に減らし、セファルディームと呼ばれるスペイン系のユダヤ人は、第二次世界大戦後その多くがイスラエルに移住し、現在は二万人程度と推定されている。これらの人びとは主としてイスタンブルなどの大都市に住んでいる。このほかにセルビア人、アルバニア人、ブルガリア人などバルカンからきたスラブ系の人々も存在する。

以上、この地域の民族、言語、宗教・宗派について便宜上国別にみてきたが、いずれの国も国内だけでは解決できない複雑な地域紛争・民族問題の火種を抱えている。「国民国家」による人為的な国境確定がいかに不自然であるかを示しているといえよう。

イスラーム文明と「イラン」

七世紀にアラブの征服によって「イラン」地域がイスラーム文明圏に組み込まれる以前、「イラン」にはすでにイラン高原南部のファールス(ペルシアの語源)地方を足場に古代オリエントを統一したアカイメネス帝国と、その伝統を受け継いだサーサーン朝による高度な「イラン」文明が成立していた。イスラーム文明はアカイメネス帝国以来の中央集権的な統治の技術に学び、また、それを支えるペルシア人官僚という人材を供給された。さらにはサーサーン朝のジュンディー・シャープールの離宮に蓄積されていたギリシアの科学や学問が、アッバース朝支配下のバグダードにおいてアラビア語へと翻訳され、ヨーロッパ世界へと伝達されるうえで大きな役割をはたしたことをまず確認しておこう。

さらに、八七五年に中央アジアのマー・ワラー・アンナフルに成立したサーマーン朝(〜九九九)が、やがてアッバース朝のカリフから「イラン」東部の「ホラーサーン」地方の支配権をも認められると、マー・ワラー・アンナフルの「イラン化」をもたらした。サーマーン朝のもとで叙事詩『王書』を著わしたフェルドウスィー、ラテン名アヴィセンナで知られるイブン・スィーナー、歴史家タバリー、預言者ムハンマドの最良の『言行録(ハディース)』の編纂者ブハーリーなどイスラーム文明を代表する学者・文人が排出している。

トルコ・モンゴル族の西アジアへの移住

本書を貫く主題のひとつは、西アジアへのモンゴル族、とりわけトルコ族の進出である。マー・ワラー・アンナフルの「イスラーム化」「イラン化」すなわち高文明化は、北方の草原地帯で遊牧生活を送っていたトルコ族の西アジアへの進出を促した。一〇三八年に成立したセルジューク朝がアッバース朝のカリフから「イラン」の政治的支配権を認められたことを皮切りとして、トルコ人を君主とする王朝が西アジア各地に成立した。その結果、遊牧民的な規範やメンタリティ、価値観などが西アジア・イスラーム社会に深く刻印されることとなった。しかし、これらトルコ・モンゴル系の諸王朝はいずれも短期間のうちに解体ないしは消滅している。トルコ系のセルジューク朝やモンゴル系のティムール朝がそのもっとも顕著な例であろう。その原因の一つは遊牧国家に伝統的な王位継承の方法にある。遊牧国家では、王位継承の明確なルールがなく、王の死後、その子供たちのうち実力のある者が王位を継承する。したがって王の死後、つねに激しい王位継承争いが起こり、時には自らの地盤を足場に独立することになる。その反面、トルコ・モンゴル系の王朝が短時間のうちに広大な領土を獲得することができたのは、なんといっても遊牧騎馬民としての優れた軍事力に負うところが大きい。

遊牧国家は一般に租税の徴収にのみ関心があり、そのほかのことは土着の被支配民にまかせることが多い。初期のトルコ系諸王朝はイラン系の官僚にこれを任せていた。それは、すでに述べたように西アジアにはイラン系官僚層が分厚く蓄積されていたからである。のちになってビザンツの旧領土であるアナトリアとバルカンを基盤に勃興したオスマン朝(帝国)はコンスタンティノープルの征服を機に、主としてバルカンのキリスト教徒出身で「奴隷」身分の、しかしイスラームに改宗させられた「官人(オスマンル)」による官僚機構を創出した。それはまた、アラブの「マムルーク(奴隷軍人)」制度を継承・発展させたものでもある。

国家の運用にかかわる法律面からみれば、トルコ系王朝では「カーヌーン」と呼ばれる世俗法の発達が特徴的である。この言葉自体はギリシア語に由来し、法律としては理論上シャリーアを補完するものとしてイスラーム史の初期から存在する。しかしこれが、あたかもシャリーアとは独立の法体系にまで発展したのはオスマン帝国で、この言葉はチンギス・ハーン以来のモンゴルの祖法である「ヤサ」という言葉で表現されることもある。オスマン帝国では、各地方の都市に中央から派遣されたカーディー(イスラーム法官)がシャリーアとカーヌーンにもとづいて行政と司法を担当した。この点からみる限り、オスマン帝国はイスラーム史上もっとも整備された「イスラーム国家」でもあった。いってみれば、オスマン帝国の行政は「奴隷身分の官人」と官僚化されたウラマーとの二人三脚であった。

こうしてオスマン帝国は文書行政を基礎とする組織的な中央集権体制を整えたが、それは、それ以前のイスラーム世界にはまったくみられない画期的なもので、その領土に住む人々に「国家」の影を否応なく意識させていった。一方、シーア派「イラン」では、国王権力と一定の距離を保ち、宗教的な立場から発言するウラマーの社会的影響力は、時代が進むにつれて一層強まった。この点が「トルコ」と「イラン」の際立った相違であろう。

さまざまな「イスラーム」受容

北方の草原地帯で遊牧生活を営んでいたころのトルコ系遊牧民の信仰は、シャーマニズムであった。彼らは難解な理論ではなく、わかりやすく身近な存在であるスーフィー(イスラーム神秘家)の布教や商人との日常的な交流を通じてイスラームを受容した。したがって王朝権力は、かれらのもっているシャーマニズム信仰や土俗信仰をすくい上げる形で彼らを体制内に組み込んだ。十一世紀以後の西アジア・イスラーム世界でスーフィー教団の発達がみられたのはそのためである。一例をあげよう。現在トルコのコニヤに本拠をもつメヴレヴィー教団の始祖ルーミー(一二〇七〜七三)は、現アフガニスタンのバルフに生まれ、のちに当時「ルーム(ローマの地)」と呼ばれていたアナトリアに居を定めた人物である。この教団はやがてオスマン朝歴代のスルタンの庇護によって都市の上層部の支持を受けて発展をとげた。この教団の宗教儀礼はイスラーム古典音楽の最高峰といわれる優雅な旋律にのって独楽のように旋回することを特徴としているが、その姿はシャーマンを彷彿させるものがある。これとは対照的に、民衆のあいだに広まったベクタシュ教団もまた、イスラーム以前のトルコ族の習俗とともに、とりわけギリシア正教の教義や儀礼を取り入れたことで知られる。こうしたスーフィー教団の活動は民衆の「イスラーム化」に貢献した。

サファヴィー朝以来十二イマーム派シーア派の拠点となった「イラン」では、第三代イマーム、ホセイ

オスマン朝のミニアチュール　最上部に描かれた雲(右)と鳥(左，鳳凰と思われる)に中国絵画の影響がしのばれる。

ンのカルバラーでの殉教を追悼する「アーシューラー」の行事が「イラン」人としてのアイデンティティのよりどころのひとつとなっている。これはまた、民衆的な反体制運動の発火点・高揚点となった。「イラン」ではマシュハドにあるイマーム・レザー廟に代表される聖地が無数に散在し、善男善女がご利益を求めて参詣する(ただし、この点は「トルコ」も同じである)。さらに預言者ムハンマドやシーア派の祖アリーの肖像画が街頭で平然と売られていたり、アラビア文字で人や動物の形が表現されていたりする。そこには独得な「イラン」的イスラーム受容の形式が感じられる。

極端ないい方をすれば、現在でもアラブはイスラームの創始者であるという正統意識が感じられるのにたいして、トルコではイスラームとはどこかで一線を引いているような気配が感じられる。イランは少数派(全ムスリム人口の一〇%程度)であるシーア派意識が土着的なメンタリティに支えられているといった印象を受けるのは筆者だけであろうか。

文化接触のるつぼ

「イラン」「トルコ」地域の開放性は文化の面にもっとも如実にあらわれている。東方との関連でいえば、モンゴル帝国を媒介として中国との文化的影響関係のみられるティムール朝の絵画がサファヴィー朝、オスマン朝、そしてムガル帝国へと受け継がれたのはその典型であろう。西方との関連でいえば、オスマン帝国の支配下に長くおかれたギリシアやバルカン諸国では、「トルコ」の民衆文化の影響が今日でも濃厚にみられる。ところで、この地域に培われた文化をアラブとの関連で一望すると、それはあたかもギリシアとローマの両文明の関係に似ている。すなわち学問や思想を生み出したギリシアにたいしてローマが法律・土木・建築といった実践的な文明を生みだしたのにも似て、アラブが宗教と哲学などのソフトな文化を生み出し、「イラン」と「トルコ」は法律・土木・建築・絵画・装飾美術といった実践的でハードな文化を発展させたといえないだろうか。さらに、両「地域」の文化を比較すれば、「イラン」は古代ペルシア以来の長い伝統を誇る独得のペルシア・イスラーム文化を発展させ、オスマン帝国はアナトリアの土着の文化やビザンツおよびヨーロッパ文化をも取り入れたトルコ・オスマン文化を築き上げたといえよう。

近代との遭遇

この地域が「近代」を迎えたとき、東方の「イラン」はサファヴィー朝が崩壊し、ガージャール朝へと移行する混乱期にあって、イギリスとロシアが「イラン」にたいする覇権をめぐる「グレート・ゲーム」に熱中していた。西方のオスマン帝国は衰退しつつあったとはいえなお健在で、列強はこの国を利用しつつ中東での利権を争っていた。このような時代背景のもとでこれまで緩やかに共存していたこの地域の多様な民族、言語、宗教・宗派に属する人々を、同一の民族・言語・文化に基づく「国民国家」という「想像の共同体」に封じ込めることがいかに不自然であるかは、もはや誰の目にも明らかであろう。今まさに解決を迫られているこの地域の「民族・宗教」問題の淵源は「近代」とともにはじまった。われわれが歴史から学ぶことができることは、「イスラーム」を固定的な定義や観念で非歴史的に捉えるのではなく、歴史的に積み上げられてきたこの地域の多様性を辛抱強くみきわめることではなかろうか。

第一章　古代オリエント世界

1　都市の成立と発展

文明化の兆し

古代イラン高原・アナトリア高原の文明化の過程は、農耕・牧畜の発祥の地シリア・パレスティナあるいは最古の都市文明を成立させたメソポタミア南部の影響下に進行した。

トルコ中南部に位置するチャタル・フユックやその西方に位置するハジュラルは、アナトリア高原における本格的な農耕・牧畜文化の成立を示す貴重な遺跡である。前七千年紀、チャタル・フユックの住人たちは、エンマー小麦やアインコルン小麦のほか、灌漑を必要とする新種の小麦や六条裸大麦なども栽培している。出土した動物骨からみる限り、狩猟もおこなわれていたが、食用肉の九割は家畜ウシからえていたようである。住居址はかなり密集した空間に集中し、各住居は日乾煉瓦と木材を組み合わせた方形のもので、戸口はなく屋根から梯子で出入りするようになっている。一戸の面積は約二五平方メートル、最盛期には約一〇〇〇〇戸、五〇〇〇〇～六〇〇〇〇人が住んでいたと推定されている。また同時期イラン高原における初期農耕遺跡のひとつ、ザグロス山中のガンジュ・ダッレでも、「排水溝」を備えた基礎のうえに、日乾煉瓦と木材を用いた比較的小さな矩形の部屋が密集する居住区が発見されている。ただしチャタル・フユック、ハジュラル、ガンジュ・ダッレいずれにおいても、いまだ都市としての成熟は確認されていない。

しかし注目に値するのは、チャタル・フユックを含む、西アジア各地で出土する黒曜石製品の存在である。近年科学的分析により黒曜石の産出地が同定されるようになり、古代西アジアで使用された黒曜石の大部分が、アナトリア高原東部あるいは中部から運ばれたものであることが明らかになっている。これらの黒曜石が専門の商人によって運ばれたものなのか、中継センターの介在によるものなのか、あるいは集落から集落へ伝えられたにすぎないのかにかんしては、現段階では不明である。しかしすでにこの時期、西アジア諸地域を結ぶ広範な交易ネットワークが存在していたことは確かである。

イラン高原・アナトリア高原において文明化の兆しがあらわれるのは、最古の都市文明を生み出したメソポタミア

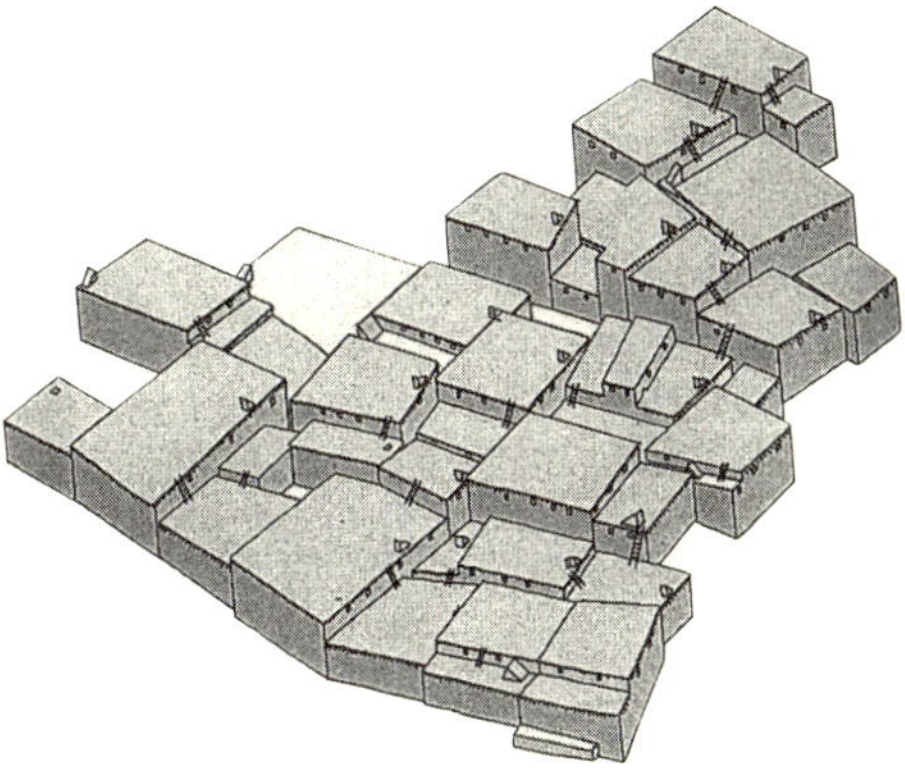

チャタル・フユック第VIB層　近接する建物は壁を共有し，住居の多くは方形の居間と長方形の貯蔵庫から構成されている。

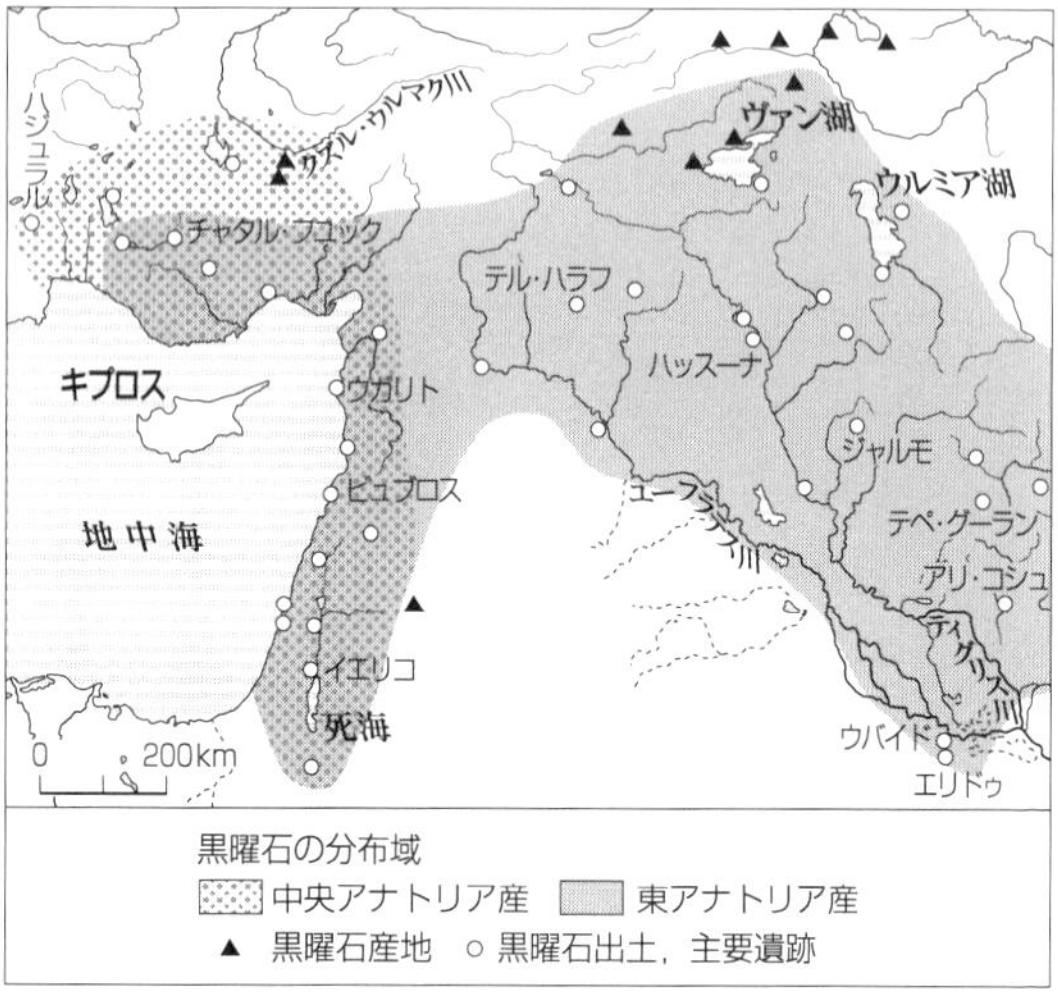

新石器時代の黒曜石交易　黒曜石は自然に産出する火山性のガラスで，産地ごとに異なった化学組成をもっている。黒曜石の広範な分布は，交易のネットワークがすでに存在したことを示している。

平原南部に隣接するイラン高原南西部およびペルシア湾北部沿岸地方であった。とくにイラン高原南西部のエラム人は、すでに前四千年紀末メソポタミアの影響を強く受けつつ、独自の文字(プロト・エラム文字)を考案した。エラム人の帰属あるいはその歴史については、いまだ不明な点が少なくない。しかしイラン高原南東部のテペ・ヤフヤやシャフリ・ソフタなどからプロト・エラム文字で書かれた粘土板文書が発見されていることを考えれば、少なくとも前三千年紀には、エラムの影響力がイラン高原の東部までおよぶようになっていたと考えて、おそらくまちがいないであろう。テペ・ヤフヤは、前四千年紀なかばから前三千年紀にかけて凍石の輸出・加工の中心地として重要な役割をはたしていた。シャフリ・ソフタでは、前三千年紀前半と推定されるラピス・ラズリ(瑠《る》璃《り》)の加工工房址が発見されている。

エラムの隆盛

シュメール諸都市は成立当初から、農・畜産物以外の原材料のほとんどを遠隔地からの輸入に頼らざるをえなかった。シュメール人たちによれば、その多くは「東の山々」、エラムと呼ばれる地からもたらされるのだという。やがてエラム王国の都となるスーサは、メソポタミア南部からみて、まさにイラン高原とのネットワークを維持・確保するためには、地理的に最善の前哨基地であった。南イランのルートのみならず、テペ・ヒッサールに代表される北ルートを通って、メソポタミアで珍重された凍石、ラピス・ラズリ、紅玉髄、トルコ石などが、エラムを介して、イラン高原からシュメール諸都市に供給された。とりわけ原産地バダクシャーン（現アフガニスタン）から西方、イラン高原を南北に横断する、考古学調査が検証した、ラピス・ラズリの交易ルート（「ラピス・ラズリ・ロード」）は、黒曜石調達の事例と同様、他の地域に先駆け、西アジアにおいては非常に早い段階から地域社会をこえた交易のネットワークが成立していたことを物語る。

前三千年紀前半イラン高原からの物資調達のセンターであるエラムは、メソポタミア側の史料に言及されているように、しばしば交易ルートの確保・拡大を企図するメソポタミア勢力の攻撃の対象となった。ただしこの時期のエラム社会に、国家的統合・都市文明の成立を期待することは、むずかしい。おそらくメソポタミアにたいする原材料供給のセンターとしての地位をこえる発展はなかったと考えてよい。エラムがイラン高原南西部を代表する政治勢力として認識されるようになるのは、メソポタミア側の史料によれば、おそらく前三千年紀なかば以降のことである。

前三千年紀後半アッカド王朝(前二三五〇~前二一〇〇年)の第四代の王サルゴンはエラムを征圧、スーサをも併合した。続くナラム・シンの治世には、エラム主導下に闘われた反アッカド闘争も鎮圧されてしまう。前三千年紀末にはシュメールにとって最初にして最後の統一国家ウル第三王朝(前二一〇〇~前二〇〇〇年)が成立、盛期にはその勢力範囲は西は地中海沿岸から東はイラン高原にまでおよんだ。しかしこの混乱期を乗りきったエラム人たちは、ふたたびイラン高原における交易路の支配権を掌握、さらにイラン高原南西部アンシャーンを核とするあらたな勢力基盤を確保することにより、ついにはウルを征服、ウル第三王朝を滅亡にいたらしめた。

2 前二千年紀の変化

インド・ヨーロッパ系の人々のオリエント進出

前二千年紀にはいると、オリエントの政治・経済・文化の中心はメソポタミア南部からメソポタミアの中・北部(バビロニア)、シリアに移行、バビロニア社会では私的経済の発展にともなう階層分化が社会に深刻な影響を与えるようになる。さらに前二千年紀には、オリエントの歴史舞台に、あらたにインド・ヨーロッパ系の人々が登場、彼らとともに、家畜化されたウマがはじめてオリエント世界に伝えられ、やがてオナーゲルにかわって、ウマが牽引する戦車の出現をみるにいたる。

この時期オリエント史上もっとも注目に値するのは、前十七世紀なかばから小アジア(アナトリア)を支

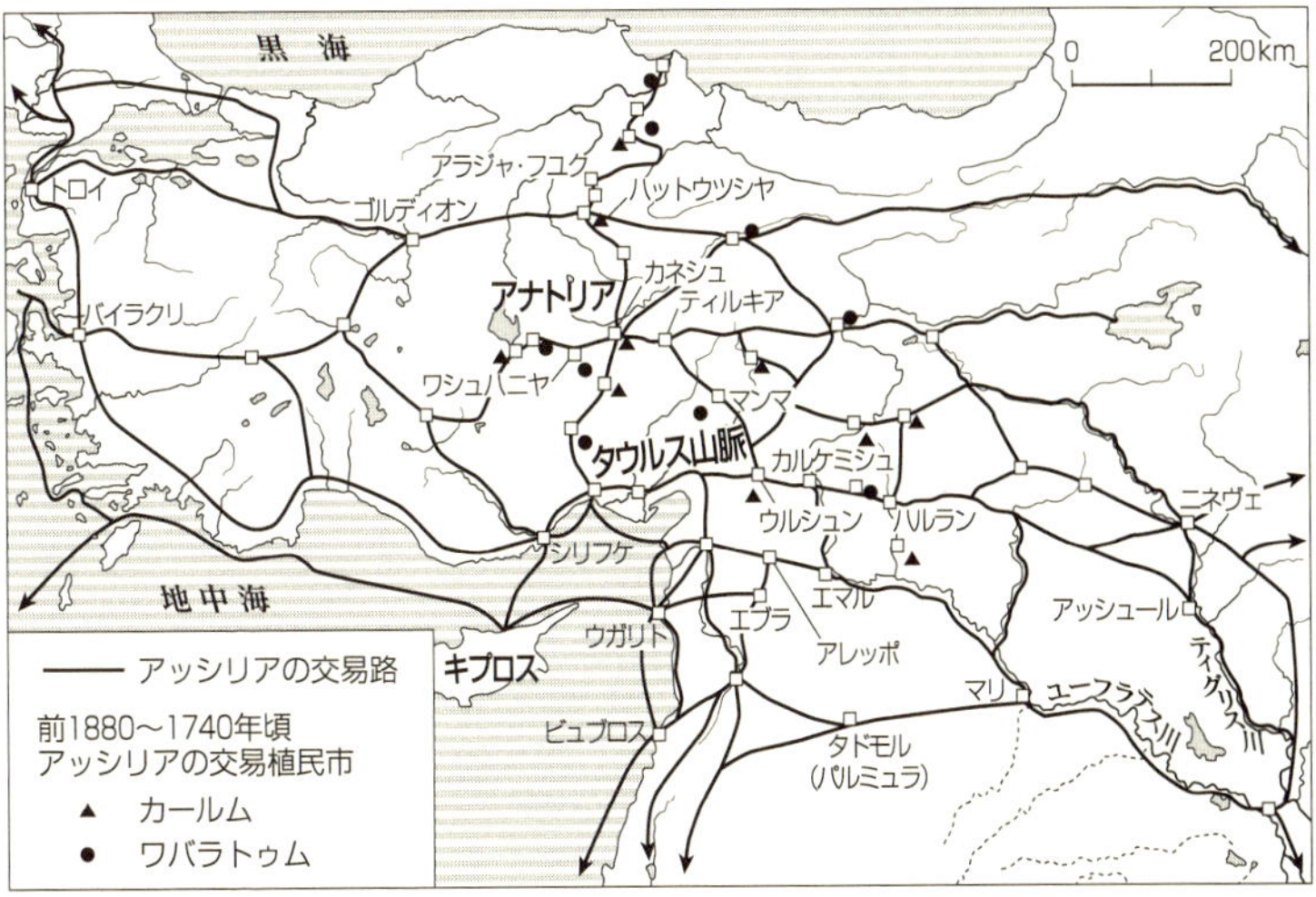

アッシリアとアナトリア交易　ハットゥシャは，前2000年紀前半，ティグリス川上流アッシリアの交易植民地(主要なものをカールム，より小規模なものをワバラトゥムと呼ぶ)として，カネシュと同様，重要な役割をはたしていたと推定。

配した、インド・ヨーロッパ系のヒッタイトである。小アジアの小国家群を征圧したラバルナ一世の嫡子ハットゥシリ一世は、ハットゥシャ(現ボアズキョイ)に遷都し、強力な軍事力を背景にその勢力範囲を拡大していく。続くムルシリ一世の治世には、しばしばシリアに遠征をおこない、前一五九五年ころにはバビロンを征服した。このような積極的な対外政策にもかかわらず、国内情勢はいまだ不安定で、王族間の権力闘争や辺境被征服地での反乱がたえず、ムルシリ一世のあとは公然の内乱状態となった。

この混乱を平定し、王位継承法をはじめとする法典の整備やパンク(貴族の集会)の権限縮小などの内政改革をおこない、再統一を実現したのは、第八代テリピム(在位前一五三〇〜前一五一〇)であった。またテリピムは、このころシリアに進出しつつあったエジプトの第十八王朝とも接触を開始するようになる。

しかしテリピムのあと、王国はふたたび内紛にみまわれ、さらにヴァン湖周辺からアナトリア東部・南部に侵入したフリ人の攻勢にも直面することになる。フリ人はすでにアッカド時代から知られており、その勢力はザグロス山中からヴァン湖近くまで広がっていた。彼らは独自の国家をつくらなかったため実体は明らかではないが、やがてメソポタミアやシリアにも進出するようになる。前十六世紀後半になるとシリア北部を中心とした地方は、ミタンニの支配下におかれることになる。ワシュカンニを都としたミタンニの勢力は、前十五世紀なかばサウシュタタルの治世には、アッシリアを制圧し北シリア全域におよぶようになった。しかしエジプトのトトメス三世のシリア遠征、ヒッタイトの牽制などシリアをめぐる覇権争いが激化、ミタンニ王家はエジプト王家あるいはヒッタイト王家と婚姻関係を結び、勢力均衡策に国家存続の道を求めた。

新技術の登場

ヒッタイト躍進の最大の要因は、鉄器とウマの利用にあるといって過言ではない。これこそ、まさに前二千年紀最大の変化であった。

隕鉄の利用は古くから知られていたが、前二千年紀なかばころになると、鉱山から掘り出された鉄が登場するようになる。先住民ハッティ人を征服した際に製鉄技術を継承したヒッタイトは、前一四〇〇年ころ浸炭法によって鋼の製造に成功する。この新しい製鉄技術の開発によって、鉄は実用の金属として、従来の青銅にまさる威力を発揮することが可能になった。ただしこの新技術は、当時アナトリア高原を支配していたヒッタイト王国が独占、ヒッタイトの鉄は、多くの近隣諸国にとって羨望の的であったが、通常は友好的な外交手段、すなわち「贈答」という手段でしか入手不可能なものであった。

さらにウマが牽引、スポークつきの車輪、しかも轂《こしき》は製鉄、という画期的な二輪軽戦車の改良に成功したのも、彼らヒッタイト人であった。この結果、従来よりははるかに機動的な戦術が可能となると同時に、以後オリエントにおける征服戦争はより広範囲におよぶようになり、大規模化することになる。

ウマは生来、臆病な動物である。家畜化し、とくに二頭、三頭立ての戦車馬として軍用に使役するためには、綿密・周到な調教が不可欠である。前一四〇〇年代なかばと推定される、ヒッタイト語で記された、ミタンニ人キックリによるウマの「調教文書《マニュアル》」は、ウマの歩様に始まり、七カ月におよぶ日夜の飼料、飲み水、馬体の手入れ、治療法、車馬としての訓練について詳細に規定しており、今日の飼育管理や調教方法に比しても、遜色のない内容である。このマニュアルにそって、あるいは先行して、戦車馬専用の訓練所がヒッタイトの軍事基地周辺に存在したことは、まずまちがいない。

ヒッタイト帝国の興亡

ながらく続いた混乱を収拾、ヒッタイトはシュッピルリウマ一世(在位前一三四五〜前一三二〇)治世に、アナトリアの再統一に成功すると同時に、ふたたびシリアに進出、アシュカニやアララクを占領、ミタンニを滅ぼした。シュッピルリウマの死後、シリアにおけるヒッタイトの支配力がさらに強化された結果、

ムワッタリ２世のスタンプ印章
前1285年カデシュでラムセス２世と戦ったヒッタイト王ムワッタリ２世のスタンプ印章印影，ハットゥシャ出土。

エジプト(アマルナ時代)との関係は微妙なものとなった。

　第十九王朝になり、エジプトの軍事征服活動が再活性化されるにおよび、シリアの支配権をめぐるヒッタイト・エジプト両国の対立は、避けがたいものとなった。ついに前一二八五年ラムセス二世(在位前一三〇四～前一二三七)率いるエジプト軍とムワッタリ二世(在位前一三〇六～前一二八二)率いるヒッタイト軍は、オロンテス河畔のカデッシュで対峙することとなった。この会戦にたいする評価は、自軍の戦局・戦果を強調する両国の史料しか残されていない現状ではむずかしいが、おそらくエジプト軍の「敗北」で終わったのであろう。その後、前一二六九年アッシリアの西方進出に脅威を感じたヒッタイト王ハットゥシリス三世(在位前一二七五～前一二五〇)とラムセス二世のあいだで、シリアの領有権にかんする外交文書が取り交わされた。これは、現存する世界最古の「相互不可侵条約」である。ハットゥシリス三世は、エジプトとのさらなる関係強化のため、二人の娘をラムセス二世に嫁がせた。

　しかしこの「平和」も長くは続かず、トゥトハリヤ四世(在位前一二四〇～前一二二〇)の治世後半には、東からはアッシリアの攻撃、西ではアヒヤワに代表される、かつての同盟国の反乱が起こり、ヒッタイトの国力はしだいに低下し始める。前一二〇〇年ころ、ヒッタイトの都ハットゥシャは、大火災にあい崩壊する。ヒッタイト滅亡の最大の要因は、当時ギリシア北部から移住してきたフリュギア人あるいはエーゲ海域から侵入した武装難民集団「海の民」によると推定されているが、正確なことはいまだ不明である。ただし最近の考古学研究では、前一二〇〇前後、地中海を主要舞台に、東はメソポタミアから西はバルト海沿岸にいたる、広い地域にわたって大規模な民族移動があったことが報告されている。

フリュギア人は、ヒッタイト滅亡後、東部丘陵地帯に定着、アナトリア高原の主要交易ルートを掌握した。しばしばアッシリアと接触をもったが、国家形成はなかなか進まず、ようやく前八世紀後半、現アンカラの西方サンガリオス河畔ゴルディオンを都とする王国を築いたが、前七世紀前半にはキンメリア人の攻撃を受け滅亡した。

ヒッタイトの崩壊により、国家機密であった製鉄技術が周辺地域に広がり、オリエントは鉄器時代をむかえる。それ以前の文明を特徴づけていた青銅器が、おもに権力や祭儀のための特殊な用具にとどまっていたのにたいし、鉄器は一層普遍的な性格を有していた。鉄器は支配階級に利用されたのみならず、庶民の道具としても利用され、社会や経済に大きな影響を与えた。第一に鉄器の利用は、道具の機能を高め技術全体の向上をもたらした。その結果、手工業や鉱山業の発達、耕耘《こううん》技術と灌漑技術の発達など生産面における著しい発展をうながした。ただし古代ローマのプリニウスが、いみじくも言うように、「鉄は人間の用いる道具のうち、最善のものにも最悪のものにも用いられる」。鉄は生産の道具であると同時に、破壊の利器でもあった。鉄器の利用は軍事技術の「改良」をうながし、これまでにない大規模な遠征を可能にした。精錬のための燃料確保の必要から、地域によっては生態系の破壊を引き起こすこともあった。

エラム王国

前二千年紀から前一千年紀のエラムの支配者は、あらたに「Anzan(Anshan)とSushan(Susa)の王」と称するようになる。前二千年紀以降、アンシャンはイラン高原南西部東方(現ファールス)の中心都市、スーサは同西方(現フージスターン)の中心都市であった。この称号が示唆するように、おそらくこの時期、歴代のエラム「王国」支配者は、イラン高原南西部における支配領域の拡大とともに、エラム内部の王侯貴族の連合を固めると同時に、前二千年紀のオリエントの新状況に対抗するため、あらたな対応を求められるようになったのであろう。

バビロニアやカッシートの攻撃に悩まされることもあったが、オリエントの先進地域帯が、「海の民」やアラム人の侵入を経験した、まさに前二千年紀後半、エラムは最盛期をむかえる。前十三世紀初頭エラムはカッシートの支配を打破しペルシア湾岸の交易ルートを掌握、さらに前十二世紀初めにはスーサを都として成立した新王朝のもとで、王シュトルク・ナフンテ(在位前一一八五〜前一一五五頃)は、アッシリアの内紛に乗じてバビロニアに進出し、エラムはアッシリアとならぶオリエントの軍事大国とみなされるようになった。

しかしエラムの国力は、前十二世紀末バビロニアのネブカドネザル一世(在位前一一二五〜前一一〇四)による攻撃に屈したあと、ふたたびバビロニアとアッシリアの内紛に巻き込まれて、しだいに弱体化していったと推定される。最終的には前六四〇年、アッシリア王アッシュルバニパル(在位前六六八〜前六二七)の侵攻により壊滅的な打撃を受け、王国は滅亡した。後代オリエントの覇者となるアカイメネス朝ペルシア人にかんする史料上の初出は、このアッシュルのアッシュルバニパルのイラン高原への「遠征」記録においてである。アッシリア軍の侵攻の対象となったイラン高原南西部のパルスヴァシュ（パールサと比定）王クーラシュ（キュロス一世）は、アッシリアへの忠誠の証として、息子を都ニネヴェに送ったと記録されている。

3　前二千年紀末から前一千年紀前半の政治情勢

ウラルトゥ

アナトリア東部ヴァン湖周辺を中心にティグリス川上流やザブ川流域一帯を征圧したウラルトゥは、隣接する強国アッシリアのたび重なる攻撃をしのぎ、前九世紀末から約一五〇年間、王国としての独立を維持した。

ウラルトゥの名が最初に史料にあらわれるのは、前十三世紀アッシリア王シャルマナセル一世（在位前一二七三～前一二四四）治世のことである。そのころウラルトゥはいまだ「部族連合」の段階にあったと推定されているが、アッシリアの衰退期には史料から姿を消してしまう。

アッシリア帝国の再興後シャルマナセル三世（在位前八五八～前八二四）は、ウラルトゥ王サルドゥーリ一世治世に、ウラルトゥ支配下のスグニア地方とアルザシュクン地方の諸都市を破壊したと宣言している。しかしサルドゥーリ一世の孫メヌアは、都トゥシュパ（現ヴァン市近郊ヴァン・カレ）を整備すると同時に、各地に石壁に守られた堅固な城砦を建設し防衛体制を強化、王国の基盤を確立した。また大規模な灌漑用水路を開き、農業の保護育成につとめた。さらにはメソポタミア北部の交易ルートを支配しうる地に位置したことも、ウラルトゥの繁栄を支えた一要因であった。前八〇〇年ころメヌア率いるウラルトゥ軍は、南東方面へのルートを保持するため、イラン高原北西部に侵入、その主要都市ハサンルを占領した。メヌアは、また西へのルート確保のため、ユーフラテス川沿いの町ミリドにも進出した。

かくしてウラルトゥの拡大策により交易ルートの縮小化を強いられた。アッシリアは、前八世紀なかばティグラトピレセル三世(在位前七四四〜前七二七)治世下、サルドゥーリ二世指揮下のウラルトゥ連合軍と対峙した。前七一六年サルゴン二世(在位前七二二〜前七〇五)は、ふたたびウラルトゥ国内の混乱に乗じウラルトゥに侵攻、前七一四年にはルサ一世(在位前七一九〜前七一三)率いるウラルトゥ軍とウルミエ湖南西近くで会戦にいたった。ただしサルゴン二世の戦勝碑文の「報告」ほどには圧倒的なものではなかったようで、ルサ一世はアッシリア軍に征圧された地域の支配権を回復、以後約一〇〇年間両国のあいだには「平和」が保たれた。しかし黒海沿岸地方にあらわれたキンメリア人、スキュティア人の攻撃を受け、ついに前六世紀初めには、統一政権としての地位を失うことになる。

フリュギア

フリュギア人は、アッシリア王ティグラトピレセル一世(在位前一一一四〜前一〇七六)との抗争をへてヒッタイト滅亡後、アナトリア高原東部丘陵地帯に定住、ユーフラテス川上流域やシリアとの交易ルートを掌握した。強国アッシリアに対抗するため、台頭しつつあった北部メソポタミア・シリアのアラム人勢力に接近した。

フリュギアの最盛期は、前八世紀末のミダス王の治世であった。前七一七年ミダスはカルケミシュと結びアッシリアのサルゴン二世(在位前七二一〜前七〇五)と戦うが、敗北。その後タバルのアンバリスがミダスとウラルトゥのルサ一世に使者を送ったとき、サルゴンはアンバリスを王位から退け、前七一三年その王国を併合した。前七〇九年キリキアの攻撃を受けたミダスは、ついにサルゴンと同盟を結び、アッシリアと「和解」したが、前七世紀初め、黒海方面からキンメリア人が侵入、王国は滅亡した。

ミダスは、ギリシアが伝える、ロバの耳をもち手にふれるものすべてを黄金に変える力を与えられたフリュギア王ミダスのモデルと想定されている。従来フリュギアの歴史を知る手がかりは、ギリシアの伝説あるいはアッシリア王碑文における言及に限られていたが、一九五〇年に始まった都ゴルディオン(アンカラの西約九〇キロ)の王宮址や約八〇におよぶ墳丘の発掘によって、新しい知見がふえつつある。

アッシリア滅亡後のアナトリア高原・イラン高原

前七世紀なかばアッシリア王アシュールバニパル(在位前六六八〜前六二七?)は、史上はじめてメソポタミアとエジプトの二大文明地域を支配するにいたる。しかしその支配は半世紀ももたず、前六一二年新バビロニア・メディア同盟軍の攻撃を受け、アッシリアは滅亡する。アッシリア滅亡後、オリエント世界はエジプト、新バビロニア王国、アナトリア高原のリュディア、イラン高原西部のメディアの四大勢力圏に分割されることになる。

リュディアは、アッシリアの支援をえたギュゲス王(在位前六八五〜前六五七)のもと、ウラルトゥ、キンメリア人の攻撃を退け、フリギュア滅亡後のアナトリア半島最大の勢力に成長する。第四代アリュアッテス(在位前六一〇〜前五六〇)は、キンメリア人をアナトリア半島から駆逐、ハリス(現クズル・ウルマク)川以東に領土を拡大した。しかしイラン高原北西部から勢力を伸張しつつあったキャクサレス王率いるメディアと衝突、両軍の戦いは前五九〇年から五年間におよんだが、キリキアと新バビロニアの調停により和平が成立。その結果、リュディア・メディア両国の境界をハリス川とすること、アリュアッテスの娘をキャクサレスの息子アステュアゲスに嫁がせることが決まった。第五代クロイソス(在位前五六〇〜前五四六)は、エーゲ海沿岸のギリシア植民市を征圧する一方、ハリス川をこえアナトリア東部にまで進軍、プテリア(ハットュシャ?)でメディアを征服したアカイメネス家のキュロス二世(在位前五五九〜前五三〇)麾《き》下《か》のペルシア軍と遭遇した。激しい戦闘が展開されたが勝敗は決せず、クロイソスは冬が終わるのを待ち同盟軍を結集し戦いを再開することを決意、都サルディスに退却した。しかしクロイソスの意に反して、キュロスはクロイソスを追走、前五四七年サルディスを陥落させクロイソスを捕虜とした。

鋳貨発祥の地として知られるリュディアの繁栄を支えたのは、肥沃な土地と東西世界を結ぶ中継貿易、そしてこの地域で産出される金であった。質と重さを保証する刻印鋳貨のもっとも早い例は、エフェソスのアルテミス神殿で発見されている。

リュディアと対峙したメディア人は、前二千年紀末から前一〇〇〇年ころにかけてコーカサスあるいはトランスオクシアナからイラン高原に進入したイラン系の人々の一派である。初めメディア人は、イラン高原北西部に多くの部族集団に分れて住んでいたと考えられている。メディアの歴史にかんしては、他地域や後代の史料に散在する断片的な言及に頼らざるをえず、実態を解明することは困難である。とりわけ初期の歴史には、不明な点が多い。たとえば王国の成立にかんしても、もっとも叙述的な記録を残す前五世紀ギリシアの歴史家ヘロドトスは、エクバターナ(現ハマダーン)に都を築いたデイオケス(在位前七〇八〜前六五五)のもとにメディアは統一されたと述べているが、アッシリア側の同時代史料に基づくかぎり、前七世紀後半までメディアは統一されていなかったとみるべきであろう。

メディアの最盛期は、上述のキャクサレスの治世であった。キャクサレスは、軍隊を槍兵、弓兵、騎馬兵の三隊に再編成し軍事力の強化をはかり、一時メディアを支配していたスキュティア人を撃退、バビロニアのナボポラッサル王(在位前六二六〜前六〇五)と同盟、前六一二年ニネヴェを攻略しアッシリアを滅ぼした。娘をナボポラッサルの息子ネブカドネザル二世(在位前六〇五〜前五六二)に嫁がせ同盟関係の維持をはかる一方、リュディアに侵攻、膠着状態の戦況をネブカドネザルの仲介によって和平に持ち込み、さらにはリュディア王の娘を息子アステュアゲスの嫁にむかえた。ここに新興メディアは、婚姻政策によって、オリエントの覇権闘争の一角に食い込むことになるのである。

ヘロドトスによればキャクサレスを継いだアステュアゲスの治世は約三五年間におよんだとされるが、アステュアゲスはバビロニアをはじめとするオリエントの「文明」世界の史料にはほとんどあらわれない。しかし西方覇者との婚姻政策による「友好関係」を最大限利用して、まさにこの時期、イラン高原南西部、東部への支配拡大がはかられたのであろう。

4 アカイメネス朝ペルシア帝国

帝国成立

イラン系の人々のうち、前一〇〇〇年ころイラン高原に進入したペルシア人は、前七世紀にはイラン高原南西部パールサ(現ファールス)地方に定着したと考えられている。彼ら自身のことばを借りるならば「良き人と良き馬に恵まれたパールサ」にあって、本来遊牧騎馬民であったペルシア人は、軍事力の増強につとめ、やがて騎馬弓兵の突撃隊を組織化するのに成功、ついに前五五〇年最有力部族に属するアカイメネス家キュロス(在位前五五九~前五三〇)の指導のもとに、前七世紀以来イラン高原を支配し、かつ姻戚関係にあった宗主国メディアを倒して独立、イラン高原の支配権を掌握する。キュロスの母は、メディア最後の王アスティアゲスの実娘と伝えられている。その後、前五四七年には小アジアのリュディア王国を、前五三九年にはオリエント最大の経済・文化の先進地域であった新バビロニア王国を征服するのに成功した。

ヘロドトスによれば、オビス、シッパルでバビロニア軍を圧倒したアカイメネス朝軍は、王国内の宗教的対立あるいは社会的混乱に乗じ、都バビロンに内通者をえ、無血入場に成功した。このエピソードにかんしては、大王とも称されたキュロスの偉業を強調するための後代の潤色であると説明されることも少なくない。しかし都市攻撃に際しては、その機能存続をはかることを最大目標に、事前に敵方と降伏条件の交渉をも辞さなかった後代イスラーム軍と共通のマンタリテを、むしろここにみるべきであろう。

　バビロン占領の翌年、前五三八年キュロスは、ネブカドネザル二世（在位前六〇四〜前五六二）治世以来バビロンに捕囚されていたユダヤ人を解放し、イェルサレムの神殿の再建を許可し、捕囚のユダヤ人はキュロスを「メシア（救世主）」「ヤハウェの代行者」と賞賛したが、神殿の再建は困難をきわめ、捕囚の民の多くがイェルサレムに帰還したのは、約一〇〇年後であった、と旧約聖書は伝える。

　メディア、リュディア、新バビロニア征服過程にかんする、とりわけ敵対者にたいするエピソードの多くは、同時代、後代を問わず、「慈悲深き解放者、征服者、王」としてのキュロスのイメージを伝える。これらのエピソードは、キュロスの征服、あるいは彼の支持者たちの主張を正当化するうえで、きわめて効果的な作用をおよぼしたことはまちがいない。キュロスの勝利は、軍事行動にも劣らない外交戦略、直截にいえばプロパガンダの産物であったといってよい。前三〇〇〇年紀以来の伝統をもつオリエント世界の新参者であったペルシア人が、軍事力によって確保した征服地を維持し、オリエント制覇を企図するとすれば、その勢いを補強する、換言すれば数のうえでの劣勢を克服するための、何かが必要であったはずである。キュロスが真に意図したか否かは別にして、ハンムラビ王が主張した「平和をもたらす牧夫」という王のイメージが、ハンムラビ治世以上に広大な領土を支配するにいたったキュロスのもとで、再現される必要があったといってもよい。

　キュロスは、前五三〇年コーカサスの東方に住むマッサゲダイ人（スキュティア人の一派と推定）との戦いで死亡、その遺骸はパサルガダエの切り妻形式の王墓に埋葬された。王位を継承した長子カンビュセス(在位前五三〇〜前五二二)については、前五三八年バビロンの新年祭に参列、同年十月までは「バビロンの王」の称号で呼ばれていることが確認されているだけで、即位前の消息については明らかではない。王としての最大の軍事的功績は、前五二五年エジプトを征服したことである。第二十六王朝最後のファラオ・プサムメティコス魔下のエジプト軍を征圧したカンビュセスは第二十七王朝初代のファラオとして即位した。エジプト滞在中のカンビュセスは、ファラオとしての義務遂行につとめ、またエジプト人の伝統的な信仰や慣習を認め、比較的寛容な政策を実行したようである。

カンビュセスは、前五二二年エジプトを発ちペルシアに向かったが、その途上で死亡した。カンビュセスのあとを継ぎ「第三代」の王となったのは、帝国の創始者キュロスからみれば、傍系に属するダレイオス一世であった(在位前五二二〜前四八六)。カンビュセスのエジプト出立からダレイオス一世の即位にいたる経緯については、ダレイオス一世自身の即位宣言碑文「ビーストゥーン碑文」とヘロドトスの報告(Hdt. III 61-88)が主要な史料であるが、前者についてはダレイオス一世自身による即位にいたる自己正当化の作為が感じられること、後者については事件後約一〇〇年をへた聞き取り、伝聞資料に基づくものであることから、事件の経緯を正確に再構築することは容易ではない。しかしダレイオスおよびヘロドトスの報告を、他史料からの情報をも含め、詳細に比較検討すれば、事件の経緯は以下のように説明することが可能であろう。

カンビュセスのエジプト滞在中に王弟スメルディス(ビーストゥン碑文によれば、ガウマタ)が謀反、その

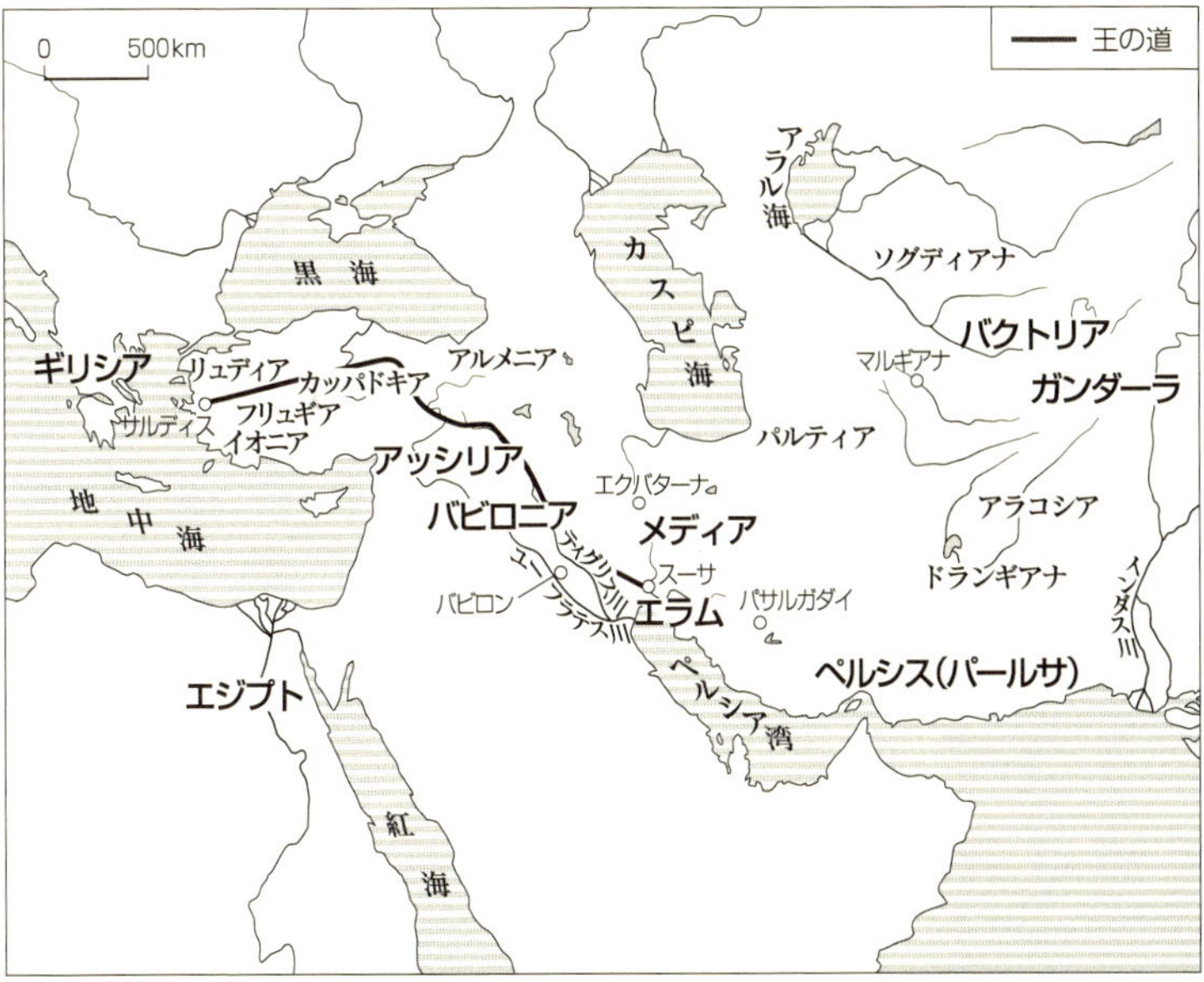

アカイメネス朝ペルシア帝国(征服から統一へ)

知らせを受けたカンビュセスが急遽帰路に就いたが、途中で病死、あるいは殺害された。この機に乗じ、ダレイオス一世はパールサ居住の有力貴族の協力をえ、スメルディスを殺害、キュロスの家系から王位を簒奪した。

アカイメネス朝王家の内部分裂の危機は、帝国諸州の内乱を誘発、内乱鎮圧のため、ダレイオス一世は約一年を要することになる。この帝国解体の危機を克服したダレイオス一世は、その後、黒海沿岸のスキュティア、インドに行軍、その結果西はエーゲ海東部・エジプトから東はインダス川流域にいたる広大なオリエント世界を、史上はじめて支配するのに成功する。以後ダレイオス一世はその治世を通じ、言語、宗教、社会・経済生活の程度を異にする多様な人々、地域を支配するあらたな秩序を構築するため、帝国の統治行政機構の再編成を企図する諸改革に取り組むことになる。このダレイオス一世の諸改革によって、征服戦争の主要な戦力であった「同胞」ペルシア人を支配の中核におく、以後約二〇〇年におよぶ帝国支配の枠組みが確立したといってよい。その意味で、ダレイオス一世の治世は、アカイメネス朝史を概観するならば、まさに「征服から統一」への転換期であった。

ダレイオス一世の諸改革

ダレイオス一世の諸改革のうち、もっとも有名でもっとも重要な改革は、同時代のギリシア人歴史家ヘロドトスがその概要を伝える税制改革をともなったサトラプ制を帝国全土に適用・制度化したことである。ヘロドトスによれば、ダレイオス一世は納税義務を課せられた二〇行政区《サトラピー》と免税特権を認められた一行政区(パールサ)に帝国を分割、各行政区に総督《サトラプ》を任命、銀あるいは金による年間納税額を帝国指定の重量単位に基づいて決定した。納税額は、ヘロドトスの報告に基づくかぎり、各行政区の経済力・管轄面積から判断して、ほぼ妥当な額である。おそらくはオリエントの伝統に基づき、土地測量・土地利用実態調査・人口調査がおこなわれたのであろう。サトラプには王族・ペルシア人貴族が勅命によって選ばれ、行政区内の軍民両権が認められ、徴税の最終責任者としての任務が課せられた。以後アカイメネス朝ペルシア帝国の地方行政は行政区を単位に再編成され、「王の代理人」として派遣されたペルシア人サトラプの介在によって、中央集権体制が確立することになる。一方サトラプのもとには、その行動・職務を監視するため「王の目」「王の耳」と呼ばれる監察官が随時派遣された。

ただしダレイオス一世は、被征服地の人々が納税・軍役の義務を遵守するかぎり、原則として被征服地内部の問題に介入することは避け、彼らに固有の言語・宗教・法、その他の伝統・慣習を容認したので、現地住民の基本的な生活パターンが劇的な変化を強いられることはなかった。また被征服地の旧支配層も、王にたいする忠誠を表明しサトラプの地方行政に協力するかぎり、現地における支配的な地位を保証された。それゆえアカイメネス朝の中央集権体制は、比較的ゆるやかなものであったということができる。数のうえでの劣勢を克服しつつ、広大なオリエント世界におけるあらたな覇者となったペルシア人「同胞」を中核に帝国を再編成するという課題をもって即位したダレイオス一世にとって、この「寛容政策」は管理コストの削減という観点からみて、もっとも効率的な統治方針として認識されていたに違いない。

この「王の代理人」たるサトラプの介在による諸地域統合のシステムが実効力のある帝国支配のメカニズムとして機能するためには、さらに王、中央と諸地域を結びつける強力なネットワークが存在していなければならない。中央と地方の緊密な結びつき、あるいは治安維持のための軍隊の迅速な移動を実現しようとするとき、まず求められるのは整備された幹線道路の存在である。

アカイメネス朝ペルシア帝国時代のもっとも有名な幹線道路は、上記同時代のギリシア人ヘロドトスの伝える、帝都スーサから小アジアのサルディスにいたる「王の道」である。ヘロドトスによれば、全長四五〇パラサンゲス(一万三五〇〇スタディオン、約二四〇〇キロ)、二〇〜三〇キロ間隔に一一一の宿泊施設《カタルシス》をもつ宿駅《スタトモス》が設置され、渡河地点や地方の境界など要所には関門《ピュラエ》や衛兵所《フュラクテリオン》が設けられ、街道の警戒は厳重で治安はきわめてよく保たれていた。ヘロドトスは、一日の旅程一五〇スタディオン、全行程九〇日と報告しているが、宿駅は地理的条件等を考慮した、平均的な徒歩旅行者の日中一日の旅程で配置されていたと考えるべきであり、おそらく通常の全行程は一一一日ほどであったであろう。

ペルセポリス出土の城砦文書によれば、ペルセポリスとスーサのあいだにも同様の幹線道路(「王の道」)が整備されていた。ただし城砦文書に記録される宿駅利用者の圧倒的多数は、一日分の食糧しか支給されていないので、各宿駅は一日の旅程をこえない範囲で配置されていたと考えることができる。宿駅には、「旅行者」に食糧と馬糧を供給する穀物庫が併設され、駅馬が準備されていた。宿駅のなかには「旅行者」用の厩舎の設備を有するところもあった。王や高官の発行する「押印文書」を保持する王族や公務旅行者および認可されたその随行者にたいしては、宿駅における食糧と馬糧の無料受給が保証されていた。状況によっては、通過地点にある王室穀物庫からの受給も認められていた。一方正規の駅路を通らない公務旅行者には、「つぎの受給地までの食糧と馬糧」が出発に先立ち宿駅で支給されることもあった。

特別の保護や案内を必要とする、地理やことばに不案内な「旅行者」にたいしては、道中の安全・便宜をはかるために、「押印文書」を与えられた「王室所属のガイド」が同行した。たとえば王室ガイドであるイシュバラミシュタは、第二三年第一~二月インド人アバテマ使節一行、従者二〇名・馬一九頭・騾馬《らば》一五頭、をスーサに案内した。同年三月にはスーサからインドに帰還する同一行と行動をともにしている。往還ともにイシュバラミシュタは、王がこの使節のために発行した「押印文書」を宿駅の担当官に提示し、穀粉とぶどう酒を受け取り、自らの印章でその受領証明をおこなっている。馬糧の受給にかんしては、イシュバラミシュタ配下と推定される、別の人物が同様に代行した。

城砦文書は、スーサ—ペルセポリス間だけではなくペルセポリスから北部のメディアへ、あるいは東部のアレイア、バクトリアやインドにいたる幹線道路にも同種の宿駅制度が存在していたことを示唆している。古来のルートを利用して、またあらたなルートの開発によって、帝国の主要都市を結ぶ幹線道路や宿駅が整備されたのであろう。アカイメネス朝の幹線道路の一部には、すでに路面に切石や砂利・砕石が敷きつめられていたと推定されている。

このようにさまざまなサーヴィスの提供をともなう整備された幹線道路網を利用して、王、中央政府の伝令、使節が旅立ち、各地から王、中央政府のもとに情報がもたらされた。大王の威光と権威を可視化させるためにしばしばおこなわれる王・王族の巡行、アパダーナのレリーフに表現されるような帝国諸地域を代表する朝貢団の招集も、整備された道路網なしには不可能であった。

さらにダレイオス一世は、エジプトにおいてナイル川と紅海を結ぶ運河を完成させた。この運河が実質的に機能した期間については議論のあるところであるが、これによって地中海世界が、シュメール人以来のペルシア湾—インド洋航路に、紅海を介して海路によって結びつく契機をえたのである。早くもこの時期、地中海からインド洋を視野にいれたダレイオス一世の海上ルート構想は、評価すべきであろう。

ところでアカイメネス朝のように、広大な領土を擁する国家の場合、情報・指令の遅滞とその不正確さは、治安維持さらには国家存続の致命傷になりかねない。緊急の情報・指令の伝達をいかに迅速かつ正確におこないうるか、その重要性は、ペルシア人王族・貴族の権力闘争によって生じた混乱が、諸地域の反乱を誘発し、即位直後もその鎮圧に忙殺された経験をもつダレイオス一世自身が誰よりも切実に認識して

アカイメネス朝期石切場跡　ファールス州には，作業途中で放棄された採石・加工現場が，約2500年の時をへて，今も残る。

いたはずである。

アカイメネス朝が導入した情報収集・伝達システムのなかでもっとも注目に値するのは、同時代のギリシア人がアンガレイオンと呼んだ、早馬を利用した騎馬急使の制度である。ヘロドトスによれば、全行程に要する日数と同じ数の馬と使者が各所に配置され、一日の行程に馬一頭、使者一名が割りあてられていた。使者は各自の分担区間を全速力で馬を疾走させ、伝達事項をしたためた書状をつぎの地点で待つ騎馬の使者に引き継ぎ、書状は第一の使者から第二の使者へ、第二の使者から第三の使者へと、リレー方式で中継されて目的地まで届けられた。クセノフォンは、ヘロドトスとは異なり、宿駅ごとに馬と使者が交替したと報告している。馬の速力を最大限利用することを考えるのであれば、後者のほうがより効率的であろう。いずれにせよこのリレー方式をとれば、たとえば上述の徒歩一一日行程のスーサ―サルディス間も、一週間前後で走破できたと推算されている。当時にあっては驚異的な情報伝達のスピードアップが実現したのである。いまだ組織化された伝令制度をもたず、急な情報を伝えるにも「飛脚」や狼煙《のろし》に頼らざるをえなかったギリシア人が「およそこの世に生を受けた者でペルシアの使者より速く行くことのできるものはいない」、あるいは「飛ぶ鶴より速くはしる」と驚嘆したのも当然である。しかもこの早馬を利用した制度のメリットは、たんに時間の短縮ということだけではない。なぜならば書状による伝達は、緊急時の伝統的手段、狼煙などに比べると、遥かに複雑で正確な内容を伝えることができる。

コミュニケーションのスピード化と緊密化

騎馬急使の存在は、ペルセポリス王室経済圏においても、人あるいは馬にたいする特別の修飾語によって検証することができる。ただし宿駅で食糧支給を受けている彼らの多くは当該宿駅からさらに遠方に赴く指令をおびているので、ペルセポリス王室経済圏では、通過する宿駅で馬だけを交替して任務を遂行するのが一般的であったのかもしれない。むしろこれが、騎馬急使の通常のありかたで、ギリシア人の報告は特殊な非常事態に即応するための方法と考えるべきなのかもしれない。

騎馬急使による情報伝達そのものは、すでに先行するアッシリアにおいても一部知られている。しかし幹線道路の整備、宿駅制度の充実、そして何より多数の馬の利用を前提とする上述のような制度が、帝国統治の一環をなすシステムとして確立したのは、アカイメネス朝治下であったとみてよい。馬はたしかにアッシリアにおいても不可欠の軍事力の一部となっていたが、馬はいまだアッシリアの地域経済のなかでは牽引用家畜・輸送手段として一般化しておらず、軍馬の確保はもっぱら輸入に頼らざるをえない状況であった。騎馬の使者は、もっぱら戦時の偵察や指令・伝達等、軍事的な目的に任務が限定されていたと推察される。

一方アカイメネス朝は、古代世界最良・最大と伝えられるネサイオン馬の産地メディアとアルメニアをその支配下におさめ、アカイメネス朝発祥の地パールサ地方も、ダレイオス一世によれば「良き馬と良き人に恵まれた」地方であった。またヘロドトスはペルシア人の子供たちが五歳から二十歳まで乗馬・弓術・正直なることだけを教えられたと伝え、クセノフォンは徒歩を好まず馬術をきわめることにつとめるペルシア人の慣習について言及、ダレイオス一世自身も、自らが馬上巧みに弓や槍を使いこなす優れた騎兵であると誇らしげに謳《うた》っている。幼いころから馬に慣れ親しみ、馬とともに育ってきたペルシア人をはじめとするイラン系の人々は、馬を軍事目的のためのみならず、日常生活のなかでも移動の手段として、あるいは娯楽の手段として、戦時・平時を問わず、積極的に利用してきた人々であった。

城砦文書には多数の馬糧支給記録が残されているが、それらは第一義的には各穀物庫の馬糧支出記録、すなわち王室財産の管理記録であるが、同時にペルセポリス王室経済圏で利用可能な公用馬の登録記録でもあり、各地の馬群の現状把握と再編成のための基礎資料にほかならない。このような文書主義に基づく管理体制こそ、じつに前三千年紀以来継承されてきたオリエントの伝統からペルシア人が学び習得しつつあった成果であった。統治の手段としての公用馬の積極的な利用・周到な管理システム、まさに「ペルシア人の伝統」と「オリエントの伝統」という異文化統合のもっとも成功した一例といえるのかもしれない。

さらに統治レヴェルにおけるコミュニケーションの充実を企図したダレイオス一世は、あらたに帝国の公用語としてアラム語を採用、王やサトラプ、高官のもとにはアラム語に通暁したバイリンガル、トリリンガルの書記を配属させ、中央と地方の情報交換の手段とした。王のことばは、書記によってアラム語に訳され、玉璽捺印のうえ地方に送付された。地方からの訴状、情報もアラム語で作成、書記によって王の前で訓読された。アラム語が唯一の公用語ではなかったとしても、アラム語、アラム語アルファベットは、すでに前八世紀以来、外交用語・商業用語として広くオリエントに普及していたリンガ・フランカであった。アラム語の採用は、支配者の母語である未知のペルシア語、あるいは考案されたばかりのその楔形文字を強要するよりは、コミュニケーションの手段として遥かに即効性が期待できたに違いない。ただし当然のことながら、状況によっては、王の命令が被征服地の人々固有の言語と文字によって作成・送付された場合もあった。またギリシア人史家たちは、王に拝謁するギリシア人のために、あるいは外交交渉の際に、ペルシア語とギリシア語を話す「通訳《ヘルメーネウス》」が陪席していたことにしばしば言及している。ペルシア軍のギリシア侵攻時アテナイの指導者であったテミストクレスは、戦後アテナイを追われペルシアに亡命、一年間でペルシア語を習得、ギリシア問題の「参謀」として王に仕えたと伝えられている。テミストクレスのように亡命者として、あるいは捕虜の身から解放され宮廷に仕えて活躍したギリシア人は少なくないが、彼らは言語のみならずギリシアの諸制度、ギリシア人のマンタリテについての、まさに生きた情報提供者であった。異邦人にも活動の場を許容した宮廷は、行政機構の中核をペルシア人エリートで固めつつも多元的な共存を求めた帝国支配と同様のメカニズムを共有していたのである。

さて公用語の採用とほぼ同時期ダレイオス一世は、帝国共通の金貨《ダレイコス》・銀貨《シグロス》の鋳貨を発行した。金貨は純度九八％、銀貨は九〇％以上というきわめて良質の鋳貨であった（一ダレイコスは二〇シグロス）。金貨の鋳造権は王が独占したが、銀貨の鋳造はサトラプにも認められた。王の発行する金貨・銀貨の刻印は、片膝をついて弓を射る王の姿に統一されている。地域経済をこえる交易・商業のさらなる発展をうながす媒体という点からみれば、共通鋳貨の発行はオリエント史上画期的な試みであったはずであるが、出土状況が示すように、その純度の高さゆえ他の貴金属とともに退蔵されることのほうが多く、鋳貨利用の先進地域である小アジア西部など、ごく一部の地域を除いて流通することはなかった。帝国経済の最先進地域であるバビロニアにおいてさえ、帝国鋳貨が伝統的な計量貨幣にとってかわることはなかった。しかしこの純度の高い帝国鋳貨がもっともその威力を発揮したのは、後述するように、「オリエントの専制」を非難し、「自由と独立」を誇ったギリシア本土の諸ポリスにたいしてであった。

　またダレイオス一世は、アカイメネス朝発祥の地パールサ地方にあらたな宮殿群、ペルセポリスの建設に着手した。総合的プランはダレイオス一世治世中にすでにできあがっていたと考えられるが、帝国の人

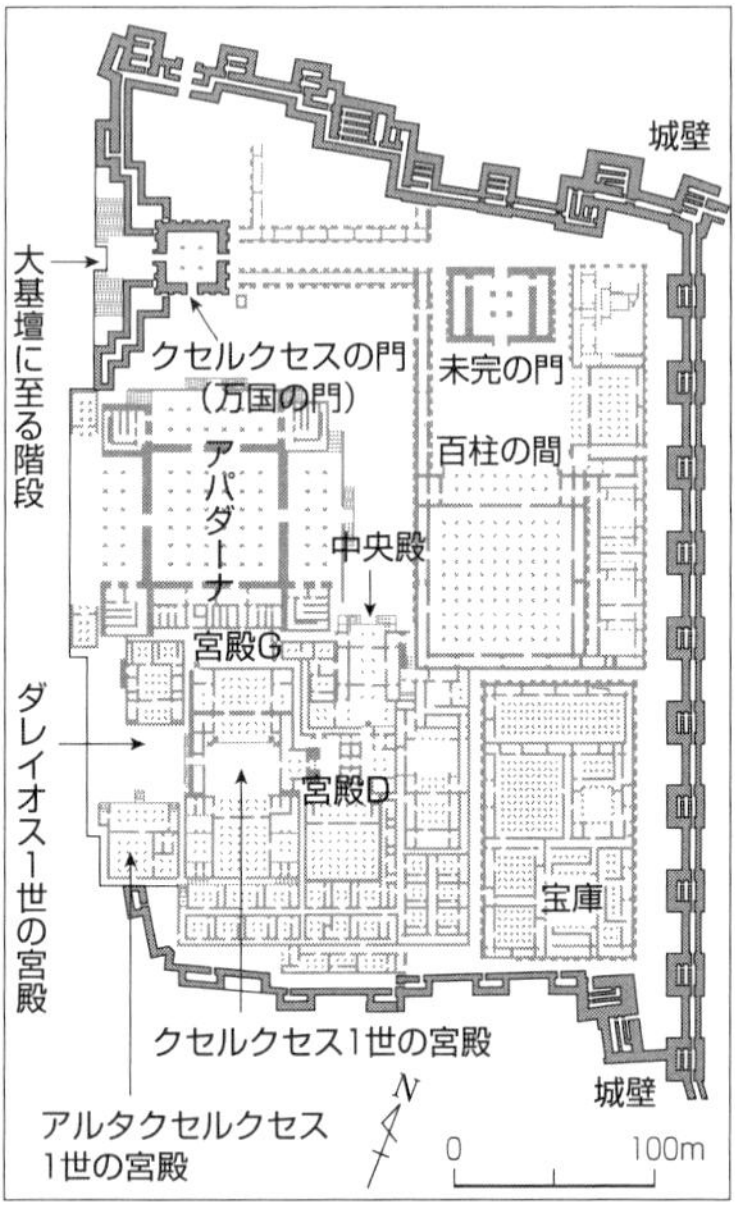

ペルセポリス　地上20mの高さに巨石を積み上げた大基壇（約450×300m）のうえに造営された宮殿群。最終的な完成をみることなく，前331年アレクサンドロス軍による放火によって，廃墟と化した。

的・物的資源を投入したこの建設活動は、その治世中には一部が完成しただけで、以後歴代の諸王によって継承されることになる。

ギリシア侵攻

前五〇〇年アカイメネス朝に服属していた小アジア西岸イオニアのギリシア諸都市が、諸都市の僭主間の抗争を機に、ミレトスの僭主アリスタゴラス主導のもと、反乱を起こした。反乱は前四九四年にアカイメネス朝軍によって鎮圧されたが、反乱支援に応じた「アテネとエレトリアにたいする懲罰」を名目に、ダレイオス一世はギリシア本土への侵攻を決定。しかし第一回侵攻は、前四九二年アトス沖の暴風雨で海軍が壊滅、完全なる失敗に帰した。その二年後、前四九〇年ダレイオス一世は再侵攻を試みたが、マラトンでのアテネ軍の奇襲に抗しきれず、撤退をよぎなくされた。その後ダレイオス一世の死去にともなうアカイメネス朝内部の混乱、あるいはエジプトの離反等の問題もあり、ギリシアへの侵攻は先送りされた。

ダレイオス一世を継いだ長子クセルクセス一世(在位前四八六～前四六五)は、バビロニアとエジプトにおける反乱を鎮圧したあと、父王の遺志を引き継ぐべく、前四八〇年、陸・海軍約二〇〇万にもおよぶ大軍を率いてダーダネルス海峡を渡った。その後バルカン半島を南下したアカイメネス朝陸軍は、テルモピュライの嶮を突破、アテネを占領した。老人、女・子供は、すでに疎開していたが、アクロポリスの諸神殿は略奪され、中心市アテネは焦土と化したと伝えられる。しかし同時期におこなわれたサラミス沖の海戦では、アテネの指揮官テミストクレスの計略により、アカイメネス朝海軍は予想外の打撃をこうむることになった。ギリシア戦隊の衝角戦法による攪乱、多くの島を擁するサラミス海域を知りつくした地の利が、この「勝利」の最大の要因であったことは、まちがいない。ただし海上での敗戦は否めない事実だとしても、戦況全般からみれば、アカイメネス朝の優位は揺らぎうるものではなかったはずである。にもかかわらず、全軍を指揮するクセルクセス一世は、アカイメネス朝海軍の撤退を命令、自らもオリエントに撤退した。

その後もマルドニウス麾下のアカイメネス朝陸軍は、テッサリアで越冬、翌前四七九年再度バルカン半島を南下、プラタイアでギリシア連合軍と対峙したが、敗退。さらに小アジアに残留していた部隊も、サモス島対岸のミュカレで敗北を喫した。

アカイメネス朝軍のギリシア侵攻にかんする主要な史料は、侵攻に直面、驚愕したギリシア人の、おそらくはその伝聞に基づくヘロドトスの報告である。ヘロドトスは、古代オリエント・古代地中海世界についての重要な情報提供者であることはまちがいない。しかし彼は同時に、故ペリクレス指導下の民主政期アテネの熱烈なる信奉者でもあった。侵攻の意図や経過、あるいはその戦果にかんしては、同時期のオリエント・ギリシア世界の実状を詳細に考察し、再検討を加える必要がある。

ギリシア世界では、アカイメネス朝軍の撤退後早くも、「ギリシアの自由の勝利」「オリエントの専制にたいするギリシア市民の自由と独立の勝利」として、この戦果は高く評価されるようになる。陸上での圧倒的優位にもかかわらず、サラミスの海戦を機に、なぜクセルクセス一世は撤退を決意したのであろうか。また和約はいまだ締結されておらず、かつアカイメネス朝は、この「敗戦」からさしたる影響も受けずオリエントの覇者としての地位は、安泰であった。小アジア西岸のギリシア諸都市にたいしても徴税権を留保、その支配力は生きた力として沿岸地方におよんでいたのであり、アカイメネス朝軍による侵攻の脅威は、ギリシア人の胸中から消えることはなかった。そのことを端的に示すのが、アテネを盟主とする、アカイメネス朝を仮想敵国とする攻守同盟、デロス同盟の存在である。一方デロス同盟の資金が、盟主アテネの直接民主政確立あるいはアテネ市内整備のための格好の財源となったことは周知の事実である。前四四九年アカイメネス朝とのあいだに和約（「カリアスの和約」）が成立したあとも、アテネによる同盟加盟諸ポリスからの貢税徴収は、前四〇四年ペロポネソス戦争の敗北により同盟の解散が命じられるまで続いた。

アカイメネス朝後期

クセルクセス一世治世末期からアカイメネス朝の宮廷では王位継承をめぐる混乱が続き、それが王朝の衰退を招いた、とこれまでは説明されてきた。しかしこの時期のアカイメネス朝期についての叙述的報告もまた、同時代のギリシア人によるものである。

アカイメネス朝後期のイメージを確定するのにもっとも貢献したのは、小アジアのクニドス出身のクテシアスである。彼は、アカイメネス朝軍の捕虜となったあと、医師としての技術を認められて宮廷の侍医となった。帰国後クテシアスが著わした宮廷における「見聞録」である『ペルシカ』は、当代きってのペルシア通による現地報告として受容されてきた。ただし最近のオリエント史研究者のあいだでのクテシアスにたいする評価は、むしろ否定的である。クテシアスにとりわけ顕著なのは、ハーレムを支配するのみならず、宮廷内でも隠然たる勢力をもち、宦官と同様、王の決定に介入し宮廷内の陰謀にも積極的に関与したとされる女性たちにたいする嫌悪である。この嫌悪が、私的領域と公的領域(＝成年男子市民による直接民主政)の分割が実現されて久しいポリス社会で育ったギリシア人の価値観を反映したものであることは、おそらくまちがいない。そのようなギリシア人独自の価値観や、それに起因するであろうオリエントにたいする偏見を極力排し、歴史的事件の経緯を再構築するならば、以下のようになるであろう。

クセルクセス一世は宮廷内の抗争を収拾することができず、側近によって暗殺された。死後王位を継承したアルタクセルクセス一世(在位前四六五〜前四二四)の治世は、再度のエジプトの反乱を鎮圧したあとは、比較的安定していたようであるが、その死後一年たらずのあいだに即位した二人の王があいついで殺害され、バビロニア人側室の息子がダレイオス二世(在位前四二四〜前四〇五)として王位に就いた。ダレイオス二世の長子アルタクセルクセス二世(在位前四〇五〜前三五九)の治世には、ふたたびエジプトが反乱を起こしたのみならず、王弟キュロスが王位簒奪を企て、さらには西部諸州でサトラプの反乱が起こった。治世末期には王位継承をめぐる宮廷内の抗争が激化、それを制したアルタクセルクセス三世(在位前三五九〜前三三八)は、エジプトを回復するのに成功したが、その五年後エジプト駐留軍の司令官であった宦官バゴアスに暗殺された。かわって即位したアルセス(在位前三三八〜前三三六)もバゴアスによって毒殺され、もはや王位継承の適格者は存在せず、バゴアスはやむなくダレイオス二世の曾孫にあたるアルメニアのサトラプを即位させた。新王ダレイオス三世(在位前三三六〜前三三〇)は、宮廷の実権を握るバゴアスを除き、帝国の再建を企図した。

アカイメネス朝軍撤退後のギリシア世界の昂揚感、あるいはアカイメネス朝にたいする嫌悪感にもかかわらず、広大なオリエント世界を支配するアカイメネス朝ペルシア帝国の権力と富は、驚嘆と羨望の対象であった。上述のテミストクレスのように、ギリシア内部の政争に敗れアカイメネス朝の宮廷に亡命した人物も少なくない。またアカイメネス朝には、イオニア諸都市在住のギリシア人のみならず、仕事を求めておとずれた、あるいは戦争に巻き込まれ連れてこられたギリシア人技術者や工人も多数いた。前五世紀末以降は、クセノフォンが体験したように、よりよい報酬を求めオリエントで傭兵として多くのギリシア人が働いていたのである。とりわけポリス間の抗争が激化した前四世紀には、諸ポリスが軍事資金の援助を求め、アカイメネス朝の宮廷に使節を送り込んでくるようになる。

ギリシア本土で発見されている多数のシグロイ銀貨は、ギリシア人傭兵の給料支払いのために、あるいは軍事資金の援助を求めて使節を送り込んでくる諸ポリスを操る外交手段としてさかんに使用された結果である。まさに帝国鋳貨は、ギリシア世界とのもっとも強力にしてもっとも有効なコミュニケーションの手段となったのである。とくに前四世紀には、資金援助の名目で分配されるアカイメネス朝の富によって、諸ポリスの対立抗争は激化、ペルシア帝国は戦わずしてギリシア世界を支配しえたのであり、ギリシアは実質アカイメネス朝ペルシア帝国のあらたな辺境として組み込まれるにいたる。この時期、諸ポリス使節のなりふりかまわぬペルシア詣でが意味するところを正しく認識していたギリシアの指導者は、おそらくデモステネスなどごく一部であった。「貧困を生涯の伴侶とする」ギリシア本土は帝国の版図に直接組み込まれることは避けえたが、この時期アカイメネス朝にたいする反感が増幅される一方、圧倒的なオリエントの豊かさにたいする羨望はそれまで以上に助長されたに相違ない。このアンヴィバレントなギリシア人たちのマンタリテこそが、やがてアレクサンドロスの「報復戦争」を名目にしたオリエント侵攻に、多くのギリシア人を追随させる一因となったといっても過言ではないであろう。

アレクサンドロスの「帝国」

前四世紀なかばギリシア北方を領有するにいたったフィリッポス二世(在位前三五九～前三三六)麾下のマケドニア軍は、前三三八年中部ギリシアのカイロネイアにおいてアテネ・テーベ連合軍を破り、翌前三三七年スパルタを除く諸ポリスを集め、フィリッポス二世自らが盟主となってコリントス同盟を結成させた。以後諸ポリスの軍事・外交はマケドニアの支配下におかれ、諸ポリスの「自由・独立」は完全に過去のものとなった。ギリシア征圧後フィリッポス二世が打ち出した「ペルシアにたいする報復」戦争は、フィリッポス二世の急死により、弱冠二十歳で王位に就いた息子アレクサンドロス三世(在位前三三六～前三二三)の手に委ねられることになった。

アレクサンドロスは、前三三四年歩兵三万・騎兵五〇〇〇を率いダーダネルス海峡をこえ、アジア侵攻を開始し、小アジア、シリア、エジプト、メソポタミアを征圧、前三三一年にはアカイメネス朝の本拠地イラン高原南西部に進軍し、ペルセポリスを占領した。ここペルセポリスだけで、わずか七〇タラントンの軍資金しか準備できず、二〇〇タラントンの借入金さえおわざるをえなかったアレクサンドロス軍は、一二万タラントンに相当する金・銀を獲得したと伝えられる。前三三〇年敗走中のダレイオス三世が殺害

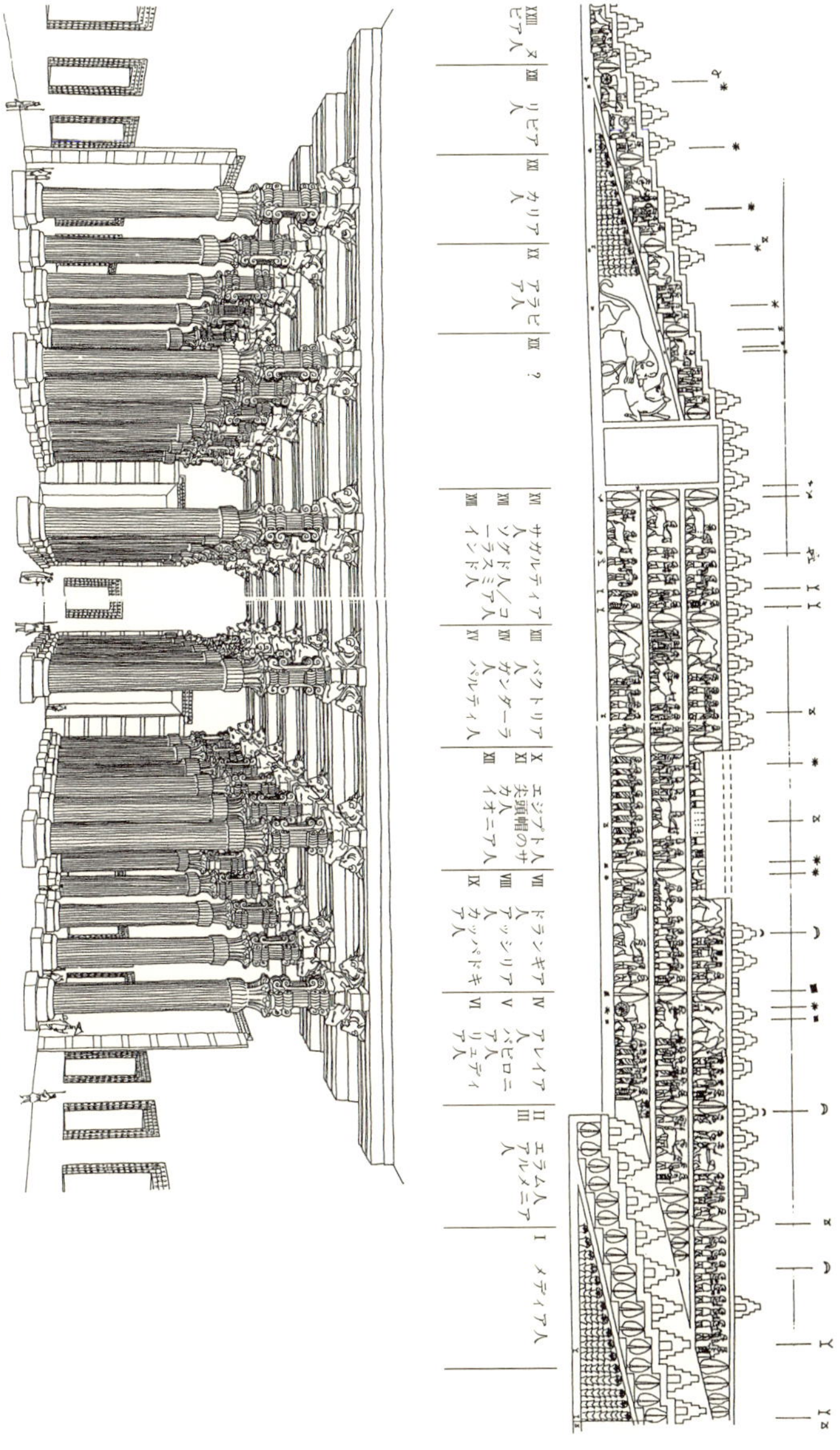

ペルセポリス復元図　アパダーナ（謁見の間）東側基壇南翼朝貢団レリーフ（上）とアパダーナ復元図（下）

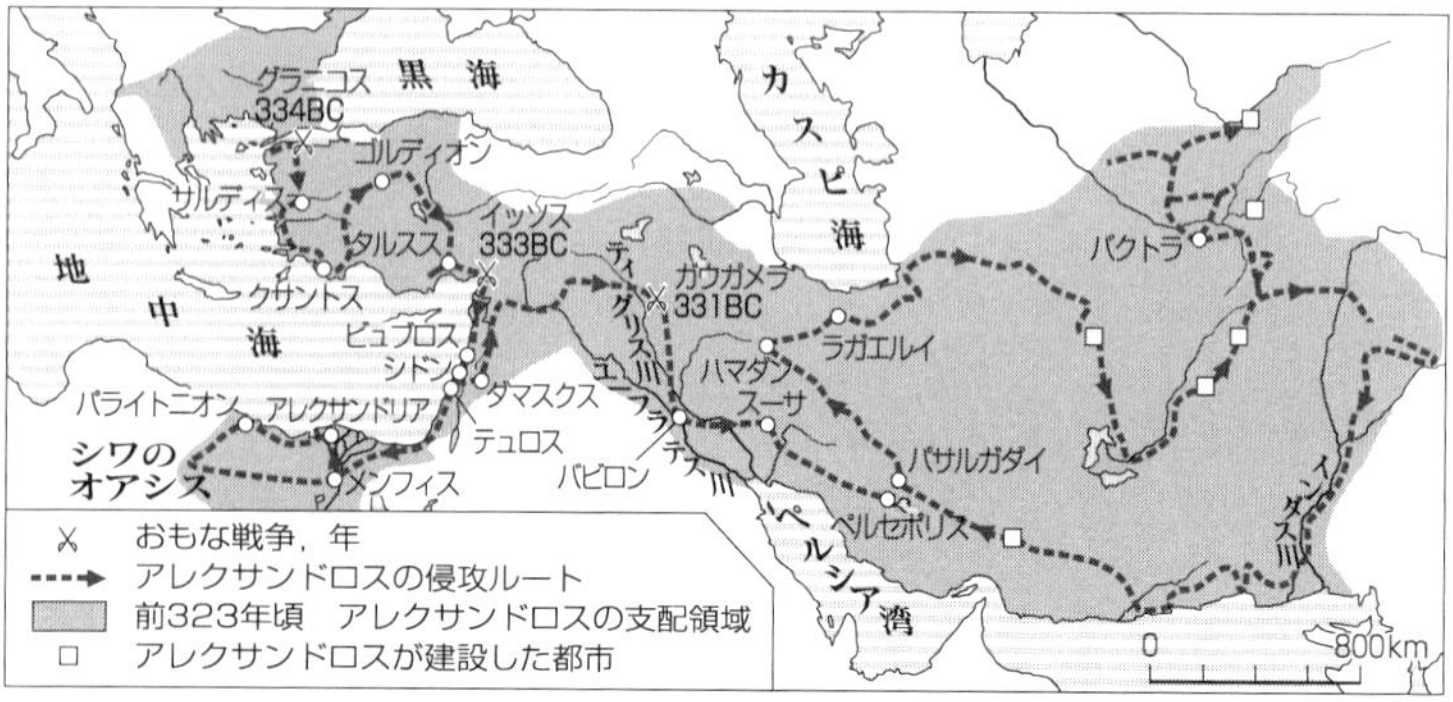

アレクサンドロスのオリエント侵攻　アレクサンドロスは前334年オリエント侵攻を開始し，アカイメネス朝滅亡後も，前323年バビロンで病死するまで各地を転戦した。

されると、アレクサンドロスは自らがアカイメネス朝の正統なる後継者であることを表明、オリエントにおけるアカイメネス朝ペルシア帝国の領土と支配権を掌握するのに成功した。さらに東をめざしたアレクサンドロス軍は、インダス渡河を機に将兵の激しい抵抗に遭遇してこれを断念、その後前三二三年にはバビロンに戻り、アラビア侵攻を企図したが、アレクサンドロスは熱病に襲われ、三十二歳の生涯を終えた。一時的にせよギリシアからオリエントまでをもその支配下にいれたかに思えた「帝国」は、アレクサンドロスが後継者を指名せず他界したあと、四〇余年におよぶ「後継者(ディアドコイ)戦争」に巻き込まれることになる。

アレクサンドロスが優れた軍事指導者であったことは、おそらくまちがいない。しかし統治者としての能力を正しく評価することは、必ずしも容易ではない。生存中に採用された行政組織は基本的にアカイメネス朝のシステムを踏襲したものであり、行軍中のあらたな指令も占領地の治安維持の域をでるものではなかった。侵攻初期の意図とは別に、「アカイメネス朝(最後)の王となることを望みつつ、それ以上にはなりえなかった」ギリシア人、それがオリエントの側からみたアレクサンドロス像である。きわめて効率的におこなわれたにみえるアレクサンドロスのオリエント進軍・征服も、アカイメネス朝の整備された道路網の存在なしには、とうてい不可能であった。

「後継者戦争」による混乱は、ようやく前二七〇年代、アンティゴノス朝マケドニア、プトレマイオス朝エジプト、セレウコス朝シリア三国の勢力範囲が確定して終息した。

5　アカイメネス朝以後

セレウコス朝

「後継者戦争」の過程で、エジプトを除く、オリエントの領有権を獲得したのは、セレウコス一世(在位前三〇五~前二八一)であった。セレウコス一世以降の歴代の諸王は、古代以来アジア・ヨーロッパ・アフリカを結ぶ交易の十字路であったシリアを中心にメソポタミアからアナトリアにかけ、都ティグリス河畔のセレウキア、ユーフラテス河畔のドゥラ・エウロポス、オロンテス河畔のアンティオキア、アナトリアのラオディケイアなど、多数の都市を、新設あるいは再建した。従来これらの都市を中心に、支配者であるギリシア系都市住民と周辺の村落に居住する現地住民のあいだでギリシア的文化とオリエント文化の融合が生まれ、オリエント世界の「ヘレニズム化」が進行したと説明されてきた。しかし最近の研究では、「ヘレニズム化」は都市周縁部、とりわけ支配者層に限定されたものであり、大多数のオリエント住民は伝統的な生活を保持していたとみるべきであるという見解が、一般的である。

前三世紀前半セレウコス朝は東西交易から多大の利をえたが、セレウコス一世の死後、各地で独立運動や反乱が頻発、王朝の存続も危うくなった。アンティゴノス三世(在位前二二三〜前一八七)治世には、メソポタミア、イラン高原、バクトリア、アナトリアなどの敵対勢力を平定、一時的に平穏を回復したが、東地中海進出をめざす新興勢力ローマの脅威にさらされることになる。同時期、アナトリアではペルガモンが、イラン高原東部ではパルティアが、セレウコス朝のオリエント支配を脅かす存在に急成長する。

アナトリア北西部に位置するペルガモンは、アレクサンドロスの後継者を称するマケドニアの将軍リュシマコスの信任をえたフィレタイロスの一族がその基盤を確立、アッタロス一世(在位前二四一〜前一九七)、その子エウメネス一世(在位前一九七〜前一六〇)は、反マケドニア・親ローマ政策を展開、ペルガモンはフリュギアからパンフィリアにいたるアナトリア最強の国家になった。諸王の保護のもと、都市ペルガモンにはギリシア神話の伝統的テーマをとりいれた神殿、プトレマイオス朝の都アレクサンドリアとならぶ豊かな蔵書を誇る図書館が建設され、「ヘレニズム文化」の一大中心地となったと伝えられる。しかしローマの支援を背景としたペルガモンの急速な勢力拡大は近隣諸国の反発を呼び起こしたのみならず、支援者であるローマからも不信をかうことになった。アッタロス三世(在位前一三八〜前一三三)は、その死去に際し、ギリシア系諸都市を除く全領土をローマに遺贈、ペルガモンはローマの属州となった。

一方イラン高原北東部に位置するパルティアは、前二五〇年ころイラン、インド、中国の分岐点に位置するバクトリアが独立したのとほぼ同じころ、サトラプであるアンドラゴラスがセレウコス朝から独立、前二三八年にはパルティア人アルサケスが、アンドラゴラスを破って即位した。その後ミテリダテス一世(在位前一七一～前一三八)はイラン高原からメソポタミアを支配、ティグリス河畔クテシフォンに王都を建設した。パルティアは、アレクサンドロスやセレウコス朝と同様アカイメネス朝の統治政策を踏襲したが、情報伝達の手段としてはパルティア語、アラム語、ギリシア語が使用された。さらにインド洋を利する海路と中央アジアを介する陸路を支配下におき、パルティアはユーラシア大陸における東西交易の最大のセンターのひとつになったが、国内の政情が安定することはなかった。しかもポエニ戦争以後、東地中海世界に進出するようになったローマの勢力は、アナトリアからイラン高原にもおよぶようになっていた。前四〇年パルティア王オロデスとローマの将軍アントニウスによりユーフラテス川上流を国境とすることで合意が成立、以後約一世紀のあいだは平穏が保たれたようであるが、二世紀初めローマ皇帝トラヤヌス(在位九八～一一七)が積極的な領土拡張政策に転じた結果、ローマ帝国とパルティア間の抗争が再発することになる。

三三〇年ローマ皇帝コンスタンティヌス(在位三〇六～三三七)は、異教都市ローマに対抗するキリスト教都市の建設を企図、帝国東部最大の都市ビザンティウムをコンスタンティノポリスとして改名、遷都した。以後コンスタンティノポリス(現イスタンブル)は、近代にいたるまで、東西両世界の結節点として重要な役割をはたしつづけることになる。

サーサーン朝ペルシア

三世紀初めアカイメネス朝発祥の地、イラン高原南西部パールサの支配権をえたと推定されるパーパクにかわり、二二四年即位したアルダシール一世(在位二二四〜二四一)はイスファハーン北方の戦闘でパルティア王最後の王アルタバヌス四世(在位二一六〜二二四)を破り、その後、軍事・外交政策を駆使して敵対勢力を封じ込め、二二六年ころクテシフォンを攻略したあと、メディアを、二三〇年にはメソポタミア全域を支配するにいたる。

サーサーン朝の創始者とされる、アルダシール一世の長子シャープフル一世(在位二四〇頃〜二七二頃)は、東はホラーサーン・シースターンから西はシリア・アナトリアの一部にまで領土を拡大、軍制・税制の改革をはかり交通網の整備につとめ国家統治の基盤を確立すると同時に、アカイメネス朝以来の伝統的称号「諸王の王」を復活させた。シャープフル一世の治世は、地中海における交易権をめぐるローマ帝国との戦いの歴史でもあったが、内乱と外敵の侵入に苦しむ「軍人皇帝時代」のローマ帝国にたいしてシャープフル一世は有利に戦局を展開、二六〇年エデッサの戦いでは、ローマ皇帝ヴァレリアヌス(在位二五三〜二六〇)を捕虜とした。サーサーン朝では、ギリシア語やパルティア語も一部用いられたが、中世ペルシア語が公用語とされた。ただし現存する中世ペルシア語による公的記録は極度に限られたものであり、サーサーン朝にかんする情報の多くを外部史料に依拠せざるをえない現状では、オリエント史上あるいは東西交渉史上の歴史的重要性にもかかわらず、その実態を解明することは容易ではない。

初期サーサーン朝の中央集権体制を確立したとされるシャープフル二世(在位三〇九〜三七九)は、三六

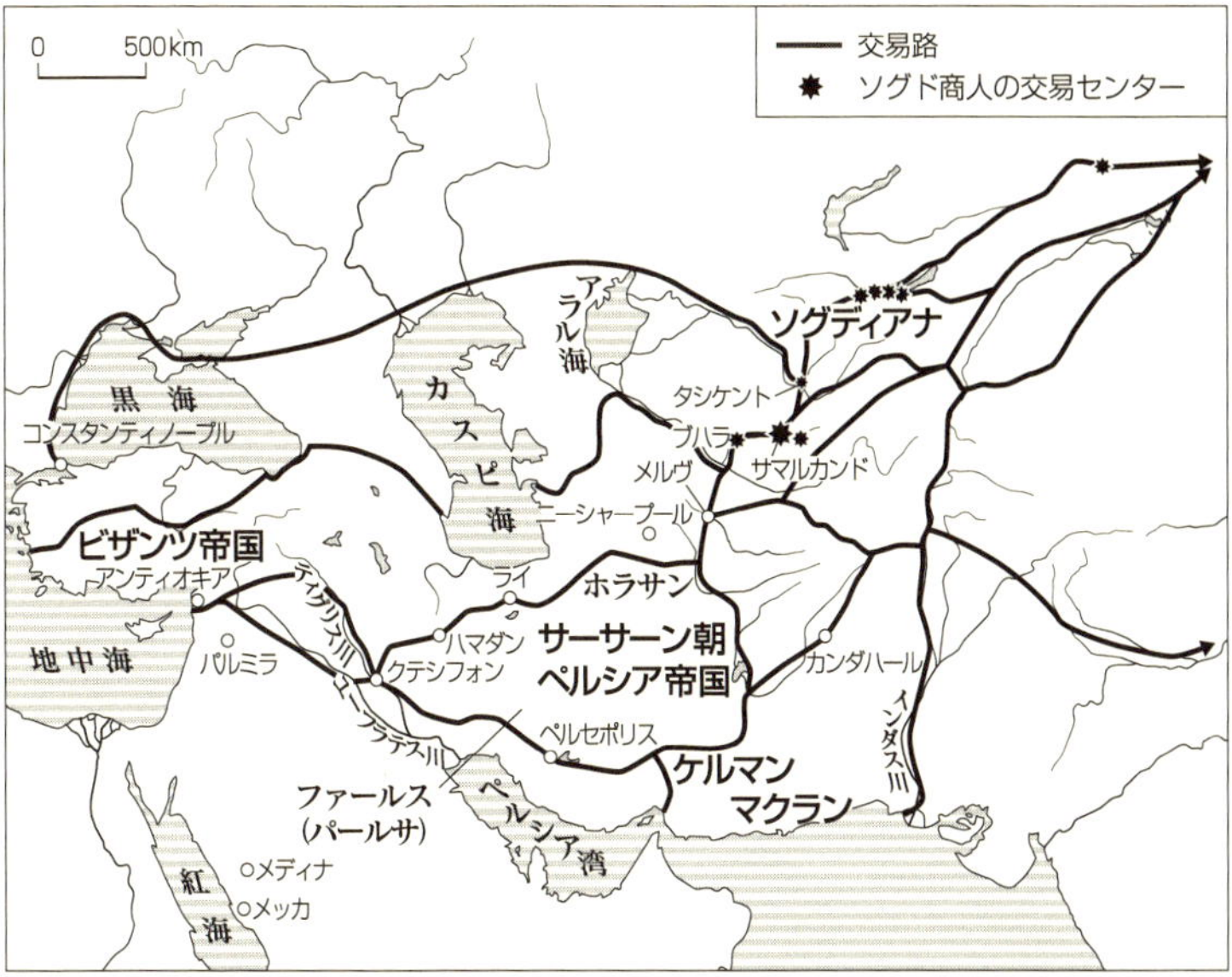

最盛期のサーサーン朝ペルシアの版図（531〜579年）

三年ローマ皇帝「背教者」ユリアヌス（在位三六一〜三六三）を敗死させ、ローマ軍との和平が実現した。しかし五世紀前半ころから東方からエフタルが勢力を伸張、サーサーン朝を圧迫するようになる。

ホスロー二世（在位五九〇〜六二八）の治世に、サーサーン朝の領土は最大となり、アナトリア半島のほぼ全域、ロードス島、パレスティナ、エジプトを、さらに治世末期にはアラビアに出兵して現イエメンを占領、ビザンツとインド洋を結ぶ交易路を支配するにいたる。にもかかわらず国内の混乱を収拾することはできなかったのであろう。「唯一神アッラーへの帰依」をかかげるアラブ・イスラーム軍に、六四二年ヤズドギルド三世（在位六三二〜六五一）麾下のサーサーン朝軍はニハヴァンドで敗北、その後ヤズドギルド三世はマルヴで再起をはかったが暗殺され、サーサーン朝は滅亡した。

サーサーン朝の公印に記された「職名とその管轄地域」によれば、サーサーン朝後期の地方行政はシャフルを基本単位とし、「シャフラブ」「モグベド」「ドリヨーシャー・ジャーダグゴーヴ・ウド・ダードヴァル」と呼ばれる官僚たちによって、一般行政、宗教、司法の各職務分担がおこなわれていたようである。地方行政とゾロアスター教教団組織との緊密な連携も推定されるが、その実態は必ずしも明らかではない。

ゾロアスター教

サーサーン朝の国教としての地位をえたとされるのは、パールサ地方で信仰されてきたゾロアスター教であった。

創始者ゾロアスターの活動やゾロアスター教の成立にかんしては不明なところが少なくない。前一千年紀前半、イラン東部・アフガニスタンを含む中央アジア西部で成立、その後アカイメネス朝期にはイラン高原にも浸透するようになっていたと考えて大過ないであろう。ゾロアスター教では、世界は光明を司る善神アフラ・マズダと闇の世界を支配する悪神アンラ・マンユの闘争の場として説かれ、火はアフラ・マズダの象徴として重視された。アカイメネス朝期の遺構に頻出する、後代のアフラ・マズダ像に酷似する有翼円盤の人物像、あるいは歴代の王碑文におけるアフラ・マズダによる神権授受を意味する告知や図像などから、ゾロアスター教がアカイメネス朝にすでに国教として認可されていたと主張する研究者もいるが、現存するアカイメネス朝期の史料は、王権内の「アフラ・マズダ信仰」を示唆するものでしかない。

サーサーン朝期には、諸王が発行する貨幣の裏面には拝火壇が刻印されるようになる。ゾロアスター教は、世俗支配の面でも重要な役割をはたすようになったのであろう。三世紀シャープフル一世を含む三代の王のもとで権勢を誇ったゾロアスター教の祭司長《モーバド》キルデールは、諸州に多くの聖なる火を建立すると同時に、マニ教や仏教、ユダヤ教、キリスト教を弾圧したと語っている。にもかかわらずサーサーン朝の諸王は、自らの信仰を「マズダ信仰」あるいは「よき信仰(ベフ・ディン)」と呼び、少なくとも王碑文にはゾロアスターの名はみられない。

ゾロアスター教の啓典『アヴェスタ』は、口承伝承を基にサーサーン朝期に編纂されたとされるが、(1)ヤスナ(大祭儀で読唱される神事書)、(2)ウィスプ・ラト((1)の補遺)、(3)ウィーデーウ・ダート(除魔書)、(4)ヤシュト(神頌歌)、(5)クワルタク・アパスターク(小賛歌・小祈禱書)、(6)その他逸文、のみが現存する。(1)のヤスナに含まれるガーサは、もっとも早く成立、創始者ゾロアスターの基本的思想を伝える文献と考えられている。イスラーム時代に『アヴェスタ』の四分の三が散逸したと伝えられ、教義・教団組織の全容を知ることは、必ずしも容易ではない。しかしガーサに示される「最後の審判」「天国と地獄」などの「終末論」的世界観が、後期ユダヤ教・キリスト教に影響を与えたことは確実である。かつ死者にとって最後の結界の場となる「チンワト橋」の設定は、仏教の「転生」思想形成過程を考えるうえでも、重要である。

第二章　イラン世界の変容

1　「イラン」をどう考えるか

さまざまな「イラン」

この章で扱う地域の広がりは、おおざっぱにいえば、東はオクサス川(アム川)、北はカスピ海南岸、西はメソポタミアにいたる範囲にわたっている。これは、現在のイランの国土よりは、かなり広い領域であって、おおむねサーサーン朝の版図に相当するといえよう。当時、この広がりは、イーラーンシャフルと呼ばれていた。イスラーム期にはいると、イーラーン、あるいはイーラーンシャフルという名は、フェルドウスィーの『王書(シャー・ナーメ)』などの例外を除けば、文献からは姿を消してしまう。

本書や、同じく世界各国史の『中央ユーラシア史』においては、いくつかの異なった意味で、「イラン」の語が使われている。混乱を避けるために、ここで簡単に整理しておこう。本章で扱うイランとは、上に述べたような、いわば「歴史的イラン世界」とでもいうべき地域である。

これと対照をなすものとして、現在のイラン・イスラーム共和国、あるいはパフラヴィー朝時代のイランという地域区分がある。この領域は、サファヴィー朝時代の国境画定をへて形成されたもので、それ以前の「歴史的イラン世界」とは、はっきりと区別される。なお、現在のイラクおよびイラン中央部は、イスラーム期以降は、イラーク(イラーク・アラブ、イラーク・アジャム)と総称されていた。

時に人間集団の「区分け」として、イラン系の人々(「民族」)という語が使われることもある。これは、彼らの使っていた言語による区分であって、言語学でいう広義のイラン語、つまりソグド語、ペルシア語、タジク語などを母語として話す、より広いグループを示す用語である。

また、文化にかんして、イラン文化というい方がされることがある。これは、主として中央アジアやインドを含む広い地域で、宗教、美術、建築などについて、その起源を「イラン」に求めるもので、たとえば、ゾロアスター教、およびそれにともなう宗教儀礼や遺跡について使われることばである。あいまいに「イラン的」なることばが使われることがあるが、この場合の「イラン」がなにを意味するかについては、抽象的でわかりにくい例がみられるので、注意を要する。

文字文化という観点でいえば、歴史史料や文学作品が近世ペルシア語で書かれ、流通する範囲があった。これは十世紀末ころからあらわれ、セルジューク朝時代をへて、イル・ハーン朝時代に確立する「ペルシア語文化圏」である。しかし、時代とともに中央アジアやインドも、「ペルシア語文化圏」の一部を構成するようになるので、これは「イラン」概念とは、区別して考える必要がある。

人々の意識

さて、これらの錯綜した問題を当時の住民の側からみると、どのようなことになるのだろうか。彼らは、自分たちをどのような存在として考えていただろうか。

現存する史料で、人々のアイデンティティがどのようなものであったかを推測することはむずかしい。地理書や年代記にあらわれる地理的な区分は、イランという大きな区切りではなく、ホラーサーンとか、ジバール、スィースターン(アラビア語史料ではスィジスターン)、キルマーン、グルガーンといった地方名である。それに続くものは、ニーシャープール、イスファハーンといった地方の中心都市であり、さらにはその周囲に広がる町や村が記述される。

○○出身者という意味で、地名の最後に「イー」という語尾をつけた、ニスバという呼び方がある。イスファハーン出身者がイスファハーニー、ハマダーン生まれがハマダーニーという具合である。これを詳しくみてみると、同一人物が、村の名前のニスバをもち、さらに中心都市の名にちなんだニスバをもつ例が観察される。これは、村から都市へ、たとえばウラマーとしての教育を受けにいった者が、その都市のなかでは、「○○村出」と呼ばれ、さらにバグダードやカイロなどの大都市に遊学・移住すると、こんどはその地方を代表する中心都市の名を引いて呼ばれたことを示している。人の移動を通じて広がる世界が、一人のニスバのなかにも反映されているわけである。もちろん、今日「イラン人」を意味する「イーラーニー」というニスバは使われていない。

ただし、当時の人々に「イラン(イーラーン)」という意識がまったくなかったとも考えられない。少な

バンデ・ファリーマーンのダムから望む雪原とアルボルズ山脈

くとも『王書』のように人口に膾炙《かいしゃ》した叙事詩のなかで、繰り返しあらわれるライトモティーフともいうべき「イーラーン」という呼び方は、アム川以東の「非イラン世界」たる「トゥーラーン」との対比で、つねに人々の心性に訴えるものであっただろう。
　近代国民国家が成立すると、その統合理念を過去の栄光の時代に求めようとする。その意味では、近・現代のイラン意識に、イスラーム期以前の「イラン」が影を落としていることは確かであるが、これは本章の扱う範囲をこえる。
　この章の主題は、「イラン」という概念で、ひとつの完結した歴史世界を提示しようとするものではないことを、まずおことわりしておかなければならない。

地域の特質

　イラン高原は、年降水量が二〇〇ミリ程度で、高温になる夏期には、灌漑なしの農業は成立しない。そのため、傾斜地の伏流水を利用するガナートやカーレーズと呼ばれる地下水路が発達し、それ以外の地では、天水による冬小麦・大麦の生産が中心となった。また、南部のカールーン川や、中央部のザーヤンデルードなどの大河流域では、灌漑農業によって、高い穀物収量をあげることができた。

一方、タバリスターンと呼ばれたカスピ海南岸地方は、中東イスラーム世界でも特異な自然条件のもとにあった。北方からの湿り気を含んだ風が、アルボルズ山脈に遮《さえぎ》られて多量の降雨をもたらすため、日本の水田地帯に似た景観を呈し、ほかとは異なった歴史が展開された。他の地方との交通が困難で、イスラーム化も、一番遅れた地域である。とくに西南部のダイラム、ギーラーン地方は、言語も独特で、イラン語系ではあるが、イブン・ハウカルの地理書にも「アラビア語でもペルシア語でもないことばをしゃべる」と記述されている。

ダイラム地方は、険阻な地形によって、アラブの遠征にも抵抗し、ウマイヤ朝のカリフ、ウマル(在位六三四〜六四四)からアッバース朝のマームーン(在位八一三〜八一七)の時代まで、計一七回の攻撃にたえて、ついに支配下にはいらなかったところである。

都市と灌漑

都市と、それをとりまく世界の関係でいえば、大河流域では豊富な穀物をえることができるため、都市が発達し、多くの非農業人口を養うこともできた。その反面、灌漑によって生じる塩害のため、耕地が荒廃し、農業生産力が低下、食料供給の面から都市の存続が不安定になることがあった。スィースターンは、その一例である。サーサーン朝時代にはメソポタミアとならんで、農業生産力の高い地域であったが、砂の堆積問題もあって、十世紀には、衰退に向かうことになる。

収量の少ない天水農業地帯では、広範囲から穀物を運搬する必要があるため、都市の規模は小さいままに終わることがあったが、塩害が起こりにくいため、「細く長く」存続する可能性をもっていた。ガナート、カーレーズによる灌漑をおこなうところでは、維持、補修に多額の資金を必要とするため、大商人や国家が運営にあたる必要があった。それでもこのシステムが維持されたのは、伏流水による良質の水をえることができたためである。また、シーラーズのバンデ・アミール、ホラーサーンのバンデ・ファリーマーンの両ダムが、いずれもブワイフ朝時代につくられたように、治水、大規模灌漑事業は、国家による事業としておこなわれていた。

イラン史においては、しばしば東部のホラーサーン地方が変動の舞台となった。ホラーサーンとは、ペルシア語で「太陽の昇るところ」を意味する。現代イランのホラーサーン州よりもずっと広く、マルヴやバルフ、アフガニスタンをも含む広大な地域が、この名で呼ばれていた。アッバース朝革命の原動力となった「ホラーサーニー」を生んだのをはじめ、ウマイヤ朝支配にたいする抵抗運動、遊牧民の流入路、グラーム、マムルークと呼ばれた奴隷の導入ルートとなるなど、イラン史ばかりでなく、中東イスラーム世界の歴史を決定する重要な出来事が、ここを舞台とした。

その理由は、この地が古来、人や物の行き来の主要路にあたり、そこを拠点とする勢力が、中央アジアとイラン・イラクの双方の死命を制したことによる。また、アルボルズ山脈の伏流水を利用したオアシス農業がさかんであり、都市を支える食料の入手が容易であったこともみのがせない。

2 イラン系独立王朝

ターヒル朝

イスラーム世界の東方、「歴史的イラン世界」のなかで、最初のイラン系のイスラーム王朝であるターヒル朝が成立したのは、九世紀のことである。

ターヒル朝（八二一〜八七三年）を創設したターヒル（在位八二一〜八二二）の祖父は、本来イラン系の改宗者マワーリーの出身で、アッバース朝革命に功績があり、カリフ、マームーンのもとで軍隊の指揮官を務め、アミーンとの抗争の際に認められて、ホラーサーンの総督に任命された。しかし、金曜日の集団礼拝で、カリフの名前を読み上げるのをやめ、貨幣からカリフの名を削除して、事実上の独立宣言をおこなった。

このため、ターヒル朝は、「イラン系最初の独立王朝」と呼ばれることがある。しかし、ターヒル朝の場合には、カリフに貢納を続けていたこと、アッバース朝との緊密な関係を維持したことから、完全な独立王朝とみなすことはむずかしい。彼ら一族は、バグダード市内に広大な屋敷をもち、同市の警察長官を務める者もあいついででた。ターヒル朝が送る奴隷兵は、アッバース朝の軍隊の中核をなしており、カリフにたいする影響力も大きかった。

日本語にすれば、アッバース朝もターヒル朝も、同じ「王朝」である。しかし、そこには厳然とした区分が存在していた。アッバース朝の君主がカリフであったのにたいして、それ以外の地方王朝の支配者は、アミールの立場にあった。アミールは、軍隊、遠征軍の司令官を意味していたが、征服地でそのまま総督となった者もアミールと呼ばれた。地方王朝の君主には、このようにしてアミールから支配者となった者と、実力で支配権を奪取したのち、カリフからアミールに任命されることによって、統治の正当性を保証される者とがあった。いずれも、建前はカリフに服属するものであったことに変わりはない。

十一世紀の法理論家、マーワルディーは、カリフとアミールの職分について、つぎのように説明している。すなわち、アミールはあくまでカリフによって任命されるものであり、地方統治の任務・権限もカリフから委譲されたものであった。その任務は、軍隊の整備、カーディーの任命、地租・救貧税の徴収、集団礼拝の指導にあたることなどであった、と。

ウマイヤ朝からアッバース朝時代の初期までは、イスラーム共同体はひとつであり、カリフが、その中心にあった。しかし、各地にアミールによる王朝がつくられるようになると、周辺世界から順に、アッバース朝カリフの手を離れ、共同体は分裂するようになっていく。

ニーシャープールにみる都市像

ターヒル朝の本拠地は、ニーシャープールであった。ニーシャープールは、サーサーン朝のシャープール一世によって三世紀に建設され、四世紀にシャープール二世が再建した都市を原型とする。内外二重の市壁をもち、ホラーサーンの中心都市として繁栄した。

ホラーサーンの中心都市，ニーシャープールの廃墟　日干し煉瓦の家は，巨大な台地のかたちに戻っている。背後にそびえるのは，雪をいただくアルボルズ山脈である。

アラブの遠征軍が駐屯した、ミスルと呼ばれる軍事都市を除けば、イスラーム世界の都市の多くが、すでにイスラーム期以前に建設されたものを起源としていることは、都市史を考えるうえで重要である。ミスルも、新規に建設されたものだけではなく、旧来の都市を基礎としたものもある。ニーシャープールは、四〇以上の街区からなり、内城(シャフリスターン)には四、ラバドと呼ばれる外城には一一の門があった。都市の外側には一三のルースターク(農村複合体)、四つのタッスージュ(中心の村落名にちなんで呼ばれる「小地方」)が、およそ一日の行程内に位置し、三六四の村が含まれていた。さらに、その外側には、同じくニーシャープールと呼ばれる「地方(ウィラーヤ)」が広がっていた。これがイラン東方の都市のありかたの一典型なので、紹介しておく。

ターヒル朝の君主は、農業の振興や学者・文人の保護につとめたため、後代になって、統治の理想例として、引き合いにだされることになった。君主の墓のなかには、参詣の対象となったものもある。実態として「独立」であったかどうかは問題ではなく、人々の「心性」のなかでは、ターヒル朝は、模範として生きつづけることになったのである。同朝時代の詩人バードギースィーは、記録に残る最古のペルシア詩人として知られている。ターヒル朝は、スンナ派の立場に立って、タバリスターンのシーア派をおさえつつ、背後のマー・ワラー・アンナフルからのサーマーン朝の脅威にも対抗しなければならなかった。そのため、タバリスターンに進出後、拠点をアーモルからサーリヤに移したのは、ここがタバリスターンの要地であったためばかりではなく、サーマーン朝に退路をたたれる危険を考慮したものであったという。

サーマーン朝

マー・ワラー・アンナフルに拠ったサーマーン朝の君主は、ターヒル朝と同じく、アミールであったが、アッバース朝にたいしては、より強力で、独立性の高い立場にあった。マー・ワラー・アンナフルとは、アラビア語で「川向こうの地」という意味である。川とは、アム川で、これがイラン世界と遊牧世界、イスラーム世界と非イスラーム世界の境界となってきた。ただし、マー・ワラー・アンナフルという場合は、具体的には、アム川以東・シル川以西の地域を意味する。

サーマーン朝は、バルフのイラン系大土地所有者(ディフカーン)階級のサーマーン・フダーを始祖とし、サーサーン朝のバフラーム・チュービーンに連なる家系と称した。九世紀後半にはナスル(在位八六四〜八九二)がカリフからサマルカンドを中心とするマー・ワラー・アンナフルの支配権を与えられ、つぎの支配者イスマーイール(在位八九二〜九〇七)は、支配をホラーサーン、スィースターンにまで拡大し、ブハーラーを都とした。トルコ系集団にたいするジハードをおこない、トルコ系のグラーム(軍事奴隷や家内奴隷)をアッバース朝に供給したことが、同朝の力を強めることになったといえよう。グラームがアム川を渡るときには、一人当り七〇～一〇〇ディルハムの通行税も徴収した。グラームの代金支払いのため、銀貨が東方へ流出し、ディルハム貨の質が低下するほどであったという。サーマーン朝の君主も、軍事学校で訓練したトルコ系グラームを組織して、自らの軍事力の中心とした。このやり方は、ガズナ朝、ブワイフ朝、セルジューク朝へと踏襲されていく。トルコ人がグラームやマムルークとして重用されたのは、彼らが騎乗したままで矢を射ることができるという、戦闘能力の高さのためであった。

サーマーン朝の宮廷では、ルーダキー、ダキーキーらのペルシア詩人が活躍し、「ホラーサーン様式(サブケ・ホラーサーニー)」と呼ばれるスタイルをつくりだした。英雄叙事詩『王書』をまとめあげたフェルドウスィーは、サーマーン朝の君主に作品を献呈するつもりだったが、同朝滅亡によってガズナ朝のマスウードに捧げることになった。サーマーン朝時代には文章語としてのアラビア語が優勢で、散文によるペルシア語文献は、宰相バルアミーによるタバリーの『諸預言者と諸王の歴史』の翻訳、作者不詳の地理書『世界の諸境域』があらわれた程度であった。

サッファール朝とアイヤール

ターヒル朝を滅ぼしたのは、スィースターンを本拠とする、同じくイラン系のサッファール朝であった。九世紀ころから、スィースターンやバグダードでは、アイヤールと呼ばれる任俠《にんきょう》の徒が活躍するようになった。彼らは、アラビア語でフトゥワ(若者らしさ)、ムルゥワ(男らしさ)、ペルシア語でジャワーンマルディー(若者らしさ)などと呼ばれた独特な気風をもっていた。

言葉遣い、服装も特異なもので、一目でアイヤールと知れるような存在であった。呼び名も独特なものがあり、蝿親父、裸親父、身持ちの悪い奴、盗賊一家などと称して、「かたぎの人」とは違うことをアピールしていたようだ。

アイヤールの起源については、なお未解決の点が多い。イラン系の研究者ザーケリーは、アイヤールの起源をサーサーン朝の「下級貴族」アーザーダーンのなかの、宮廷親衛隊を務める者たちに求めている。これが、イスラーム期以降も、ウマイヤ朝時代のホラーサーンやアッバース朝時代のバグダードでアブナーという呼び名で存続し、アイヤールにつながったとする。しかし、この説は、アイヤールを無理にエリート集団と結びつけようとする史観、史料の読み違えによるもので、採用することはできない。集団、組織としての起源はたどれなくとも、彼らの理念はサーサーン朝時代にまでさかのぼるものであったし、アイヤールの分布が同朝の支配領域とほぼ一致していたというのも興味深いところである。

アイヤールの日常

彼らのように、歴史の裏面にある者たちについて、史料は、略奪、放火、権力への反抗などの事件は伝えるものの、日常の姿、加入儀礼、理想などについては、語ることは少ない。しかし、近年、文学作品を歴史研究のフィールドワークの場として活用することによって、少しずつ、その姿が明らかになってきている。

それによれば、彼らが誓いを立てる対象は、古代イランの神ヤズダーン、光、火、太陽、パン、塩といったイスラーム以前の信仰に連なるものであり、飲酒も堂々とおこなって、仲間の連帯を強めていた。また、一宿一飯の恩義を重んじ、誓いを破り、仁義に反する者は、厳しく処罰した。仲間内にしか通じない隠語を使い、挨拶にも「仁義を切る」のに似た独特なやり方があった。「助っ人」として権力者に協力することもあったが、束縛されない自由な立場を尊んでいた。七二あるというアイヤールの掟のなかで、もっとも大切なものは、「パンを与えること」と「秘密を守ること」であったという。あぶれ者に生きる場を与え、仲間意識による連帯を維持することが、彼らの社会的な機能だったのである。

アイヤールは、町のなかにあっては、街区の顔役となって治安の維持にあたる一方、外敵から町を防衛するときには、権力者の補助軍となって、ともに戦った。スィースターンでは、サッファール朝時代に五回にわたって、このような都市防衛戦への協力が記録されている。イスラーム世界の外にあって、「異教徒」と戦う者がガーズィーとして賞賛されたように、そのエネルギーが内へ向かったものが、アイヤールであったともいえよう。

アイヤール出身の支配者

サッファール朝の君主自身も、アイヤールの出身だった。同朝の創設者ヤークーブ・ブン・アルライス(在位八六七〜八七九)は、村からスィースターンにでてくると、まず銅細工師となった。それからアイヤールとなり、さらに盗賊、街道強盗となった。その後配下の騎兵をえてアミールとなり、スィースターンの支配者となったという。銅細工師をアラビア語でサッファールという。これが、サッファール朝の名前の由来である。ペルシア語の史料『諸情報の装飾』(十一世紀なかばに完成)を書いた歴史家ガルディーズィーによれば、ヤークーブ・ブン・アルライスは、「男気があり、抜け目なく、男らしかったので、彼に近づく者すべての尊敬をえた。なんの職業に就いても、同業者の長となった」という。これは、まさにアイヤールの理想像である。

彼は、八七三年に、ニーシャープールをターヒル朝から奪取し、ターヒル朝のホラーサーン支配に終止符を打った。つぎのアムル(在位八七九～九〇二)の時代には、カリフからスィースターン、ホラーサーン、ファールスの支配を公認された。しかし、マー・ワラー・アンナフルをサーマーン朝から奪うことはできず、逆に同朝の二度にわたるスィースターン攻略を防ぐことができなかった。その後も、十一世紀初めにはガズナ朝にスィースターンを占領されたり、セルジューク朝、イル・ハーン朝に服属する時期もあった。名目的にせよ、サッファール家が、たび重なる外敵の攻撃を受けながらも十五世紀末まで存続したのは、アイヤールや民衆と理念を共有して、その支持を受けていたためであろう。

空前の社会変動

独立王朝があらわれる時代は、ちょうどイランにおけるムスリムへの改宗が進んだ時期にあたる。イスファハーンやニーシャープールの人名録にあらわれる「名前」に着目して、改宗の度合を推定したバレットの研究によれば、アッバース朝初期に一〇%であったイランのムスリム人口は、ターヒル朝時代には五〇%をこえ、サッファール朝時代には八〇%以上になった。九〇%をこえて横ばいとなるのは、ブワイフ朝時代のことである。人名録に記録される者の傾向を考えれば、これを「一般民衆」にまで拡大することには問題もあるが、ともあれアッバース朝の権威が低下する時代に、イランで改宗が進むのは、おもしろい現象といえる。

イランばかりでなく、イスラーム世界においては、十世紀から十一世紀は、さまざまな局面で、社会が大きく変わろうとした時代であった。この変化は政治、宗教、農業、商業、産業、都市、交易、流通、教育など、多岐の分野にわたっている。

人々の行き来が盛んになり、ものの移動も活発化した。キャラヴァンサライ(カールワーン・サラーイ)やハーンという商業・宿泊施設が街道や都市につくられた。遠隔地にでかける商人を通じて、宗教・文化複合体であるイスラームの魅力にふれ、改宗する者もあらわれた。農業の分野では、新しい栽培作物、稲やサトウキビが東方よりもたらされ、栽培が広がった。

アッバース朝のカリフ権の衰退とともに、イランばかりでなくエジプトにもトゥールーン朝が独立するなど、地方王朝が自立するとともに、トルコ人、クルド人、ダイラム人などが歴史の表舞台に登場してきた。彼らはイスラームへ改宗することによって、いわばイスラーム世界へのパスポートを手にすることになった。

シーア派の成立と分裂

この変動の時代にあって、イスラームのなかに、さまざまな宗派の活動が活発になった。ひとつは、シーア派内の諸分派の活動である。まず、時代をさかのぼってシーア派そのものの発生と展開について概観しておこう。シーアとは、アラビア語で「派」を意味する。四代カリフの選出をめぐってアリーを支持した者がシーア・アリーと呼ばれ、のちにシーアと称されるようになった。シーア派においてもっとも重要なのは、アリーの息子フサインのカルバラーにおける殉教である。六八〇年、ムハッラム月十日(アーシューラー)、フサインがウマイヤ朝軍によって殺害された事件は、スンナ派にたいする被害者意識と殉教にたいするあこがれとを中核とした宗教的感情が人々をシーア派へと結集させるきっかけとなった。

初期のシーア派のほとんどはアラブであったが、五年後に起こったムフタールの乱以後、イラン系のマワーリー(イスラームに改宗後も差別される立場にあった者)が、これを支持するようになった。ムフタールは、アリーの息子のムハンマドを擁立して「イマーム・アルマフディー」と呼んだ。マフディーとは「アッラーに正しく導かれた者」のことで、ムハンマドの死後、彼は死んだのではなく隠れただけであって、いつか帰ってきて正しい世をつくるという「隠れイマーム」によるマフディー思想が生まれた。

イマームとは、イスラーム世界の指導者のことで、スンナ派においてはカリフと同義である。シーア派では、アリーの子孫で、信徒を導くべき能力と権威とをもった者とされる。イマームの継承は、それゆえシーア派にとっては最重要の問題であった。誰をイマームと認めるかは政治的な問題であり、そのためイマームをどう定義するかという宗教的な問題が起こった。これをめぐってシーア派は、多くの派に分裂することになる。穏健なザイド派、十二イマーム派、過激なイスマーイール派などである。

十二イマーム派は、十二代目のイマーム、ムハンマドが父ハサンの死の直前、五歳でイマームに任じら

ギルドクーフ城　ホラーサーン地方のダームガーン近くにある山城。セルジューク朝時代に内戦の舞台となった。のちにニザール派の拠点となり，モンゴル軍の攻撃によってアラムート城が陥落したあとも，抵抗を続けた。

れたが、父の死後、隠れて「隠れイマーム」になったとする。十二イマーム派は、第四代イマーム、アリー・ザイン・アルアービディーンが、三代イマームのハサンと、サーサーン朝最後の王ヤズデギルド三世の娘シャフルバーヌーとのあいだに生まれた息子であると考え、以後のイマームはサーサーン朝と預言者ムハンマドの血を引くと説明する。

一方、イスマーイール派に属するファーティマ朝がエジプトに成立すると、ダーイーと呼ばれる宣教員を各地に送り出した。その一派、ニザール派は、シリア、イランに点々と山城を設け、セルジューク朝時代に、「暗殺教団」として恐れられるようになる。とくに有名な指導者としては、一〇九〇年に、カズヴィーン東北方、アルボルズ山中のアラムートの山城を入手・再建したハサン・サッバーフがある。彼は「殉教者(フィダーイー)」と呼ばれる刺客を使って、セルジューク朝の要人を、つぎつぎと暗殺した。また、アフマド・ブン・アッターシュは、イスファハーン近くの山城シャー・ディズに拠って、セルジューク朝を悩ますことになる。天険の要塞アラムートの山城は、執拗なセルジューク軍の攻撃にもたえ、モンゴルの攻撃まで落城することはなかった。

カスピ海南岸地域の情勢

また、タバリスターン、ギーラーン、ダイラム地方では、穏健なシーア派といわれるザイド派が広まり、アリー朝(八六四〜九二八年)や、ブワイフ朝成立の契機となった。アリー朝のもとで改宗し、サーマーン朝の進入やたび重なる戦乱のなかで鍛えられたダイラム人は、勇猛な歩兵としてイスラーム世界に進出するようになった。もともと、ダイラム地方からは、ビザンツやサーサーン朝時代にも傭兵や捕虜の集団が補助軍として徴募されていたが、十世紀にはいると、とくに活動が活発化する。キャドホダーと呼ばれる家長のもとで、強固な結束を保持したダイラム人は、ズーピーンという槍を駆使して、トルコ系騎兵とは異なる長所を誇っていた。そのひとつは、暑さにたえうることで、両者が対戦したとき、猛暑のためトルコ兵が敗退したという事例もあった。ダイラム人であるブワイフ朝の君主は、ダイラム兵とトルコ兵とを競わせることによって、両者をコントロールしていたが、しだいにトルコ系の奴隷兵が軍事力の中核となっていく。

ブワイフ朝の名は、始祖ブワイフに由来する。その息子三兄弟は、タバリスターンとグルガーンを支配したズィヤール朝(九二七〜一〇九〇年ころ)のマルダーウィージュ(在位九二七〜九三五)に仕えてフーズィスターンやイスファハーンにいたが、彼が暗殺されると独立して王朝を起こした。それぞれが支配領域を分け、イマード・アルダウラ(ファールス、フーズィスターン支配九三四〜九四九年)、ムイッズ・アルダウラ(キルマーン支配九三六~九四九年、イラク支配九四五~九六七年)、ルクン・アルダウラ(ジバール支配九四七~九七七年)の三頭体制をとった。○○○・アルダウラというのは、「王朝を○○する者」という意味である。たとえば、ムイッズ・アルダウラは、「王朝を強化する者」。この場合の王朝とはアッバース朝をさし、すべてカリフから授与されたものであった。シーア派のブワイフ朝に、このような称号を与えなければならなかったところに、落日のアッバース朝カリフの苦衷のさまがみてとれる。ブワイフ朝は、貨幣にサーサーン朝時代の言語であるパフラヴィー語(中世ペルシア語)の銘文をきざみ、シーア派の行事であるアーシューラーの服喪をバグダードで挙行して、独自性を強調した。カリフのお膝元でシーア派の行事を堂々とおこなったことに反感をおぼえたバグダードの人々とアイヤールたちは、同じ日を「ノアが大洪水のあと、最初に上陸した日」として、祝祭をおこなって対抗した。後述するセルジューク朝時代の街区抗争、争乱の激化の背景には、スンナ、シーア両派の対立感情と、これに荷担したアイヤールの活動が潜んでいた。

スーフィズムとトルコ人

さて、宗派の問題に戻ろう。アラビア語でタサウゥフという、スーフィズムすなわちイスラーム神秘主義の活動も盛んになってきた。イスラーム法学、神学が発達し、固定化するとともに難解なものとなり、ウラマーなどの専門職の手にまかされるようになったことにたいする反動で、修行と感性によって、アッラーと一体化する境地に達しようとする運動が支持を受けることになった。修行者スーフィーは、ハーンカーやザーウィヤと呼ばれる修行の場所で、同じことばを唱えつづけるズィクルや踊りをおこなうことによって、ファナーという神秘体験の段階にいたることをめざした。

中央アジアのトルコ系の人々は、初めはイスラーム商人をとおしてえられる情報や文化へのあこがれにより改宗する者があった。そのなかには、交易のため表面上改宗したと、十世紀の旅行家イブン・ファドラーンに非難される者もいた。また、カラハン朝のように、君主の改宗をきっかけとして、集団で改宗する例もあった。ゾロアスター教のような教義体系をもったイラン系の人々の改宗とは異なり、シャーマニズムを信奉するトルコ系の人々にとっては、やさしいことばで教えを説き、時に「奇跡」を演じてみせるスーフィーの活動が、改宗への大きな原動力となったのである。

3　トルコ人の改宗とトルコ系王朝の出現

ガズナ朝

ムスリムとなったトルコ人は、ターヒル朝やサーマーン朝時代のように奴隷としてイスラーム世界に輸入されるのではなく、自らの意志で、西方へ移動するようになる。セルジューク朝の君主アルプ・アルスラーン(在位一〇六三〜七二)にかんする有名な逸話は、このような時代の移り変わりをよくあらわしている。

彼が西方遠征途中、ユーフラテス川を渡ったとき、同行の法学者がこういったという。「ああ、ご主君よ、アッラーはなんというお恵みをあなたに賜られたことでしょうか」「この川は、今までマムルーク以外にトルコ人が渡ったことはございません。あなた様は今日、はじめて王としてお渡りになられました」と。

トルコ系奴隷出身者が建てた王朝としては、ホラーサーン、中央アジア、インド西北部を支配したガズナ朝がある。十世紀後半、トルコ人グラームで、サーマーン朝のハージブであったアルプ・ティギーン(アルプ・テキン)は、逃亡してガズナの実質的な支配者となった。その後、配下のグラーム、サブク・ティギーン(セビュク・テキン、在位九七七〜九九八)が支配者となったが、貨幣には、ハージブ・アル・アジャッル(偉大なるハージブ)と刻印していた。以後、代々世襲となり、彼をもって、ガズナ朝最初の君主とする。その子マフムード(在位九九八〜一〇三〇)は、インドのソムナートまで遠征して、ヒンドゥー教寺院を破壊し、イスラームの擁護者の名声をえた。彼の時代が最盛期で、版図はホラーサーンからスィースターン、ホラズム、パンジャーブ地方にまで達した。君主はスルターンとも呼ばれたが、これは自称で、カリフから認められたものではない。史料は、君主をスルターンと呼ぶものと、アミールと呼ぶものがあり、後者が公式な身分を示している。ガズナ朝は、スンナ派の立場に立って、アッバース朝カリフを尊重、擁護し、シーア派のブワイフ朝と対立した。

マフムードのつぎには、息子のムハンマドが即位したが、兄弟のマスウード(在位一〇三一〜四一)が彼を廃して政権を奪取した。彼は、武勇には優れたが、マフムードほどの政治手腕はなく、セルジューク朝によってホラーサーンを奪われることになる。

公用語は主としてペルシア語で、多くのペルシア詩人が宮廷に出入りし、「ホラーサーン様式」も、豊富なアラビア語の語彙を取り入れて完成の域に達した。

散文では、マスウードの時代に書かれたペルシア語史料『バイハキーの歴史』がある。これは、宮廷に届けられる文書も利用し、御前会議の様子をなまなましく伝える名作である。しかし、史料の一部は、ウトビーによる『ヤミーニーの歴史』のようにアラビア語で書かれたし、ビールーニーのようにアラビア語の著作をおこなう学者もあった。

トゥルクマーンの西進

イスラーム史料では、グッズ、オグズ、あるいはトゥルクマーンと呼ばれる者たちの活動が、十一世紀初めころ目立つようになる。これらの語は、大筋においては同一の者たちをあらわすのであるが、微妙な差異もある。トゥルクマーンとは、ムスリムとなって、セルジューク勢力に従う者たちにたいして使われることが多く、グッズは、非ムスリム、セルジューク家に関係のない者に使われる傾向がある。トゥルクマーンの語源については諸説があるが、いずれも決定的ではない。トゥルクマーンを現在のトゥルクメン共和国や、イランのトゥルクメン人たちと混同すべきではなく、史料上の用語法と解釈したほうがよい。

セルジューク朝の名は、一族の始祖セルジューク(セルチュク)に由来する。一族の具体的な活動がわかるのは、その息子アルスラーン・イスラーイール、ミーカーイールらの世代からである。アルスラーン・イスラーイールは、十一世紀初頭、カラハン朝のブハーラー、サマルカンドの支配者アリー・ティギーンのもとにあったが、カラハン朝の内紛に際して、前者に従うトゥルクマーンたちは、アム川を渡ってホラーサーンにはいり、ガズナ朝のマフムードのもとにはしった。その数はテントにして四〇〇〇帳であったという。

マフムードは、トゥルクマーンへの影響力を恐れてアルスラーンを逮捕・幽閉した。その統制を離れたトゥルクマーンたちは、ニサー、サラフスなどのホラーサーン北方都市周辺地域で、多数の家畜の放牧を始めたため、牧地が荒廃し、租税収入も減少した。マフムードは、彼らの追放を決意し、自ら軍を率いて攻撃に赴いた。トゥルクマーンたちは、カスピ海東北地方に拠点を設け、各地で略奪をおこなった。

彼らは、さらにほかの集団もあわせ、数人の長の指揮下に、ホラーサーンの諸都市の略奪を続けた。史料は、これらの集団を、主としてイラーキー・トゥルクマーンと呼ぶ。彼らが進入したイラーク・アジャムにちなんだ呼び名である。また、キジル、ギョクタシュら、族長の名をとって呼ばれた集団もあった。

セルジューク朝の成立

ホラーサーンの諸都市がセルジューク家に期待したものは、これらトゥルクマーンへの影響力の行使であった。ニーシャープールを実質的に支配していた名家アーヤーン層は、トゥルクマーンを統制することができず、街道の治安維持能力にも欠けるガズナ朝に見切りをつけ、トゥグリル・ベクの派遣した使節にたいして、談合の末、無血で彼らを受け入れることを決定した。ニーシャープール入城の一〇三八年をもって、セルジューク朝創設の年とする。セルジューク朝は、のちにイラク、キルマーン、ルーム(アナトリア)などにもつくられるため、イランを支配した本家を、大セルジューク朝と呼んでいる。

無統制のトゥルクマーン集団を取り締まるものとして、ガズナ朝の支配にあきたりない者たちへの「解放者」として出現したところに、同朝成立の名分があったといえる。これ以前には、アッバース朝カリフは、セルジューク勢力をほかのトゥルクマーンと同列に考えていたようである。

ミーカーイールの血統に連なるトゥグリル・ベク(在任一〇三八〜六三)は、兄弟のチャグリー・ベクとともに一〇四〇年、ダンダーンカーンの戦いでガズナ朝軍を破り、ホラーサーンでの覇権を確保した。この戦いののち、カリフ、アルカーイム(在位一〇三一〜七五)に送られた書簡は、彼らの立場をよくあらわしている。その内容を要約すると、

(1) カリフへの服従
(2) 一族が聖戦(ジハード)などに従事していたこと
(3) ガズナ朝の圧制とセルジューク一族の窮状
(4) ホラーサーンのアーヤーンたちが彼らに保護(ヒマーヤ)を求めていること
(5) ガズナ朝にたいする勝利
(6) カリフの命に従い、イスラームの定めに従って正道をいく決意の表明

となる。シーア派を奉じるブワイフ朝の傀儡となって、権威の低下していたカリフではあったが、スンナ派に属し、イスラーム世界に「新参者」としてあらわれたセルジューク朝にとっては、やはり、そのお墨付きは欠かせないものだった。トゥグリル・ベクは、自らを「カリフのしもべ」と称していた。支配の正

当性のよりどころとして、ヒマーヤと公正さを主張するのは、ほかの王朝にもみられるところで、当時の権力のあり方を考える格好の題材である。

ニーシャープール以外のいくつかの都市も、進んでセルジューク朝の支配を受け入れ、彼らに資金と武器とを提供した。カリフや、ほかの地方王朝との折衝には、アラビア語、法学などの知識に通じた有能な人材が必要であった。ホラーサーンの都市のマドラサで学んでいた秀才や、ガズナ朝などの官僚を採用することによって、セルジューク朝は、これを確保した。官僚の流動性の高さは、初期の宰相の出自、経歴からも確認することができる。

公用語としてのペルシア語

官僚は、イラン系の人々で、宮廷の公用語もペルシア語が使われた。沈黙の二世紀のあいだ、文献からペルシア語は姿を消し、ターヒル朝、サッファール朝では宮廷公用語もアラビア語が使われていた。アラビア語は、コーランの言語であるとともに、イスラーム世界の共通の文語で、十世紀末まではイラン、中央アジアでも、もっぱらこれが使われていた。「異民族」支配のセルジューク朝のもとで、ペルシア語が公用語となったのは、文章語としての成熟が進み、複雑な抽象概念も、近世ペルシア語で表現が可能となってきたことによる。

近世ペルシア語とは、サーサーン朝時代の中世ペルシア語(前述のパフラヴィー語)に対比させて使われる用語で、アラビア文字で書かれ、アラビア語の語彙を多数取り入れたペルシア語のことをいう。近世ペルシア語では、日本語の「サ変動詞」のように、アラビア語の名詞や能動・受動分詞などにペルシア語動詞をつけて、複合動詞をつくりあげた。イラン史研究にアラビア語の知識が不可欠なのは、時代によって、アラビア語史料を読む必要があることはもちろん、ペルシア語文献を読みこなすためにもアラビア語の理解が要求されるためである。この点では、どこであれ、東アジア世界の歴史研究に漢文の読解力が必須であることに、よく似ているといえよう。

スルターンとは

現存するセルジューク朝の貨幣をみると、イスラーム暦四三七(西暦一〇四五〜四六)年までは、トゥグリル・ベクは、アミールと呼ばれていた。スルターンの語が使われるようになるのは、四三八(西暦一〇四六〜四七)年以降のことである。スルターンとは、本来支配者、支配権を意味するアラビア語で、コーランのなかでも用いられている。カリフのなかにもスルターンの異名をもつ者もあったし、ガズナ朝の君主もスルターンを自称していたことは、先に述べたとおりである。また、ファーティマ朝の君主カリフも、スルターンと呼ばれることがあった。ブワイフ朝の君主アミールのなかには、スルターン・アルダウラ(王朝の支配者)の称号をもつ者もあった(イラク支配一〇一二〜二一年)。このことば自体は、むしろ一般名詞に近いといえる。

トゥグリル・ベクは、貨幣では「スルターン・アルムアッザム(偉大なる支配者)」とともに、「シャーハン・シャー(王中の王)」というペルシア語でも呼ばれるようになるが、この変化は同時に並行して起こっている。アラビア語とペルシア語の双方が使われるところに、セルジューク朝の立場が、よく反映されている。シャーハン・シャーは、ブワイフ朝の君主もすでに称号として使用していたものである。

一〇五五年に、アッバース朝カリフ、アルカーイムがおこなったことは、すでにトゥグリル・ベクが自称し、またカリフ自身が別の機会に承認していた呼び方を、バグダードのフトバで唱えさせ、貨幣にきざませたという、支配権の公認であった。

ともあれ、王朝の支配者がアミールと呼ばれていた時代は終わり、以後セルジューク朝では、アミールとは配下のトゥルクマーン集団の長か、奴隷出身の将軍の称号となる。

セルジューク朝の軍事力の根幹は、当初はトゥルクマーンであったが、彼らは、必ずしも君主の意のままに動くものではなかった。一〇四九年、五八年の二回にわたって、セルジューク一族の一人、イブラーヒーム・イナールが起こした反乱は、これらトゥルクマーンの不満のあらわれであった。以後、彼らは君主の継承問題にも介入し、一〇六三年にはアルプ・アルスラーンの即位に反対してクタルミシュを推し立て、大規模な反乱を起こしている。

アルプ・アルスラーンを擁立したのは、グラーム出身のアミールたちと、イラン系の官僚たちであった。結局、この戦いはアルプ・アルスラーン側の勝利に終わり、クタルミシュは敗死し、トゥルクマーンたちの一部はイラクから上メソポタミア方面へと逃亡、また一部はアゼルバイジャン、アルメニア方面からアナトリアへと移動していった。

宰相ニザーム・アルムルク

アルプ・アルスラーン(在位一〇六三～七二)即位に功績のあった官僚の一人が、ニザーム・アルムルクである。彼は、ホラーサーンのトゥース近くの地主階級の出身で、初めはガズナ朝のホラーサーン総督に仕えていた。セルジューク朝のもとへ転じてからは、アルプ・アルスラーン、マリク・シャー(在位一〇七二～九二)の二人の君主のアターー・ベク(養育係)を務め、双方の宰相となって、絶大な権力をふるうことになる。「マリク・シャーの仕事は、ただ狩りをすることだけ」という逸話は、ニザーム・アルムルクの政治手腕を、よく表現している。君主も、彼を「師父」と呼んでいたほどである。

ニザーム・アルムルクの功績のひとつは、マドラサ(学院)の建設である。マドラサそのものはすでに存在していたが、支配理念の確立と、官僚の養成とを目的にして、国家によってつくられたものは、これが最初であった。ガザーリーが教授となったバグダードのマドラサのほか、イスファハーンやニーシャープールなど主要な都市にもマドラサが建設され、みなニザーミーヤ学院と呼ばれた。法学ではマーリク派、神学ではアシュアリー派が主として講じられた。このため、法解釈も固定され、地方王朝のもとでもさかんにマドラサがつくられることになった。

ニザーム・アルムルクは、奴隷兵による親衛軍を強化し、徴税機構の改革も断行した。セルジューク朝時代のイクターは、ブワイフ朝時代の軍事イクターの延長上にあった。すなわち、国庫収入から軍人に給与を支給するかわりに、場所を指定し、徴税権を授与するものである。このほか、セルジューク朝特有のものとして、地方の行政権を付与する大規模なイクターもあった。このようなイクターを割り当てられた者は、ムクターー(イクター保有者)以外に、地域によってはワーリーと呼ばれることがあったので、注意を要する。また、遠征に必要な糧秣、かいばを確保するために各所に設置されたイクターもあった。大規模なイクターの保有者は、君主の権威低下とともに独立傾向を示し、アター・ベクの自立とともに、のちにセルジューク朝崩壊の一因となる。

セルジューク朝の支配体制

セルジューク朝は、マリク・シャー時代の最盛期には、中央アジアから地中海岸にいたる広大な領域を支配した。少数の軍隊で広い地域を管轄するためには、大規模イクター保有者、シャフナ(アラビア語でシフナ)の設置とともに、群小地方王朝にそれぞれの地の支配を委任することも必要であった。これは、金曜日の集団礼拝のフトバにおいて、世俗支配者の名を公示する際に、セルジューク朝君主の名を唱えることと、貢納をおこなうことの見返りとして認められた。このような王朝としては、カスピ海南岸のバーワンド朝(六六五~一〇七四年)、ターロムのマルズバーン家、アゼルバイジャンのラッワード朝(十世紀初め~一〇七一年)、アッラーンのシャッダード朝(十世紀中ごろ~一一七四年)などがある。この構造をもって、トルコ共和国の研究者は、「セルジューク帝国」と呼ぶことがある。しかし、小王朝のなかには、のちにセルジューク朝に征服され、解体されたものもある。

また、大セルジューク朝の版図内を、さらに一族で、支配領域を分割して統治することがあった。当初は、トゥグリル・ベク、チャグリー・ベク、ムーサー・ヤブグで、領土を三分割した。このように、一族で地域を分割するところに、トルコ共和国の研究者は、「遊牧封建制」のあらわれをみようとする。しかし、必ずしもセルジューク朝の支配体制に「遊牧トルコ的伝統」を求めることはできない。支配者が兄弟で支配地域を分割した例は、先に述べたブワイフ朝にもみられたことである。また、トゥルクマーンたちのすべてが遊牧民であったわけではないし、「セルジュークに従う者たち」のなかには、彼らがシル川上流域の町ジャンドで旗揚げしたとき以降に、途中で加わった者も多数あったと思われる。

『統治の書』

今日、ニザーム・アルムルクの業績をしのぶものとして、彼が書いた『統治の書(スィヤーサト・ナーメ)』が残っている。これは、マリク・シャーの要請によって、君主の心得を述べたもので、このジャンルのものを、「鑑《かがみ》文学」という。

これより先に書かれたペルシア語の鑑文学として名高いものに、タバリスターンの地方王朝、ズィヤール朝(九二七〜一〇九〇年ころ)の君主カイ・カーウース(在位一〇四九〜?)の『カーブースの書(カーブース・ナーメ)』がある。これは、王朝滅亡の危機に際して、息子に、世のなかがどのようになっても生きていけるよう、書き残した教訓集で、なかには「任侠道」についての章も含まれていて、興味深いものがある。

ニザーム・アルムルクの『統治の書』は、四〇章となる予定だったが、イスマーイール派の脅威を感じて、さらに一〇章を追加し、全五〇章とした。これを残してニザーム・アルムルクは、イスファハーンか

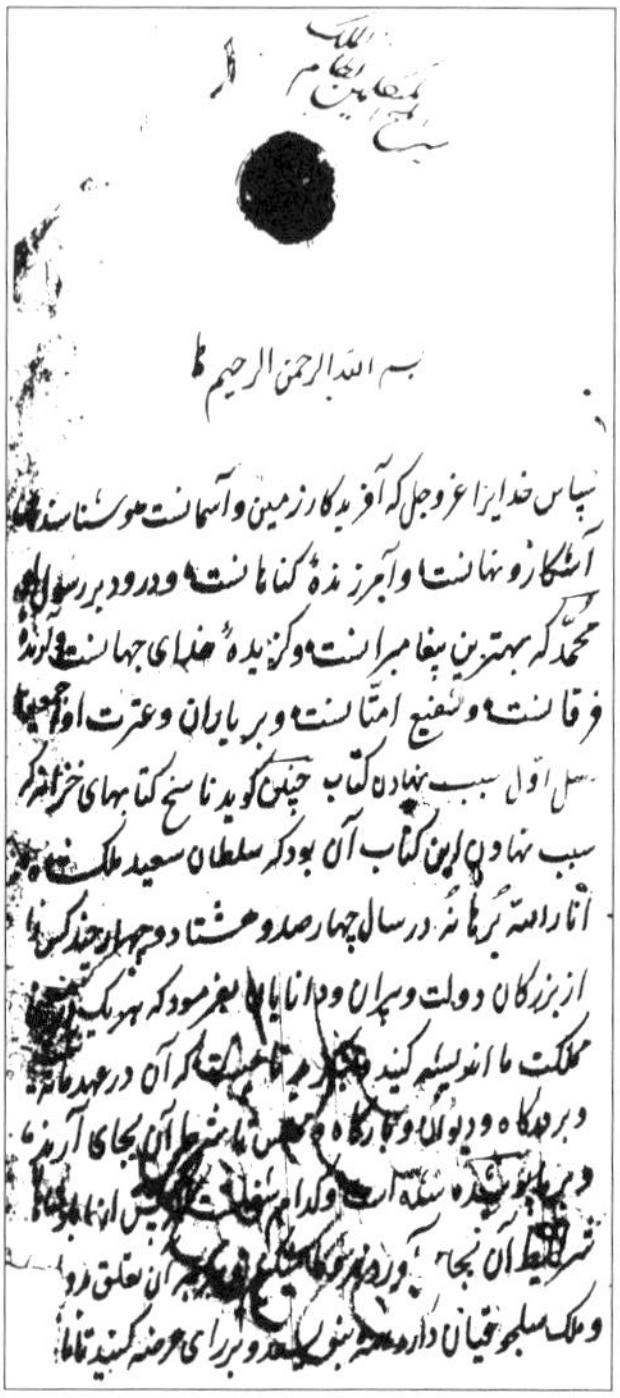

ニザーム・アルムルクの『統治の書』冒頭部分

らバグダードへ旅立ったが、途中、イスマーイール派のうちのニザール派と目されるダイラム人の若者によって、暗殺されてしまった。当時、イスマーイール派の跳梁はめざましく、バグダードでも辻説法のようなかたちで布教もおこなわれていた。ファダーイル・ハーンなる者がそれで、ペルシア語で「美徳を説く者」の意味である。彼らは、人の多いところで、シーア派の象徴たるアリーの徳を称える詩を詠み、取締官があらわれると逃亡するという戦術をとった。セルジューク朝側も、これに対抗して、アブー・バクルを賞賛する詩を朗唱するマナーキブ・ハーン(同じくペルシア語で、「美点をたたえる者」の意)を繰り出した。

『統治の書』の内容は、逸話や実例をあげて、わかりやすく統治の要諦を説いている。模範とされるのは、『王書』にでてくる伝説上の英雄や、ターヒル朝、サーマーン朝、ガズナ朝の君主の治世である。このなかで、セルジューク朝の由来を、『王書』中の人物アフラースィヤーブにまでさかのぼると説明しているのは、トルコ人の起源として当時イスラーム世界に流布していた、「ノア→ヤペテ」に連なる「人類系統図」と、ペルシア世界の考え方とを整合させようとしたものとして、おおいに注目される。ニザーム・アルムルクの意図は、当時考えられるかぎりの君主の理想を述べることによって、支配者の圧制、専横に歯止めをかけ、彼らの統治を安定したものとして、永続させようとしたのであろう。

ニザーム・アルムルクの死後、三つの「ニザーミーヤ」が残った。ひとつは、前述のマドラサ、ひとつは、彼のかかえていた私兵集団、もうひとつは、彼の一族のことである。子孫からは、宰相となる者が八人でた。彼らは、みな○○○・アルムルクの称号をもち、ニザーミーヤとも呼ばれたのである。

セルジューク朝下のアミール

『統治の書』には、「トゥルクマーンをグラーム同様に使う」ことを奨励した章がある。意のままにならないトゥルクマーンにたいして、君主は、グラーム、マムルーク出身の軍隊を編成し、そのなかからアミールを任命して重用した。その一人、ゴウハル・アーイーンなる人物を取り上げて、彼のライフヒストリーをみてみよう。

彼は、ブワイフ朝に仕えるマムルークの出身で、君主マリク・アルラヒームの失脚にともない、セルジューク朝に転じた。アルプ・アルスラーンよりバルキヤールク(在位一〇九四〜一一〇五)までの四人の君主に仕え、マラーズギルドの合戦からセフィードルードの合戦(一一〇〇年)まで、六回の戦いにアミールとして参加した。マラーズギルドの戦いでは、彼の配下のグラームがビザンツ皇帝ロマノス・ディオゲネスを捕えるという戦功をあげた。彼はまた、一〇七三年、反乱を起こした、セルジューク一族の一人、カーヴルト・ベクの処刑を執行し、君主マリク・シャーの信任に応えている。

彼の本領は、バグダードのシャフナ職時代に発揮された。シャフナの職務のひとつは、カリフとの折衝にあたることであった。ブワイフ朝時代とは異なり、カリフの表面上の権威は、正統派を奉じるセルジューク朝のもとで、ある程度回復されてはいたが、それだけにカリフの目付役は重要な任務であった。彼はカリフの側近の人事に介入し、セルジューク朝の力をみせつけた。また、バグダードの治安維持にも尽力した。当時のバグダードは、街区同士の対立が激化し、アイヤールがこれにからんで、しばしば争乱事件が発生した。ゴウハル・アーイーンは、時に峻厳ともいえる態度で、これを弾圧した。

このように、セルジューク朝の軍事・内政面の重大事は、奴隷出身のアミールの手に任され、トゥルクマーンのアミールが、これにあたることはなかった。一般にいわれてきた「セルジューク・トルコ」というい方では、この二重構造を見落とし、「一枚岩のトルコ人の王朝」との印象を与える危険性がある。

シャフナは、バグダード以外の都市にも設置されて、治安の維持にあたった。サンジャル時代の、ジュワイン地方のシャフナへの任命状に「腐敗せる者たち、邪悪な者たち、とくにアイヤールの名で山中を徘徊する者たちの集団、ムスリムに害をなす『ジプシー』たちと盗賊たちを、その地方から一掃すること、増大する一方の彼らの悪行を禁止することが、汝《なんじ》のもっとも大切な仕事であると知れ」と書かれているのは、シャフナが都市以外にも出没したアイヤールらの取り締まりをおこなっていたことを裏づけている。

グルガーン、ディヒスターン地方のシャフナは、同地のトゥルクマーンの統制をも任務としていたことが、同じサンジャル時代の公文書からわかる。

対トゥルクマーン政策

トゥルクマーンへの対策は、放牧地域を指定してそのなかに囲い込むこと、上述のようにシャフナに監督させること、不満分子はさらに西方に駆逐して「やっかいばらい」をすることであった。アナトリアのトルコ化は、セルジューク朝時代には、むしろこのような消極的なかたちで進んだ面がある。

トルコ東部，マラーズギルトの町　市壁がよく残っている。この城外で，セルジューク朝とビザンツとのあいだで戦いがおこなわれた。周囲は，典型的な天水農業地帯の景観を呈している。

セルジューク朝時代にアナトリアへ流入したトルコ系の人々の数は、カフェソウルによって六〇万から一〇〇万人と推定されているが、本当のところはわからない。イランのセルジューク一族から別れ、あるいは追われて移動したトゥルクマーン以外に、カスピ海北方、黒海北方を経由してはいってきた者たちもあった。

アナトリア東部、ヴァン湖北岸からさらに内陸にはいったところに、マラーズギルドの城塞があった。現在のマラーズギルトの町が、これにあたる。一〇七一年、この東南の城外で、ビザンツとセルジューク朝の軍隊が衝突したのが、前出のマラーズギルドの合戦である。このときのビザンツ軍には、グッズ、ペチェネクなど、トルコ系の者たちも参加していた。彼らは、北方経由でアナトリアにはいった、非ムスリムの集団であったと考えられる。「世界史的」大決戦で、双方にトルコ系集団がいたことは注目される。しかも、セルジューク朝軍の中核は、奴隷兵であったから、「トルコ人が、トルコ系奴隷を使って、トルコ系集団を含むビザンツ軍に勝利した」ということになる。この勝利によって、アルプ・アルスラーンは、トルコ史上の英雄と称揚されるようになるが、彼にはアナトリアへの積極的な進出の意図はなかった。むしろ、これを機に、ビザンツの軍事力の空洞化したアナトリアへ、統制に服さないトゥルクマーンたちが流入するようになったことが重要である。

セルジューク朝時代の文化

ガズナ朝時代に完成されたペルシア詩の「ホラーサーン様式」は、セルジューク朝初期まで受け継がれ、十二世紀にはイラク様式へと発展する。スルターン・サンジャル(在位一一一八~五七)の時代には、多くの詩人が活躍したが、アンヴァリーは、その代表的な存在である。彼は、天文学、哲学など諸学に通じ、高度な技巧を誇る詩をあらわした。これより先、マリク・シャーの命を受け、「マリキー暦」(ジャラーリー暦)の制定に貢献したオマル・ハイヤームは、有名なルバイヤート(四行詩)を詠んだ。ただし、現存する写本には、真贋の論争がある。

散文の分野では、ナースィル・ホスロウの『旅行記』が傑出している。彼は、チャグリー・ベクに仕えるマルヴの財務官僚であったが、「夢のお告げ」によってメッカ巡礼に出発、イラン高原、アナトリア東南部、シリア、エジプトをへて巡礼ののち、バルフへ帰還した。イスマーイール派に改宗したため弾圧され、最後はバダフシャーンの山中で没した。彼の旅行記には、途中出会った文人、学者の記述が含まれていて、ペルシア文学史の典拠となっている個所も多い。また、地方都市のフトバが誰の名で唱えられているかが詳述され、年代記ではわからない統治の実態がうかがわれる。自分の見聞したものと、伝聞によるものとを、文体を明確に分けて記述していて、第一級の史料として活用できる。都市についての関心も、水利、治安、宗教施設、市場、商品、文人のサークルと多方面におよんでいて、今日、われわれが都市を考えるときの視点に通じるものがある。これは、彼自身の身につけていた都市性をよく物語るものであろう。彼はまた、イスマーイール派詩人としても名高い。

セルジューク朝関係史料としては、ザヒール・アルディーン・ニーシャープーリーの『セルジュークの書』、これを一部下敷きにしたラーヴァンディーの『胸襟の安らぎ』がある。後者は、大セルジューク朝の流れをくむイラク・セルジューク朝の君主に献呈しようとしたが、同朝が滅亡したため、ルーム・セルジューク朝の君主カイ・ホスロウ(在位一一九二～一二一〇)に捧げられた。この書には、アラビア語の警句やハディース、コーランの引用、フェルドウスィーの『王書』の詩などがちりばめられている。いわゆる歴史史料として使うには注意を要するが、文章それ自体が有力な情報となっている点に価値がある。これは、君主に読み上げて聞かせることを目的としていると考えられるもので、宮廷文化のあり方を示唆するところ大である。たとえば、アラビア語の文言には逐一ペルシア語の訳がつけられていることから、君主はペルシア語は解したものの、アラビア語にはうとかったのではないかと思わせるところがある。ニザーム・アルムルクも、カリフにセルジューク朝のイクター保有者である軍人を一人ひとり紹介するとき、アラビア語からペルシア語への通訳をしたというから、トルコ系軍人もペルシア語を解したことがわかる。トルコ系王朝のもとで、ペルシア語が成熟し、ペルシア詩が発展し、ペルシア語文化圏が成立していく様子が、よくわかる実例である。

セルジューク朝時代の建築

君主は点々と移動していたが、トゥグリル・ベクは、レイから居住地をイスファハーンに変え、マリク・シャー時代には、いくつかの公共建築物やバーグ(庭園)が造営された。今日残っているものには、大モスク(会衆モスク)がある。時に「金曜モスク」と誤って称せられる建物は、既存のモスクに接して、マリク・シャー時代につくられたものである。後代にさらに改修され、化粧タイルも張り替えられているが、セルジューク朝時代の素朴、豪放な趣きを残す部分もある。セルジューク建築の特徴に、「セルジュークの青」ともいわれる青タイルがある。タイルづくりの技術は、ルーム・セルジューク朝に継承され、イズニクは、タイル製造の中心地として知られるようになる。

バグダードはセルジューク朝の首都となったことはなく、シャフナによる管理だけで満足して、君主は同地を頻繁におとずれることはなかった。アルプ・アルスラーン時代にバグダードで暮らした、イブン・

アルバンナーというウラマーの日記が残っている。それによれば、当のウラマーも、セルジューク朝や、アルプ・アルスラーンにはさほどの興味はなく、たまに来訪したスルターンの名前も正確には綴っていないほどであった。

近年、トルコの研究者は、アナトリアのセルジューク朝やアクコユンル朝期の建築物に残る制作者の銘文を分析した成果を発表している。それによれば、マドラサや橋の建築にあたっては、イランから職人、建築家がやってきて工事の主体となっている例があることがわかる。人ともの、金と情報の流通することで知られるイスラーム世界で、この時代に技術や、それを担う人の移動が確認されたことは、イラン史、

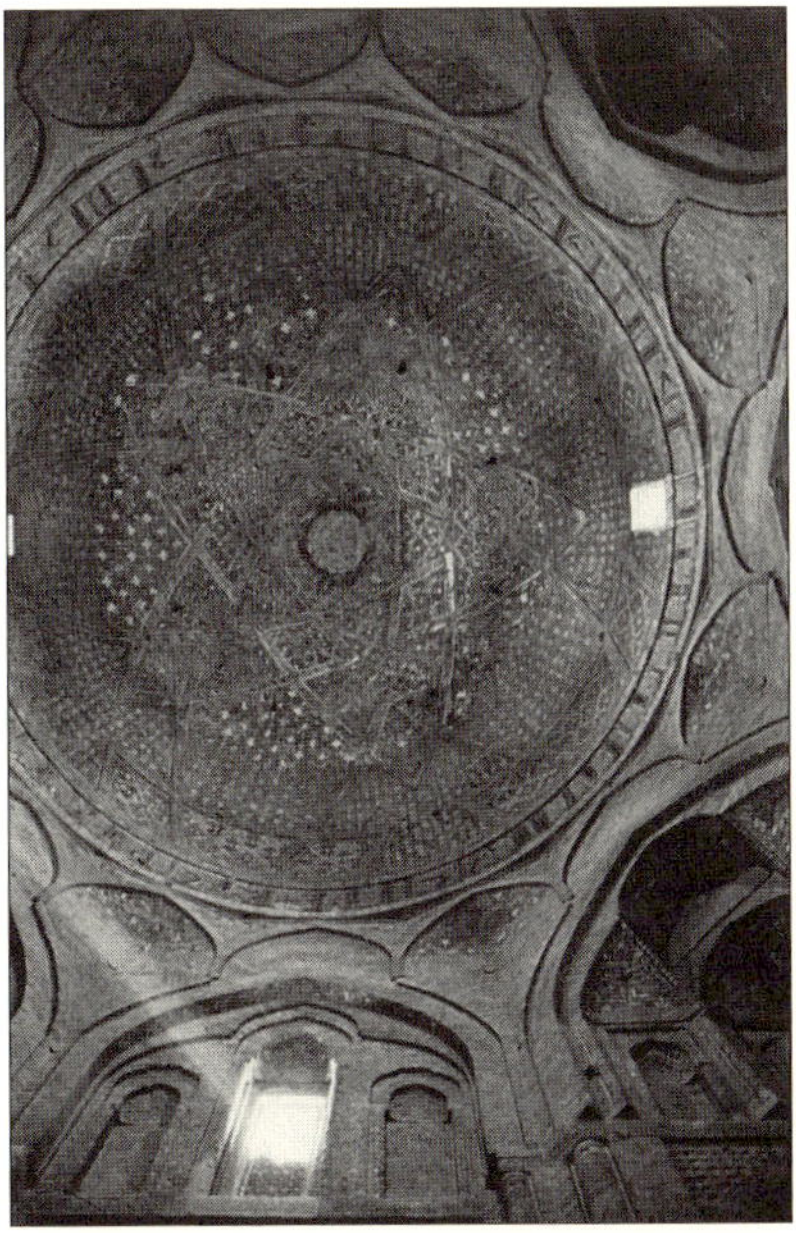

イスファハーンの大モスク　セルジューク朝，イル・ハーン朝，サファヴィー朝と，長い期間をかけてつくられた。これは，セルジューク朝時代の建築による，北側の大ドームの内部である。簡素にして豪放な様式をよく伝えている。

トルコ史と分けて考えられがちな従来の史観にも一石を投じるものになることであろう。

第三章　トルコ民族の活動と西アジアのモンゴル支配時代

1　トルコ民族とイラン、アナトリア地域史

マフムード・カーシュガリーとトルコ民族

トルコ民族は、現在のモンゴル高原を中心とする北アジアを原住地としていた遊牧民族で、西暦六世紀の中ごろ、漢文史料に突厥《とっけつ》と記されている時代に強盛となり、一時大帝国を建てた。突厥は八世紀の前半に滅びたが、その後は同じくトルコ民族のウイグルが勃興して中国内地の政治に介入するほどの大勢力に成長した。八四〇年に遊牧ウイグル・カガン国が内紛とクルグズの攻撃のために滅亡したあと、トルコ民族の活動のおもな舞台は北アジアから中央アジアへと移り、同時にイスラーム勢力との接触が本格化する。十世紀の後半に現在のカザフスタンから中国領にかけての地域には歴史上カラハン朝と呼ばれるトルコ系の国家が存在し、この王朝の領域を中心とした地域がトゥルキスターンと呼ばれていた。

カラハン朝の支配者層を皮切りに、現代のトルコ民族の大部分が宗教的に所属するイスラームへの集団

的な改宗が開始されたが、こうした状況のなかで十一世紀後半(一〇七七年ころ)のバグダードで、カラハン朝の王族出身と思われるマフムード・カーシュガリーという人物がセルジューク朝の西アジア進出以来高まっていた一般の関心に応えるべくアラビア語で『トルコ人の言語集成』という書物を著わした。この書物にはイスラームに改宗して以来約一世紀をへたころのトルコ人が、自らをどのようにイスラーム的な世界観や歴史のなかに位置づけていたかをうかがわせる内容が含まれている。それによれば、トルコ人は当時二〇の部族集団に分れており、その分布範囲はビザンツ帝国の国境から中国の内地にいたるまでの広大な地域であり、イスラームに改宗した者もいまだに改宗していない者もあった。また、トルコ人はすべて『旧約聖書』創世記に登場する大洪水の話で有名なノアの子供であるヤペトの子孫であるとしており、この説はカーシュガリー以後もトルコ民族の歴史をイスラーム教徒が書く場合に必ずといってよいくらい引用される伝説である。さらにカーシュガリーは当時流布していたと思われるハディースのひとつに基づいて、トルコ人は神自身によって東方に住地を与えられた「神の軍隊」であり、神の意思により世界の諸民族に優越する地位を与えられたとする主張をおこなっている。この主張は、『トルコ人の言語集成』が著わされた当時、トルコ民族の軍事的な優位はイスラーム世界で広く知れわたり、トルコ民族はその軍事的な卓越性ゆえに、とくにスンナ派のイスラーム世界では、宗教と国家の秩序を維持し、防衛するために不可欠で重要な要素としてその存在が認められていたことを示している。

十一〜十五世紀のアナトリアとイラン地域において、イスラームへの改宗後のトルコ民族が発揮したもっとも顕著な特性は、まさにこの軍事的な優位を保持しつづけたことにある。軍事的な優位を保持する一方で、トルコ民族の文化的な発展は遅れた。現代のトルコ系諸言語の文語的な基礎をなす、西方のオスマン・トルコ語、東方のチャガタイ・トルコ語による作品があらわれ始めるのは、十四世紀のモンゴルの支配時代以降である。これらの言語による文献が出現して以後も、アナトリアでも、中央アジアでもペルシア語による作品は生み出されつづけ、とくに中央アジアでは文語としてのチャガタイ・トルコ語とペルシア＝タージーク語の併用状況が長く続いた。民族的な出自はトルコ系やモンゴル系でありながら、セルジューク朝やイルハン国、ティムール朝の君主たちが宮廷においてイスラーム以前の時代から続いてきたイランの伝統を重視し、ペルシア文学やイラン・イスラーム文化を愛好したこともトルコ語の発展やトルコ・イスラーム文化の形成にペルシア語やイラン・イスラーム文化が大きく寄与したことと深く関連している。とくにトルコ民族の場合、アナトリアでも中央アジアでも王朝国家の中枢をなす宮廷文化におけるペルシア語やイラン・イスラーム文化の影響が非常に大きかったことは本章で扱う時代の特徴であったといえる。

西アジアにおける、オグズ＝トゥルクマーン部族の重要性

カーシュガリーの著作『トルコ人の言語集成』によれば、トルコ民族は二〇の大きな集団に分れているという。オグズと呼ばれる集団はペチェネグ、キプチャクについで西方から三番目の集団であり、カーシュガリーはこのオグズ部族についてほかよりも詳しい記録を残しており、オグズについてのみ内部の小集団の名称があげられている。さらに、現存する唯一のカーシュガリーの写本には、遊牧民であったオグズ

部族が、たがいの家畜を見分けるために用いたしるしで、モンゴル時代にはタムガと呼ばれた標章が書き込まれている。

イスラームの歴史上、オグズ、別名をトゥルクマーンと呼ばれたトルコ民族中の一大集団は西暦十一世紀以降の西アジアで重要な政治的、軍事的な役割をはたした。カーシュガリーはオグズ＝トゥルクマーンの内部に二二の小集団を数えているが、その筆頭にあげられるクヌク氏族からはセルジューク朝の王統がでた。第二のカユグ(カユ)氏族はオスマン朝の出身氏族とされており、三番目のバユンドゥル氏族からはアクコユンルの、四番目のイウェ氏族からはカラコユンルの王統がでている。五番目のサルグル氏族からは、セルジューク朝期からイルハン国時代イランのファールス地方にあったサルグル朝が、六番目のアフシャル氏族からは、十八世紀に一時イランを統一したアフシャール朝がでている。

しかし、オグズ＝トゥルクマーン部族がイスラーム世界の歴史に残るいくつかの国家を建てたからといって、その際に各氏族の全体、ましてや部族がこぞって一糸乱れぬ行動をとっていたわけではない。むしろセルジューク朝をはじめオグズ＝トゥルクマーン系の諸王朝の歴代の支配者たちは、自身と同族の、配下の勢力が、軍事力を嵩《かさ》に一般の臣民へ恣意的な略奪や破壊的な行動をしないように彼らの統制に苦慮していた。政治権力を握る王朝がトルコ系であるからといって、王朝国家の内部全体や政治体制が独占的にトルコ人によって占められたり、トルコ系の軍人や部族がみな支配的な地位に就いたというような事実はなかったのである。この意味で、西アジアという地域の歴史からみた、セルジューク朝以降のトルコ系イスラーム国家の成立と発展は、多民族、多宗教、そして多数の地域社会からなる西アジアのイスラーム社会が、軍事力を背景とする新来のトルコ民族の政治的な覇権を承認することをよぎなくされたことを意味し、トルコ系諸王朝のもとでも西アジア固有の文化的、民族的な多様性は維持された。

一方、六世紀の北アジアに始まるトルコ民族史上、イスラームに改宗したオグズ＝トゥルクマーン部族は、イランやアナトリアを中心とする西アジアでとくに大きな歴史的足跡を残しており、ほかの部族でこれらに匹敵する重要性を有するものはない。オグズ以外の部族については、ウイグル部族やキプチャク部族の一部が、十三～十四世紀のモンゴル時代に政策的に西方移住させられた(ときには自発的に移住した)ことが知られている。とくにキプチャク部族は、基本的に個人単位のマムルーク軍人としてシリア、エジプトに多数が流入し、バフリー・マムルーク朝として知られるイスラーム国家を建てたことで有名である。

オグズの別名である、トゥルクマーンということばは十世紀から用いられるが、十一世紀のカーシュガ

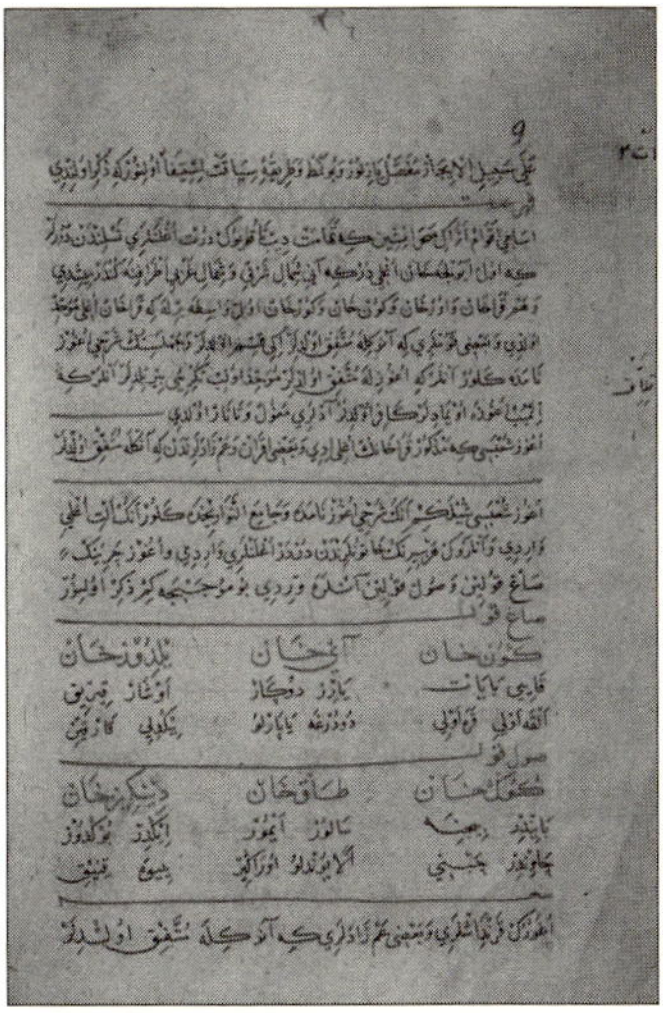

オグズの24氏族　オスマン朝のムラード2世(在位1421～51)時代にトルコ語訳された『セルジューク朝史』の冒頭部にある，オグズの24氏族について書かれた部分。カーシュガリーの時代には，オグズは22の氏族に数えられているが，14世紀初めのラシード・アッディーンの著作『集史』では，オグズ部族の伝説的な始祖オグズ・ハンにトルコ語で太陽，月，星，空，山，海の名をもつ6人の息子があり，そのそれぞれから4人ずつの孫が生まれたとして，合計で24の氏族が生じたと説明される。カーシュガリーのあげる22氏族の名称は，すべてラシードの記録する24氏族の名称に含まれるが，名称の列挙される順番はまったく異なっている。ここに掲げたトルコ語訳『セルジューク朝史』は，イスタンブルのトプカプ宮殿博物館の図書館に所蔵される写本(登録番号：Revan 1390)。

リーによれば、その意味はペルシア語で「トルコに似たもの」であるという。本章では同時代のイスラーム史料にあらわれるトゥルクマーンの語をオグズ部族と同義で使用する。

2 イラン地域の十一～十四世紀の諸国家

マリクシャー没後のセルジューク朝

セルジューク朝の第三代スルターン、マリクシャーの治世(一〇七二～九二年)はこの王朝の全盛期であり、シリア、アナトリアから中央アジアにおよぶその領土は「大帝国」と呼ばれるにふさわしい広大なものであった。しかし、一〇九二年にセルジューク朝の中央集権的な統治体制を支えた、宰相ニザーム・アルムルクとマリクシャーがあいついで亡くなると、セルジューク朝国家にはスルターン位の継承をめぐって熾烈な内紛が始まり、やがてはその内紛から生じた動揺が王朝国家そのものを滅亡へと導くことになる。

そもそも西アジアや中央アジアに興亡した、近代以前のイスラーム教徒の世襲王朝において、明確な王位や政権の継承規定が成文化されている例はない。世襲における長子相続の原則は必ずしも明確ではなく、年齢は当然考慮されたが、血統的には嫡庶の別なく実力と人望をかね備えた人物が政権の座に就くことが慣例であり、そのような人物がいない場合は候補者たちがそれぞれに支持者をつのって実力で王位の継承を争った。東方からあらたにイスラーム世界に来入したトルコ系のセルジューク朝においても、初代のスルターン、トグリル・ベグ没後の一〇六三年、彼が無嗣であったためにその後継をめぐって甥のアルプ・

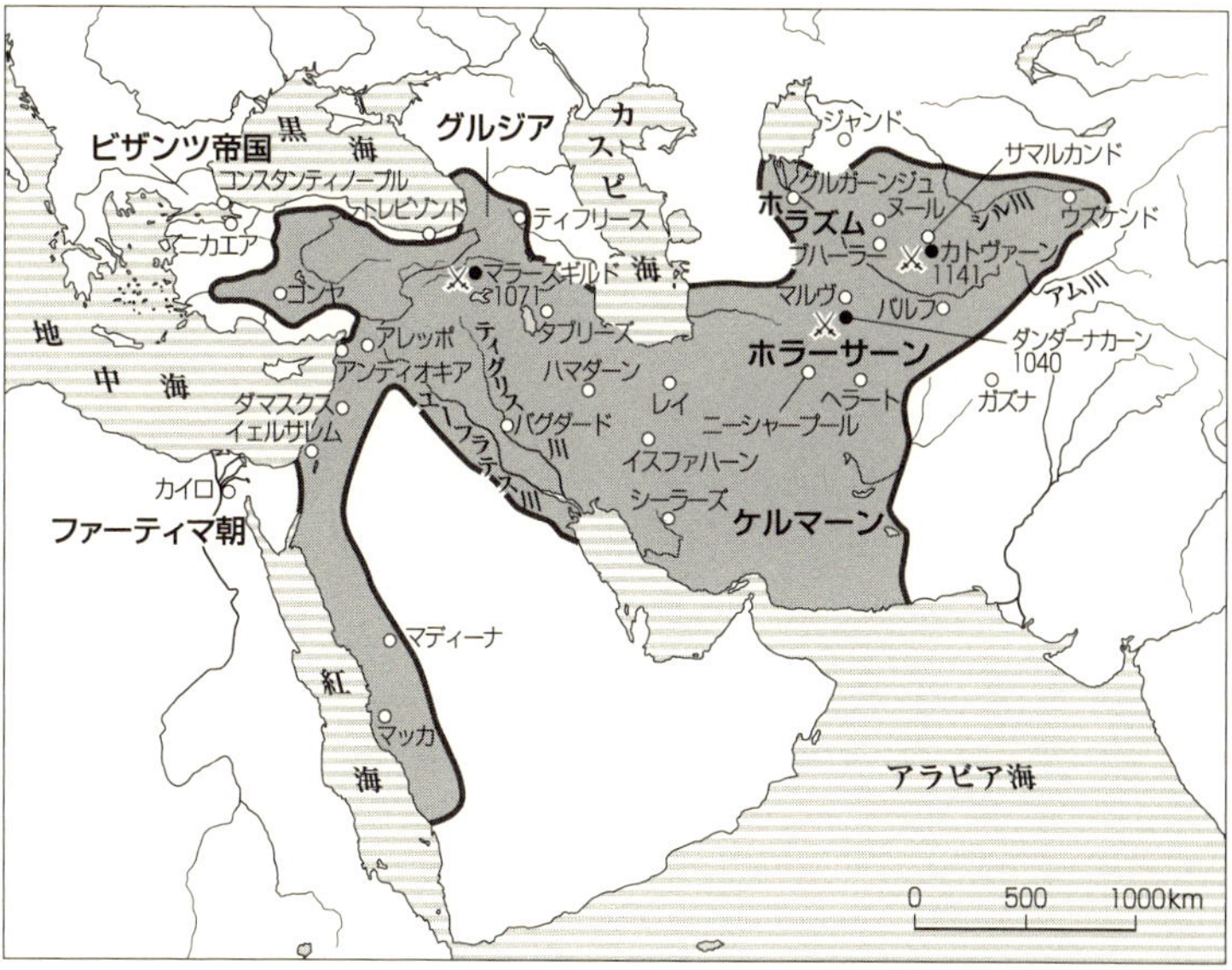

セルジューク朝の領域

アルスランと従弟のクタルムシュ（のちのルーム・セルジューク朝の創始者スライマーンの父）とのあいだで会戦があり、アルプ・アルスランの勝利に終わった。アルプ・アルスランの死後は長子のマリクシャーがあとを継いだが、一〇七四年には伯父のカーヴルト・ベグ（ケルマーン・セルジューク朝の創始者）が反乱を起こしてマリクシャーに敗れた。

このような例があるうえに、一〇九二年十一月マリクシャーが三十八歳という若さで没したとき、彼の最年長の王子ベルクヤルクはまだ十二歳にすぎなかった。ベルクヤルクの母ズバイダは、マリクシャーの従姉妹であったが、マリクシャーにはもう一人カラハン朝のタフガチ・ハンの娘であるテルケン・ハトゥンという名の寵妃がおり、この女性とのあいだにマフムードという名の息子をもうけていた。王子マフムードはわずかに四歳であったが、母テルケンの強引な画策により異母兄のベルクヤルクを差しおいて一時はスルターンに即位した。ベルクヤルクは故ニザーム・アルムルクの支持者たちを味方につけてマフムードに対抗したが、一〇九四年十一月マフムードが天然痘で病死するまでは二人のスルターン候補者が並立する状況であった。その後もベルクヤルクの政権は野心ある叔父たちの挑戦を受け、とりわけマリクシャーの弟でシリアのセルジューク朝の創始者であったトゥトゥシュは、マリクシャーの没後まもない一〇九三年から東方への野心を露《あらわ》にしており、ベルクヤルクに当面の競争者がいなくなった九五年には軍隊を率いてイラン方面に遠征し、レイの近くで敗死した。叔父たちの挑戦をつぎつぎに斥けていったベルクヤルクであるが、一一〇〇年から、政権をめぐって異母弟ムハンマド・タパルとのあいだで五度の戦闘が起こった。最終的に両者は一一〇四年一月和約を結び、イランの中央部をベルクヤルクが、アゼルバイジャン、アルメニア、北イラクをムハンマドが、ゴルガーン、ホラーサーンはムハンマド・タパルの同母弟サンジャルが領有することに合意した。ムハンマドとサンジャルの母は、マリクシャーのトルコ系の側室であり、二人は母を同じくするという理由で協同していた。ベルクヤルクは連年の内紛のためか一一〇四年十二月に二十五歳の若さで病没し、その後は彼とスルターン位を争ったムハンマドが即位した。

十字軍の西アジア遠征

マリクシャーの没後、セルジューク朝のベルクヤルクの政権にたいする反乱や内紛が打ち続くあいだに、西アジアではシリア地域を中心に大きな政治的変動が起こっていた。一〇九七年に西欧地域からキリスト教徒の十字軍が、パレスティナにある聖地イェルサレムをイスラーム教徒の手から奪回するべく西アジアへの軍事行動を開始したのである。一〇九五年十一月二十七日、時のローマ教皇ウルバヌス二世はクレルモンの公会議で十字軍の開始を呼びかけ、この呼びかけに応じて西欧の各地から騎士たちを主力とする軍隊が集められた。ヨーロッパ各地の港から出帆した十字軍は一〇九七年にビザンツ帝国の首都コンスタンティノープルに集結し、その後アナトリアに上陸してルーム・セルジューク朝の首都ニカエア(現在のイズニク)を陥落させ、さらに進んでルーム・セルジューク朝のクルチ・アルスラン一世やトゥルクマーンの首領ダーニシュマンドが率いる軍隊を撃破した。

ニカエア(イズニク)の城壁　ニカエア(現イズニク)は，コンスタンティノープルから東南に約100kmの距離にあり，325年にはキリスト教の三位一体の教義を確立した公会議が開かれた。1074/5年にセルジューク朝のスライマーンに征服されたが，第1次十字軍によって奪回された。その後1204〜61年には，第4次十字軍によってコンスタンティノープルをおわれたビザンツ帝国の亡命政権ラスカリス朝の首都にもなった。

アナトリアを横断した十字軍はローマ帝国時代からシリア支配の拠点であったアンティオキアを包囲し、一〇九八年六月二日にこの町を征服した。その後シリアの海岸部を南下した十字軍は四〇余日の包囲の末に九九年七月十五日聖地イェルサレムを征服して所期の目的を達成した。十字軍による征服の際、イェルサレムの住民は烈しい虐殺、略奪、破壊、暴行を受け、イスラーム教徒の聖地のひとつであるアクサー・モスクに避難した人々が七万人以上殺害されたという記録がある。

西欧側からみれば、十字軍は異教徒からの聖地解放という明確な目標を掲げた東方遠征であった。一〇七一年のマラーズギルドの戦いのあと、イスラーム教徒のオグズ＝トゥルクマーン集団が大挙してアナトリアに進入し、七四／五年にはビザンツ帝国の首都コンスタンティノープルに近いニカエアがセルジューク朝のスライマーンに征服され、以後この町は十字軍による奪回までルーム・セルジューク朝の首都となった。十字軍が打ち破ったクルチ・アルスラン一世はスライマーンの子である。ニカエアの陥落はビザンツ帝国に大きな衝撃を与え、ビザンツ皇帝が西欧キリスト教世界の精神的な中枢であったローマ教皇に救援を求める一因となった。さらにシリア地域はイスラーム世界の内部でも、スンナ派でトルコ系のセルジューク朝とエジプトを本拠とするシーア・イスマーイール派のファーティマ朝の争奪の的になっており、政治的な混乱が原因でキリスト教徒の巡礼者が迫害を受けることもあった。当時西欧のキリスト教世界では、イベリア半島西北端のサンティアーゴ・デ・コンポステーラやイェルサレムなどへの聖地巡礼熱が高まっており、イベリア半島では一〇三一年のウマイヤ朝の滅亡後イスラーム教徒の小国乱立の状況のなかで、キリスト教徒の「聖戦」であるレコンキスタが活発化し、一〇八五年にはかつての西ゴート王国の首都トレドが陥落してキリスト教徒の支配下にはいっていた。大状況として、キリスト教徒の側では聖地への巡礼熱の高まりを背景にヨーロッパの東西で「サラセン人」＝イスラーム教徒への「聖戦」が宗教的権威によって呼びかけられれば、それに応じられるだけの体制が西ヨーロッパの諸国で準備されていたのである。

一方、西アジアでは当初十字軍到来の理由をまったくはかりかねていた。イスラーム教徒にとって第三の聖地イェルサレムが征服され、その際にイスラーム教徒を中心に多くの人命が失われたことがバグダードをはじめとするイスラーム世界の中心部に伝えられると、ようやく各地の支配者たちも事の重大さに気づかされ、以後イスラーム教徒側から反撃としてのジハードが開始されることになる。十字軍は西欧側の呼び方で、西アジアでは十字軍に相当する名称はなく、彼らは「ファランジュ」または「イフランジャ」という当時西ヨーロッパの人々を汎称する民族名で呼ばれた。のちにアタベグ政権であるザンギー朝のもとでジハードが大きな成功をおさめて失地を回復し、やがてアイユーブ朝の創始者サラーフ・アッディーンが一一八七年にヒッティーンの戦いで勝利したあとイェルサレムの奪回に成功してイスラーム教徒のジハードが一段落するまで、西アジアでの対ファランジュ戦役は主としてアナトリアとシリアが舞台となり、イランやイラク地域が十字軍の攻撃に直接さらされることはなかった。十字軍という外圧が西方から迫っていながらセルジューク朝のベルクヤルクとムハンマドが長期にわたる対立をやめなかった原因のひとつは、イランとイラクを本拠としていた、セルジューク朝の西方地域への無関心にもある。加えて、シリアに建国された十字軍の諸国家へは西ヨーロッパから人的・物的な補給や増援が海をこえて到着したが、イスラーム教徒側は海上でそれらを阻止することがほとんどできなかった。エジプトのファーティマ朝はかなりの海軍力を有していたが、有効に活用した例はなく、アナトリアやシリアに進出したセルジューク朝に海上へ乗り出す意欲や関心は皆無であった。軍事的にはけっして劣勢でなかったイスラーム教徒の側が、十三世紀の終わりまで二世紀近い期間、異教徒によるシリア海岸部の支配を許すことになった大きな原因のひとつは、イスラーム教徒の側の分裂や対立、内紛であり、いまひとつの原因は、東地中海の制海権がほとんどキリスト教徒のヨーロッパ人の手中にあったことである。

ムハンマドとサンジャルの時代

一一一八年までイラン西部とイラクを中心とするセルジューク朝国家の西部はムハンマド・タパルが支配し、一方ホラーサーンを中心とするイラン東部は彼の同腹の弟サンジャルが掌握した。セルジューク朝のスルターンたちはこのころまでトルコ語名とアラブ・イスラーム的な名を二つもっていたようで、タパル、サンジャルはともにトルコ語名で、サンジャルは別にイスラーム教徒としてアフマドという名をもっていた。彼の治世のあいだに特筆される事件は、シーア・イスマーイール・ニザール派の暗殺教団にたいする攻勢である。当時のアラビア語の史料でイスマーイーリーヤ、バーティニーヤ、十三世紀のペルシア語史料ではマラーヒダと呼ばれる暗殺教団は、ファーティマ朝のカリフ、ムスタンスィルの長子で、廃嫡されたニザールを支持する者たちのことで、イランではアルボルズ山脈中の峻険なアラムートの山城を拠点に、イランの出身でエジプトに滞在したこともあるハサン・サッバーフを中心に一〇九〇年ころから活動を始め、九二年にはセルジューク朝の有名な宰相ニザーム・アルムルクをその最初の暗殺の犠牲者としていた。その後もニザール派による暗殺事件が続発し、十字軍との対決にあたっての準備中に、シリアやイラクでイスラーム教徒側の要人が暗殺の凶刃に倒れるという事態がたびたび発生した。このような事態に対処するべく、ムハンマドは領内の各地でニザール派にたいする弾圧を強化した。一一〇七年には長期にわたる包囲の末に、イラン中央部の都市で、マリクシャー時代以来セルジューク朝のスルターンたちが政権の中心のひとつとしてきたイスファハーンの郊外にあった山城シャー・ディズを陥落させ、この城に立て籠っていたニザール派のイランにおける大ダーイー(宣教者)アフマド・アッタージュを捕えてイスファハーンの市内を引き回したあと、みせしめのため残虐な方法で処刑した。

ムハンマドの死後、彼の子孫たちがイラクの一部とイラン西部を一一九四年まで支配しつづけるが、一一一九年から五七年まではホラーサーンの支配者で、ムハンマドの実弟サンジャルが「大スルターン」として彼らにたいする宗主権を行使した。具体的には、一一一八年四月のムハンマドの死後、長子のマフムードが即位するが、一一一九年八月ホラーサーンの支配者サンジャルは自ら軍を率いて西進し、イランのサーヴェでマフムードの軍を撃破した。サンジャルは敗者マフムードを殺害したり、失明させて政治的実権を奪い取ることをせず、自らの後継者として娘を与え、「大スルターン」としての自らの宗主権と権威を認めさせた。一一三一年にマフムードが没すると、サンジャルは一一三二年にふたたびイラクにきて自らの庇護下にあったマフムードの弟トグリルのスルターン位後継を支持して、いま一人の弟でサンジャルに従わなかったマスウードの軍をダイナワル付近で打ち破った。在位一年余りでトグリル(一世)が亡くなると、その後はサンジャルもマスウードのスルターン位を認めざるをえなくなった。

サンジャルはもともと一〇九七年に異母兄であるベルクヤルクによってホラーサーンに送られた。サンジャルの政権の中心地は現在のトゥルクメニスタンのマルヴであり、この町の遺跡には有名なサンジャルの墓廟がある。一一〇一／二年にはスルターン位争いの混乱に乗じてホラーサーンに出兵したカラハン朝のカドル・ハン、ジブリールを撃退し、セルジューク朝の東方領土を守った。「大スルターン」に即位する以前の一一一七年二月にはガズナ朝のマスウード二世没後の後継者争いに介入し、激戦の末、かつての宿敵ガズナ朝の首都ガズナを征服し、自らの宗主権を認めるバフラームシャーを即位させて、全盛期のスルターンで、父のマリクシャーすらなしえなかった空前の功績をあげた。「大スルターン」への即位後は、一一二一年に現在のアフガニスタン中部で勃興の途上にあったゴール朝を服属させ、三〇年には中央アジアへ遠征してサマルカンドを征服し、カラハン朝のアルスラン・ハンを捕え、かわりに自らの甥であるマフムード・ハンを即位させた。一一三六年には自らへの服従をやめたガズナのバフラームシャーにたいして遠征し、ふたたびガズナを征服、一一三八年には自らの配下から台頭したホラズムシャーのアトスズをホラズムの本拠に攻めて屈服させた。ここまでのサンジャルの軍事活動はめざましく、西方で十字軍と戦うことはなかったものの、彼の業績は当時の史料で「世界の主人」とたたえられるセルジューク朝の中興の主にふさわしいものであった。ところが一一四一年九月九日サンジャルは中央アジア、サマルカンドの郊外カトヴァーンの野で東方から到来したヒタイ軍に大敗を喫し、彼の晩年は暗転してしまう。

サンジャルが大敗を喫したヒタイとは、アラビア語史料で「ハター」または「ヒター」と呼ばれ、十三世紀のペルシア語史料で「カラ・ヒターイ」と呼ばれた、東北アジアで半農半牧の生活を送っていた契丹(キタン、キタイ、ヒタイ)人のことで、一一二五年に彼らが北中国を中心に建てていた遼朝が新興の女真《じょしん》族の台頭により崩壊すると、その一部は中央アジアへ移動したのである。ヒタイ族は、トルコ語で勇敢な支配者を意味する「キュル・ハン」の称号をもつ指導者に率いられ、カラハン朝東半の中心地のひとつであったバラーサーグーンを占領し、一一三七年にはファルガーナ盆地西端のホジャンド付近でカラハン朝のマフムード・ハンの軍を打ち破った。マフムード・ハンは叔父であるセルジューク朝のサンジャルに救援を求め、サンジャルは要請に応じて自ら軍を率いて中央アジアへはいった。そしてカトヴァーンの野で大敗を喫したのである。この事件は当時シリアでイスラーム教徒と対峙していた十字軍を通じてヨーロッパへも伝えられた。歴史家オットー・フォン・フライズィングは一一四六年までの世界史である、その著『二つの国の年代記』のなかでサンジャルの名を「サミアルドス」として、東方のネストリウス派キリスト教国の国王で司祭でもあるヨハンネスが彼と戦って勝利したことを記している。実際には、サンジャルが戦って敗れたヒタイ族は遼朝の時代に仏教に帰依しており、おそらくは中央アジアでもその信仰を保持していてキリスト教徒ではなかったが、ヨーロッパへは誤ってキリスト教徒と報じられていた。そしてこのキリスト教徒の司祭王ヨハンネスは、英語で「プレスター・ジョン」と呼ばれ、以後東方からイスラーム教徒の背後を脅かすキリスト教徒の王として、西欧諸国では彼との連携が期待をもって語られる伝説の人物となった。

ブハーラーのマガーク・アッタール・モスク　中央アジアの文化的中心であったブハーラーには，イスラーム時代の古い遺跡が残っている。マガーク・アッタール・モスクもそのひとつで，元来はゾロアスター教の拝火殿があった場所に，カラハン朝時代の12世紀に建てられた。

ヒタイ族との戦いに大敗してその威信が大きく揺らいだサンジャルは、失った声望や揺らいだ威信を回復すべく、カトヴァーン戦後のホラーサーンが混乱していることに乗じて首都マルヴを荒掠したホラズムシャーのアトスズを一一四七年本拠地のグルガーンジュに包囲して屈服させ、また五二年にはゴール朝のアラー・アッディーンを打ち破って捕虜とした。中央アジアでは一一四三年にサンジャルを撃破したヒタイ族のキュル・ハンが死去しており、その後のヒタイ族のさらなる南下、西進の動きはみられなかった。しかしヒタイ族の到来により、中央アジアのパワー・バランスは変動をきたし、中央アジア地域にとどまって遊牧を続けていたとみられるオグズ＝トゥルクマーン集団がヒタイ族と彼らに協力したトルコ系のカルルク族によってその牧地をおわれてホラーサーンに逃れてきていた。同時代の史料のなかでグッズまたはグズと呼ばれる彼らはバルフ近くの牧地でサンジャル配下のアミールと紛争を起こし、やがてその紛争が拡大し、反乱の様相を呈してきた。一一五三年サンジャルは自らこの反乱を鎮圧すべく出陣したが、バルフ近郊で敗れ、この年の七月末から一一五六年十／十一月まで三年余り幽囚の日々を過ごさねばならなかった。オグズ＝トゥルクマーンのアミールたちは昼間サンジャルを玉座に座らせたが、夜は檻に閉じ込めていたという。サンジャルは隙をみて逃亡し、自らの首都マルヴへ戻ったが、長年の幽囚生活のため健康を害し、一一五七年五月七十二歳で病没した。サンジャルの死をもって「大セルジューク朝」は実質的に滅亡した。サンジャルに継嗣はなく、ホラーサーンではカラハン朝の君主で甥のマフムード・ハンが一時推戴されたが、やがてサンジャル配下の有力者ムアイヤド・アイアパが台頭して一一六二年にはマフムード・ハンをその子息とともに死に追いやった。一一七四年にアイアパがホラズムシャー、テキシュに敗死したあとはホラズムシャー朝がゴール朝と争いながら覇権を確立する。イラクや西部イランではサンジャルの同母兄ムハンマドの子孫たちが一一五三年にサンジャルの宗主権が消滅したあともたがいに内紛を繰り返すなか、スルターン側近のトルコ系グラームで、王子たちの後見人を意味するアタベグに昇進した者たちが実質的に政権を掌握し、セルジューク朝の支配は有名無実化していく。

アタベグ政権の台頭とセルジューク朝の衰退、滅亡

アタベグの語は、セルジューク朝になってはじめてあらわれるトルコ語の称号ないしは役職名で、アタはトルコ語で「父」を、ベグはアラビア語のアミールと同義の「命令者、軍事指導者」を意味する。セルジューク朝の歴史で、最初にアタベグと呼ばれるのは、マリクシャーのアタベグとなった、イラン系の文人官僚ニザーム・アルムルクである。ただし、この場合は例外であり、ベルクヤルク以後のセルジューク朝の王子たちに付けられたのはすべてトルコ系の軍人出身者たちであった。アタベグたちの建てた政権のおもなものには、シリアのダマスクスを十二世紀の前半ほぼ半世紀にわたって支配したトゥグテキンの一族、アゼルバイジャンを中心にセルジューク朝の末期に大きな勢力を有し、やがてホラズムシャー朝と連合してセルジューク朝を滅亡させたイル・ドゥグュズ朝、ティグリス川上流のマウスィルからシリア北部のアレッポにかけての地域を支配し、対十字軍戦争に大きな役割をはたしたザンギー朝、十二世紀の中葉イラン南部のファールス地方で独立したサルグル朝などがある。これらのうちでトゥグテキン一族とザンギー朝は、それぞれ当初セルジューク朝の王子たちの後見人を務めていたが、これらの王子たちが亡くなったり、彼らのもとを去ったりしたあとは、後見する王子をもたない独立した政権となった。サルグル朝はアタベグ政権とはいえ、一度も正式にセルジューク朝の王子の後見人になったことはなく、一一四八年にファールスで台頭した、サルグル氏族出身のスンクルがアタベグという称号のみ前代のファールスの実

力者ボズアパから引き継いだにすぎなかった。

アゼルバイジャンのイル・ドゥグュズ朝のみは、父子三代にわたりアタベグとして、セルジューク朝の王子たちを、彼らが即位してからはスルターンたちを後見するという口実で支配しつづけた。もともとイル・ドゥグュズは、キプチャク系のマムルークで、セルジューク朝のスルターン、ムハンマドの子マスウードによって購入された。一一三四年にマスウードの兄弟トグリル(二世)が没したあとイル・ドゥグュズには現在のアゼルバイジャンにあたるアッラーンがイクターとして与えられ、同時にトグリルの未亡人が与えられた。イル・ドゥグュズはこの妻をつれて任地に赴き、トグリルの遺児アルスランを養育した。一一五二年にマスウードが没したあと、西部イランではマフムードの二子ムハンマド(二世)とマリクシャー(三世)、それに彼らの叔父であるスライマーンシャーの三者がスルターン位をめぐって三つ巴の内紛を始めた。東方のホラーサーンを本拠とするサンジャルが一一五七年に亡くなると、西部イランからイラクにかけての地方は政治的な混乱の度合いを深めた。一一六〇年の三月までにはムハンマド、マリクシャーともに没し、スライマーンシャーが最後に即位したが、この政権は短命、弱体で、同年の十月にはトグリルの遺児アルスランを擁したイル・ドゥグュズが当時の西部イランの政治的な中心地であったハマダーンに入城し、スライマーンシャーを廃してアルスランを即位させた。

アルスランの擁立に功績のあったイル・ドゥグュズには「大アタベグ」の称が与えられ、その後のアルスラン政権を主導した。一一七五/六年にイル・ドゥグュズとアルスランがあいついで亡くなると、イル・ドゥグュズの地位は長子ジャハーン・パフラヴァーンが継ぎ、アルスランのあとは、当時七歳の幼児であったその子トグリル二世が継いだ。一一六〇年のアルスラン即位後、一一八六年にアタベグ、ジャハーン・パフラヴァーンが没するまでセルジューク朝のスルターンの動静は年代記にもほとんど伝えられていない。アルスランの死の状況などもよくわかっていない。ジャハーン・パフラヴァーンのあとを継いだ、その弟クズル・アルスランはスルターンであるトグリル二世にたいしてますます露骨な干渉をおこない、一一九〇年にはスルターンを捕えてアゼルバイジャンに投獄し、自らスルターンに即位した。翌年にクズル・アルスランは暗殺されてトグリル二世がスルターンに復帰するが、その後はジャハーン・パフラヴァーンの子で、イラン中央部の都市レイの支配者であったクトルグ・イナンチがスルターンとの対立を深めた。

父アルスランはそのアタベグであったイルドゥグュズの完全な傀儡にすぎなかったが、その子トグリル二世は青年に成長しており、かつて自らを後見するという口実で恣意的に権力をふるっていた、イル・ドュグュズの二人の息子たちが政治の舞台から姿を消すと、アタベグたちの手から実権を自らに取り戻そうという念願を強くいだくようになっていた。一一九四年三月クトルグ・イナンチの要請で当時ホラーサーンを完全にその支配下においていたホラズムシャー、テキシュが自ら大軍を率いて到来し、レイの近郊に少人数の手勢でこれを迎え撃ったトグリルは衆寡敵せず、敗死した。トグリル二世の斬られた首はバグダードに送られて晒《さら》された。初代のトグリル・ベグから十四代、ヒジュラ暦で一六〇年におよんだ、イランを中心とするセルジューク朝のスルターンたちの政権はトグリル二世の屈辱の敗死で幕を閉じた。

ケルマーンとシリアのセルジューク朝

これまで述べてきたのは、トグリル・ベグ、チャグル・ベグ兄弟によって創建され、イランを中心とする地域を支配してきた、セルジューク朝の歴史である。このうちで初代のトグリル・ベグからサンジャルまでのスルターンたちは、発行した貨幣の銘文などで自らのことを「偉大なスルターン」や「最大のシャーハンシャー」(ペルシア語で、王たちの王、の意)などと称しており、これらの表現に基づいて、とくに大セルジューク朝のスルターンと呼ばれる。大セルジューク朝という呼称は同時代の史料にみられるものではなく、近代以降の歴史研究者が、ほかのセルジューク朝の政権と区別するため、便宜的に名づけたものである。大セルジューク朝の直接の後継者はイラクのセルジューク朝と呼ばれる、大セルジューク朝のスルターン、ムハンマド・タパルの子孫たちであり、イラクのセルジューク朝はその本拠をほぼ一貫してイラン西部のハマダーンにおいていた。当時、ハマダーンを中心とする地域は「イラーク・アジャム」と呼ばれたので、ホラーサーンを中心とする東部のイラン地域にたいして、西部イランはイラクとも呼ばれた。そのために、古代メソポタミア地域の現在の国名であるイラクとは別のイラクのセルジューク朝という呼称ができたのであるが、これも同時代の史料にみられる名称ではない。

大セルジューク朝の分枝として、イラン東南部のケルマーン地方とシリアにセルジューク朝の地方政権があった。

ケルマーンのセルジューク朝はチャグル・ベグの長子カーヴルト・ベグによって建てられ、彼の子孫たちが支配した。カーヴルト・ベグは第二代スルターン、アルプ・アルスランの兄であったが、弟の死後スルターン位をねらって、甥のマリクシャーに挑戦した。一〇七四年にハマダーンの近郊でマリクシャーと戦ったカーヴルト・ベグは敗れ、捕われたあと殺害された。カーヴルト・ベグの息子たちはケルマーンに残っており、その支配はスルターンたちにも承認された。歴代の支配者は中央のスルターンたちにたいしてアミールを称し、反抗を示すことはなかった。十二世紀前半に支配者となったカーヴルト・ベグの孫、アルスランシャーの時代が最盛期で、中央アジアやホラーサーンとアラビア海沿岸地域をつなぐ交通路上に位置するケルマーンは通商によって繁栄した。アルスランシャーは大セルジューク朝のスルターン、ムハンマド・タパルの娘を娶《めと》っており、ケルマーン地方の実力者として認められていた。一一六九年にアルスランシャーの孫にあたるトグリルシャーの死を契機として内紛が始まり、八六年には、かつてサンジャルを捕え、東方のセルジューク朝を崩壊させたオグズ集団がホラーサーンから南下し、ケルマーンの支配権を奪取した。セルジューク朝最後の支配者ムハンマドシャーはゴール朝のもとへ亡命し、セルジューク朝のケルマーン支配は終わった。

　シリアのセルジューク朝はマリクシャーの弟トゥトゥシュによって建てられた。シリアにはセルジューク朝の西アジア進出以前からエジプトのファーティマ朝の勢力がおよんでいた。宗教的にはイスラームのシーア派、スンナ派のほかに、のちにドゥルーズ派やヌサイリー派を形成する少数派もあり、キリスト教徒の諸宗派の集団も古くから存続していて、政治的な状況は複雑であった。一〇七八年トゥトゥシュは、セルジューク朝の軍隊に先立ってシリアにはいっていたトゥルクマーン集団の指導者アトスズの要請でダマスクスまで進出した。

一〇八六年にはアンティオキアを征服したルーム・セルジューク朝の建国者スライマーンと、アレッポの支配をめぐって衝突し、スライマーンを敗死させた。この事件のあとマリクシャー自身がシリアへきてアレッポやアンティオキアなど北部の諸都市には部将を配置したため、トゥトゥシュはダマスクスへ後退した。一〇九二年のマリクシャー没後に後継者争いが始まると、トゥトゥシュはシリア北部に進出してアレッポ、アンティオキアを攻略し、さらに東へ進軍して九五年、イランのレイ近郊で甥にあたるベルクヤルクの軍隊と戦った。トゥトゥシュはこの戦いに敗死したが、彼の二子リドワーンとドゥカクは、それぞれベルクヤルクの宗主権を認めず、マリクを称してアレッポとダマスクスというシリア南北の拠点都市を領有しつづけた。

おりから西欧より第一次十字軍が到来し、シリア、パレスティナ地域の状況は一層複雑になった。リドワーンとドゥカク兄弟はたがいに不仲であったため、対十字軍戦争にも一致協力して参加することなく、一一〇四年にドゥカクが死去すると、彼のアタベグであったトゥグテキンがダマスクスの支配権を掌握し、一一五四年まで続くアタベグ政権を打ち立てた。リドワーンは十字軍との最前線に位置するアレッポの町を保持したが、その軍事力が弱小のためにしばしば親ファーティマ朝の姿勢をとった。そのためスンナ派の多い住民からの支持もえられず、一一一三年に没したあと、二三年にリドワーンの子、スルターンシャーが死去するとアレッポは大セルジューク朝の支配下にはいった。一一二八年には、かつてマリクシャーによってアレッポの総督に任命され、その後トゥトゥシュに殺害されたトルコ系の軍人アクスンクルの息子ザンギーがアレッポを占領し、彼の子孫たちはアタベグ政権ザンギー朝として十字軍との戦いに活躍することになる。一一五四年にザンギーの息子ヌール・アッディーン・マフムードは、トゥグテキンの子孫からダマスクスの町を獲得し、南北シリアの統一を実現するが、ヌール・アッディーンのもとから台頭したクルド系軍人サラーフ・アッディーン・ユースフのアイユーブ朝勢力の前にザンギー朝の覇権は短期間に終わってしまった。

セルジューク朝時代の文化

後述するルーム・セルジューク朝の時代も含めて、セルジューク朝は元来トルコ系のオグズ＝トゥルクマーン部族出身の王朝であったが、この王朝が支配権をもっていた時代に、彼らの母語であるトルコ語で書き残された文学作品はみつかっていない。存在したという証拠もないので、おそらく書かれなかったのであろう。同じトルコ系でもオグズ部族の出身ではない、中央アジアのカラハン朝では、十一世紀に『クタドグ・ビリグ』(「幸福を与える知恵」の意)という題の教訓文学の韻文作品が「ボグラ・ハンのことば」すなわちカラハン朝のトルコ語で書き残されているのとは事情を異にする。かわってセルジューク朝時代に、中央アジアからイランやアナトリア地域にかけて文学上の言語としてその地位を著しく向上させたのはペルシア語である。ファールスィーまたはパールスィーと呼ばれるペルシア語は十世紀にサーマーン朝支配下の中央アジアで発達し、十一世紀にはいると現在のアフガニスタンを含むホラーサーン地方を中心にイランの全域でペルシア語による作品が書き残されるようになる。

十一世紀のペルシア語の文学は前代に続き韻文作品が主流で、初期のセルジューク朝のライヴァルであったガズナ朝の宮廷にはイランの国民的な叙事詩として名高い『シャー・ナーメ』を書きあげたフェルドウスィーをはじめとして有名な詩人たちが寄り集まった。セルジューク朝時代になってもこの傾向は変わらず、とくに第三代スルターン、マリクシャー時代以降は歴代のスルターンたちの宮廷が文学活動の中心になった。すでに初代のスルターン、トグリル・ベグの時代にファフル・アッディーン・ゴルガーニーが、その主題がパルティア時代から伝わる『ヴィースとラーミーン』の物語をペルシア語のロマンス詩として書きあげ、当時のイスファハーンのトグリル・ベグ配下の総督に献呈していた。マリクシャーの時代には、アマーニーがロマンス詩『ユースフとズライハー』を書いてスルターンの弟トガンシャーに献呈している。「詩人たちのアミール」の称号をえたムイッズィーはマリクシャー以後歴代スルターンの宮廷に仕え、アンワリーはサンジャル時代の宮廷詩人としてセルジューク朝のスルターンたちや彼らの宮廷をたたえるカスィーダ(頌詩)を多く残した。また、セルジューク朝の宮廷とは直接の関係がないが、イスマーイール派の宣教者となったナースィル・ホスロウや天文学者、数学者としてマリクシャーに仕えたウマル・ハイヤームもペルシア文学史上に名高い詩集を残している。

セルジューク朝も末期になると、ホラーサーンはオグズの反乱以後、政治的な混乱が続く一方で、アゼルバイジャンのアタベグ政権が政治的に比較的安定していたためか、文芸の保護に熱心であった。アゼルバイジャン北方の地域を支配するシールヴァーンシャーに仕えたハーカーニーは当時の詩人たちのなかでも有名であり、さらに現在のアゼルバイジャンのガンジャに生まれたニザーミーはペルシア文学史上最高のロマンス叙事詩の作者として名を残すことになった。ニザーミーのロマンス叙事詩はハムサ(五部作)として有名で、それらは『秘密の宝庫』『ホスロウとシーリーン』『ライラーとマジュヌーン』『七つの肖像』『イスカンダル・ナーメ』の五作品である。これらはいずれもアゼルバイジャンやその周辺の地方王朝の宮廷の支配者たちに献呈されたが、『ホスロウとシーリーン』はセルジューク朝最後のスルターン、トグリル二世の求めに応じて書かれたもので、十四世紀の後半にはキプチャク・トルコ語にも翻訳されてトルコ民族のあいだでも愛好された。

セルジューク朝の時代には、それまで主としてモスクでおこなわれてきた、イスラーム法学(フィクフ)を中心とするイスラームの宗教教育が、マドラサという独立した教育施設でおこなわれるようになった。イランやイラク、アナトリアの各地にスルターンの一族をはじめとする有力者たちがつぎつぎにマドラサを設立したが、それらのうちでももっとも有名なものは、マリクシャーの宰相として活躍したニザーム・アルムルクが、領内の主要な都市に建設させ、その称号にちなんでニザーミーヤと名づけられたマドラサである。イラクのバグダードに建設されたニザーミーヤ・マドラサはスンナ派世界の当時の最高学府となり、セルジューク朝時代を代表する大思想家ガザーリーがこのマドラサの教授として教鞭をとったことはとくに重要

ニザーミーの『秘密の宝庫』のミニアチュール
14世紀後半のバグダードで書かれた写本に付されたミニアチュール。描かれているのは，スルターン，サンジャルと老婆の話の場面。大英図書館所蔵写本より。

である。マリクシャーの没後ガザーリーは教授職を弟にゆずって出奔し、一一年間の隠退生活を送ったあと、一一〇六年に郷里のトゥースに近いニーシャープールのニザーミーヤ・マドラサで講義を再開した。ガザーリーは、隠退生活を送るあいだに、当時イスラームの思想界で大きな力をもち始めていた実践的な神秘主義＝スーフィズムと正統派神学との融合をめざして思索を積み重ね、その成果は隠退生活のあいだに書いた、彼の有名な主著『宗教諸学の復興』にあらわれている。

セルジューク朝時代、とくにマドラサ建設がさかんになった背景には、イスラーム社会に特有のワクフ制度がこの時代から現実的な目的でさかんに運用され始めたこととも関連している。ニザーム・アルムルクによって建設されたニザーミーヤ・マドラサにはその設立の当初からワクフ財産が設定されており、そのワクフ財産の運用によってマドラサの教授の人件費や施設の管理、補修のための資金が調達されていた。マドラサは通常モスクや図書館を、時には病院や公衆浴場なども併設するほかに、寄宿する学生たちのために食事の提供がおこなわれていて、これらの経費はワクフ財産として設定され、売買や譲渡を禁止され、没収など政治権力からの介入からもまぬがれていた不動産からの収入によってまかなわれた。ワクフ財産の設定にあたっては、カーディーの立ち会いのもとでイスラーム法上の効力をもつワクフ文書が作成され、この文書でワクフ財産の管理、運用の条件が定められた。イラン、アナトリアにおいて、とくにセルジューク朝の時代からモンゴル支配時代をへてティムール朝時代にいたる期間に、主要な都市に政治権力者や地方の有力者たちの手で建設され、ワクフ制度により運営される、多数のマドラサを中心とした複合的な公共福祉のための施設が出現したことは、セルジューク朝時代以降のイスラーム文化史上の特徴である。

ワクフ制度と結びついて発展したマドラサの建設は、セルジューク朝時代のアタベグ政権のひとつであるザンギー朝のもとでシリアに広まり、やがて勃興するアイユーブ朝の時代エジプトへも広まっていった。

ホラズムシャー朝

パミール高原に源を発する、中央アジア第一の大河であるアム川の下流域がホラズム地方である。ホラズム地方は古くから、現在カラ・クム、クズル・クムと呼ばれる二つの沙漠地帯をこえてホラーサーンや中央アジアと、南ロシアにつながるヴォルガ川の流域を結ぶ遠隔地貿易で栄えた、豊かな農耕地域であった。イスラームの浸透以前からこの地には、ペルシア語で「ホラズムの王」を意味する、ホラズムシャーを称号とする地方政権アフリーグ朝があり、当時の住民はイラン系のホラズム語を話す人々であった。十世紀の終わりにアフリーグ朝は倒れ、短期間ではあるが、当時のイスラーム世界を代表する大学者、イブン・スィーナーを保護したマームーン朝が二代にわたってホラズムシャーを称した。一〇一七年に二代目のマームーンが暗殺されたあと、ガズナ朝のスルターン、マフムードのマムルーク出身のトルコ系軍人アルトゥンタシュがホラズムの支配者となり、彼もまたホラズムシャーを称した。一〇四二年にはセルジューク朝軍がホラズムに侵攻し、このとき以降ホラズムはセルジューク朝の支配にはいった。

以下で扱うホラズムシャーは、セルジューク朝時代にこの地に支配者として送られたトルコ系のマムルーク出身の軍人が、やがて独立し、セルジューク朝を滅亡させ、その後一時的には大帝国を築いたものの、外交政策の失敗からチンギズ・ハンの率いるモンゴル軍の西征の目標となり、短期間でもろくも瓦解した王朝のことである。

ホラズム地方はセルジューク朝の支配下にはいったあと、中央から派遣される総督によって統治されたが、ベルクヤルク時代の一〇九七／八年に、クトブ・アッディーン・ムハンマドがホラズムに送られ、この人物がホラズムシャーを称したという。ムハンマドの父はヌーシュテキンという名で、トルコ系のマムルークであった。ムハンマドはホラーサーンの支配者であるサンジャルに仕えたが、この時期には政治的に目立った動きはない。文化の面で、ムハンマド時代にはサイイド・ザイン・アッディーン・ジュルジャーニーが『ホラズムシャーの貯蔵庫』と題するペルシア語の医学書を著わして献呈している。この医学書はイブン・スィーナーの『医学典範』とならんでよく読まれたという。

一一二八年に父のあとを継いでホラズムシャーとなったアトスズも、初めは父にならってサンジャルへの奉仕につとめたが、三五～三六年のサンジャルの第二次ガズナ遠征中彼の陣営を去って以後、サンジャルにたいして反抗するようになった。サンジャルはこれにたいして一一三八年に懲罰のためのホラズム遠征をおこない、アトスズ軍を敗走させ、彼の長子アトルグを捕えて殺害した。このときのサンジャルのホラズム遠征と長子の捕殺を恨んだアトスズが、ヒタイ族をマー・ワラー・アンナフルへと呼び入れたという説がある。この説の真偽は明らかではないが、一一四一年にサンジャルがヒタイ軍に大敗すると、アトスズはこの機に乗じてサンジャルの首都マルヴを荒掠した。サンジャルはヒタイ軍にたいする敗戦から立ち直ると一一四三～四四年と四七年の二度ホラズム遠征をおこない、アトスズを窮地におとしいれた。この結果一一四八年に一時アトスズはサンジャルに屈服した。しかし一一五二年に、サンジャルが配下であったオグズの反乱で捕虜となると、アトスズはサンジャルからの援助要請を拒否して、ふたたび反抗した。アトスズはサンジャルより早く、一一五六年に没するが、もはやホラーサーンには実質的にセルジューク朝の支配も権威もなくなり、ホラズムシャー朝の発展を阻む勢力は存在しなくなった。

アトスズを継いだイル・アルスラン時代にはホラズムシャー朝のめざましい発展はみられない。サンジャルの没後ホラーサーンでは、サンジャルの甥でカラハン朝の血筋を引くマフムード・ハンが支配者となったが、一一六二年にはサンジャルのかつての配下で、グラーム出身のムアイヤド・アイアパに捕えられたあと殺害され、そのあとはアイアパがホラーサーンの実質的な支配者となった。

ホラズムシャー，テキシュの墓廟　現在はトゥルクメニスタン領にある，キョネ・ウルゲンチ(かつてのグルガーンジュ)に残るホラズムシャー，スルターン，テキシュの墓廟。13世紀にモンゴル軍による破壊と略奪をうけ，建物以外の遺物は何も残っていない。

一一六五年のイル・アルスラン没後、その子スルターンシャーがホラズムシャーに即位するが、七二年には異母兄のテキシュがヒタイ人の援助を受けてホラズムシャーを名乗り、兄弟間の王位争いが始まった。一一七四年テキシュは、スルターンシャーを支持するホラーサーンの実力者ムアイヤド・アイアパを敗死させ、スルターンシャーはゴール朝やヒタイ人を頼った。一一八九年テキシュは長年の抗争の末にスルターンシャーと講和し、トゥース近郊のラードカーンの牧地で「スルターン」に即位した。ホラズムシャーが「スルターン」を称するのはこのとき以降である。一一九二年テキシュはイル・ドゥグュズ朝のクトルグ・イナンチの要請でイラン中央部のレイへ進出し、九四年にはレイの近郊でセルジューク朝最後のスルターン、トグリル二世を敗死させ、西部イランのハマダーンまで支配下においた。一一九七年には当時のアッバース朝のカリフから「イラク、ホラーサーン、トゥルキスターンのスルターン」の位を授けられ、ホラズムシャー、テキシュは名実ともにセルジューク朝の後継者としての地位を認められた。

テキシュは一二〇〇年に病没するが、あとを継いだ息子、アラー・アッディーン・ムハンマド(二世)のもとでホラズムシャーの勢力は一層伸長する。ムハンマドはテキシュの没後ホラーサーンに侵攻したゴール朝の軍隊を撃退、一二〇六年にはヘラートを征服し、さらに現在のアフガニスタン中央部へも進出して、一五年までにはゴール朝の勢力を完全に滅ぼしてしまった。また、ホラーサーンを拠点にイラン各地の征服を進めながら、一二一〇年にはシル川の北方で、それまで協力関係にあったヒタイ軍を撃破し、サマルカンド、ブハーラーなどのマー・ワラー・アンナフルの主要都市を支配下においた。一二一二／三年にはカラハン朝のスルターン、ウスマーンを捕えて処刑し、カラハン朝を最終的に滅ぼした。一二一七／八年にはバグダードに遠征してアッバース朝のカリフに圧迫を加えた。この遠征は失敗に終わったが、帰途にはファールスのサルグル朝のアタベグ、サアドを捕え、イル・ドゥグュズ朝のアタベグ、ウズベグの軍を撃破した。ムハンマド時代にホラズムシャーの勢力は急速に拡大、膨張し、周辺の競合勢力を圧倒し、西アジア、中央アジアに無敵の大帝国が出現した。

ホラズムシャー朝の軍事力は、キプチャクやカンクリなどのトルコ系遊牧民が主体であり、中央政府の官僚はイラン系であった。十三世紀の後半に、自らはイランのモンゴル政権イルハン国に仕えながら、ホラズムシャー朝についての歴史をペルシア語で書き残したアターマリク・ジュヴァイニーの祖父は、官僚としてホラズムシャー朝に仕えていたが、その祖父の二世代前の一族にはムンタジャブ・アッディーンという人物がおり、この人物は『書記術の敷居』という題名のスルターン、サンジャル時代の公文書集を残している。この例が示すように、セルジューク朝からホラズムシャー朝の時代は、軍事組織や官僚の人脈の面でも連続する要素が少なくなく、小さな変化は生じていたが、国家体制の大枠は同じであった。

ムハンマドの時代に絶頂をきわめたホラズムシャー朝の全盛期は短かった。一二一八年シル川北岸の町オトラルで起こった、モンゴルのチンギズ・ハンの派遣した商人使節団四五〇名が虐殺されるという事件がきっかけとなり、一二一九年には、モンゴル民族を統一し、北アジアの覇者となったチンギズ・ハン自らが率いるモンゴル軍の侵攻が開始された。モンゴル軍にたいして、ムハンマドは積極的に野戦で迎撃する作戦をとらず、兵力を分散して中央アジアの各都市で籠城する方針をとったために、ホラズムシャー朝は短期間でもろくも崩壊してしまった。ムハンマドは逃亡し、イランの各地を転々としたあと、カスピ海沿岸の小島で病死した。その遺体を埋葬するにあたっては、遺体を包む帷子にも事欠く状況で、シャツで代用したと伝えられている。

モンゴル軍の西アジア侵攻

ホラズムシャーのオトラル総督イナルジュクが起こした商人使節団の虐殺にたいして、モンゴルのチンギズ・ハンは自らその復讐を誓って遠征軍を起こした。一二二〇年の春にブハーラー、ついでサマルカンドが征服され、六カ月の抵抗ののちオトラルも陥落した。その後ホラズムシャーの本拠地である、ホラズム地方の中心都市グルガーンジュの町は徹底的な破壊と略奪、殺戮を受けた。一二二一年にチンギズはアム川を渡ってホラーサーンへ侵入し、バルフを自らが攻略したあと、第四子のトゥルイがホラーサーンの他の都市の征服に派遣され、主要な都市であった、マルヴ、ニーシャープール、ヘラートがあいついで征服され、破壊と略奪と住民の殺戮をこうむった。チンギズ自身は一二二一年八／九月にはインダス河畔でホラズムシャー、ムハンマドの長子ジャラール・アッディーンと戦い、その後西北インドを転戦した。チンギズ・ハンがモンゴリアにある自らの幕営に戻ったのは一二二四年春のことである。

モンゴルの侵入以前、アッバース朝時代からホラーサーンの四大都市と讃えられていたバルフ、マルヴ、ニーシャープール、ヘラートの四市は、いずれもすさまじい破壊と略奪、放火、殺戮を受けて壊滅した。ジュヴァイニーによれば、かつてセルジューク朝のスルターン、サンジャルが首都としたマルヴで、モンゴルの征服後殺害された人数は一三〇万人余にのぼったという。モンゴル軍はこれらの都市で征服後住民を選別し、どの都市からも特殊な技能をもつ職人たちは助命されて連行された。その他の住民のなかでも、降服した壮丁はハシャルという労役部隊にいれられ、他の都市の攻略に従事させられた。ブハーラーとサマルカンドでは、町の征服後城内にいたカンクリ系のトルコ軍人はほとんど皆殺しにされた。ホラーサーンの四大都市のうちヘラートのみはのちに復興し、ティムール朝の時代に文化の中心地となるが、ほかの三都市はその後再建されてかつての栄光を回復することはなかった。すでに十二世紀の後半以来ホラーサーンでは、政治的な混乱や都市内部でのスンナ派同士の宗派対立(とくにハナフィー派とシャーフィイー派の対立)のためにニーシャープールやマルヴの町が荒廃し始めていたことは事実であるが、その荒廃が決定的となったのは、チンギズ・ハン時代の西征が原因となったことは疑いない。

チンギズ・ハンの遠征後、インドに逃れたホラズムシャー、ジャラール・アッディーンがケルマーン、ファールスをへてイランの中央部に戻ってきた。彼はバグダードの周辺をかすめたあとアゼルバイジャンをめざし、一二二五年にはその中心都市タブリーズにはいり、イル・ドュグュズ朝のアタベグ政権を滅ぼした。その後キリスト教国のグルジアに遠征し、首都のティフリースを征服してイスラーム世界の防衛者としての名声を高めたが、アナトリア東部ヴァン湖畔の町アフラートの支配をめぐってアイユーブ朝と対立し、ルーム・セルジューク朝のスルターン、カイクバードとも東部アナトリアの要衝エルズルムの帰属をめぐって争うこととなった。その結果一二三〇年アイユーブ朝とルーム・セルジューク朝の連合軍は東部アナトリア、エルズィンジャン西方のヤッス・チメンの戦いでジャラール・アッディーンの軍隊を撃破した。敗北を喫してアゼルバイジャンに戻ったジャラール・アッディーンの背後には、チンギズ・ハンの没後、遺命により後継者となったウゲテイ・カアンの命令でイランに派遣されたチョルマグン・ノヤン指揮下の追討軍が迫っており、このあらたなモンゴル軍の追跡の結果、一二三一年逃亡先のディヤール・バクルで最後のホラズムシャー、ジャラール・アッディーンは殺害された。

チンギズ・ハンの西征後、一二五六年チンギズの孫であるフレグ・ハンがモンゴル帝国の大軍を率いて到来するまで、イラン地域は主として文官が長となったホラーサーン総督府によって統治された。これとは別にホラズムシャー、ジャラール・アッディーン追討に派遣され、その後アゼルバイジャン地域に駐屯することになったチョルマグン麾下のタマー軍の勢力があり、この軍隊を率いるバイジュ・ノヤンは一二四二年独断でアナトリアに侵攻し、四三年にはキョセ・ダグの戦いでルーム・セルジューク朝のスルターン、カイホスロウ二世の軍隊を破って、この王朝をモンゴル帝国に服属させる端緒をつかんだ。

モンゴル帝国の内部でもチンギズの死後、第三子ウゲテイとその子グユクが、帝国の全体を統轄する大ハン(称号はカアン、グユクはハンと称した)の位を継いだが、グユクの死後、大ハンの位はチンギズの第四子トゥルイの一族に移り、一二五一年にはトゥルイの長男モンケがジョチ・ウルス(トルコ語・モンゴル語で「くに」の意味)の代表者バトゥの支持を受けてカアンに即位した。モンケは即位後、クリルタイと呼ばれる国会を開いて次弟クビライを華南による南宋の征服へ派遣すること、三弟フレグを西アジア方面の征服へ派遣することを決定した。この決定を受けてモンゴルの各王族に分与されていた軍隊のうち、一〇人に二人の割合で兵員が拠出され、これがフレグ西征軍の中核となった。

フレグのモンゴル本土出発は一二五三年秋のことで、途中ゆっくりと行軍し、アム川を渡ったのは、一二五六年の初頭である。フレグの西アジア遠征の目的は三つあり、その第一は、イランからシリアにかけて点々と山城を連ねてその活動の拠点とし、暗殺者教団としての活動が、セルジューク朝とその後継国家ホラズムシャー朝、アッバース朝カリフ政権、シリアの十字軍国家、その他周辺の諸勢力に大きな恐怖と脅威を与えていた、シーア・イスマーイール・ニザール派（当時のペルシア語文献では、「正道からはずれた者たち」を意味するマラーヒダということばで呼ばれていた）を討滅することであった。一二五六年の秋からは本格的な攻撃に移り、十一月十九日には首領のフールシャーが籠城していたマイムーン・ディズをでて降伏した。セルジューク朝時代以来イランを本拠とした、イスラーム教徒の歴代の政権がその攻略を試みながら、成功しなかったイスマーイール派の討伐に、当時はまだ異教徒であったフレグ率いるモンゴル軍が成功したのである。山城のいくつかはその後も抵抗を続けたが、ダームガーン西南のゲルドクーフ城が一二七一年に降伏したことで、イランのイスマーイール派の山城は壊滅した。イランに点在するイスマーイール派の山城群は、彼ら暗殺者教団としての拠点となったばかりでなく、東西をつなぐ隊商貿易路を遮断して交通をとどこおらせる原因にもなっていたが、その軍事的な脅威が取り除かれたことで、モンゴル時代にイランの東西を貫く通商路の安全が保障されることになり、東西交通が一層発展する契機が生まれた。

続いてフレグは第二の目標である、アッバース朝の首都バグダードに向かい、この町を包囲した。モンゴル側の目的は当初、必ずしもカリフ政権を消滅させることではなかったが、たびたびの出頭命令に応じなかったバグダードのアッバース朝カリフ、ムスタアスィムは二〇日間にわたるモンゴル軍の総攻撃を前に、一二五八年二月十日、町をでて投降した。カリフはその後、アッバース家の一族ともども処刑され、五〇〇年余にわたってイスラーム世界の中心に君臨しつづけた、預言者ムハンマドの叔父を祖とするカリフの一族が滅亡した。その後、一二六一年にかろうじて生き延びたアッバース朝の一族が、エジプトのカイロで時のマムルーク朝のスルターン、バイバルスによってカリフに推戴されて、実権をまったくもつことのない、名目のみのカリフ制度が復活するが、イランを中心とする東方のイスラーム世界に政治的な影響力をもつことはほとんどなかった。モンゴル以前のセルジューク朝やホラズムシャー朝もたびたびバグダードのカリフ政権と対立し、時には武力行使にいたることもあったが、最終的に、スンナ派世界の精神的な支柱であり、長い歴史と伝統を有する、「預言者の代理人、信者たちの長、イマーム」であるアッバース朝のカリフを打倒することはかなわなかった。アッバース朝カリフ政権の討滅も非ムスリムであったモンゴル軍であればこそ可能な事件であった。

フレグ西征の第三の目標はシリアに進出し、可能ならば、エジプトまでもその支配下におくことであり、一二六〇年フレグは遠征軍を率いて北シリアにはいり、アレッポを攻略した。南シリアの中心都市ダマスクスは自発的に降服した。このころ東方からフレグの兄モンケ・カアン死去の報がもたらされ、フレグはいったん東方への帰還を決意した。一方、マムルーク朝の側では当時のスルターン、クトゥズが国家の要人たち、とくにモンゴル軍に滅ぼされたホラズムシャー、ジャラール・アッディーンのかつての配下の部将たちのうち、エジプトにたどり着いた者たちやエジプトのバフリー・マムルーク軍団の有力者バイバルスらとの協議の末にモンゴル軍との開戦を決意し、エジプト軍を率いてカイロを出発した。この軍に参加したバイバルスは、元来キプチャク系トルコ人のマムルーク出身で、一二五〇年に、フランス王ルイ九世自らが指揮してエジプトに上陸した十字軍を撃破して、武勇の誉れ高い英傑であった。クトゥズ自身もホラズムシャー、ジャラール・アッディーンの甥であり、マムルーク軍はモンゴル側の戦法に通暁していた。

両軍は一二六〇年九月三日にヨルダン川西方のアイン・ジャールートで激突し、モンゴル軍は史上はじめて野戦での完敗を喫した。モンゴル軍の総帥キトブカは捕えられてクトゥズの前に連行され、尋問後斬首され、その首級はカイロのズワイラ門に晒された。この後モンゴル側は十四世紀の前半にいたるまで、たびたびシリア侵攻を試みるが、いずれもマムルーク朝側に撃退され、モンゴル軍が勝利者としてアフリカの地を踏むことはなかった。

イルハン国時代の写本に描かれた騎兵の戦い　ラシードの『集史』に付されたミニアチュール。この場面は，ガズナ朝のスルターン，マフムードとゴール朝の戦いを描いたものであるが，描かれた騎兵はモンゴル時代の様式に近い。エディンバラ大学所蔵写本より。

イルハン国の時代

モンゴルのフレグ・ハンは結局、東方へ帰還せず、イランの地にとどまり、西アジアに君臨するモンゴル政権イルハン国が成立した。「イルハン」とは服属民のハンの意味で、フレグの別名である。

イルハン国は、ユーラシアの各地を支配するモンゴルの各王族から集められた軍隊を中核に、アゼルバイジャンのタマー軍やホラーサーン総督府を吸収して成立した事情もあって、イランを中心とする各地方の権益関係は複雑であった。とりわけキプチャク草原を支配するジョチ・ウルスの当時の支配者ベルケ・ハンは、モンゴルの王族中もっとも早くイスラームに改宗したこともあって、フレグがバグダードのアッバース朝を滅ぼしたことを咎《とが》め、アゼルバイジャンにおける自家の権益を守るために、一二六二年の夏コーカサスをこえてイランへ軍隊を送り込んできた。フレグは自ら出陣し、からくもベルケ軍を撃退するが、これ以降十四世紀の前半までコーカサスを挟んでジョチ・ウルスとイルハン国の軍事的な対立が続く。成立まもない当時のイルハン国は、その領土の南北で、エジプトのマムルーク朝、キプチャク草原のジョチ・ウルスという強敵に対抗しなければならなかった。このような当時の国際情勢がイルハン国の対外関係にもよくあらわれている。つまり、南北の強敵に対抗するためにイルハン国は、とくにその初期において東西関係を重視し、とくに東アジアのクビライ・カアン政権（大元ウルス）を宗主とあおぎ、その権威を自らの政権基盤の支柱とした。また西方のビザンツ帝国とは友好関係を維持し、さらに西方の西欧諸国とのあいだにも同盟や連携を呼びかける試みをおこなった。

フレグの時代にサーヒブ・ディーワーンと呼ばれるイルハン国の宰相職に任命されたのが、歴史家アターマリク・ジュヴァイニーの兄弟シャムス・アッディーン・ムハンマドであり、彼はこの後二〇年余りイルハン国の国政の頂点にあるモンゴルの君主たちに仕えた。アターマリク自身もアッバース朝滅亡後のバグダードの統治を任され、歴史家のみならず、行政官としても活躍した。このジュヴァイニー兄弟の登用にみられるように、イルハン国というモンゴル政権も、とくに徴税業務を中心に、イラン支配のためには、在地イラン人の官僚を利用したのであり、その点は以前のセルジューク朝やホラズムシャー朝の政権となんら変わるところはなかった。

しかし、セルジューク朝以前から西アジアのムスリムの諸政権で発展し、継続してきた、グラームやマ

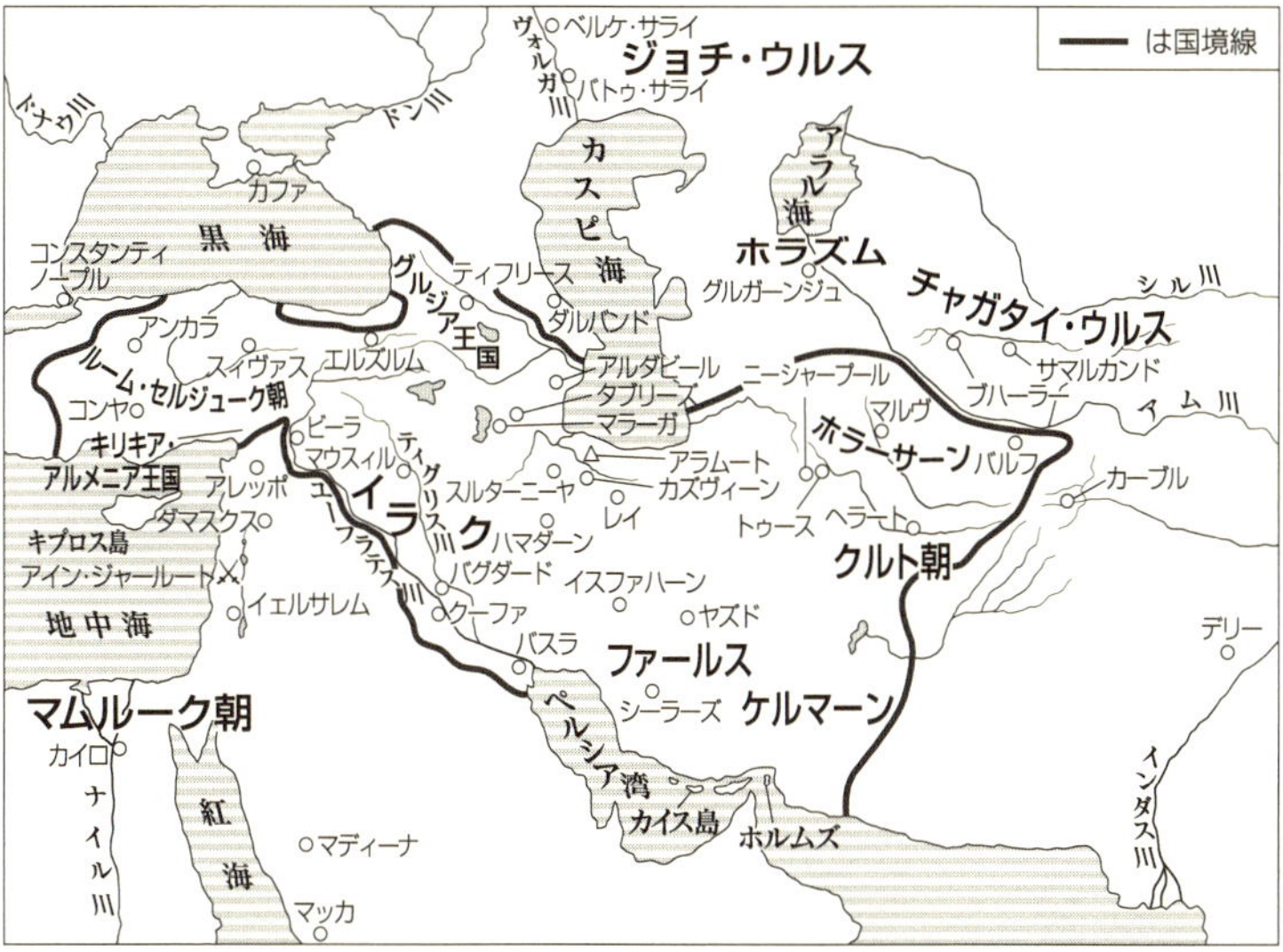

イルハン国

ムルークと呼ばれる奴隷軍人を軍事力の中心として養成するという考え方は、イルハン国にはなかった。軍事力の中心はあくまで誇り高きチンギズ・ハン家を頂点とするモンゴルの遊牧諸部族を基盤とした軍隊であり、フレグ以降の歴代のイルハンたちにとって政治上、もっとも重要な課題は、部族の首領たちの支持をいかに確保し、諸部族間の利害関係をいかに巧みに調整するか、という点にあった。そのためにモンゴルの支配者たちは、定期的に季節移動をおこなう夏と冬の遊牧地でクリルタイと呼ばれる国会を招集し、散会後はトイと呼ばれる大宴会を催して、参集した諸部族の首領たちに大量の恩賞や贈り物を下賜した。このような習慣がやがてはイルハン国の財政を逼迫させた。また、ユーラシア大陸の各地を結んで、イルチと呼ばれる使者たちがしきりに往返しては各地の情報を伝達し、人や物資、知識、技術の交流に大きな役割をはたした、ジャムまたはヤムという駅站《えきたん》制度は、モンゴル帝国の大きな特徴のひとつであったが、この制度が濫用されて、その結果ジャムの出費をまかなうために、民衆に課せられた負担が過重なものとなってきた。さらにイルハン国でも他のモンゴルのウルス同様に、元来は遊牧民が支払う家畜税を意味していたコプチュルという人頭税がムスリム民衆にも課せられ、この負担と人頭税を支払わされる不名誉とが一般庶民の不満を増大させた。

フレグの子孫のうち、二代目のアバカは在位一七年と長かったが、対外的にジョチ・ウルス、チャガタイ・ウルス、マムルーク朝との軍事衝突があいつぎ、アバカは外敵への対処に追われた。三代目はアバカの弟テグデルが即位したが、彼はアバカの長男アルグンの反乱にあい、在位二年余で処刑された。テグデルはイスラームに改宗し、アフマドと名乗ったが、一般のモンゴル軍人たちがこれにならうことはなかった。四代目のアルグンは叔父アフマドを追い落として即位したが、この時代もイラン人官僚たちの対立や、モンゴル部族内部の紛争があいついで内政は安定しなかった。在位七年たらずでアルグンが病没したあと、弟で、アナトリア(ルーム)の総督を務めていたゲイハトゥが五代目に即位した。ゲイハトゥも在位四年たらずと短く、最後は一族のバイドゥの反乱に敗れ、処刑されるが、彼の治世にはイラン史上ではじめての紙幣であるチャーヴが発行された。このチャーヴは、財政が破綻状態にあったイルハン国の宮廷の決定で、東方の大元ウルスの紙幣である「交鈔」を模倣して一二九四年九月にタブリーズで発行されたが、まったく流通せず、かえって商取引は全面的に停止し、大混乱が起こったためにわずか一週間で廃止された。

財政面で危機的な状況に直面していたイルハン国に登場した君主がアルグンの長子ガザンである。ガザンはバイドゥを打倒して一二九五年に即位するが、即位前の同年六月にそれまで信仰していたシャマニズムと偶像崇拝をすててイスラーム改宗をおこない、ガザンの改宗にはモンゴルの主要な部族の首領たちが追随した。これ以後のイルハン国はムスリムの帝王を戴くイスラーム国家となり、ガザンはイスラーム名をマフムードとし、イルハンとしてのハンの称号のほかに、スルターンを名乗り、史書では「イスラームの帝王」と呼ばれている。即位したガザンはイルハン国の財政再建と国庫収入の増加をめざして鋭意内政に取り組んだ。一二九八年にはもとユダヤ教徒であった、医師ラシード・アッディーンを宰相に取り立て、一三〇〇年から税制改革を開始した。四年をかけて実施された税制改革の結果、イルハン国はそれまでの人頭税コプチュルを主要な税目とする税制から、地租ハラージュを中心とする税制へと移行し、モンゴル軍人には王領地や国有地から食邑としてのイクターが与えられた。軍人にたいするイクター授与は十世紀のブワイフ朝時代から始まり、その後の西アジアで普及していたが、イランでは、ホラズムシャー朝の滅亡後ガザン以前のイルハン時代にはみられなかった。ムスリムとなったガザンは、イルハン国を支える軍事的な支柱であるモンゴル部族軍の経済的な基盤を強化すべく、支配者たるハンの恩賜としてのイクター授与を実現させたのである。ガザンは在位八年半、一三〇四年に自らが精魂を傾けた税制改革の成果をみずに他界したが、彼が企てたイルハン国の再生は成功し、イルハン国は以後約半世紀その命脈を保つことができた。

　ガザンに仕えた宰相ラシードは行政面だけではなく、文化面でも大きな足跡を残した。ラシードはガザンの命で、ペルシア語で、当時イランにあったモンゴル諸部族の系譜や歴史を網羅的に記録して、歴史書

『ガザンの祝福された歴史』を著わし、さらにガザンを継いだ弟ウルジェイトゥの要請で、当時のモンゴルと関係のあった、イスラーム世界、フランク人(西ヨーロッパ)、中国、インド、イスラエルの民(ユダヤ人)、オグズ族の歴史を追加して、一三一〇／一一年に他に類をみない世界史『諸史の集成』(『集史』)を完成した。この歴史書はのちのティムール朝以降、イランや中央アジアで、ペルシア語によって書かれた世界史の模範となり、その記録はイラン・イスラーム文化圏で長く継承された。

ガザンを継いだ八代目のウルジェイトゥ(在位一三〇四～一六)は、本名をハルバンドまたはホダーバンデといい、イスラームに改宗して名をムハンマドとし、貨幣などにはウルジェイトゥ・スルターンと刻ませている。ウルジェイトゥはザンジャーンの東方に新首都(ダール・アルムルク)スルターニーヤを造営し、その中心には現在も残る壮麗な自らの墓廟を建設させた。歴代のイルハンたちは初代のフレグ以来その墓廟、墓域の位置を明らかにせず、周辺をコルグという禁地として余人の接近を容易に許さなかった。イスラームに改宗したガザンはこの習慣を改め、自ら首都としたタブリーズの近郊に宗教施設(アブワーブ・アルビッル)を造らせ、その地に埋葬された。ウルジェイトゥもこれにならって墓廟を造らせたのである。ウルジェイトゥの治世は、ギーラーンやシリアへの遠征をおこなったほか、末期にチャガタイ・ウルスより二度の来寇があったものの、対外的にも比較的安定した時代であり、イルハン国の歴史を通じてもっとも繁栄した時期であった。

ウルジェイトゥを継いだのは、その息子アブー・サイードであるが、彼は父の死後わずか十二歳で即位した。彼の治世の初期はモンゴルのスルドゥズ部族の有力者チュパンが国政を掌握し、この人物の子孫たちは十四世紀後半にイルハン国が歴史上から消滅するまでの四〇年間、国政に大きな影響力をもちつづけた。アブー・サイードはそれまでの歴代イルハンであった父祖とは異なり、フレグ、アバカ、ガザンのようなモンゴル名をもたず、アブー・サイードという純粋なアラブ・イスラーム名で呼ばれた。一三一九年には内乱に発展したモンゴル部族間の抗争でチュパンに味方して力戦敢闘したために、「バハードゥル（勇者）・ハーン」の称号をえた。この称号はのちにアクコユンルやサファヴィー朝、さらにウズベクのハンたちが支配者の称号として継承していく。アブー・サイード時代の一三一八年、ガザン以来宰相の地位にあり、文化的にも大きな足跡を残したラシード・アッディーンが政敵との抗争に敗れ、処刑された。アブー・サイードが即位して一〇年目の一三二七年、チュパンがホラーサーンに侵入したチャガタイ・ウルス軍との戦いにでかけた留守中、アブー・サイードは当時宰相の位にあった、チュパンの子、ディマシク・フワージャを急襲して殺害させた。この事件をきっかけにイルハン国内でチュパン派にたいする追及・攻撃が始まり、チュパン自身も逃亡先のヘラートで殺害された。チュパンの息子の一人で、アナ

スルターニーヤのウルジェイトゥ廟　ザンジャーンからタブリーズへ向かう街道上に，ウルジェイトゥが新しく建設させたスルターニーヤに現在も残るウルジェイトゥの墓廟。イランに現存するイルハン国時代のもっとも有名な建築物であり，壮麗なドームを戴く墓廟は，遠方からもすぐそれとわかる巨大な建物である。

トリア総督であったテミュルタシュはエジプトへ逃亡したが、結局エジプトで殺され、その首級はアブー・サイードのもとへ送られた。成人後、チュパン一族の専横を憎んだアブー・サイードはこうして彼らの影響力を消去することに成功したが、イルハン国全体の軍事力は、有能な将軍であったチュパンとその一族を失ったことで、弱体化した。一三三五年十一月北方からイランに侵攻したジョチ・ウルスのウズベグ・ハンの軍隊を迎え撃つべくアッラーンへ進軍中のアブー・サイードは陣中で病没した。

アブー・サイードに同行していた宰相で、故ラシード・アッディーンの息子ギヤース・アッディーンは、無嗣であったアブー・サイードの遺言として、初代のイルハン、フレグの弟、アルク・ブケの曾孫アルパ・ケウンという人物を後継者に擁立した。しかしアルパは即位からわずか半年で、オイラト部族の首領アリー・パーディシャーの率いる反乱軍と戦って敗死した。アリー・パーディシャーは自己の権力を強化するため、バイドゥの孫ムーサーを擁立した。これとは別に、アナトリアの総督であったジャライル部族のシャイフ・ハサンは、フレグの息子の一人、モンケ・テミュルの玄孫スルターン・ムハンマドを立ててアリー・パーディシャーに対抗した。ホラーサーンでは、チンギズ・ハンの弟ジョチ・カサルから数えて七代目にあたるタガイ(またはトガイ)・テミュルという人物が地元のアミールたちに擁立された。シャイフ・ハサン軍との戦いでムーサーは捕えられて処刑された。その後チュパンの孫で、アナトリアを支配し、のちにエジプトで殺害されたテミュルタシュの息子シャイフ・ハサン(先に登場したジャライル部の同名人と区別するため、小ハサンと呼ばれる)があらわれ、チュパン一族を再結集することで事態はさらに紛糾することとなった。チュパン家の小ハサンは初め自らの側に、ウルジェイトゥの娘サティ・ベクを擁立したが、女性は帝王にふさわしくないとして退位させ、かわりにフレグの息子の一人、ヤシュムトの曾孫スライマーンを立てた。一方、小ハサンとの戦いでムハンマドを殺害された、ジャライル部のハサンは一三三九年、ゲイハトゥの孫ジャハーン・テミュルを擁立したが、ジャハーン・テミュルは一年後に廃位され、チュパン家の小ハサン側のスライマーンも四三年に小ハサンが暗殺されると、まったく史料にあらわれなくなる。さらに一三五三年最後に残ったタガイ・テミュルがホラーサーンでサルバダール勢力によって殺害されると、チンギズ・ハン家の血統を引く支配者はイランからいなくなった。

アブー・サイード以後に即位したモンゴルの支配者たちは、アルパを除いて、いずれも即位の日付すら史料にはっきりと記録されていないが、それぞれのハンたちの名前が打刻された貨幣が残っている。すなわち、彼らの在位は確かめられるが、具体的な統治状況は不明で、実質的な権力をまったくもっていなかったことは確実である。実権を握ったジャライル部のハサンにしても、その競争者としてあらわれたチュパン家の小ハサンにしても、自らの傀儡としてフレグの子孫のうちの誰かを君主として戴く姿勢を示しており、自身がとって代わってハンになろうとはしなかった。この事態は十四世紀前半のイランでは、モンゴル人の有力者ではあっても、チンギズ・ハン家出身以外の人物には、支配者が備えるべき血統的な権威をもつことが困難であった状況を示している。

イラン各地の諸勢力――ジャライル朝、ムザッファル朝、クルト朝、サルバダール

一三三五年にアブー・サイードが没したのち、イルハン国内でもっとも勢力があったモンゴル部族の代

表者は、ジャライル部(イルカン家)とスルドゥズ部(チュパン家)のそれぞれ、シャイフ・ハサンという同名の人物であった。ジャライル部のシャイフ・ハサンは、フレグの西征のおりに彼に付き従って各地で戦功をあげたジャライル部の将軍、イルゲイ・ノヤンの曾孫であった。一方、スルドゥズ部のシャイフ・ハサンは、アルグン時代以来イルハン国の軍事面でめざましい功績をあげたが、やがて義兄弟の間柄にあたるアブー・サイードによってその一族が粛清、排除されたチュパンの孫であった。この両者は一三三八年から連年三度会戦するが、いずれもチュパン家のシャイフ・ハサンが勝利した。この結果ジャライル部のシャイフ・ハサンは、イルハン国の「腹裏の地」であるアゼルバイジャンをおわれてバグダードを中心とするイラクに本拠を移した。

チュパン家のシャイフ・ハサンは一三四三年に妻によって殺され、チュパン家の主導権はシャイフ・ハサンの兄弟、マリク・アシュラフが握った。一三五七年キプチャク草原のジョチ・ウルスの支配者ジャーニー・ベクがイランに進軍し、ほとんど抵抗を受けないままにタブリーズに入城した。アシュラフは逃亡したが、捕えられて処刑された。イルハン国の初代フレグ以降、イランを支配した歴代のイルハンたちは、マムルーク朝と結んだジョチ・ウルスとアゼルバイジャンの領有をめぐって軍事的に対立し、たびたび交戦したが、アルパまでのイルハンたちはフレグの領土を守りぬいてきた。ところが、実質的にイランでチンギズ・ハン家の血統に連なる支配者がたえた一三五七年に、アゼルバイジャンは一時的にジョチ・ウルスの手に落ちたのである。この事件は、イルハン国の終焉を象徴する重大な出来事であった。

ジョチ・ウルスの軍隊によるアゼルバイジャン占領は長く続かず、ジャライル部のシャイフ・ハサンを継いだシャイフ・ウヴァイスがアゼルバイジャンに進駐した。ウヴァイスは傀儡のハンを立てたりせず、自らをチンギズ裔として、アブー・サイードと同じく「バハードゥル・ハーン」を称し、君主としてふるまったので、彼とその子孫たちの、独立した政権をジャライル朝と呼ぶ。ジャライル朝はモンゴル人が建てた政権であり、国家の基本的な構造は、イルハン国時代と何も変わらなかったので、イルハン後継国家と考えられる。一三七四年にウヴァイスが亡くなると、その三子のあいだで内紛が始まり、それを終息させた三子の一人、アフマドは八五年にティムール軍に圧迫されてバグダードへ退却したあと、オスマン帝国、マムルーク朝のもとへ逃亡し、ティムールの没後タブリーズの奪回をめざしたが、当時勃興してきたカラコユンル軍に捕えられて処刑された。

イランのファールス地方はイルハン国が成立したころ、トゥルクマーン系のアタベグ政権サルグル朝が支配していたが、一二八五年ころにイルハン国の直轄統治に組み入れられた。その後ウルジェイトゥ時代に、イルハン国の王領地(インジュー)を管理するシャラフ・アッディーン・マフムードシャーがファールスを本拠に独立の支配者となったが、一三三六年アルパの命令で処刑された。彼の息子四人がチュパン家のアミールたちと協力したり、争ったりしながら、一三五三年までファールスを支配しつづけた。この年イラン中央部のヤズドを支配するムザッファル朝のムハンマドにファールスの中心地シーラーズを占領され、続いて一三五七年にイスファハーンを攻略されたことで、インジュー朝は滅亡した。かわって土着イラン系のムザッファル朝が台頭し、ムハンマドの三子の一人、シャー・シュジャーはジャライル朝のウヴァイスの死後アゼルバイジャンへ進軍するほど勢力をのばしたが、一三八四年のその死後、一族の内紛が始まり、さらにティムールのイラン遠征が始まると、親ティムール派と反ティムール派に一族が分裂し、結局九三年には一族がみな処刑されて滅亡した。

ホラーサーンのヘラートの町は、チンギズ・ハン時代のモンゴル軍の攻撃からいち早く復興し、一二四五年までには、ゴール朝のシャンサバーニー家に系譜上連なるクルト(またはカルト)朝が、この町とその周辺を支配する状況が生まれた。クルト朝はイルハン国時代を通じて服属国家として現在のアフガニスタン地域を支配しつづけ、イルハン王家との通婚関係もあった。しかし、一三八一年にはティムール軍によってヘラートは征服され、八九年には王朝が消滅した。

ホラーサーンにはもうひとつサルバダールという勢力があった。この勢力は、一三三七年にホラーサーンのサブザヴァールという町で、イルハンの徴税吏が殺害されたことに端を発する民衆の蜂起が原点となって出現した。サルバダールはサブザヴァールの町を支配したあと、周辺の諸勢力、とくにホラーサーンに擁立されたタガイ(またはトガイ)・テミュルの配下たちと争い、一三五三年にはタガイ・テミュルを騙《だま》し討ちで殺害した。一三六二年にサブザヴァールを支配するようになった、フワージャ・アリー・ムアイヤドが指導者の時代には、十二イマーム派のシーア派色が強まり、この時代に発行されたサルバダールの貨幣には、一二人のイマームの名前が打刻されている。一三七六年にはアリー・ムアイヤドに追放された者たちがファールスのムザッファル朝を頼ったために、一時サブザヴァールがムザッファル朝の軍隊に占領されるという事件も起こったが、七九年には奪回された。一三八一年にサルバダールはティムールに服属し、八六年にはアリー・ムアイヤドが死去して影響力を失った。

モンゴル支配時代のイラン文化

モンゴル人はチンギズ・ハンの時代にイランに侵入して以来、イルハン国のガザン・ハンが改宗するまで、当時のイラン社会にとっては、異教徒、異民族であった。しかし、チンギズ以来モンゴルの支配者たちは宗教的には寛容であり、自分たちの宗教を強制したり、他宗教を弾圧したりすることはなかった。初代のイルハン、フレグは西征の際に、山城に籠るシーア・イスマーイール派を攻撃し、バグダードのアッバース朝カリフを滅ぼしたが、イスラーム教徒一般がモンゴル政権から圧迫を受けつづけたわけではない。フレグはむしろ、宰相のシャムス・アッディーン・ジュヴァイニーを取り立て、シーア派の大学者ナスィール・アッディーン・トゥースィーを側近としてマラーガの天文台建設を任せるなど、イスラーム教徒を利用した。結果的にイルハンの宮廷では、イラン人の用いるペルシア語の重要性が高まり、公文書やワクフ文書などにも、それ以前はアラビア語が多く用いられていたが、モンゴルの支配時代以降はペルシア語の使用が普及した。ペルシア語はセルジューク朝からホラズムシャー朝時代を通じて表現や文体が洗練され、文章語として磨かれていった。ウルジェイトゥ時代に書かれたヴァッサーフの歴史書『地域の分割と歳月の推移』は、モンゴル時代に書かれた美文によるペルシア語散文作品の典型であり、この作品に用いられた過度に華美で、冗長、難解なペルシア語の文体や表現は、ティムール朝以後の宮廷で編纂された歴史書の模範となった。

韻文作品はセルジューク朝の時代以来イランではペルシア語で書かれることが一般化しており、この傾向はモンゴル支配時代にもまったく変わらなかった。ペルシア文学を代表する、サアディー、ハーフィズの二大詩人は、ともにファールスの文化的な中心地シーラーズに居住して、それぞれ十三世紀と十四世紀に、教訓詩と抒情詩の分野で、現在でも愛誦される作品を残した。

イルハン国の首都がおかれたアゼルバイジャンでは、ペルシア語による歴史資料が多く書かれた。その代表的な作品が、イルハン国の宰相を務めたラシード・アッディーンの編による世界史『諸史の集成』(『集史』)である。ラシードは彼に先行するアターマリク・ジュヴァイニーの『世界征服者の歴史』なども参考にして、モンゴル史の部分のほかに中国史、インド史、ヨーロッパ史、イスラエル史、オグズ史、イスラーム史からなる、当時としては画期的な世界史をまとめ上げた。この歴史書の特徴は、それまでのペルシア語にはみられず、イルハン国の時代になって用いられ始めた、モンゴル語やトルコ語の語彙を多用して歴史の記述をおこなっていることである。たとえば、遊牧民の冬営地、夏営地を示す、クシュラク、ヤイラクという単語は、元来トルコ語であるが、支配者となってからも父祖の時代の伝統を守り、季節移動をやめなかった、モンゴルの支配時代から、ペルシア語の歴史書などに頻出するようになる。ほかにも、軍隊や遊牧関係の語彙のなかにモンゴル語やトルコ語起源の単語が多くなる。

ラシードの世界史の編纂と関連して、十四世紀の前半、イランではミニアチュールを挿し絵とした歴史書の写本がつくられ始めた。ミニアチュールの製作は十三世紀に始まっていたが、それが美術的に洗練され、写本製作上の芸術作品として評価されるものを生み出したのは、モンゴル支配時代からである。これらのミニアチュールを含む『集史』の写本は、イルハン国の首都タブリーズの郊外にラシードが設けさせた文化施設である、ラブエ・ラシーディーで製作されたものと考えられている。また、ファールスのシーラーズでは、インジュー朝の支配下で、十一世紀のイランの大詩人フェルドウスィー作の大叙事詩『シャー・ナーメ』のミニアチュール入りの写本が一三三〇年代に製作されている。『シャー・ナーメ』の写本中のミニアチュールは『集史』のミニアチュールとは明らかに技法も作風も違うために、シーラーズで製作されたものは、シーラーズ派として、中国画の影響を受けたといわれるタブリーズ派のものと区別される。

14世紀前半の『シャー・ナーメ』写本のミニアチュール　1333年にシーラーズでつくられた，フェルドウスィー作のペルシア語による大叙事詩『シャー・ナーメ』に付されたミニアチュール。描かれている場面は，サーサーン朝の王バフラーム・グールと中国のハーカーンとの戦い。ロシアのサンクト・ペテルブルク国民図書館所蔵写本より。

アラブ文化圏とは異なり、工芸品、建築物以外の具体的な造形表現を拒絶するイスラーム文化のなかで、イランが魅力ある、独自の絵画芸術を発達させる出発点は、モンゴル支配時代にさかのぼれるのである。

イルハン国の時代には、ユーラシア大陸の東西を制覇したモンゴル人の支配のもとで、東西交通が活発化し、東西の文化交流が進んだ。大元ウルス治下の東アジアから中国人その他多くの人々が、さまざまな目的で、イランを中心とする西アジアをおとずれた。また西方からも、ヴェネツィア生まれの商人マルコ・ポーロやモロッコのタンジール生まれの旅行家イブン・バットゥータをはじめ、多数のヨーロッパ人や西アジア、北アフリカの人々が東アジアに旅した。イランの地は、東西の両方からみて、必ず立ち寄ることになる、重要な交通上の中継地であった。このような事情からモンゴル支配時代のイランの文化は、東西の文化の影響を受けた、国際的な色彩を濃くしていた。それと同時に、この時代は「イラン」という地理上の概念が、以前にも増して明確化した時代でもあった。ラシードをはじめとするイルハン国時代の歴史書や地理書には、「イーラーン・ザミーン」ということばがあらわれる。このことばは、モンゴル支配時代以後、近代をむかえるまでの伝統的なイランの地理概念を明確に示しており、民族的には異民族の支配下にあったものの、イラン人自身がのちに、イランの長い歴史を振り返り、自らのアイデンティティを意識し始める際に、ひとつの基盤になったとみることもできよう。

3　十一～十四世紀アナトリアのトルコ系諸国家

ルーム・セルジューク朝の成立と発展

イスラームの勃興当時からムスリムのあいだで「ルーム」と呼ばれていた、アナトリア地域へトゥルクマーンの遊牧民が浸透し始めたのは、一〇七一年のマラーズギルドの戦いののちのことである。これはトゥルクマーンのアナトリアへの大規模な進出の第一波であり、第二波は十三世紀前半モンゴルの西アジア侵攻にともなって起こった。この二波にわたる大規模なトゥルクマーンの進出の結果、アナトリアではトルコ化、イスラーム化が進展したのである。ビザンツ帝国にたいしてマラーズギルドで戦勝者となったセルジューク朝のスルターン、アルプ・アルスラン自身は戦後アナトリアに進出せず、戦いの翌年にマー・ワラー・アンナフル遠征の途上で不慮の死をとげた。アルプ・アルスランの後継者となったマリクシャーのもとで、セルジューク朝はシリアとマー・ワラー・アンナフルへとさらに領土を拡大し、セルジューク朝国家は最盛期をむかえた。そのような時代、セルジューク家の一員であったスライマーン・ブン・クタルムシュがアナトリアに派遣された。このスライマーンが創建したアナトリア地域におけるセルジューク朝がルーム・セルジューク朝である。

ルームのセルジューク朝を建てたスライマーンの父は、クタルムシュといい、祖父はイスラーイール、曾祖父がセルジューク家の名祖セルジュークである。イラン地域のセルジューク朝を建てたトグリル・ベグとチャグル・ベグ兄弟の父は、ミーカーイールという人物で、イスラーイールの兄弟にあたる。イスラーイールは別名をアルスランともいい、父セルジューク没後セルジューク集団の一部を率いて活躍した。しかし、ガズナ朝のスルターン、マフムードに捕えられて一〇三二年ころに獄死した。その子、クタルムシュは従兄弟である、トグリル、チャグル兄弟に協力し、トグリル・ベグとともに西アジアに進出した。一〇六三年にトグリル・ベグが子孫を残さずに病死すると、クタルムシュはその父がかつてもっていた、セルジューク家の代表者の地位を握るべく、チャグル・ベグの息子で、ホラーサーンを本拠とするアルプ・アルスランに戦いを挑んだ。両者は一〇六三年十一月レイとダームガーンのあいだにある、デヘ・ナマクで会戦し、アルプ・アルスランが勝利した。クタルムシュは敗走の途中で死亡した。

スライマーンの父クタルムシュは、アルプ・アルスランにたいして反抗し、その結果敗死したので、スライマーンの命は助けられたものの、セルジューク家の血を引きながらも王族としての扱いを受けられなくなった。アルプ・アルスランの長子で、その後継者となったマリクシャーは、アナトリアのトゥルクマーン諸族を統御するため、かつての反乱者の息子スライマーンをアナトリアへ送ったのである。一〇七四／五年にビザンツ帝国の首都コンスタンティノープルの南東にあるニカエア(現在のイズニク)がスライマーンによって征服された。その後スライマーンは関心を東方へ移し、一〇八四年十二月、シリア北部のアンティオキアを征服した。しかし、シリアへの進出は他のセルジューク家の成員との対立を引き起こし、一〇八六年六月には、アンティオキア東方のアレッポの領有をめぐってマリクシャーの弟で、シリアのセルジューク朝を建てたトゥトゥシュと争い、スライマーンは敗死した。

一〇九二年にマリクシャーが没すると、マリクシャーのもとにあったスライマーンの息子クルチ・アルスラン(一世)はルームへ戻り、父の本拠であったニカエアに復帰した。マリクシャーの没後イラン地域では、その後継をめぐって激しい内紛が続いた。一方アナトリアでは、一〇九七年、西ヨーロッパから到来した第一次十字軍がアナトリアに上陸し、クルチ・アルスランが首都としたニカエアの町は十字軍による最初の攻撃目標とされた。アナトリア東部のマラトヤを攻囲中のクルチ・アルスランは急を聞いてニカエアに戻ったが、十字軍に敗れ、首都を失った。イスラーム教徒側の、十字軍への反撃はアナトリアから始

ルーム・セルジューク朝

まった。当時アナトリアの中央部カッパドキヤ地方には、ダーニシュマンドという名のトゥルクマーンの首領がおり、この人物が十字軍にたいするムスリム側の最初の勝利をおさめた。西方で十字軍の軍事的な脅威に直面していたクルチ・アルスランの関心は東方に向けられ、スルターン位をめぐる争いで混乱するイラク北部への進出の機会をうかがった。その父スライマーンがシリアへの進出を企てたように、イランを中心とするセルジューク朝の政権が、マリクシャー時代ほど強力でない時代に、クルチ・アルスランはふたたび東方への進出をめざしたのである。一一〇七年クルチ・アルスランは、セルジューク朝内部の勢力争いを利用して、北イラクの要衝マウスィルの町を征服した。早速、当時のスルターンであったムハンマドのもとからは、アミール、チャヴルが討伐に派遣された。クルチ・アルスランが率いるルームのセルジューク朝軍とチャヴル軍は一一〇七年七月にユーフラテス川の支流ハーブール河畔で戦い、ルーム側が敗北し、クルチ・アルスラン自身は溺死した。

クタルムシュ、スライマーン、クルチ・アルスラン(一世)という三世代にわたる王統が、いずれもセルジューク朝のアルプ・アルスラン、トゥトゥシュ、ムハンマドに敗れ、命を落としたという事実は、その後のルーム・セルジューク朝に大きな影響を与え、以後クルチ・アルスランの子孫たちはふたたび東方に進出して、イランのセルジューク朝と覇権を争うことはなかった。クルチ・アルスラン一世の息子マスウード一世は一一一六年ころに父の後継者となるが、このころの状況は記録がないためによくわからない。十二世紀前半のアナトリアの政治史は、ルーム・セルジューク朝よりも、むしろそのライヴァルであったダーニシュマンド朝を中心に展開されていた。

ルーム・セルジューク朝が独立した政治勢力として西アジアの歴史に重要な意味をもちだすのは、マスウードが一一五六／七年に没したあと、その後継者となったクルチ・アルスラン(二世)の時代からである。クルチ・アルスラン二世は西方のビザンツ帝国との関係を改善し、一一六一年には自らコンスタンティノープルを訪問して歓待を受けた。一一六四／五年にはダーニシュマンド朝のヤグバサンと開戦し、ダーニシュマンド朝を支援する北イラクとシリアのアタベグ政権ザンギー朝との関係も悪化した。一一七二／三年にはザンギー朝のヌール・アッディーンがルームへ出兵し、アナトリア中央部のスィヴァスが占領された。一一七四年にヌール・アッディーンが亡くなると、ザンギー朝軍は撤退した。クルチ・アルスランは東方の強敵ザンギー朝にたいして、極力衝突を避け、その攻撃の矛先をかわすことにつとめた。その後西方から、ビザンツ皇帝マヌエル・コムネノス自身が東方の失地回復をめざし、大軍を率いて遠征にでてきた。クルチ・アルスランの率いるトゥルクマーン軍は、一一七六年九月十七日、アフヨン南方のミュリオケファロンでこれを迎え撃ち、ビザンツ軍に大きな損害を与えた。これ以後ビザンツ帝国からの大規模な攻勢はなくなり、アナトリア中央部を本拠とするルーム・セルジューク朝の政権が確立した。さらに、クルチ・アルスランはダーニシュマンド朝への圧迫を強め、一一七八年にはその本拠であるマラトヤの町を占領して、ダーニシュマンド朝を滅ぼした。クルチ・アルスランに頑強に抵抗したダーニシュマンド朝のヤグバサンの息子たちは以後セルジューク朝の臣下となり、クルチ・アルスランの子孫たちに奉仕した。一一七九～八一年にはアイユーブ朝のサラーフ・アッディーンが、シリア北部の町の領有をめぐって、二度にわたり軍を送ってきたが、大きな軍事衝突にはいたらなかった。

コンヤのアラー・アッディーン・モスクのミンバル　ルーム・セルジューク朝の首都であったコンヤのアラー・アッディーン・モスクの木製ミンバル(説教壇)。このミンバルには，マスウード1世とクルチ・アルスラン2世の名が刻まれており，そのなかでクルチ・アルスランは自らを「ルームとアルマン(アルメニア)とイフランジュ(フランク人)とシャーム(シリア)諸地方のスルターン」と称している。アナトリアに残るイスラーム時代の遺物のなかで，年代の明らかな，最古のもののひとつである。

クルチ・アルスラン二世の時代にルーム・セルジューク朝はビザンツ帝国の攻勢をくじき、ザンギー朝やアイユーブ朝の軍事介入をも斥けてライヴァルのダーニシュマンド朝を滅ぼしてアナトリアにおける支配権を不動のものとした。マスウードの時代からルームでは貨幣が発行されるが、それらの貨幣に打刻された銘文には「偉大なスルターン」というイランのセルジューク朝と同じ表現が用いられた。ルーム・セルジューク朝では、第二代のクルチ・アルスラン一世の時代からスルターンという呼称が用いられていたようであるが、貨幣の銘文などではっきりとそれが確認できるのは、マスウード時代からである。クルチ・アルスラン二世時代のルーム・セルジューク朝は東方のセルジューク朝と同じく内陸部のコンヤ、カイセリ、スィヴァス、アンカラなどの都市を支配するだけで、アナトリアの海岸部は、ビザンツ、十字軍、小アルメニアなどのキリスト教勢力が支配していた。つまり、ルームのセルジューク朝も基本的には陸封された内陸国家であり、イランのセルジューク朝がそうであったように、海洋への進出を企てることはなかった。この状況が変化をみせ始めるのは、十三世紀にはいってからである。

クルチ・アルスラン二世は晩年自らの領土を一一人の息子たちに分配した。首都のコンヤは末子のカイホスロウ(一世)に与えられた。それを妬んだ兄弟たちのあいだで王朝の主導権をめぐる激しい争いが始まった。それに加えて、一一八七年アイユーブ朝のサラーフ・アッディーンが十字軍の手から聖地イェルサレムを奪回したことにたいして西ヨーロッパで第三次十字軍が呼びかけられ、それに呼応した時の神聖ローマ皇帝フリードリヒ(一世)バルバロッサが、陸路で一年の行軍ののちアナトリアに侵攻してきた。一一九〇年五月にバルバロッサはセルジューク朝の首都コンヤに到達し、町は一時占領された。バルバロッサはシリアへの行軍途上六月に水浴中溺死したが、セルジューク朝にとって首都を容易に攻略されたことは大きな衝撃となった。

一一九二年クルチ・アルスラン二世が没し、その子供たちのあいだでの後継者争いはいよいよ激しさを増した。最終的に後継者争いの勝利者となったのは、最年長で、トカトの支配者であったスライマーンシャーであり、最年少で、いったんは父のあとを継いで即位したカイホスロウは一一九七年にアナトリアを脱出し、シリアやマグリブを流寓《りゅうぐう》したのちコンスタンティノープルのビザンツ宮廷に亡命した。しかし、スライマーンシャーの治世は短く、一二〇四年に東部アナトリアに残っていたトゥルクマーンの地方政権、サルトゥク朝を滅ぼしたあとグルジアに遠征して敗北し、帰還後他界した。スライマーンシャーのあとは幼少のクルチ・アルスラン三世が擁立されたが、まもなく有力者たちはコンスタンティノープル亡命中のカイホスロウを呼び戻して再度スルターンに即位させた。

ルーム・セルジューク朝の全盛期

カイホスロウ一世の二度目の治世から、その二子カイカーウス一世、カイクバードの時代がルームのセルジューク朝の最盛期であり、この約四〇年間にルームのセルジューク朝は西アジアの強国へのし上がり、文化的にも重要な位置を占めるようになった。イランのセルジューク朝の歴史をペルシア語で書いた、ラーヴァンディー作の『胸の安らぎと喜びの証し』という歴史書は著者によってルームのスルターン、カイホスロウ一世に献呈された。この歴史書の著者ラーヴァンディーは、イラクのセルジューク朝最後のスルターン、トグリル二世の知遇をえていたが、トグリルは一一九四年に敗死したため、同じくセルジュークの子孫ではあるが、別系統のルームのスルターンに献じたのである。この歴史書を献呈されたルームのスルターン、カイホスロウ一世は、著者ラーヴァンディーによって「セルジューク朝国家の相続人、後継者」と呼ばれており、十三世紀になると、かつては始祖が三代にわたって敗死させられたルームのセルジューク朝が、イランのセルジューク朝の後継者としての歴史的な意識をもち始めたことがうかがえる。

カイホスロウ一世は一二〇五年に復位したのち、〇七年には地中海岸の港湾都市アンタリヤを征服し、はじめて海へ進出する拠点をえた。カイホスロウは一二一一年にアナトリア西部のアラシェヒルでビザンツ帝国軍と戦い、戦いには勝利したものの、自らの不注意で命を落とした。後継者には長子のカイカーウス一世が即いたが、弟のカイクバードとの後継者争いがあり、敗北したカイクバードはマラトヤ近郊の一城塞に監禁された。カイカーウス一世は一二一四年十一月に黒海岸の重要な港湾都市スィノプを征服し、ルーム・セルジューク朝はアナトリアの南北に位置する海洋に進出できるようになった。カイカーウスは、首都コンヤに建造させたモスクの碑文で、自らを「ふたつの海のスルターン」と称している。シリアに遠征後病死したカイカーウスの後継者には、監禁されていた弟のカイクバードがむかえられた。カイクバードの治世(一二一九〜三七年)はルーム・セルジューク朝の全盛期で、この時代にアナトリアのイスラーム社会は、オスマン帝国以前における政治、経済、文化の各方面で絶頂期をむかえた。

カイクバードは即位すると、国政にたずさわる有力者の陣容を一新し、自らの思いのままに政権が運営できるように、グラーム層出身の軍人や新来の書記たちを取り立てた。そのなかには、トルコ系のほかに、ルーム人と呼ばれた在地のギリシア系、西ヨーロッパ出身のフランク人、モンゴルの西征の前後イランや中央アジアから避難してきたイラン系の人々が多数含まれていた。ルーム・セルジューク朝についてもっとも詳しく、歴史的な価値の高いペルシア語の歴史書を残したイブン・ビービーの両親もそうした人々の一例である。また、カイクバードはコンヤ、カイセリ、スィヴァスなどの主要都市に大規模な城壁を建設し、防衛拠点とした。アナトリアを東西南北に貫く通商貿易路の安全を重視し、現在もアナトリアの各地に残るキャラヴァン・サライ(隊商宿)や橋梁をあらたに建設し、既存のものは整備拡充した。主要な都市の内部にはモスク、病院、ハンマーム(公衆浴場)などの公共施設を建設させ、ワクフ制度によってこれらを維持した。すでに兄カイカーウスの時代にルーム・セルジューク朝はアナトリアの南北に港湾拠点を確

アランヤのクズル・クレ　地中海に面した，トルコの港町アランヤに残るセルジューク朝期の建築物で，現在はトルコ語で「赤い塔」を意味するクズル・クレの名で呼ばれている。ルーム・セルジューク朝の勢力が海に進出した時代を象徴する建造物であり，近くには船を修理するドックも残っている。この塔には，2つの定礎碑文が残っており，それらによれば，1226年4月にスルターン，アラー・アッディーン・カイクバードがその建造を命じたと書かれている。

保していたが、カイクバードは海に進出する出口の数をさらにふやした。地中海岸ではアンタリヤのほかに、一二二三年アランヤがあらたに征服された。この町はアンタリヤの東方にあり、カロノロスと呼ばれる港であったが、カイクバードは自ら軍を率いてこの町を包囲攻撃して征服した。カイクバードのラカブ(称号)アラー・アッディーンにちなんでこの町は征服後アラーイーヤと呼ばれるようになり、現在はそれが訛ってアランヤと呼ばれている。

カイクバードは一二二七年に黒海岸のスィノプから黒海の波濤をこえてクリミアに遠征軍を送り、この軍隊はクリミアの港湾都市スグダクを占領し、近くのキプチャク部族を服属させた。イランの例を含めてセルジューク朝が海をこえて遠征軍を送ったことは空前絶後の事件であり、陸封状態に甘んじてヨーロッパの十字軍に海上ではまったく太刀打ちできなかった状況がルームでは変化をみせ始めたことを示す象徴的な遠征であった。この年カイクバードはシリア、エジプトを支配するアイユーブ朝のアーディルの娘と結婚し、同盟関係を強化した。一二二八年にはアナトリア東部のエルズィンジャンを支配してきたトゥルクマーン系のメンギュジク朝を服属させ、東方へ領土を広げた。一二三〇年八月には当時アゼルバイジャンを中心に勢力の復活をはかっていたホラズムシャー、ジャラール・アッディーンの軍をエルズィンジャン西方のヤッス・チメンの戦いでアイユーブ朝軍と連合して撃破し、一一九四年にイラクのセルジューク朝最後のスルターン、トグリル二世がホラズムシャー、ジャラール・アッディーンの祖父テキシュに敗死して以来のセルジューク家としての復仇をはたした。一二三四〜三五年にはシリアの北部をめぐってアイユーブ朝と対立し、シリアの遠征軍をアナトリアの南部で撃破した。

カイクバードの支配するアナトリアは、かつてのイランやイラクのセルジューク朝と比べて領土の面では、遥かに小さかったが、支配の内容は、人材の登用、政治の安定、隊商貿易の繁栄、海上への進出、文化の育成と保護など時代の流れにみあった的確な政策により充実しており、歴史上にセルジューク朝の復活を印象づけた。イスラーム世界がモンゴルの脅威にさらされるようになっていたカイクバードの治世にイランや中央アジアからは、平和と安定を求めてさまざまな層の人々がアナトリアへ来住した。これらあらたな来住者がもたらした文化が、従来はイスラーム世界の辺境とみなされていたアナトリアの文化を他地域に劣らぬ質の高いものへと発展させていくのである。

モンゴル軍の侵攻とルーム・セルジューク朝の衰退と滅亡

一二三七年五月、五十歳になったカイクバードはあらたな遠征を計画してカイセリに軍隊を集めたところで、急逝した。おそらくは長子のカイホスロウ二世が父を毒殺して、権力を握ろうとしたのであろう。カイホスロウ二世は父の威名に追いつこうとしたが、ルーム・セルジューク朝に仕えていたホラズム人たちはカイホスロウの即位後離反し、内政が安定しなかった。そうしたなかで、一二四〇年にはユーフラテス川の流域でバーバー・イスハークという名の呪術者が、擬似イスラーム的な教義でトゥルクマーンを扇動して宗教的な反乱を起こした。カイホスロウ二世は全力を傾注して反乱の鎮圧を命じたが、セルジューク朝の軍隊は決死の覚悟を固めたトゥルクマーン遊牧民に何度も敗北し、カイホスロウ自身が首都コンヤから逃亡するという窮地に立たされた。最終的にはフランク人傭兵の力を借りてようやく鎮圧に成功したが、反乱の衝撃は大きく、セルジューク朝の軍事力の弱体化は顕著であった。この反乱の鎮圧後、一二四一年カイホスロウ二世はディヤール・バクルのアーミドを、トゥルクマーン系のアルトゥク朝から奪取して、父カイクバードもはたせなかった東方への進出を実現した。しかし、この成功も束の間、一二四二年秋にはアナトリア東部の要衝エルズルムがモンゴル軍に攻略され、四三年七月一日にスィヴァス東方のキョセ・ダグで、カイホスロウ率いるルームのセルジューク朝軍は、バイジュ・ノヤンの指揮するモンゴル軍に潰滅させられた。モンゴル軍はスィヴァスを無血占領したが、カイセリでは激しい抵抗にあい、城内に内通者をみつけることでようやく征服に成功した。カイセリの住民は、かつてホラーサーンの諸都市が征服されたときのように虐殺と略奪を受けた。

カイホスロウ二世の軍隊を潰滅させたモンゴル軍はアゼルバイジャンに駐屯するタマー軍と呼ばれる鎮守軍で、元来はホラズムシャー、ジャラール・アッディーン追討のためにウゲテイ・カアンによって西アジアに送り込まれた軍隊であった。すでにカイクバード時代の一二三二年からモンゴル軍のアナトリアへの軍事偵察がおこなわれていたが、大規模な衝突はなかった。タマー軍の司令官はチンギズ・ハンのコルチ（箭筒士《せんとうし》）をつとめたスニト部族のチョルマグン・ノヤンであったが、一二四三年当時は病身で、かわりにベスト部族のバイジュが指揮をとっていた。バイジュによるアナトリアへの遠征は、モンゴル帝国中枢の大カアンの命令に基づく、全体戦略のなかでおこなわれたものではなく、バイジュ個人の野心と独断によるものであった。そのため、一二四三年のキョセ・ダグの戦後もモンゴル軍がアナトリアに駐留することはなく、ルーム・セルジューク朝は毎年モンゴル側に貢納を送る義務をおうだけであった。カイホスロウ二世は、一二四五年キリキアの小アルメニア王国へモンゴル軍に協力した懲罰として遠征軍を送っている最中に没し、長子のカイカーウス二世が後継者に即位した。

カイカーウス二世の擁立に功があったのは、シャムス・アッディーン・ムハンマド・イスファハーニーというイラン系の官僚で、彼は一二四四年に黒海を渡って南ロシアにあったジョチ・ウルスのバトゥのもとへ赴き、アナトリアにおけるバトゥの代理の地位をえた。この権威を背景にイスファハーニーはカイカーウスの政権を実質的に運営し、スルターンの弟クルチ・アルスラン四世をモンゴリアに送ってウゲテイ・カアンの息子グユク・ハンの即位式(一二四六年)に列席させた。グユク・ハンは自らのもとへ出頭したクルチ・アルスランをルームの正統なスルターンと承認し、一二四九年に帰国したクルチ・アルスランはイスファハーニーの処刑を要求し、自らのスルターン位を主張した。クルチ・アルスランの要求に従ってイスファハーニーは処刑され、さらにクルチ・アルスランは兄カイカーウスとスルターン位をめぐって一戦を交えたが、敗北した。結果としてクルチ・アルスランの主張は実現しなかったが、ルームのスルターンの位は、アナトリアではなく、モンゴル帝国の中枢で決定される時代が始まったのである。

モンゴル帝国のグユク・ハンの政権は短命に終わり、一二四八年のグユク没後しばらく空位期間があり、一二五一年にトゥルイ家のモンケがバトゥの後援をえて大カアンに即位した。この間もアナトリアでは、カイカーウス二世が一二五四年に弟クルチ・アルスランの挑戦をふたたび斥けて、実質的には単独でスルターンの位を維持しつづけた。しかし、一二五六年モンゴルのバイジュ・ノヤンによる二度目の侵攻を受けてカイカーウスはビザンツ帝国に亡命した。この事件の背景にはモンゴルの大カアン、モンケの弟フレグの西アジア遠征という帝国内部の大きな変動があった。フレグがイランにはいると、それまでアゼルバイジャンの北部に駐屯していたバイジュ麾下のタマー軍はアナトリアに移動することが命じられた。このためバイジュはルームへ移動して、一二五六年十月アクサライとコンヤのあいだにある隊商宿スルターン・ハンでカイカーウスの軍を破ったのである。その後カイカーウスはアナトリアへ戻ったが、ルーム・セルジューク朝の領土はスィヴァス川(クズル・ウルマク)を境に東西に二分されて、トカトを中心とする東半部をクルチ・アルスランが、首都コンヤを含む西半部をカイカーウスが支配することとなった。一二五八年フレグによるバグダードの征服後、カイカーウスとクルチ・アルスランはあいついでフレグのもとへ出頭し、一度は現状維持を認められた。しかし、以後もモンゴル勢力に積極的な協力の姿勢をみせなかったカイカーウス二世は、一二六一年八月フレグの命令下モンゴル軍に追われ、首都コンヤを脱出し、ふたたびビザンツ帝国へ亡命した。かわってクルチ・アルスラン四世がはじめて単独のスルターンとして即位した。クルチ・アルスランの即位は完全にモンゴル側の意向にそったものであり、カイカーウスの逃亡はルーム・セルジューク朝が独立した主権を喪失したことを意味した。

クルチ・アルスラン四世の政権を実質的に運営していたのは、パルヴァーナ、ムイーン・アッディーン・スライマーンというダイラム系の官僚で、彼の父ムハッザブ・アッディーンは、かつて一二四三年のキョセ・ダグの敗戦後バイジュのもとへ赴いてモンゴル側との講和を取りまとめた人物であった。ルーム・セルジューク朝でスルターンの口頭での命令を扱うパルヴァーナという職に就いていたムイーン・アッディーンはイルハン、フレグの信認が厚く、スルターン以上の権力をふるうことになった。パルヴァーナは一二六六年クルチ・アルスランの存在がうとましくなると、モンゴルのアミールたちの協力をえてスルターンを殺害させ、かわりに当時二歳半であったその子カイホスロウ三世を即位させて実権は自らが取り仕切った。イランのイルハン国では一二六五年にフレグが没したあと、その子アバカが後継者となったが、パルヴァーナはアバカからも信用をえて引き続きイルハンの権威を背景としていた。パルヴァーナの執政のもとで、ルーム・セルジューク朝はイルハン国にたいして完全に服属する状態にあったが、イルハン国の経済的な要求は過酷になり、アナトリアでもモンゴル側の厳しい貢納要求に不満が高まった。

一二七六年にルーム・セルジューク朝ではパルヴァーナらの有力者がイルハンの宮廷に赴いて留守中にクーデタが起こり、その首謀者たちはエジプト、シリアのマムルーク朝と結んでモンゴル勢力をアナトリアから排除することを画策した。この戦略にのったマムルーク朝のスルターン、バイバルスは自ら軍を率いて一二七七年春にアナトリアに遠征し、四月十五日エルビスタンでモンゴルの守備隊を撃滅した。バイバルスはカイセリに入城し、セルジューク朝の玉座に就いたが、在地勢力の支持が集まらないのをみてとると、ただちにシリアへ引き上げた。エルビスタンの戦場に倒れたモンゴルの将軍トゥクとトゥダウンは、ともにイルハンの精鋭で、トゥクはジャライル部族のイルゲイ・ノヤンの子、トゥダウンはスルドゥズ部族の出身で、のちにイルハン国の実力者となるチュパンの祖父にあたる。配下にあった、二人の名門の将軍を失ったアバカは激怒して、パルヴァーナを裁判にかけて処刑し、自らアナトリアに乗り込んで、対マムルーク戦を企てた。この事件以後アナトリアにたいするイルハン国の統制はますます強化され、イルハン国の宰相シャムス・アッディーン・ジュヴァイニーが派遣されてきて徴税を中心にした経済的な締めつけが強まった。

バイバルスのアナトリア遠征がおこなわれたころ、この遠征に呼応してアナトリアでもトゥルクマーンによる反乱が起こり、この反乱を主導したカラマン家のムハンマド・ベグは一二七七年五月十五日に首都のコンヤを占領すると、セルジューク家のスィヤーヴシュという王子をスルターンとして即位させた。この王子は当時クリミアに亡命中の、かつてモンゴル軍にスルターン位を追われたカイカーウス二世の息子と称された。素性のあやしいスィヤーヴシュはイブン・ビービーの歴史書では、ジャムリー(ジムリ)「燃えさし」と蔑称されている。カラマン家の反乱はモンゴルの圧迫で疲弊し、またバイバルスの遠征によって混乱していたアナトリアの状勢を巧みに利用してコンヤの占領に成功した。きわめて政治的な性格の、この反乱には、一面として、当時のルーム・セルジューク朝宮廷の過度なまでのペルシア文化優勢の状況にたいするアナトリア住民の反発がみてとれる。ムハンマド・ベグを宰相に任命したスィヤーヴシュの政権では、宮廷や官庁、一般社会でトルコ語がもっぱら用いられることが決定された。ルーム・セルジューク朝の時代、宮廷や官庁での公用語はペルシア語であり、文書はアラビア語で作成された。このスィヤーヴシュ政権の決定にいたるまで、アナトリアでトルコ語が公用語として採用された事例はない。モンゴルの西征の前後からアナトリアには東方からさまざまな理由でトゥルクマーン系の遊牧民が移住をおこなっており、その数はルームのセルジューク朝が建国された十一世紀後半よりも多かったことが推定されている。この第二波の移住によりアナトリアの人口のトルコ化が進み、アナトリアが現在の「トルコ」へと近づいていくのである。

カラマン家のムハンマド・ベグとスィヤーヴシュの政権は成立してまもなく、モンゴル側から激しい反撃にあい、アナトリアにはいったモンゴルとルーム・セルジューク朝の連合軍の厳しい追跡により、一二七八年には二人が別々に殺害されて、短期間に終わった。以後カラマン家はアナトリア中央部の山岳地帯を本拠にたびたび反乱を起こしては、モンゴル軍に鎮圧された。セルジューク朝のスルターン、カイホスロウ三世はイルハンのアフマド(テグデル)のもとへ赴き、一二八四年に帰途エルズルムで死去した。一二八八年にサーヒブ・アタと呼ばれ、ルームのセルジューク朝を支えてきた、ファフル・アッディーン・アリーが没すると、アナトリアで継続的な政策を実施できる官僚機構が崩壊した。当時スルターン位には、父カイカーウス二世の死後、一二八〇年にクリミアから黒海を渡ってきたマスウード二世が即いていたが、まったく実権はなく、イルハンのいいなりに行動させられるばかりであった。イルハン国からはアルグンの弟ゲイハトゥがアナトリアにきて直接権力を行使し、ルームのセルジューク朝とアナトリアの民衆を圧迫した。イルハン国のウルジェイトゥ時代の一三〇八／九年にマスウード二世がカイセリで死去したあと、ルームではあらたにセルジューク朝のスルターンが即位することはなく、ルーム・セ

コンヤのサーヒブ・アタ・モスク　ルーム・セルジューク朝の首都であったコンヤの町には，セルジューク朝期の遺跡が多く残っている。このサーヒブ・アタ・モスクは，入口上方の定礎碑文によれば，1256年スルターン，カイカーウス２世時代に建造されたもの。

ルジューク朝は名実ともに滅亡した。

アナトリアのトルコ系ベイリク

ベイリクとは、現代のトルコ語で「ベイ(ベグ)という称号をもつ支配者の治める、地方政権」という意味の用語で、同時代の史料にあらわれる語ではない。アラビア語では、ベイリクの支配者たちはアミールを称し、史料では「ムルーク・アッタワーイフ」つまり、諸部族の王たちとも呼ばれている。ルーム・セルジューク朝時代には、十三世紀に宮廷でイブン・ビービーを代表とする、ペルシア語による歴史書が書かれ、それらを読むことで、アナトリアで起こった主要な政治的事件や宮廷の状況がつぶさに理解できる。しかし、ベイリクが出現し、アナトリアの政治的な統一が失われた時代になると、政治的、経済的な混乱や不安定が続いたためか、宮廷で書かれた歴史書がほとんどみられなくなる。

ベイリクの多くはトゥルクマーン系であったが、かつてのルーム・セルジューク朝に仕えていたパルヴァーナやサーヒブ・アタの子孫たちが支配者となったものもあり、中部アナトリアには、イルハン国の実力者チュパン配下の部将で、ウイグル人のエレトナの建てたベイリクもあった。トゥルクマーン系のベイリクのうちでもっとも大きな勢力をもち、やがてアナトリアを統一し、十六世紀にアジア、ヨーロッパ、アフリカにまたがる大帝国を打ち立てたオスマン朝にたいしてもっとも激しく抵抗を続けたのは、アナトリア中部を本拠としたカラマン・ベイリクであった。カラマン・ベイリクの実質的な建国者で、イブン・ビービーによれば、木炭を扱う商人とされるカラマンの息子、ムハンマド・ベグは、一二七七年にセルジューク家の王子スィヤーヴシュを擁立して首都コンヤを一時占領し、トルコ語の公用語化を宣言した。当時のカラマン家はまだ単独で独立した政権を建てるほどの勢力がなく、セルジューク家の王子を擁立したのは、アナトリアにおけるセルジューク朝の権威を利用したのである。その後ムハンマド・ベグはモンゴル軍とルーム・セルジューク朝の追討を受けて殺害されたが、カラマン家の一族はトロス山脈中のエルメネク、ムトなどを拠点とし、モンゴルの軍事力が手薄になると、ラーランダ(現在のカラマン)に進出し、たびたびコンヤ方面にも進攻した。

ムハンマド・ベグの殺害後にカラマン家の代表者になったのは、弟のギュネリ・ベグであり、ギュネリはセルジューク朝末期の混乱した政治状況のなかで、トゥルクマーン勢力の懐柔政策をとった、セルジューク朝の宮廷から官職を授けられることもあった。ギュネリの時代、アルグンのもとでアナトリア総督を務めたこともある、イルハン国のゲイハトゥは一二九一年に即位すると、アナトリアに親征し、カラマン地方を制圧し、ラーランダを攻略した。このときカラマン・ベイリクは大きな損害を受けたが、ゲイハトゥが去ると、まもなく勢力を復興した。ギュネリは一三〇〇年に没し、末弟のマフムードが後継した。十四世紀の初めにルーム・セルジューク朝はまったく勢力と権威を失い、まもなく消滅するが、カラマンをはじめとする諸ベイリクはこの時期に、トルコ語で「ベグ(ベイ)」、アラビア語では「アミール」を称する、セルジューク朝の権威を必要としない、それぞれ独立した君主を戴く小政権となっていった。この時期の政治的な大事件としては、イルハン国のアブー・サイード時代に、実力者チュパンの息子テミュルタシュがアナトリアに派遣されて、諸ベイリクを圧迫したことがあげられる。一三二二年にテミュルタシュはアナトリアで反乱を起こし、父チュパンに鎮圧されるが、アブー・サイードの命令によるチュパンの殺害後、二七年にテミュルタシュがエジプトへ逃亡するまで、カラマンをはじめとするアナトリアの諸ベイリクはモンゴルの直接的な軍事力の脅威下にあった。

カラマンの子であるマフムードの孫アラー・アッディーンの治世(一三六一〜九八年)以後は、かつてのセルジューク朝と同じ「偉大なスルターン」を称し、オスマン朝と激しく争う対抗関係にはいるが、大勢としてオスマン朝を圧倒し、軍事的に優位に立つことはかなわなかった。アラー・アッディーンはオスマン朝のムラド一世の娘と結婚し、後継者となる二子をもうけるが、義理の兄弟にあたるバヤズィド一世のカラマン遠征で捕えられ、処刑された。ティムールのアナトリア遠征後、カラマン・ベイリクが復活し、アラー・アッディーンの息子ムハンマドは、オスマン朝のスルターン空位期間中の後継者争いに介入して、一時ブルサまで進攻したが、オスマン朝の反撃にあって後退した。その後、一四一七〜一九年には地中海岸の領有をめぐるラマダーン・ベイリクとの争いにマムルーク朝の軍事介入を招き、マムルーク軍に捕えられたムハンマドは、二〇年エジプトのカイロに送られて抑留された。一四二三年ムハンマドがアンタリヤの攻囲中に戦死すると、その子イブラーヒームがオスマン朝の支援を受けて後継者となった。イブラーヒームはオスマン朝のメフメト一世の娘と結婚し、二人の息子をもうけた。一四三三年からはイブラーヒームもまた反オスマン朝活動を開始し、ヨーロッパ側のセルビア、ハンガリーの軍事行動に呼応してアナトリア側でオスマン朝の領土を攻撃した。一四四二年にはハンガリー側の攻撃に並行して、カラマン・ベイリク内部で有力なトゥルグート部族のピール・フサイン・ベグを指揮官にオスマン朝にたいして大規模な攻撃をおこなった。

イブラーヒームの時代にオスマン朝はメフメト二世の時代にはいり、「ファーティフ(征服者)」と称されたメフメトは一四五三年コンスタンティノープルを征服し、「ふたつの陸のスルターン、ふたつの海のハーカーン」となった。オスマン朝にとっての「ふたつの陸」とは、アナトリアとルーメリ(バルカン半島側の領土)をさす。一四六四年にイブラーヒームが没したあと、カラマン・ベイリクでは後継者争いが起こり、オスマン朝の支援を受けたピール・アフマドが即位した。ピール・アフマドは、オスマン朝の支援を受ける際に割譲した領土を取り戻そうとしてオスマン朝と衝突し、一四六六年オスマン朝の軍隊がカラマン領内にはいり、コンヤが占領された。ピール・アフマドは当時イランを中心に大勢力を築き、東部アナトリアをめぐってファーティフ・メフメトに対抗していた、トゥルクマーン系アクコユンルのウズン・ハサンのもとへ亡命し、その援助を求めた。ウズン・ハサンとメフメトは一四七三年八月エルズィンジャン東方のバシュケント(オトルクベリ)に戦い、ウズン・ハサンが敗北して東部アナトリアにオスマン朝が進出した。この戦いにウズン・ハサン側で参加したカラマン・ベイリクのピール・アフマドは一時カラマン地方に戻ったが、オスマン朝の圧迫でふたたびウズン・ハサンのもとへ逃亡をよぎなくされ、一四七四年東部アナトリアのバイブルトで客死した。

アナトリア中部にあったカラマン・ベイリクは、諸ベイリク中で最古の歴史、また最大の領土をもちながら、オスマン朝のような中央集権体制をとれず、軍事力も旧態依然たるトゥルクマーン騎兵部隊に依拠してオスマン朝のイェニチェリ部隊に対抗できなかったために、結局オスマン朝に滅ぼされた。ほかにもアナトリアの中央部から東部にかけては、ゲルミヤン、アシュラフ、ハミード、ジャーンダール(イスファンディヤール)、エレトナ、ズルカドル、ラマダーンなどのベイリクがあったが、十四、十五世紀を通じて、たがいの衝突により疲弊し、十四世紀の前半にはモンゴル勢力の軍事的な圧迫を受け、後半にはオスマン朝の圧倒的な軍事力と巧みな外交戦略によってつぎつぎに滅ぼされて、領土はすべてオスマン帝国に併呑されていった。

ウジのベイリク国家——オスマン朝の勃興

十三世紀後半にルーム・セルジューク朝の宮廷で書かれた、イブン・ビービー作のペルシア語の史料には、「ウジ地方」という表現がでてくる。「ウジ」とは元来固有名詞ではなく、トルコ語で「端、辺境」の意味で、この単語は十一世紀のカーシュガリーの著作にも収録されている。十三世紀の史料では「ウジ」の語はルーム・セルジューク朝の、ビザンツ帝国との国境地帯をさす固有名詞として用いられる。ウジの住民は、十三世紀の前半にモンゴルの西アジア侵攻の結果、西方へ移住してきたトゥルクマーン系の遊牧民が主体で、在地のギリシア系でキリスト教徒の人々と、時には争い、時には融和しながら共存していた。十三世紀後半にモンゴルの軍事的な脅威のもとでセルジューク朝の支配権力が衰えると、ウジ地方ではたびたびトゥルクマーンによる反乱が起こり、ウジ地方にも自立的な小政権であるベイリクが簇生《そうせい》してきた。

一三三〇年代の前半にアナトリアを旅行した、モロッコ生まれの大旅行家イブン・バットゥータは、当時のウジにあったベイリクのうち、ミラスのメンテシェ・ベイリク、イズミルのアイドゥン・ベイリクやマニサのサルハン・ベイリクのアミールたちにあったほか、バルケスィルのカラスィなどの諸国に言及し、イズニク(ビザンツ時代のニカエア)では「ブルサのスルターン」と呼ぶオスマン朝第二代目の君主オルハン・ベグにも会見している。当時のオスマン朝は、アナトリア西北部のブルサとイズニクを支配するベイリクのひとつにすぎなかったが、オルハン時代にビザンツ帝国内部の紛争に絡んで、ダーダネルス海峡を渡り、トラキア地方に進出した。その後オスマン朝はオルハンの子、ムラド一世、その子、バヤズィド一世の時代にアナトリアとルーメリの二方面で領土拡大の努力を続けた。ムラド一世は、一三八九年六月コソヴォの戦いでセルビアを中心とするバルカン半島南部のキリスト教勢力を撃破し、バヤズィド一世は、九六年九月ニコポリスでハンガリー王が呼びかけた、西欧からの応援軍を含む、反オスマン十字軍を粉砕した。

「ユルドゥルム(稲妻)」と称されたバヤズィド一世は、一三九〇年にゲルミヤン、サルハン、メンテシェ、アイドゥン、ハミード、ジャーンダールなどのウジ地方を含む西部アナトリアの諸ベイリクを支配下におき、九八年には、アナトリアで最大のカラマン・ベイリクをいったんは滅亡させた。バヤズィドはその後、一四〇二年中央アジアからあらわれたティムール軍にアンカラの戦いで敗れ、オスマン朝は一時解体をよぎなくされた。オスマン朝の空位期間(一四〇二〜一三年)にアナトリアではバヤズィド一世に滅ぼされたベイリクが復活し、オスマン朝の後継者争いに乗じて勢力の復興をはかった。メフメト一世のもとでオスマン朝がふたたび統一を回復すると、オスマン朝は以前にも増して強力になり、ムラド二世、メフメト二世の時代を通じて大帝国へと成長した。メフメト二世は「ファーティフ」として知られるコンスタンティノープルやトレビゾンドの征服者であり、東方ではアクコユンルのウズン・ハサンを破り、中部アナトリアのカラマン・ベイリクも完全に滅ぼした。

オスマン朝は、元来アナトリア西北部のソユト、ビレジクを根拠地とする、トゥルクマーンのカユ(カユグ)部族に属する小さな遊牧集団にすぎなかったが、始祖オスマンの時代に異教徒にたいする、略奪をおもな目的とする戦士であるガーズィー集団を形成し、周辺のキリスト教徒との争いを繰り返しながら、ウジのベイリクのひとつへとのし上がった。オスマン朝は初代のオスマン以来、歴代の君主たちがそろって優秀な人物で、一三二六年第二代のオルハンがブルサを征服して以来、ウジのベイリク中にあって顕著な存在になっていった。とくにカラスィ・ベイリクとならんでいち早くバルカン半島への進出のきっかけをつかんだのは、オスマン朝の以後の発展の基礎になった。ムラド一世の時代に、デヴシルメと呼ばれる、キリスト教徒の子弟を選抜して強制徴用する人材登用のシステムが採用されて、それまでの西アジアのイスラーム世界に類をみない国家のエリート養成が始まった。アナトリアでベイリクの伝統保持にこだわり、あらたな時代の流れを読みきれなかったカラマン・ベイリクなどとは異なり、オスマン朝はヨーロッパ側にあらたな活動舞台をみいだし、独自の人材登用、徴税、行政統治システムを編み出し、アナトリアの歴史にあらたな局面を切り開いたのである。

ルーム・セルジューク朝、ベイリク時代のアナトリアの文化と社会

十二世紀の後半からアナトリアでは、ルーム・セルジューク朝の政治的な覇権のもとで、文化活動も始

まった。これ以前の時代については、アナトリアのイスラーム文化の痕跡はほとんど残っていない。ルーム・セルジューク朝の宮廷は、イラン方面のセルジューク朝と同じく、イラン的なイスラーム文化の影響を強く受けた。宮廷を中心として公式の場で用いられた言語はアラビア語、ペルシア語であり、トルコ語が文化的な方面で用いられることはなく、トルコ語の文献もまったく残されていない。十三世紀にはいると、東方のセルジューク朝政権は滅亡してしまい、かつてイラクのセルジューク朝の文化的な庇護を受けていたラーヴァンディーが、自らの著わしたセルジューク朝の歴史『胸の安らぎと喜びの証し』を献呈すべく赴いたのは、コンヤにあった、ルームのスルターン、カイホスロウ一世の宮廷であった。

一二二〇年以降イラン方面にモンゴルの侵攻が始まると、東方からアナトリアへ多くの文化人が避難、移住してきた。そのなかでもっとも有名な人物がジャラール・アッディーン・ムハンマド・ルーミーである。ルーミーは一二〇七年、現在のアフガニスタン領内のバルフに生まれたが、一七年アナトリア東部のマラトヤに到着し、二八年に時のスルターン、カイクバードの招請に応じてルーム・セルジューク朝の首都コンヤに移り住んだ。以後ルーミーはコンヤを活動の舞台とし、一二七三年に亡くなるまでこの町に住みつづけた。ルーミーの墓廟は現在も「緑のドーム」の名で知られ、参観者のたえない、アナトリアでもっとも有名なイスラーム建築のひとつである。ルーミーの父バハー・アッディーン・ヴァラドは有名な神秘主義教団の指導者であったが、ルーミーも父やその弟子の指導を受けて神秘主義(タサッウフ)の修行に励んだ。ルーミーは「マウラーナー(われらが師)」と尊称されたので、ルーミーを祖とする神秘主義教団(タリーカ)はマウラウィー(トルコ語ではメヴレヴィー)教団と呼ばれる。ルーミーはコンヤで放浪の修行者シャムス・タブリーズィーに出会い、ペルシア語で詩作を始め、詩人としても名声を高めた。代表的な詩集には、『シャムス・タブリーズィー詩集』と『精神的マスナヴィー』があり、自筆の原本がコンヤのメヴラーナー博物館に保管されている。

十三世紀の前半、ルーミーより早く、西方から神秘主義哲学の理論家イブン・アルアラビーがアナトリアをおとずれている。イブン・アルアラビーは一一六五年イベリア半島のムルスィアに生まれたが、メッカ巡礼の際にアナトリアから巡礼にきていた、マジド・アッディーン・イスハークに出会い、その招きで一二〇五年アナトリアにはいった。以後一二三〇年までたびたび旅行に出かけたものの、アナトリアに居住し、のちに神秘主義哲学の分野で「存在一性論」と呼ばれることになる、イスラーム神秘主義理論の基本的な著作である『マッカの開示』などの執筆に専念した。イブン・アルアラビーをアナトリアに招いたマジド・アッディーン・イスハークはルーム・セルジューク朝宮廷きっての知識人で、カイカーウス一世時代にはスィノプ征服を伝える使者として当時のアッバース朝カリフ、ナースィルのもとへ派遣され、カリフのもとよりスルターンがフトゥーワ(原義は若者らしさ、転じて職業別の騎士道的な同胞精神)にはいることを許される免状をもち帰った。マジド・アッディーンの息子がサドル・アッディーン・クナウィー(コネヴィー)であり、イブン・アルアラビーに師事し、その学問的な後継者となった。クナウィーは師イブン・アルアラビーの死後アナトリアに戻り、コンヤで教育を続けた。彼は当時のイランのシーア派の大学者ナスィール・アッディーン・トゥースィーと文通をおこなっていたことでも知られる。

ルーミーやイブン・アルアラビーの例からも明らかなように、十三世紀前半のアナトリア、とくにコンヤのルーム・セルジューク朝の宮廷は、当時の西アジアでも屈指の文化・文芸保護の中心地であり、東西から一流の文化人、知識人たちがたずねてくる場所であった。こうした状況の背景には、カイクバードをはじめ歴代のルームのスルターンたちの治下、アナトリアが政治的に安定し、経済的にも繁栄していたという事情がある。一二四三年のキョセ・ダグの敗戦後、モンゴル勢力の圧迫がしだいに強化されるにつれて状況は変化し、宮廷を中心とする文化的な輝きも急速に失われていった。

ルーム・セルジューク朝の歴代スルターンたちは、そろって建築好きで、領内の各地に城郭、宮殿、墓廟、隊商宿、橋梁、病院、公衆浴場、泉水、モスク、マドラサなどを建設し、宮廷に仕える有力者たちもスルターンたちにならって多くの公共施設をつくった。マドラサ、病院、図書館などの施設はワクフ制度

コンヤの「緑のドーム」　マウラーナー・ジャラール・アッディーン・ルーミーの墓廟。マウラウィー(メヴレヴィー)教団の本拠となったコンヤの町を象徴する，現在のトルコでもっとも有名なイスラーム建築のひとつである。

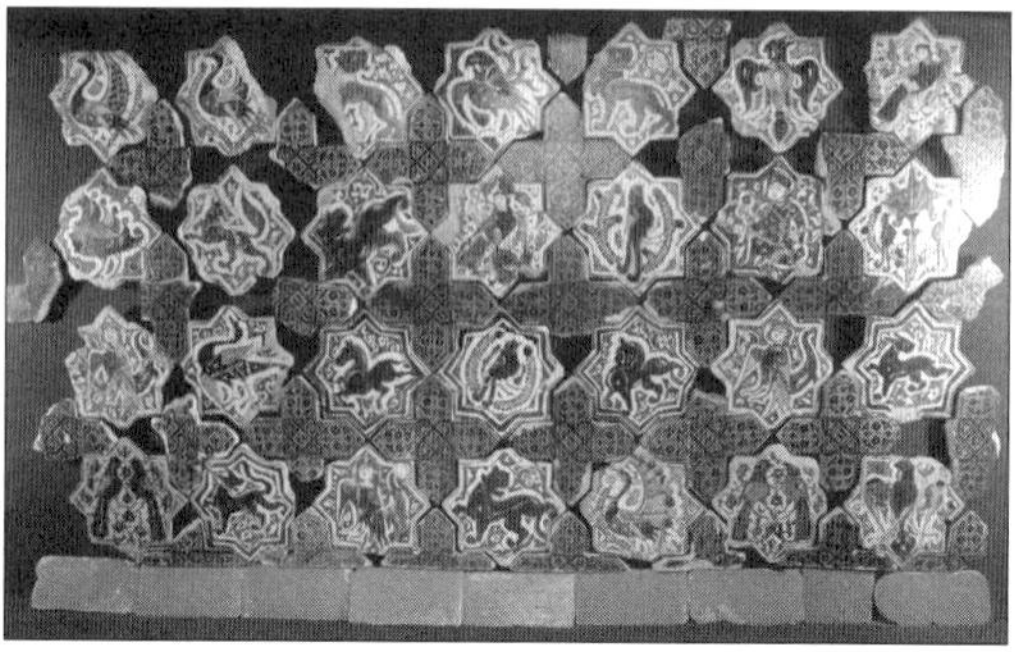

クバーダーバード宮殿出土の陶板タイル　クバーダーバードはスルターン，カイクバードによって現在のベイシェヒル湖の西岸に建造された離宮で，発掘の結果，宮殿の遺構と多数の陶板タイルが出土した。現在その大部分はコンヤの博物館(ブユク・カラタイ・メドレセ)に展示されている。

によって運営され、のちの諸ベイリクやオスマン朝時代にもそれらの機能は引き継がれていった。アナトリアのベイリク時代各地につくられた建築物も基本的な構造は、ほとんどルーム・セルジューク朝期のものを踏襲しており、地方による差異を除けば、ベイリク時代に固有の特徴は少ない。建築文化の面でベイリク時代は、セルジューク朝の模倣、後続の時代である。

一方、十三世紀後半から十四世紀前半のアナトリア各地の都市部ではそれまでにはみられなかった社会組織が生まれた。一三三〇年代の前半にアナトリアを旅行したイブン・バットゥータは、各地で「フトゥーワ」を信奉し、アヒーと呼ばれる、若者を中心とする都市の職業別同胞集団に歓迎され、食事や宿舎の便宜に与《あずか》っていた。一二七〇年代からコンヤにはアヒー・アフマドシャーという名の有名なアヒーの頭目がおり、そのころたびたび襲撃をかけてきたカラマン家のトゥルクマーン集団から町を防衛することに尽力し、コンヤ市民の人望が厚かったと伝えられている。アヒーたちの存在は十三世紀の後半以前にはアナトリアでも知られておらず、ルーム・セルジューク朝の末期からベイリク時代にかけて出現した顕著な社会現象のひとつである。

カラマン家がアナトリアの歴史上にはじめて登場した一二七七年、宰相に任命されたムハンマド・ベグはコンヤの宮廷で、トルコ語の公用語化を宣言した。この事実は、当時おそらくは広範囲にトルコ語が流通し始めていたにもかかわらず、イラン・イスラーム文化を至上のものと考えるセルジューク朝の宮廷では、改めてトルコ語の公用語化宣言をしなければならないほどにトルコ語の文化的な評価が低かったことを示している。ベイリク時代は政治的な混乱もあってトルコ語が文化的に成熟する余地もなかったが、やがて十五世紀の後半にオスマン朝のもとでアナトリアの政治的な統一がはたされる時代がおとずれる時期を待ってトルコ語の文化的な役割も高まっていった。イブン・バットゥータがアナトリアをトゥルキーヤ(トルコ)と呼んでいるのは、このような時代を背景としてのことである。

第四章

東方イスラーム世界の形成と変容

1　十五世紀の東方イスラーム世界

東方イスラーム世界とは

十一世紀以後、北アジアや中央アジアの草原地帯から西アジアにトルコ系遊牧民が移住してきた。彼らは、西はアナトリア東部からイラン高原をへて東はヒンドゥークシュの山並みにいたる三〇〇〇キロ以上におよぶ高原地域(以下、「イラン高原とその周辺」と呼ぶ)一帯に広がった。そして、十三世紀に成立したモンゴル人のイルハン朝政権以後、十八世紀末のガージャール朝成立にいたるまで、その強大な武力を背景として、しばしば政治権力を掌握した。彼らは、自動車が発明される以前の世界では何千年にもわたってもっとも早い乗り物だった馬を自在に操り、騎馬のままで矢を射る技術に習熟していた。少なくとも十六世紀までは、イラン高原とその周辺における騎馬遊牧民の武力は圧倒的であり、一人の有能なリーダーを戴《いただ》く遊牧部族の連合が成立すると、その連合が広い地域を支配する政権へと成長することがままあった。

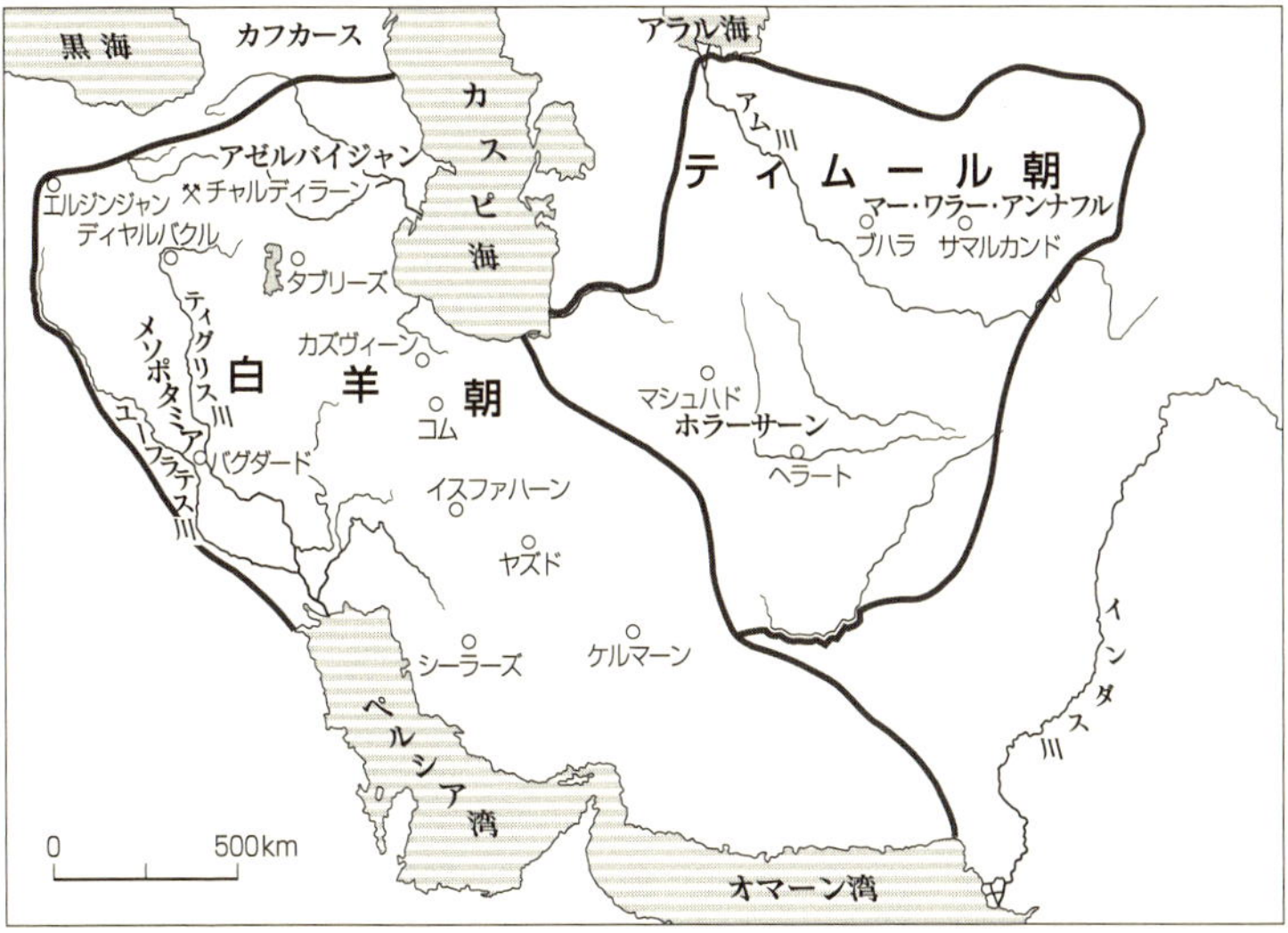

15世紀後半の東方イスラーム世界

このような遊牧部族連合体は、しばしば「遊牧国家」と呼ばれる。十六世紀にはいると、鉄砲などの火器が用いられることによって合戦の様相が変化し、遊牧民の武力はしだいに相対化するが、それまでのこの地域の政治史は、遊牧国家の消長を機軸として展開する。

トルコ系遊牧民とならんで、本章が対象とする時代の政治史の流れに大きな影響を与えたのが、イラン系の都市名家出身者である。当時のイラン高原とその周辺では、数多くの言語が話しことばとして用いられていたが、政治権力者はトルコ系のことばを話す遊牧民であることが多かった。これにたいして、町や農村に定住している人々の多くはイラン系の言語であるペルシア語を話した。ペルシア語は行政や文学の用語として、この地域における一種の共通語として機能していた。十六世紀までのトルコ系遊牧民の政権を支えたのは、ペルシア語を使用する各種行政実務に精通し、宗教や文学の素養を身につけた教養人であるイラン系の人々だった。これらイラン系の人々の職務や地位は、特定の家系に代々受け継がれることが多かった。イラン高原の各都市にはこのような名家がいくつか存在していた。

誤解を恐れずにあえて単純化すれば、本章の叙述の前半部にあたる十六世紀末までの政治史は、強大な軍事力をもち、高いレヴェルでの政策決定権を有するトルコ系の人々と、幅広い教養をもち徴税や財務などの行政実務を担当するイラン系の人々が協力してできあがった政権の織りなす歴史である。ペルシア語がなかば共通語として用いられ、独特の政治体制をもったこの世界を、ここでは「東方イスラーム世界」と呼ぶことにする。

ティムールの大征服

十五世紀から十六世紀初めにかけての東方イスラーム世界の政治史は、現在のイランやアフガニスタンという国の国境線を、いったん頭から消し去らねば容易に理解できない。このころの歴史を動かした政治・軍事勢力は、今日のイランの首都テヘランや古都イスファハーンのあるイラン高原中央部ではなく、東のホラーサーン(今日のイラン東部からアフガニスタン西部、トルクメニスタン南部)とマー・ワラー・アンナフル(主として今日のウズベキスタン)、それに西のアゼルバイジャンからアナトリア東部に拠点をおいていたからである。イラン高原の周縁や外側の動きが、結果としてイラン高原に住む人々の運命を決めた。

十五世紀初頭の東方イスラーム世界では、オクサス川の彼方、マー・ワラー・アンナフルからあらわれたティムール(在位一三七〇～一四〇五)の征服活動が続いていた。ティムールは、十三世紀のモンゴルによる大征服の時代に北アジアから中央アジアへ移動してきたモンゴル系遊牧民集団バルラース家の出身である。この遊牧民集団は、ティムールが生まれた十四世紀前半には言語的にすでにトルコ化しており、彼自身の母語はトルコ系のことばだった。

十四世紀の末までに、イラン高原やメソポタミア平原を征服し、シリアでマムルーク朝を屈服させたこの稀代の征服者は、一四〇二年にアナトリア中部のアンカラでバヤズィト一世率いるオスマン朝の軍隊を撃破し、西アジア地域を軍事的にほぼ平定することに成功した。ティムールが、征服した地域をどのようなかたちで恒常的に支配しようとしていたのかは必ずしも明確ではない。一生のほとんどを征服活動に費やした彼は、あらたに加えられた領土の統治体制を整える間もなくつぎの征服に向かい、ついには一四〇五年、東方の中国への遠征途中に死亡してしまうからである。

ただ、彼が直接支配を企図した地方の主要な拠点に、王子や一族が知事としておかれた、ということは確かである。これは、征服地や略奪物は支配者個人ではなく、その一族全員の所有物であるという遊牧民的な考え方に基づく施策であろう。王族ではなく腹心の部下が、ある地方の知事となることもあった。各地の知事のなかではとりわけ、タブリーズを中心とするアゼルバイジャンと北インド平原を望むカンダハールの知事が重視された。

税の徴収方法や中央政府との関係は地方によってさまざまだったようで、そこにひとつの統一的な原則を認めることは困難である。たとえば、ティムールの部下であるイーディクーという人物が知事となったイラン高原南東部のケルマーンの場合、ティムールがその地域の実質上の支配者だったことはいうまでもないが、同時に、西方の大州ファールス地方の知事もなにがしかの権利を有していた。また、地方行政にはティムール自身からしばしば細かい指示が飛び、当初はティムールのもとから派遣された徴税官がこの地方で直接徴税にあたった。しかし、ある時期以後はイーディクー自身が税の徴収を任され、とくにティムールの死後は彼自身がかなり自由に地方統治にあたったらしい。

シャールフとその後継者たち

ティムールが没すると、各地に知事としておかれた一族のあいだで、その後継をめぐって争いが起こった。以後およそ一〇〇年続くティムール朝では、ティムール家に属する有力者が王の位に就くということ以外に確たる王位継承の原則は定められなかった。これもトルコ系遊牧民が中心となってできた政治権力の特徴のひとつといえる。ティムール朝第一回目の継承戦争は、一四〇九年五月、ホラーサーンの知事としてヘラートにいたティムールの四男シャールフ(在位一四〇九~四七)がサマルカンドを手にいれ、後継争いに決着がついた。彼は、自分の居所であるヘラートにとどまり、ティムールと同様、一族の王子を各地の知事に任じてティムールの遺領を統治した。

とはいえ、シャールフはティムールの遺領をそっくりそのまま受け継いだわけではない。とりわけ西方諸地域の「ティムール朝離れ」は早かった。マムルーク朝やオスマン朝はまもなくその間接支配を脱したし、アゼルバイジャンではいったんティムールによって滅ぼされたはずのジャラーイール朝の残党も活動を再開した。さらに東アナトリアで勢力を拡大しつつあったカラコユンル朝(黒羊朝)遊牧部族連合の長カラ・ユースフは、ティムール朝の王子アバー・バクルを打ち破って、一四〇八年アゼルバイジャンの首邑タブリーズを占拠した。カラ・ユースフは、一四一九年には、イラン高原中部のカズヴィーンにまで軍を進め、東方イスラーム世界の西半分がカラコユンル朝の手におちる事態となった。このような西方の動揺をおさえるため、翌二〇年シャールフは自ら大軍を率いてアゼルバイジャンに遠征した。おりからカラ・ユースフが死亡したこともあって、アゼルバイジャンは比較的容易にシャールフの支配下に戻ったが、彼がホラーサーンへ帰還するとすぐに、カラ・ユースフの息子イスカンダルがあらたにカラコユンル朝の勢力を糾合して強力となった。以後、シャールフは一四二九年、三四年の二度アゼルバイジャンに遠征し、最終的にはイスカンダルの兄弟で自らに忠実なジャハーンシャーをカラコユンル朝の長と認め、この人物をタブリーズの知事とすることで「西方問題」を決着させた。少なくともシャールフの治世が続くあいだ、ジャハーンシャーはシャールフに忠実でありつづけた。

イラン高原中部で反乱を起こした孫の王子とその支持者討伐のために西に進軍したシャールフは、一四四七年三月、今日のテヘランの南に位置するレイで没した。その死は、一族相乱れてのあらたな後継者争いをふたたび誘発した。サマルカンドにいたシャールフの嫡子ウルグベグは、短い二年の統治の末息子に殺害され、アブー・サイード(ティムールの三男、ミーラーンシャーの孫、在位一四五一〜六九)が一四五一年にサマルカンドで王位に就いた。一方、ヘラートを中心とするホラーサーンでは、アブル・カースィム・バーブル(シャールフの孫)が有力となり、両者はアム川を挟んで対峙し、衝突を繰り返した。

この間、タブリーズにいたカラコユンル朝のジャハーンシャーは、従来の服従の姿勢をひるがえして、一四五二年にはイラン高原中部のコムにまで進出した。さらに、一四五八年には、前年のアブル・カースィム・バーブル死後、極度の政治的混乱に陥っていたホラーサーンを攻め、一時的にヘラートの占領にも成功した。彼は数カ月後には軍を西に返し、ホラーサーンはアブー・サイードが領有することとなるが、このとき以後、ティムール朝がイラン高原西半を領有することは二度となかった。この結果、十五世紀後半の東方イスラーム世界は、政治史的にみると、ホラーサーンを中心とする東部とアゼルバイジャンを中心とする西部がそれぞれ別々の歴史をたどることになるのである。

一四六七年末、カラコユンル朝のジャハーンシャーが、新興のアクコユンル朝のウズン・ハサンとの戦いに破れ落命したことを知ったアブー・サイードは、イラン高原西部を再度ティムール朝の支配下におく好機が到来したと考え、大軍を率いて西方に向かった。しかし、逆に一四六九年冬、アゼルバイジャンのムーガーンの野でアクコユンル朝軍に大敗を喫し、彼自身も殺害された。これによって、ティムール朝の統一は三度破れ、後継者争いの末に、アブー・サイードの息子たちが権力を握るサマルカンド政権と、フサイン・バーイーカラー(ティムールの次男ウマル・シャイフの曾孫)が権力を掌握したヘラート政権がアム川を挟んで南北に並び立つこととなった。以後約三〇年間は、東に二つに分裂したティムール朝政権、西にアクコユンル朝政権が鼎立《ていりつ》するかたちで「東方イスラーム世界」の政治史が展開する。

二つのティムール朝政権の対立は、結局最後まで解消されず、十六世紀になって北方草原地帯から南下してきたウズベク族のシャイバーニー・ハーンが、一五〇一年にサマルカンド、ついで〇七年にヘラート政権をあいついで滅ぼすことになる。なお、サマルカンド政権の滅亡後、アブー・サイードの孫にあたるバーブルが、ティムール朝政権再興を何度か試みて失敗する。結局、彼はアフガニスタンから北インドにはいり、デリーを中心としてムガル朝を樹立することになる。

このように、ティムールの子孫たちは、代替わりのたびに王位をめぐってたがいに激しく争い、しだいに支配領域を縮小させながら、ついにはこの偉大な征服者の残した遺産を一〇〇年のうちに消費しつくしてしまったのである。

ティムール朝時代の文化

ティムール朝の時代は、政治史的にみるかぎり、一族の争いがしばしば勃発し、必ずしも社会の安定を生み出しはしなかった。しかし、文化史的には、重要で時代を画する作品がきわめて多く誕生している。ティムールは征服したイラン高原とその周辺各地の学者や職人、技術者や芸術家などのうち、優秀な者を数多く自らの故郷のサマルカンドへ連れ帰った。本来離れた場所で暮らしていたはずのこれらの人々が一カ所に集まった結果、サマルカンドは文化の中心となり、人々の交わりのなかから新しい融合文化が生まれた。とりわけ、文学や思想、建築や科学にはみるべき業績が多かった。サマルカンドの繁栄は、ティムールの死後新しい都ヘラートへと移ったが、いずれにせよ、ティムール朝の時代を通じて、今日のイランの領域外である中央アジアやホラーサーン東部がイラン文化圏の中心的な位置にあったことはまちがいない。

ティムールやシャールフといった君主だけではなく、ティムール朝の王子たちの多くは、各自の宮廷を

ウルグベグのマドラサ　サマルカンドのレギスタン広場に面して建てられる。４イーワーン型の典型で，サファヴィー朝時代の建築にも大きな影響を与えた。

一種のサロンとし、芸術家や文化人のパトロンとなって学芸の発展に大きな役割をはたした。たとえば、シャールフ時代の初めにシーラーズの知事となった王子イスカンダルは、自らチャガタイ・トルコ語やペルシア語で詩作をおこない、当時イスラーム世界でも有数の名声を誇っていたシーラーズのマドラサ(学院)で、学者たちの議論に加わったという。シャールフのあとを継いだウルグベグが数学や天文学を好み、サマルカンド郊外に当時最新の天文台を建設したこともよく知られている。

文化面で忘れてはならないのは、文章語として十分に成熟していたペルシア語のほかに、あらたに文語として用いられるようになったチャガタイ・トルコ語でも多くの優れた文学作品が記されたということである。この分野では、ペルシア語とチャガタイ・トルコ語の優劣を論じた政治家アリー・シール・ナヴァーイーや「自伝」を記した王子バーブルの名がとりわけ有名である。

王族や政治的な有力者、それにウラマーらは、自らが獲得した富を、モスク、マドラサ、墓廟などの宗教建築や住居、隊商宿、市場、公衆浴場などの世俗建築、それに水利施設や製粉所、病院などの公共施設の建設にしばしば費やした。シャールフやその妻ガウハルシャード、それにアリー・シール・ナヴァーイーの建築活動はとくに有名である。十一～十二世紀ころのセルジューク朝時代に始まる「イラン・イスラーム建築」の運動は、ティムール朝時代にその頂点に達したともいわれ、サマルカンドやヘラートには高いドームと色鮮やかな青いタイル、それにイーワーンの形式を用いた珠玉の建築物が数多く建てられた。今日もサマルカンドに残るウルグベグのマドラサやシャーヒ・ズィンダの墓廟群はその代表作である。

英雄ウズン・ハサン

十五世紀の後半に東部アナトリアからアゼルバイジャンにかけての地域で覇を唱えたアクコユンル朝(白羊朝)遊牧部族連合の中心となるバーヤンドル部族集団は、元来中央アジアの草原地帯で遊牧生活を送っていた。アクコユンルやカラコユンルなどの部族連合を構成した人々は、全体としてトルコマンと呼ばれた。トルコ系のことばを話し、より広義には「トルコ系遊牧民」と呼べるトルコマンは、十一世紀以後、いくつかの波に分れて、中央アジアから西アジアに移動してきたが、アクコユンルに属する人々がイラン高原をへて東部アナトリアの地に移住した正確な時期はわからない。ただし、少なくとも、十四世紀なかばまでには、ディヤルバクルとその周辺が彼らの活動の拠点となっていたらしい。当時、エジプト・シリアを領有していたマムルーク朝の史料に、その領域北辺の民のひとつとしてバーヤンドルの名がみえるからである。

ティムールによる西アジア遠征の際、これに激しく抵抗したカラコユンル朝とは対照的に、アクコユンル朝はティムールに全面的に服従した。以後も、シャールフによるカラコユンル朝攻撃を側面から援護し、ティムール朝への服従の姿勢を貫いていた。アクコユンル朝にとってライヴァルは身近なカラコユンル朝であり、東方のティムール朝にたいしては「敵の敵は味方」の論理が適用されたのだろう。

一四五三年夏、アクコユンル朝の実権を兄から力ずくで奪ったウズン・ハサン(在位一四五三〜七八)は、拠点をディヤルバクルにおきながら、硬軟両方の政策によってその後徐々にその支配を確立し、領域を拡大していった。当時、黒海に面したトレビゾンドにはビザンツ帝国皇帝の血筋に連なるコムネヌス朝が存在したが、ウズン・ハサンは、その皇女を娶《めと》って自らの威信を高めた。

彼は表面的にはカラコユンル朝のジャハーンシャーへの服従を表明していたが、ジャハーンシャーは、西隣のライヴァルの急速な勢力拡大をみすごすことができなかった。一五六七年秋、彼はウズン・ハサンを制圧すべく軍を西に向けた。しかし、ジャハーンシャーの動きを注意深く見守っていたウズン・ハサンは、東部アナトリアのムーシュの野で少数の従者と野営していたジャハーンシャーを急襲し、この実力者の殺害に成功した。ジャハーンシャーの死は、東アナトリアからアゼルバイジャンにかけての地域の勢力地図を一変させた。ジャハーンシャーの後継者はカラコユンル朝部族連合を維持できず、カラコユンル朝の領域は、二年たらずのあいだに、すべてウズン・ハサンの所有するところとなった。そして一四六九年、カラコユンル朝からの救援依頼を口実に西に進軍してきたティムール朝のアブー・サイードがアクコユンル朝に破れたことによって、イラン高原西部におけるウズン・ハサンの覇権が確立した。

このころのウズン・ハサンの領土は、拠点の東部アナトリアから東方に広がり、イラン高原東南部のヤズドやケルマーンにまで達していた。現在のトルコ東部とイラン、イラク、アゼルバイジャンのほぼ全域を含む大帝国である。東方の難敵をあいついで倒して足元を固めたウズン・ハサンは、ついで西方の中部アナトリアに位置するドゥルカドゥルやカラマンといったトルコマン系のほかの君侯国にも軍勢を派遣し、アナトリアの広い範囲に大きな影響をおよぼし始めた。ビザンツ帝国を滅ぼし、西部アナトリアで勢力を拡大しつつあったオスマン朝のメフメト二世(在位一四四四〜四六、五一〜八一)は、ウズン・ハサンのこのような動きに警戒を強め、ついに一四七三年夏、軍事力で決着をつけるために自ら大軍を率いて東へ向かった。アクコユンル朝軍は、八月十一日、東部アナトリアのバシュケントでメフメト二世の軍隊を迎え討ったが、善戦およばず敗れた。

勝利をえたメフメト二世は、その後すぐに軍を西に返し、両者のあいだで講和が結ばれた。ユーフラテス川が二つの王朝の境界とされたため、アクコユンル朝の領土的な損失はそれほどでもなかったが、ウズン・ハサンの威信の低下は避けられなかった。以後、五年後の一四七八年初めに没するまで、彼は兄弟や息子の反乱に悩まされることになる。

その後のアクコユンル朝

ウズン・ハサンの死後、息子たちのあいだで王位継承の争いが起こったが、これを制して位に就いたヤークーブの治世(一四七八〜九〇年)は、大きな戦乱もなく比較的落ち着いた時代だった。アクコユンル朝が東方イスラーム世界の西半を支配した時代はあまりに短く、統一的な統治制度は整えられるいとまもなかったというのが実情だが、地方の主要な都市に王族が派遣され、その地の統治にあたったという点では、モンゴル時代以来の遊牧民による支配体制がそれほど変化せずに続いたとみることはできよう。同時代のティムール朝の支配体制とさほどの相違はなかったものと考えられる。しかし、その一方で、ウズン・ハサンからヤークーブの時代にかけて、十三世紀のイルハン朝時代以来続いてきたモンゴル的税制を改め、イスラーム法に則《のっと》った税制を定めるための努力が続けられた。「ハサン王の法典(カーヌーン・ナーメ)」と呼ばれる法規集が編まれ、遊牧民支配者による定住民の過度な搾取を制限することが試みられた。これは、アクコユンル朝宮廷に仕え、その行政実務を担当したイラン系の官僚(タージーク)の精力的な働きかけによる。

東方のティムール朝の宮廷ほどのはなやかさはなかったが、カラコユンル朝、ついでアクコユンル朝の宮廷でも、種々の文化活動が活発に展開された。とりわけ、建築活動は盛んだった。アゼルバイジャンは地震が多いため、今日まで残っている建物はほとんどないが、たとえば、ジャハーンシャーによって建設されたタブリーズの通称「ブルーモスク」は、その美しい青色のタイルで知られていた。彼はまた多くの詩人や学者のパトロンとなり、自らハキーキーと名乗る詩人でもあった。ジャハーンシャーについでタブリーズにはいったウズン・ハサンの宮廷でも、詩人や学者は引き続き厚遇された。彼の死後、タブリーズの郊外に建設されたその墓廟ナスリーヤは、それを取り巻く美しい庭園やその前の広場とともども有名である。

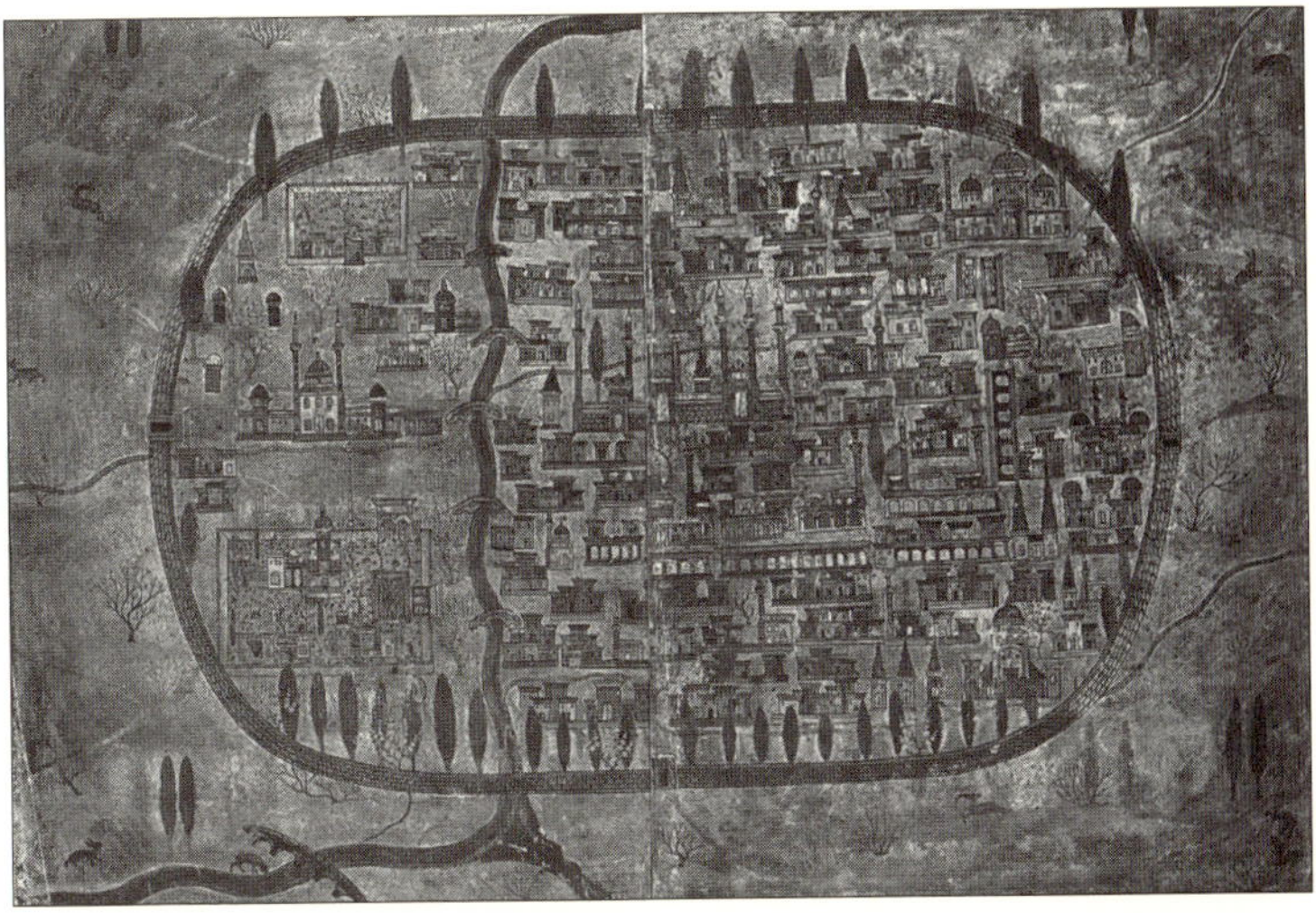

タブリーズ　16世紀の前半，オスマン朝のスレイマン１世に従ってイラン高原に赴いたマトラクチの遠征記に挿入された絵。

ヤークーブの突然の死後、アクコユンル朝は政治的に二度と統一されることはなかった。ファールスやイラク、それにアゼルバイジャンやディヤルバクルなどの各地方に拠点をもつ王族が政治権力をめぐって相争い、その勢力をたがいにすり減らせていくという構図は、同じころの東方ホラーサーンやマー・ワラー・アンナフルにおけるティムール朝政権の末路と同様である。つぎに述べるように、サファヴィー神秘主義教団の長、イスマーイールは、一五〇一年にタブリーズを征服し、〇八年にはアクコユンル朝の王族のうち最後まで残っていた二人をその領土から逐《お》った。アクコユンル朝滅亡の年は、奇しくも東方でシャイバーニー朝の前にティムール朝政権が潰え去った翌年でもあった。イラン高原の西と東でひとつの時代が終わった。

2　サファヴィー朝の時代

サファヴィー教団

世俗の政治権力としてのサファヴィー朝の歴史は、一五〇一年秋に初代君主イスマーイール一世(在位一五〇一～二四)が、アクコユンル朝の都タブリーズに入城した時点に始まる。ただし、新しく王となったイスマーイールは、サファヴィー教団というイスラーム神秘主義教団の長でもあった。教団長としてのサファヴィー家の歴史は、この時点ですでに約二〇〇年に達している。神との合一をめざすべく修行に励むはずの神秘主義者たちの集団が、なぜ世俗の政治権力を志向したのだろうか。王朝の歴史をたどる前に、サファヴィー教団の歴史を一瞥しておこう。

サファヴィー教団の起源は、十三～十四世紀のイルハン朝時代に生きたサフィー・アッディーン・イスハークという人物にまでさかのぼる。「サファヴィー」という語は、「サフィーの家の者たち」という意味である。サフィーは修行を積んだ聖者として知られ、アゼルバイジャンのアルダビールという町で彼の徳を慕って集まってきた弟子にたいして、神秘主義的な修行を指導していた。彼とその弟子たちを中心に形成された教団は、その意味で当時イスラーム世界の各地でみられた多くの神秘主義教団とさして変わるところはなかったはずである。

サフィーの死後、その子孫が代々教主の座についた教団は、信者から多くの財産の寄進を受けるとともに、不動産を大量に購入し、しだいにその経済的な基盤を確立・強化していった。教主は、信者の精神的な指導者であるとともに、富裕な大土地所有者ともなり、その意味では教団はすでにかなり早い段階で一定の世俗的な権力を備えていたともいえる。

十五世紀なかば、サファヴィー家内部で教主の座をめぐる争いが起こった。それは教団の教義や運営方針にかかわる意見の相違であるとともに、巨大な財産をめぐる争いでもあった。叔父ジャーファルとの争いに破れたジュナイドは、いったんアルダビールをでて西方のアナトリアやシリアを一人で旅し、その地のトルコマン系の遊牧民のあいだに多くの信者をえた。そして、彼ら遊牧民の武力援助をえてアルダビールに戻り、サファヴィー教団の教主の地位を叔父から奪った。

当時のトルコマン系遊牧民の大半は、中央アジア草原地帯での遊牧生活の時代以来の呪術的(シャーマニスティックな)宗教観をいまだすてさってはいなかった。素朴な信仰をもつ彼らを惹きつけるために、ジュナイドは、わかりやすくはあるが、イスラームの教えを逸脱しかねない過激な教説を口にしたらしい。たとえば、シーア派の初代イマーム・アリーを神と同格とした点、教主を救世主とした点、スンナ派にたいして激しい憎しみをあおった点などである。ジュナイドの説いた教えは、ある意味でたしかに「シーア派的」ではあったが、今日イランの国教である十二イマーム派シーア派のように、確固とした理論に裏づけられた考え方ではけっしてない。ここではかりにこれを「過激シーア派」と呼ぶことにしよう。

「過激シーア派」を信奉する遊牧民を信者に引き入れ、その軍事力を利用した時点で、サファヴィー教団の性格は大きく変化した。カラコユンル朝やアクコユンル朝の例をみればわかるように、当時、トルコマン系の遊牧民は、東方イスラーム世界では、集団となるとその強力な軍事力を背景に容易に政治権力に接近しうる存在だった。ジュナイドの時代以後、教主のもとに複数のトルコマン系の遊牧部族が集まったサファヴィー教団は、こうしてたんなる神秘主義教団から潜在的な政治権力へと姿を変えた。

ジュナイドの息子、ハイダルの時代以後、サファヴィー教団員は、長い赤い棒のまわりを一二の襞《ひだ》をもつ白い布で囲んだ独特のターバンを頭にかぶった。ハイダルの夢にあらわれたイマーム・アリーの指示によるものだという。このターバンは「キズィルバシュ(赤い頭)」と呼ばれ、それがのちに転じて、教団員のトルコマン系遊牧部族民をさすことばとなった。

アゼルバイジャンを支配していたアクコユンル朝のウズン・ハサンは、サファヴィー教団の潜在的な危険性を察知し、自らの妹をジュナイドに与え、サファヴィー家と姻戚関係を結んだ。サファヴィー朝初代王イスマーイールの父ハイダルは、この結婚によって生まれた子であり、したがって、イスマーイールには、アクコユンル朝王家の血が流れていたことになる。しかし、この懐柔策にもかかわらず、サファヴィー教団の性格は以後もさして変わらず、二〇年余りのあいだ、アクコユンル朝やその同盟者とサファヴィー教団との軍事的な衝突が繰り返された。そして、ジュナイドとハイダル、さらに、その子シャイフ・アリーはいずれも戦場で斃《たお》れたのである。

無謬・無敵の帝王イスマーイール

一四九四年、シャイフ・アリーがアクコユンル朝との戦いで戦死すると、弟のイスマーイールがあとを継いで教主となった。イスマーイールは、十二歳までの五年間、カスピ海南岸のギーラーン地方の都市、ラーヒジャーンで、その地の有力者の庇護のもと、一種の亡命生活を送った。そして、一四九九年、彼はアクコユンル朝の政治的混乱に乗じて兵をあげる。キズィルバシュに檄文《げきぶん》が送られ、その決起がうながされた。イスマーイールは少数の腹心とともに彼らの居住地である東部アナトリアに向かった。エルジンジャン郊外に到着したイスマーイールのもとには、七〇〇〇人のキズィルバシュが結集したという。祖父の代以来の教団とキズィルバシュの関係は健在だった。彼はこの軍勢を率いてアクコユンル朝軍を破り、一五〇一年にその都タブリーズに入城した。ここに以後二百有余年続くサファヴィー朝が成立した。

この王朝の成立がほかの政治権力の成立と一見異なってみえるのは、イスマーイールが、イスラーム神秘主義教団サファヴィー教団の教主であり、彼に従ってタブリーズを征服した兵士の大部分が、キズィルバシュと呼ばれる教団員だったという点にある。しかし、うえで述べたように、イスマーイールにはアクコユンル朝王家の血が流れていたし、キズィルバシュを中心とする軍隊は、彼をリーダーとするトルコマン系の遊牧民のあらたな遊牧部族連合にほかならなかった。その意味で、サファヴィー朝の成立は、カラコユンル朝、アクコユンル朝につぐ第三のトルコマン系王朝の成立であるとみなす考えもある。少なくとも、創建当初のサファヴィー朝は、いわゆるトルコ系遊牧民の軍事力を背景とした政権であり、この点ではそれ以前の諸王朝と根本的に異なっていたとはいえない。

タブリーズを征服したあと、イスマーイールとその軍隊は、矢継ぎ早にアクコユンル朝の旧領を接収していく。そして、一五〇八年、バグダードとその周辺のメソポタミア平原を手中におさめることで、その作業はほぼ完了した。

イラン高原西部から中部にかけての地域が、このようにサファヴィー朝の領域に編入されていくちょうどそのとき、イラン高原東部のホラーサーンでは、中央アジアから南下したシャイバーニー朝の創始者、シャイバーニー・ハーン(在位一五〇〇～一〇)が、ヘラートのティムール朝政権を滅ぼし、その領土を手にいれていた。イルハン朝以来のイラン高原支配の拠点、アゼルバイジャンをおさえて東方をうかがうサファヴィー朝と、ティムール朝の後継者をもって任じ、西方領域にもその主権を主張するシャイバーニー朝が、東方イスラーム世界の覇権をかけて戦場で激突するのは避けられなかった。たがいの宗教的姿勢を非難する手紙が往復したため、両者の対立はスンナ対シーアという宗教の違いが原因だったとしばしば説明される。その側面がまったくなかったわけではない。しかし、前世紀のティムール朝対白羊・黒羊両朝以来続く西と東の遊牧勢力によるイラン高原全体の覇権争いが、対立の背景にあったことを忘れてはならない。

一五一〇年冬、ホラーサーンのメルブ近郊でおこなわれた両者の会戦は、サファヴィー朝側の圧勝に終わり、シャイバーニー・ハーンは戦死した。イスマーイールは、その髑髏《どくろ》に金箔を貼り、それで勝利の美酒を飲んだという。討ちとった敵の将の髑髏で酒を飲むという話は、紀元前二世紀の北アジアにおける遊牧民、匈奴《きょうど》の首長冒頓単于《ぼくとつぜんう》の行為としても伝わっている。これはキズィルバシュが中央アジアでの遊牧生活以来、代々保持してきた呪術《じゅじゅつ》的な風習のひとつなのだろう。

このほかにも、キズィルバシュが儀礼として謀反人の肉を食べた話や、スンナ派の高名な学者の遺骨を

シャイバーニー・ハーンの軍と戦うイスマーイール　中央で白馬にまたがるのがイスマーイール。イスファハーンのチェヘルソトゥーン宮殿内部の壁画。

掘り起こして焼いた話など、このころまでのイスマーイールとキズィルバシュについては、「正統イスラーム」から逸脱した奇習がいくつも伝わっている。このような奇行が長い伝統を有する定住ムスリム社会に受け入れられるはずはない。サファヴィー朝の成立がただちに、その治下の人々の十二イマーム派シーア派への転換を意味するわけではないことは、ここからも容易に理解できるだろう。イラン高原とその周辺に住む人々が全体として「シーア化」するのは、このときからなお一世紀先のことである。

成立から一〇年間、サファヴィー朝軍はほぼ不敗のままで、東はホラーサーンから西は東部アナトリアまでの広大な領域の征服に成功した。ティムール朝やアクコユンル朝の内紛や政情不安に助けられたとはいえ、それは一種の奇跡であり、教主イスマーイールの「無謬・無敵神話」がキズィルバシュのあいだに広く喧伝《けんでん》されるようになった。征服した諸地方は、原則としてキズィルバシュの部族長たちに与えられ、彼らはその所領からあがる税のうちの大部分を自らとその部族の取り分とした。彼らは一種の「封建領主」となったのである。あいつぐ戦いでの勝利は、キズィルバシュが大量の戦利品を獲得することをも可能にした。

新しく生まれた王朝の行政実務を担当したのは、それ以前の王朝と同様、ペルシア語を母語とする都市名家出身の人々だった。彼らは史料でタージークと呼ばれる。タージークは、裁判業務や書記事務、徴税・俸給支払いの実務に長けた司法や行政の専門家で、トルコマン系遊牧民を主とする軍人たちは、彼らの協力なしに征服地の実際の統治をおこなうことは不可能だった。サファヴィー朝に出仕したこのようなタージークのなかには、アクコユンル朝政府に仕えていた人物も多かった。「二君に仕えず」という儒教的な倫理観は、この地域の人々の意識のなかにはまったく存在しない。

このように、サファヴィー朝初期の統治体制は、主としてトルコマン系の遊牧民が軍事を、ペルシア語を使う都市民タージークが行政を担当することによって成り立っていた。この点でサファヴィー朝とそれ以前のティムール朝やアクコユンル朝の統治体制のあいだに大きな違いはない。

キズィルバシュが教主に忠実な教団員としてイスマーイールに無私の奉仕を続け、サファヴィー朝軍が勝ちつづけているかぎり、イスマーイールとキズィルバシュの特別な関係は変わらなかった。キズィルバシュはイスマーイールが神秘的な能力を備えた救世主だと考えていたからである。しかし、軍事的な敗戦などの予期せぬ事態によって、いったん歯車の回転がくるい、教主と教団員のあいだの全幅の信頼関係がくずれれば、彼らの関係はたんなる遊牧部族連合のリーダーと部族民のそれにすぎなくなる。そうなれば、以前の「遊牧国家」がかかえた部族間闘争という問題点を、サファヴィー朝もかかえざるをえないだろう。

そして、その日がおとずれるのは意外に早かった。

チャルディラーンの戦い

アゼルバイジャンでサファヴィー朝が興隆し、トルコマン系遊牧部族がその軍隊の主力として活躍しているという情報が東部や中部アナトリアに伝わると、オスマン朝の治下にあったこの地域の遊牧部族に動揺がはしった。イェニチェリの創設にみられるように、オスマン朝では早くから遊牧部族に頼らない軍隊編成が進み、その結果、遊牧部族は権力の中枢から遠ざけられていたからである。サファヴィー朝の説く過激シーア派の教えも、アナトリアの遊牧民を惹きつけるものだった。彼らのあいだにはしだいに反オスマン・親サファヴィーの空気が強くなり、なかには中央政府にたいして反旗をひるがえしたり、遊牧地を離れて東方のサファヴィー朝領へと向かう部族もあらわれた。

一五一二年にセリム一世(在位一五一二～二〇)がスルタンの位に就いたとき、アナトリアの反乱は一層の高まりをみせており、国内の治安を維持するためにも、これをそのまま放置することはできなかった。セリムは、領内の反オスマン勢力に激しい弾圧を加えるとともに、反乱の根をたつため、一五一四年三月、サファヴィー朝軍との決戦のために自ら大軍を率いてイスタンブルを出立し、東へと向かった。

オスマン朝とサファヴィー朝のあいだの戦いは、しばしばスンナ派とシーア派という宗派の違いによる「宿命の対決」と説明される。しかし、イスラーム世界の歴史を振り返ってみると、政治勢力としてのシーア派が形成される七世紀から八世紀ころを除いては、この二つの宗派のあいだでの本格的な「宗教戦争」はみられない。シーア派のブワイフ朝がスンナ派のアッバース朝カリフを廃さなかったこと、シーア派のファーティマ朝とスンナ派のアッバース朝が共存していたことなどは、その証拠だろう。それに、サファヴィー朝の東隣にやがて形成されるムガル朝は、スンナ派の王朝ではあったが、サファヴィー朝とのあいだに友好関係を築いている。このような事実を知れば、オスマン朝とサファヴィー朝のあいだにだけ激しい宗派対立が生じるのは不自然なことがわかるだろう。

少なくとも十六世紀初めの段階では、すでに述べたように、オスマン朝領内における遊牧民問題が両王朝の関係において大きな意味をもったことは確実である。戦いの大義名分をえるために、セリムとイスマーイールはおたがいの信仰を非難し合った。とりわけ、セリムはイスマーイールを戦場に引き出すために、その信仰の異端性に激しい非難をあびせた。しかし、それは多分に戦うための口実にすぎなかったのである。

一五一四年八月二十三日朝、アナトリア東部のチャルディラーンの野で、進撃してきたオスマン朝軍とこれを迎え討つサファヴィー朝軍のあいだで決戦の火蓋が切られた。すでにオスマン朝軍との戦いを経験したことのある部将たちが夜襲を勧めたにもかかわらず、それを退けて日中の合戦に臨んだイスマーイールの作戦は完全に失敗した。イラン高原ではそれまで無敵だったサファヴィー朝騎馬軍団の突進は、オスマン朝の繰り出す鉄砲隊によって阻まれ、サファヴィー朝軍は名だたる将軍や文官を数多く失って瓦解した。

かろうじて戦場を離脱したイスマーイールを追ってさらに東進したオスマン朝軍は、九月初めにはタブリーズにまで達した。しかし、サファヴィー朝騎馬軍団の迫力を肌で感じたイェニチェリ軍団に厭戦気分が濃かったこと、糧食の補給が安定しなかったことなどのために、わずか一週間の滞在でこの町を離れ、イスタンブルへと帰還した。このため、この戦いによってサファヴィー朝がオスマン朝に奪われた領土は、それほど大きなものではなかった。その後二年程のあいだに、ディヤルバクルを含むアナトリア東部がオスマン朝の手におちた程度である。しかし、そのような現実の領土の増減とは別に、このチャルディラーンの戦いは、二つの意味でその後のサファヴィー朝史に決定的な意味をもった。

ひとつは、無謬・無敵を謳《うた》われた「イスマーイール神話」がくずれさったことである。サファヴィー教団員キズィルバシュが、無私の精神で身を犠牲にしても教主に従い戦ってきたのは、イスマーイールが通常の人智をこえた神秘的な能力を有する救世主だと信じられていたからにほかならない。チャルディラーンの敗戦はそのような教主への信仰を打ち砕いた。すでに「封建領主」となり、世俗権力の「うまみ」を知り始めていたキズィルバシュの部族長とその部下たちは、以後、もっぱら自分たちの世俗的な利害を第一に行動するようになる。サファヴィー朝以前の「遊牧国家」を崩壊させた問題点がここにあらわれてきたのである。チャルディラーン以後の政治史において、サファヴィー教団の影は急速に薄れていく。

もうひとつは、サファヴィー朝の成立にあずかって力があったトルコマン系騎馬遊牧民の軍事力に明らかな限界がみえたということである。チンギス・カンやティムールの驚異的な成功をみるまでもなく、それまでは騎馬遊牧民が一人の有能なリーダーのもとで団結して集団で戦えば、戦場では彼らはほとんど無敵だった。ところが、チャルディラーンでは、イスマーイールという信頼できるリーダーのもとで遊牧民が力をあわせて戦ったにもかかわらず、彼らはオスマン朝軍の鉄砲の威力の前に破れ去ったのである。鉄砲の性能はまだそれほど優れたものではなかったし、これを大量に取り揃えることはむずかしかったから、チャルディラーン以後も戦場での戦術が急激に変化することはなかった。時にはなお遊牧騎馬兵が勝利をおさめる局面もみられた。しかし、歴史の流れを長い目でみた場合、チャルディラーンの戦いが世界史における遊牧民と定住民の関係の大きな転換点だったことはまちがいない。西アジアだけではなく、中央アジアや北アジアまでをも含めて、トルコ・モンゴル系の騎馬遊牧民がその圧倒的な軍事力を背景に政治権力を握りえた時代がまもなく終わろうとしていたのである。

チャルディラーンの戦いからちょうど六〇年後、わが国の長篠で、武田の騎馬隊が織田・徳川連合軍の鉄砲に破れた。この日本史上で有名な戦いも、騎馬軍団の時代が過去のものとなりつつあるこのような世界史の流れを象徴的に示すものだったといえよう。

タフマースブの治世

今日まで残されているペルシア語年代記によると、チャルディラーンの戦い以後のイスマーイール一世は、政治や軍事行動にたいする興味をまったく失い、一〇年後の一五二四年に三十七歳の若さで亡くなるまで、ひたすら狩猟と飲酒にふけって毎日を過ごしたという。幼くしてサファヴィー教団教主となったこの人物は、自らも自身の無謬・無敵を信じていたのかもしれない。チャルディラーンの敗戦によって失われた自信は、以後二度と回復しなかったのだろう。一方、この記述とは異なって、オスマン朝の放ったスパイの報告は、イスマーイールはいぜんとして健在で、軍備の充実に余念がなかったと伝えている。歴史的事実としてどちらをとるかはなかなかむずかしいが、チャルディラーン以後、イスマーイールに目立った軍事的な行動がなかったことは確かである。

イスマーイールが生きているあいだは、より強大な世俗権力を獲得しようとするキズィルバシュ同士の争いはあまり表面にはあらわれなかったが、彼が没し、その王子タフマースブ（在位一五二四〜七六）がわずか十歳で位を継ぐと、事態は一挙に流動的となった。政治の実権を手にいれようと、キズィルバシュの有力部族同士が若年の王を擁して武力抗争を繰り広げたからである。彼らのとりあえずの目標は、軍人の最高の地位である大アミールの地位を手にいれることだった。部族間の合従連衡《がっしょうれんこう》の末に、大アミールのポストに就く人がつぎつぎと入れ替わった。タフマースブの治世の当初一〇年間は、このように本来王朝を守るべき軍人たちが、王を利用して自らの利害のためにたがいに争った時代である。「遊牧国家」の弱点が早くもあらわれたといえる。この政治的混乱をみたオスマン朝やウズベク族のシャイバーニー朝は、これを領土獲得のチャンスととらえ、軍隊をサファヴィー朝の領域に差し向けてきた。創建後まだ二〇年余りしか経たない新生サファヴィー朝は、早くも存亡の危機に直面した。

この危機的状況に際して、まだ若かったタフマースブはまず軍を率いて東に向かい、シャイバーニー朝の大軍をホラーサーンのジャームで打ち破った（一五二九年）。そして、一五三四年にはあいつぐ部族間抗争を生き残った最後の有力部族長で大アミールのフサイン・ハーン・シャームルーを反逆の罪で処刑し、自らの意志で統治をおこなう体制を整えた。

彼の親政期は以後四〇年近く続くが、内政面ではキズィルバシュの抗争が一段落し、比較的安定した状況が続いた。タフマースブはさまざまな手段を用いて、キズィルバシュの勢力拡大と恣意的な行動をおさえた。イラン系の人々の重視、サファヴィー家出身人物の宰相への任用、部族間の均衡を考えた人事などがそれである。

対外的には、オスマン朝のスレイマン一世による三回の東方遠征にたえ、領土の喪失を最小限でくい止めた。また、シャイバーニー朝のウバイドッラー・ハーンの率いる軍を打ち破り、ホラーサーンの確保に成功した。さらに、一五三〇年代後半からは、グルジアなどのカフカース方面に何度も遠征軍を送り、王朝権力の拡大に努めるとともに、多数の戦争捕虜を手にいれた。男性捕虜の多くはタフマースブの宮廷に送られて「王のゴラーム(奴隷)」となり、なかには王に重く用いられる者もでてきた。また、女性の場合は王や貴顕の妻妾となる者も多かった。チャルディラーン以後あいついだオスマン朝軍にたいする敗戦によって、サファヴィー朝軍は自信を喪失気味だったが、このカフカース遠征は、軍隊にもう一度誇りを取り戻させる意味をももっていた。また、この遠征以後、サファヴィー朝の宮廷近辺に多くみられるようになったカフカース出身の人々は、トルコ系でもイラン系でもない第三の要素として、しだいにその政治的影響力を強めていった。彼らの重用もタフマースブが意図して用いた対キズィルバシュ政策のひとつだった。

安定した内外の情勢を見定めたタフマースブは、一五四〇年代に、イラン高原中部の町カズヴィーンをあらたな都とし、モスクや宮殿、庭園など多くの建設事業をおこなってその体裁を整えた。カズヴィーンは、ホラーサーンとアゼルバイジャンの中間に位置する。その意味でこの遷都は、サファヴィー朝がイラン高原全体を支配する強い意志を示したものともいえよう。

タフマースブ死後の混乱とアッバース一世の即位

王朝最初の危機を巧みな手綱さばきによって乗りこえたタフマースブが一五七六年に死去すると、ただちにその後継をめぐる争いが勃発した。タフマースブの娘で後宮の実力者パリーハーン・ハーヌムの活躍によって新しく王となったイスマーイール二世(在位一五七六～七七)は、王位継承権をもつ王族をつぎつぎと殺害した。しかし、王位に就いて二年経たないうちに怪死する(一五七七年)。一説では、パリーハーン・ハーヌムが、期待に反して自らを冷遇するイスマーイールを毒殺したのだともいわれる。

イスマーイールのあとを継いだのは、目がほとんど見えず政治に関心をもたないため、イスマーイール二世もその殺害を思いとどまっていたムハンマド・ホダーバンデ(在位一五七八～八七)だった。タフマースブの長男である。一五七八年のこの王の即位から約一〇年間は、一般に第二次キズィルバシュ内乱期と呼ばれる。タフマースブの治世初期以来おさまっていたキズィルバシュ間の権力闘争がふたたび勃発したからである。王はまったくの傀儡《かいらい》で、この争いをおさえる意志も力もなかった。パリーハーン・ハーヌムは、新王の妻で夫とは異なって政治に強い興味をもっていたマフディ・アウリヤーによって殺害され、そのマフディ・アウリヤーもまたキズィルバシュの一派によって殺された。

サファヴィー朝国内のこの混乱状況をみて、オスマン朝は大軍を派遣してタブリーズを中心とするアゼルバイジャン地方の大部分を占領した。この地方は、以後およそ二〇年間オスマン朝統治のもとにおかれることになる。創建後八〇年余りをへて「遊牧国家サファヴィー朝」の寿命は、まさにつきようとしていた。

一五八七年、当時ホラーサーンのヘラートにいた王子アッバースは、その後見人でキズィルバシュ抗争の一方の首領であったムルシドクリー・ハーン・ウスタージャルーとともに西方に向かい、対立派の軍を破って都のカズヴィーンにはいった。そして、父のムハンマド・ホダーバンデから王位をゆずり受け、アッバース一世(在位一五八七〜一六二九)として即位する。この時点では真の実力者は後見人のムルシドクリー・ハーンであり、アッバースはただその傀儡として担がれていたにすぎなかった。しかし、翌年ホラーサーンへ向かう野営地で、側近に命じてムルシドクリー・ハーンを殺害させたアッバースは、以後自らの意志で国政を運営し始める。彼の実質的な統治が始まるとともに、サファヴィー朝の歴史は新しい時代をむかえることになった。

アッバース一世の改革

自ら政治の実権を握ったアッバース一世は、矢継ぎ早に王権強化と内政安定の政策を打ち出していった。まず、王国の東西で領土を占領していたシャイバーニー朝とオスマン朝にたいして、領土割譲などの不利な条件で和平を結んで軍事行動の拡大を防ぐと、彼は軍隊の大幅な改造に着手する。それまで、サファヴィー朝はその軍事力をトルコ系遊牧部族キズィルバシュにほぼ全面的に頼っていたが、キズィルバシュ同士がたがいに争うため、この体制をとりつづけるかぎり軍事力の強化はみこめなかった。アッバースはキズィルバシュ依存を改め、コルチ軍、ゴラーム軍という王直属の近衛兵団の強化を試みた。コルチはキズィルバシュ部族から選ばれたが、つねに宮廷で王の側近くに仕え、王から直接俸給をえることによって、部族よりは王への忠誠心を期待された。ゴラーム軍は、グルジア系、アルメニア系など主としてカフカース出身の王の奴隷(ゴラーム)によって組織されていた。両軍はともに騎兵を主とし、兵数はそれぞれ約一万五〇〇〇程度だった。

アッバース一世はこれに加えて、鉄砲、大砲を専門に扱う銃兵(トゥファングチ)軍、砲兵(トプチ)軍を整備・充実させた。火器を扱うこれらの軍の兵士には、主としてイラン系の人々があてられた。これら一連の措置によって、トルコ系の遊牧騎馬兵にほぼ全面的に頼っていたそれまでのサファヴィー朝の軍事組織は一新された。トルコ系の人々だけが武力を担う時代は終わったのである。

アッバース1世と小姓　サファヴィー朝後期には，美少年画，美人画が多く描かれた。杯をもって王にしなだれかかる小姓を描いたこの絵も，耽美的な当時の雰囲気を伝えている。

軍隊の組織編成の変更にともなって、地方の統治体制も改革された。王直属の軍隊がふえ、彼らに支払う俸給を確保するために、王領地を拡大せねばならなかったからである。多くの地方が王の直轄領となり、キズィルバシュの部族長は知事の座を取り上げられた。トルコ系遊牧民はいぜんとして各地で遊牧生活を送っていたが、彼らの大部分と中央の政治権力とのあいだにはしだいに一定の距離がおかれるようになった。遊牧民は課税の対象ではあっても、軍事力としてはさほど期待されなくなった。「遊牧国家」サファヴィー朝は、この一連の改革によって大きくその姿を変えた。

新しく編成された軍隊を率いて、アッバースは東西の強敵にたいして反転攻勢にでる。まず、一五九八年に東方のホラーサーン地方へ向かい、シャイバーニー朝軍を撃破して、シャイバーニー朝に一〇年来占領されていたホラーサーンの大部分を回復した。十二イマーム派の聖地マシュハドもこの時サファヴィー朝の手に戻った。

また、王朝の故地アゼルバイジャンを占領するオスマン朝にたいしては、一六〇三年から六年にわたる遠征を敢行し、タブリーズを含むアゼルバイジャンを奪回したばかりでなく、アルメニア、グルジアまでもをその勢力範囲にいれた。そして、一六二四年には、バグダードを含むイラク地方も再征服する。こうして、アッバース一世の治世が終わるころには、サファヴィー朝は建国当初とほぼ等しい領域をその支配下におくことになった。この王の時代が王朝の最盛期といわれるゆえんである。

シーア派の定着

今日のイランやアゼルバイジャン、それにイラクの一部など、かつてサファヴィー朝が支配した領域では、シーア派のうちの十二イマーム派を信仰する人々が多く、とりわけ「多民族国家イラン」においては、十二イマーム派こそが国民の一体感を生み出す最大の要因であるとさえいえる。十二イマーム派をこれらの地に根づかせたという点でサファヴィー朝のはたした役割はきわめて大きい。それでは、十六世紀からの二百有余年のあいだに十二イマーム派はいかにして、サファヴィー朝領内の人々に受け入れられていったのだろうか。

王朝創建時に十二イマーム派を「国教」とすることを宣言したイスマーイール一世は、十二イマーム派の教義研究が進んでいたレバノンやイラク、バーレーンから高名な学者を何人も招聘した。キズィルバシュの信奉する「過激シーア派」が一般の人々に受け入れがたいものである以上、両者がともに認めうる十二イマーム派を積極的に奨励し、その定着をはかることがぜひとも必要だったからである。

招聘された学者たちは、第二代タフマースブの治世にはいるころには、各地のマドラサでシーア派の教育研究にたずさわり、なかには国政に関与し、大きな発言権を有する者もあらわれた。アッバース一世の時代になると、イスファハーンはシーア派研究の中心地として広く知られるようになった。多くの有名な学者が王の建設したマドラサで講義をおこない、そこから優秀な学生が輩出した。学生は一定の学業を身につけるとウラマー(宗教知識人)となって領内各地に散り、モスクでの金曜礼拝などの機会を通じて、シーア派の教えを一般の人々に伝えた。このように、時間の経過とともに、シーア派的な考え方がサファヴィー朝領内の人々に徐々に共有されるようになっていったのである。

王朝の側もことあるごとにシーア派信仰を奨励した。シーア派の人々が多い町は税金を免除され、逆にスンナ派に固執する町は重く課税された。アッバース一世はその都イスファハーンからシーア派の聖地マシュハドまで一〇〇〇キロ以上の道のりを徒歩で巡礼し、王自身がシーア派に深く帰依していることを身をもって示した。

一方、イラン高原の人々のあいだでは、すでにサファヴィー朝の成立以前からシーア派のイマームたちが信仰の対象となっていた。スンナ派の王朝であるはずのティムール朝の王族たちは、マシュハドのシーア派八代イマームの墓廟やアリーの墓だと信じられたマザーレ・シャリーフの廟に多額の寄進をおこない、立派な建物を建設した。イマームの子孫の墓だと信じられた聖廟はイマームザーデと呼ばれ、現世利益を求める人々の信仰の場として各地で機能していた。スンナ派とシーア派の境界はきわめて曖昧で、人々の大部分はひとつの宗派に頑《かたく》なにこだわっていたわけではなかった。王朝やウラマーの働きかけによって、人々の信仰は容易に「シーア化」したのである。

イスファハーンの栄華とサファヴィー朝期の文化

アッバース一世は、国内の治安を回復し対外遠征に打って出る直前の一五九七年に、都をあらたにイラン高原中央部の町イスファハーンに定めた。旧来からの町の郊外に王宮を中心とする緑と水にあふれた新しい市街地が建設された。新市街と旧市街の接点には、五五〇×一八〇メートルという巨大な空間をもつ

王の広場(イスファハーン)　北の大バーザール入口から南の「王のモスク」方向を見る。建築時には，この空間の内部は砂敷のままで，露店が一面に立ちならんでいた。

「王の広場」が設けられ、その周囲を賑やかなバーザールが取り巻いた。バーザールや点在するキャラヴァンサライでは、領内各地の産物はもちろん、インドの綿織物やインディゴ、砂糖、ヨーロッパの毛織物にいたるまでありとあらゆる品物が取引されていた。また、「王の広場」の周囲には、青や黄色の美しいタイル装飾が壁面を覆う「王のモスク」をはじめ、数多くのモスクやマドラサが建てられ、イスラームの知識を求める多くの若い学生が祈りや学業にいそしむ姿がみられた。

宮廷に関係する人々、商人や職人があらたに数多く住み着いたため、イスファハーンの人口は急激にふえ、十七世紀なかばにはおよそ五〇万人に達した。当時のイスラーム世界ではイスタンブルとならび、世界的にみても江戸や北京につぎ、パリ、ロンドンと肩をならべる大都会だった。主として絹やヨーロッパ産の毛織物を扱うアルメニア商人は、イスファハーンの経済界で隠然たる力をもっていたし、インドからやってきたヒンドゥー系の人々は、両替や送金為替などの金融の分野で大きな影響力を誇った。また、アッバース一世治世の末ごろには、イギリスやオランダの東インド会社の商館がおかれ、カトリックの修道会も町中に修道院をもつようになった。このように当時のイスファハーンは、出自が異なり、言語や宗教も異なるさまざまな人々が共存するある種の国際性を備えた都市だった。

イスファハーンの経済的繁栄を語る際には、それがサファヴィー朝領内の街道の治安維持、橋や道路、隊商宿などの整備によって支えられていたことを忘れてはならない。十七世紀にサファヴィー朝領内を旅したヨーロッパ人の旅行者たちはみな、その旅路の快適さ、安全さを褒《ほ》めそやしている。オスマン朝領の治安の悪さとは比較にならないと書いている者さえいる。これはアッバース一世以下の諸王によって実施された多くの建設事業や街道の警備制度の充実の成果である。彼らはサファヴィー朝の経済が交易なしには成り立たないことをよく知っていたのである。

サファヴィー朝の文化は、ティムール朝、アクコユンル朝時代のそれを引き継ぎ、王朝の厚い保護を受けて多くの分野で発展した。とくに、写本にかかわる芸術にはみるべきものが多い。まず、絵画(ミニアチュール)としては、タフマースブの工房で当代の名匠たちが共同で描いた『王書(シャー・ナーメ)』の極彩色の挿し絵が有名である。また、アッバース一世時代になると、本来イスラームの教えでは禁じられているはずの人物画が流行し、レザー・アッバースィーのように美少年や美女を描かせればその右にでる者のない名人もあらわれた。書道の分野でも達人がつぎつぎとあらわれ、彼らが流麗なナスターリークという書体で記した多くの写本が今日まで伝わっている。写本を装幀し、装飾する技術も高度に発達したため、写本自体が書、絵画、装飾が一体となった芸術品となった。また、燭台や鉢、皿、刀剣などの金属細工や絹織物、絨毯にも多くの優れた作品が生まれた。

このような造形芸術とならんで、建築の技術や装飾も発展した。とりわけ、イスファハーンに建設された王の広場や王のモスクをはじめとする数々の宗教建築物は、イラン・イスラーム建築の傑作である。また、アッバース一世時代にザーヤンデルード川に架けられた橋は、堅牢さと優雅さを兼ね備え、今日まで建設当時の面影を伝えている。

精神文化の分野では、シーア派の思想や教学研究が進展し、ムッラー・サドラーやマジュリスィーといった大学者が多くの著作を残した。

アッバース一世以後のサファヴィー朝

アッバース一世以後、十七世紀を通じて、サファヴィー朝の社会では、比較的平和で安定した時期が続いた。軍事的には、オスマン朝にバグダードを奪われ(一六三八年)、ムガル朝からカンダハールを奪った(一六四八年)が、それはどちらも周縁部での出来事にすぎなかった。オスマン朝とは、一六三九年にゾハーブの和約が結ばれ、以後王朝の滅亡まで両者が戦場でまみえることはなかった。前近代のイラン高原において、これだけ長い期間戦争が起きなかったのは珍しい。しかし、表面的な平和のもとで深刻な危機が進行していた。スレイマーン(在位一六六六～九四)の治世なかばの一六七〇年代にペルシアに滞在したフランス人のシャルダンは、彼がはじめてサファヴィー朝の領域をおとずれた一六六〇年代なかばのアッバース二世時代(一六四二～六六年)と比べて、王国の活力が衰え、経済が悪化していることを指摘している。この危機のひとつの原因は、統治体制そのものに内包されていた。

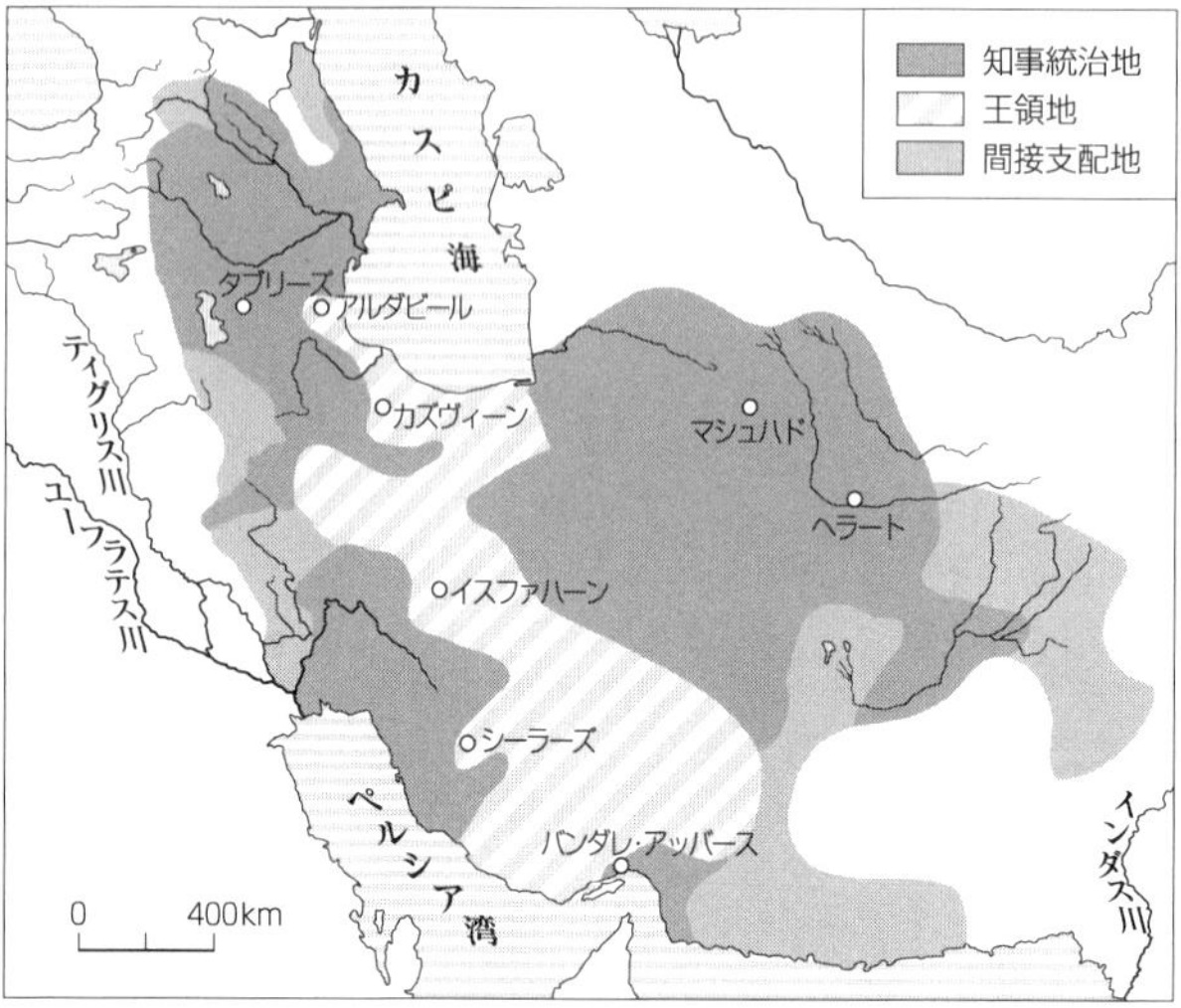

17世紀後半のサファヴィー朝の領域

すでに述べたように、アッバース一世の改革によって、サファヴィー朝の支配構造はその基本的な性格を大きく変化させた。トルコ系の人々とイラン系の人々のあいだでの職務分担はくずれ、トルコ系でありながら文官として行政にたずさわる人物や詩を詠む人物があらわれる。アッバース一世の統治を描いた年代記の作者、イスカンダル・ムンシーはその代表である。また、サファヴィー朝時代最後の宰相は、シャームルーというトルコ系の部族名をもっている。一方、イラン系でありながら、銃兵や砲兵として軍事にかかわる人々も多くなってきた。さらに、新しい要素として、グルジア系やアルメニア系のゴラーム出身者が軍人や文官として王に仕え、宮廷で大きな影響力をもつようになった。十七世紀の後半には、クルド系の人物が二〇年以上にわたって宰相の地位にあった。

このように、十七世紀になると、行政や軍事に特化せず、エスニックな意味でも多様な支配者集団がその姿をみせるようになる。支配層についてみるかぎり、十六世紀と十七世紀ではその成り立ちに大きな相違があった。十七世紀のサファヴィー朝の支配体制を、もはや「遊牧国家」的と呼ぶことはできない。

アッバース一世の政権では、王との個人的な関係に基づいて、多様な出自と経験をもつ人々が、政府や軍の要職に就き、王による統治を助けた。このような王を頂点とする専制統治体制は、アッバース一世の死後も基本的に引き継がれる。王との個人的な関係が重視されたということは、新しい王が即位すれば、前の王の側近はその立場を失う場合があったことを意味する。実際、アッバース一世を支えた多くの要人が、次王のサフィー一世(在位一六二九～四二)の時代に職を失ったり、処刑されたりした。このような王を中心とする「アッバース一世的」政治体制は、王が有能で意欲にあふれている場合には、たとえ側近が入れ替わったとしても順調に機能しただろう。しかし、すべてを統括すべき王がその器ではない場合には、深刻な問題が起こるのは避けられなかった。十七世紀後半に即位した二人の王、スレイマーンとスルターン・フサイン(在位一六九四～一七二二)の場合がそれにあたる。もちろん、システムとしての政府は、無能な王のもとでただちに機能不全に陥るほどに脆いものではなかった。しかし、政治に興味をもたなかったこの二人の王の時代に、箍《たが》がゆるんだサファヴィー朝の政治権力は、ゆっくりと、しかし確実に崩壊への坂道をくだっていった。

3　サファヴィー朝の崩壊と十八世紀のイラン高原

不穏な情勢

十八世紀にはいると、サファヴィー朝領域の各地で不穏な動きが目立つようになってくる。東南部のバルーチスターン、西部のクルディスターンやアラブ系住民の多い西南部などで中央から派遣された知事にたいする反乱が起こった。そして、一七〇九年、ゴラームの知事による不当な弾圧にたいして、アフガニスタンのカンダハールでも反乱が勃発する。反乱の指導者は、アフガン系ガルザイ部族のミール・ヴァイス。彼はかつて捕虜としてイスファハーンに送られ、そこで数年を過ごしていたため、サファヴィー朝中央政府の無能・無気力ぶりを十分に承知していた。ただ、あいつぐ討伐軍を撃退しカンダハール地域を自らの手におさめると、彼はワキール(摂政、ないし代理)という称号を名乗ることで満足し、一七一五年の死までそれ以上積極的には動かなかった。中央政府が「東方問題」の深刻さを認識するのは、彼の息子マフムードが活発な反サファヴィー朝運動を開始する一七一九年以後のことである。

このように多くの反乱がほぼ軌を一にして起こったことは歴史的な事実だが、反乱勃発の原因は従来必ずしも説得的に説明されていない。政権や軍隊内部における新旧両勢力の対立、宮廷における後宮政治の弊害、中央政府高官の無能、王室経済の悪化による兵士への未払いなどが、王朝権力衰退の原因として漠然と指摘されているだけである。危機の背景に経済状況の悪化があり、これにたいして中央政府が有効な

バンダレ・アッバース港　17世紀前半にアッバース1世によって建設された。サファヴィー朝領随一の港町で，「国際貿易港」として大いに繁栄した。

対策を講じることができなかったことは事実である。街道の治安の悪化や貨幣の質の低下は資史料によって確かめられる。ただ、「国民経済」という概念が存在せず、政府による経済統制が十分とはいえないこの時代において、経済悪化やそれにともなう国勢衰退の理由をサファヴィー朝政権自体の問題にだけ求めるわけにはいかないだろう。ヨーロッパ諸勢力がアジアへと進出し、アジア地域内交易の構造が変わりつつあった当時の国際経済全体を視野にいれ、そのなかでのサファヴィー朝経済の位置をあらためて検討してみる必要がありそうだ。

いずれにせよ、反乱があいついだにもかかわらず、王のスルターン・フサインや中央政府はそれをさして深刻とは考えず、有効な対策はとられなかった。一七一四年には、ペルシア湾の対岸マスカットに根拠をもつアラブ系の海賊が、サファヴィー朝領最大の港町バンダレ・アッバース港に停泊中のポルトガル船を襲撃し、さらに、もうひとつの重要な港町バンダレ・コングを襲い、町を破壊した。スルターン・フサインの政府はこれにも特別な対策を講じなかった。このため、アラブの海賊の大胆な行動は、以後ペルシア湾各地で常態となり、海上を通じた国際貿易に大きな痛手を与えることになる。

一七一五年には、宮廷高官の買い占めによって生活必需品であるパンが異常に値上がりし、これに怒った人々が、ついに都のイスファハーンでも暴動を起こした。さすがに宮廷のお膝下で起こったこの暴動はまもなく鎮圧されるが、このようにサファヴィー朝の統治体制は、十八世紀初頭には動揺の色を隠せなくなっていた。

イスファハーンの陥落

一七一七年に父ミール・ヴァイスのあとを継いだマフムードは、サファヴィー朝中央政府にたいする反抗の姿勢を変えず、一九年には西方に進み、ケルマーン地方を寇略《こうりゃく》した。そして、一七二一年秋にはついに軍を率いてイスファハーンへと進撃を開始する。この時点で、彼が王スルターン・フサインにとってかわってその領域を支配しようと本気で考えていたのかどうかはよくわからない。いずれにせよ、マフムードの進軍を知った中央政府はこれに討伐軍を差し向ける。一七二二年三月八日、イスファハーンの東方約四〇キロにあるグルナーバードで、マフムード軍は宰相ムハンマドクリー・ハーン・シャームルーの率いるサファヴィー朝の大軍と相対した。アフガン側は最大一万八〇〇〇、サファヴィー朝側は四万をこえる兵数だったという。しかし、サファヴィー朝軍は兵数の優位を生かせず一日の戦闘で壊滅した。

もはや遮《さえぎ》るものなくイスファハーン郊外にまで到達したマフムード軍は、ザーヤンデルード川の南、ファラハーバード庭園にその本拠をおくと、イスファハーンの町を大きく包囲した。アルメニア人の街区ジュルファーはただちに占領され、この地区に居をかまえる大商人たちは、アフガン人にたいして拠金をよぎなくされたという。イスファハーンにおかれていたオランダ東インド会社の商館員による日誌によると、イスファハーンの市内では、当初は、援軍がこちらに向かっている、某将軍が反マフムードを掲げて挙兵した、マフムード軍が某所で破れた、などという噂が連日流れ、市民も希望を失ってはいなかったようである。しかし、包囲が長引き食糧が不足するようになると、市内にはしだいに絶望的な雰囲気が濃くなっていった。餓死する人がふえ、死人だけではなく生きた人が襲われてその肉が食される地獄絵のような光景が展開されたという。そして半年以上の籠城の末ついに十月二十一日夜、スルターン・フサインは降服を決意し、馬で王宮をでてマフムードのもとへ赴いた。これを目撃したオランダ商館員によると、目に涙を浮かべた王は、従者にそれを拭う布を求めたという。

二十五日、スルターン・フサインから受け取った王冠を頭につけたマフムードは、憔悴しきった先王を従えてイスファハーンにはいった。こうしてサファヴィー朝はその都を失い、統一政権としての生命を終えたのである。

ナーディル・シャーの台頭

一七二二年十一月十日、カズヴィーンでスルターン・フサインの王子タフマースブがタフマースブ二世(在位一七二二〜三二)としてサファヴィー朝の王位を継いだことを宣言した。都イスファハーンを失ったものの、その意味では、サファヴィー朝はなおいくばくかの時間、現実の政治権力として存在した。といっても、その政権基盤は弱く、王としての権威や実力はイスファハーン陥落以前とは比較にならなかった。

一方、マフムードはイスファハーンを奪い、スルターン・フサインを退位させはしたが、それがただちにサファヴィー朝の旧領全域の支配につながりはしなかった。彼は独立の傾向が強いイラン高原の諸地方を実力で屈服させていかねばならなかった。十分な軍事力をもたなかったマフムードやアフガン系の人々にとってこれは容易な事業ではなかった。シーラーズのようにイスファハーンからそれほど遠くない都市を征服するのにさえ、彼らは二年を要した。情勢はどの方向へ転ぶか予断を許さなかった。

サファヴィー朝政権の混乱をみて、オスマン朝とロシアがその領域に軍勢を進めてきた。タフマースブ二世はアフガン族に追われてカズヴィーンからタブリーズに居を移したが、その途端に今度はオスマン朝軍の侵入のせいでタブリーズからアルダビール、さらにマーザンダラーンに逃亡する始末だった。タブリーズ、ハマダーンなどの都市を含むサファヴィー朝領の西部はオスマン朝軍に占領された。

一方、マフムードには、イスファハーンの城塞に幽閉していたサファヴィー朝の王族を理由もなく自らの手で殺害するなど、しだいに狂気の影がみられるようになった。彼は、一七二五年四月に没したが、一説では暗殺されたともいう。彼にかわった従兄弟のアシュラフの政権も安定せず、一七二九年にはタフマースブ二世の軍勢に敗れてついにイスファハーンをも失ってしまう。退却するアシュラフはサファヴィー朝王家伝来の宝物をもちだし、配下のアフガン兵たちは、バーザールに火を放って略奪をほしいままにしたという。十七世紀には「世界の半分」とまで謳《うた》われたイスファハーンの繁栄は、こうして永遠に失われた。

このような極度の政治的混迷のなかで、タフマースブ二世のワキール(摂政)として頭角をあらわしたのが、ナーディルクリー・ベグ・アフシャールである。天才的な軍事指導者だったこの人物は、アフガン族やオスマン朝軍と戦ってこれらを打ち破り、サファヴィー朝の旧領の大半の再統一に成功する。そして、自らの権威が確立したとみるや、タフマースブ二世を廃し、さらに一七三六年には、しばらくのあいだ擁立していたアッバース三世（タフマースブ二世の子、在位一七三二〜三六）をも退位させて、自ら王（シャー）を名乗った。サファヴィー朝は実質的に滅亡した。サファヴィー家の人々は、その後も名目的な王として担ぎ出されることはあったが、ここにサファヴィー朝は、イスファハーンの陥落によっていったん失われた王の権威は、二度と戻ることがなかったのである。

ナーディル・シャーとその後継者たちが、出身地ホラーサーン地方を中心に築いた政治権力を、通常アフシャール朝という。彼らの属したトルコ系部族の名にちなむ。ナーディルは、一七四七年にホラーサーンで臣下の手にかかって暗殺されるまで、各地でさかんに軍事活動をおこなった。北インドのムガル朝や

ナーディル・シャー

中央アジアのアシュタルハン朝の領域にまで遠征し、デリーやブハラというそれぞれの王朝の都を一時的に占領することにも成功した。これらはサファヴィー朝の時代にはなしとげられなかった「快挙」である。ただし、彼がなぜこのようにはなばなしい軍功をあげることができたのかは、その軍隊構成や統治体制、経済政策の問題も含めてまだ満足に説明されていない。彼の強烈な個性や軍人としての能力がしばしば強調される程度である。いずれにせよ、確かなことは、彼の成功が彼一代のものであり、その広大な領土は彼の死とともに一気に縮小したという事実である。アフシャール朝は、一七九六年にガージャール朝によって滅ぼされるまで、ホラーサーンの地方政権として存続することになる。

分裂の時代

ナーディル・シャーに従っていたアフガン系のアフマド・ハーン・アブダーリーは、ナーディルの死を知るとすぐにその軍隊から離脱し、アフガニスタンのカンダハールに戻り王を名乗った(一七四七年)。自らをたとえて「真珠のなかの真珠(ドゥッレ・ドゥッラーニー)」と称したため、そこから彼の建てた王朝はドゥッラーニー朝と呼ばれる。これが現在まで続く国家としてのアフガニスタンの原型である。

この動きに象徴されるように、ナーディル・シャーが没すると、その領域の各地で、さまざまな出自の有力者が、独立した政治権力を打ち立てようとした。その数は、一七五〇年から六五年にかけての時期だけで四六名にものぼる。これらの多くは、中央政府からの強力な統制がなくなったためそれぞれの勢力圏で自立したトルコ系やクルド系の遊牧部族の指導者だった。しかし、なかにはヤズドのハーン家のように、

ザンド朝の領域

遊牧民出身ではなく、かつてサファヴィー朝の時代には銃兵として活躍したイラン系の家系が、都市住民との緊密な関係を背景に独立した政権を打ち立てた場合もあった。ナーディル・シャーの死から十八世紀後半にかけての時期は、これらの地方勢力がたがいに争いを繰り返しながらしだいにより大きな政治勢力のもとに再統一されていく過程ととらえることができる。

このような群雄割拠の時代にいちおうの終止符を打ったのは、カリーム・ハーン・ザンド(在位一七五〇～七九)である。彼の属するザンド部族は、イラン系ともクルド系ともいわれ、元来イラン高原西部のハマダーンの南に拠点をもっていた。ナーディル・シャーによってホラーサーンに移住させられていた彼らが、ナーディルの死の直後に元の居住地に戻って自立をはかったとき、その旗のもとに集まったのはわずか二〇〇名余りの兵士にすぎなかった。しかし、彼らの指導者カリーム・ハーンは、周辺諸地域の実力者たちとの合従連衡を繰り返しながら、急速にその勢力を拡大していった。そして、多くのライヴァルを倒したり服従させたりして、一七六五年にはアフシャール朝領のホラーサーン地方を除いたイラン高原のほぼ全域をその支配下にいれることに成功した。都はシーラーズである。

ライヴァルたちとの抗争の期間を通じて、カリーム・ハーンはサファヴィー家の血を引く一人の王子をイスマーイール三世として擁し、自らはその代理人(ワキール)という立場で統一事業を進めていった。政治権力としてはすでに滅亡したとはいえ、二〇〇年以上にわたって東方イスラーム世界を統治してきたサファヴィー家の権威はいぜんとして有効であり、イラン高原の各地で自立を企てた群雄たちは、しばしばサファヴィー家の血を引く者を名目的な支配者として擁立した。カリーム・ハーンもそのうちの一人である。しかし、いったん広大な領土の実質的な支配者となり、自らの権力にたいして自信をもつと、彼は、自らの称号を「王朝の代理人」から「人々の代理人」へと変え、一七七三年にイスマーイール三世が没したあとにもその後継者を立てなかった。

彼の統治がゆきとどいた一〇年余りのあいだは、イラン高原は比較的平和で、ブーシェフル経由のペルシア湾交易も久方ぶりの活況を呈したという。しかし、一七七九年にカリーム・ハーンが没すると、その遺体が埋葬されないうちから、息子たちのあいだで後継者争いが起こり、ザンド朝の統一はもろくも破れた。そして、イラン高原の各地でまたも諸軍事勢力の対立・抗争が始まった。最終的にこの事態を収拾したのは、カリーム・ハーンが死ぬまでシーラーズで囚われの身だったアーガー・モハンマド・ハーン・ガージャール(在位一七七九〜九七)である。彼はカリーム・ハーン没後の混乱に乗じて故郷のグルガーン地方(カスピ海東南岸)へ戻り、ここを根拠地として自立をはかる。その後しだいに勢力を増した彼は、一七九四年にザンド朝、九六年にアフシャール朝の残存勢力を滅ぼし、最終的にテヘランで自ら王を宣する。二十世紀まで続くガージャール朝がここに成立した。

東方イスラーム世界の終焉

十九世紀をむかえる段階では、現在のアフガニスタンにドゥッラーニー朝が誕生し、ほぼ現在のイランとアゼルバイジャンをあわせた地域にガージャール朝が成立していた。十五世紀とはまったく異なった国家の境界線がそこにある。イラン高原の真ん中を時とともに東西に揺れ動いたホラーサーンとアゼルバイジャンの遊牧政治権力間の境界線は、十七世紀初めアッバース一世の時代までには消滅した。逆に、アナトリア東部にあらたな境界線が生まれる。オスマン朝とサファヴィー朝のあいだの国境線である。これにより、十五世紀にはアクコユンル朝の根拠地だったディヤルバクルはオスマン朝の領有するところとなった。東方では、十五世紀のティムール朝時代にはひとつの世界を形成していたホラーサーンとマー・ワラー・アンナフルのあいだにアム川を境にしてはっきりとした線が引かれ、両者はサファヴィー朝とウズベク諸王朝の治下で別の道を歩み始める。今日のトルコとイラン、イラン・アフガニスタン・ウズベキスタンのあいだの国境線はこのころ形成されたといえよう。

十八世紀末になって生まれたガージャール朝の領域は、サファヴィー朝のそれに比べるとかなり狭くなっている。東部のアフガニスタンは分離し、西北方カフカース地方のグルジアやアルメニア、シールヴァーンなどアラス川以北の領域はロシア、イラク地方はオスマン朝の支配下にはいった。しかし、このガージャール朝の領域こそが今日のイランとアゼルバイジャンの領域へと直接つながっていく。十八世紀の末が、この地域における諸国民国家体制の始まりと考えられるゆえんである。エスニックな意味での役割分担という点でも、領域という点でも、このころまでには東方イスラーム世界というひとつの地域は、すでにその姿を消していたのである。

第五章　オスマン帝国の時代

1　オスマン支配の拡大とイスタンブル政権の形成

二つの勢力の葛藤の時代

十五世紀後半から十六世紀前半にかけてのオスマン帝国は、その拠点であった南バルカンと西アナトリアの領域をこえて東西にその領土を拡大した。軍隊はスルタンの指揮のもとに巧みにまとめられ、征服の成功は、戦利品、捕虜、領土というかたちで国家に膨大な富をもたらした。このころのオスマン帝国は、複雑な官僚機構や華美な宮廷をもたず、得られた富を軍隊の強化とさらなる征服に振り向け、その結果、領土の拡大はほぼ一世紀にわたって続いた。

戦時体制下にあったともいえる当時のオスマン帝国の軍事力は、トルコ系騎士兵団とバルカン出身者による常備軍兵団(カプクル軍団)の二系統からなっていた。トルコ系騎士はスィパーヒーと呼ばれ、戦功により村落からの徴税権(ティマール)を与えられ、おもに夏におこなわれる対外遠征への従軍義務をおっていた。ティマールは遊牧民部族の長や上級の軍人を介さず、スルタンから直接スィパーヒー一人ひとりに与えられ、彼らは封建的な主従関係をスルタンとのみ取り結んだ。この過程でかつてトルコ系騎士を支配していた分権的な遊牧集団原理は徐々に払拭されていった。スィパーヒーは政府の側からみれば騎兵であると同時に、農村の徴税担当者でもあった。彼らを征服にかりたてたものはスルタン直属の書記機構を通じて的確におこなわれるティマール授与という経済的な報償であったが、十五世紀中葉ころから「異教徒世界への聖戦(ガザー)」のイデオロギーも整備され、彼らの軍事奉仕は精神面でも正当化された。

スィパーヒーに授与されるティマールの多くはバルカンの新領土からのものであった。征服が成功すれば、神秘主義教団戦士やスィパーヒーの従者など、従来、「軍人」として政府に登録されていなかった者にも、スィパーヒーとして取り立てられるチャンスが与えられた。アナトリアで長く続いた群雄割拠の時代を生きてきたトルコ系遊牧民出身の半農半牧、あるいは半牧半軍の人々は、こうした過程でオスマン帝国の軍人階層に参加する機会をえていた。トルコ系遊牧民出身の騎士たちの多くは、ティマール授受を通じてスルタン中心のオスマン帝国中央集権体制に取り込まれてスィパーヒー化し、部族的靭帯を失っていった。

この動きと平行して、かつてオスマン王家から独立した政治的・経済的基盤をもっていたオスマン帝国支配下のトルコ系名家はその影響力を失っていく。彼らと末端の騎士たちを結ぶものがなくなったためである。彼らがはたしていた軍事的・政治的リーダーの役割は、「スルタンの奴隷(カプクル)」と称されるオスマン宮廷出身の軍人政治家たちの手に移っていった。

戦争捕虜やデヴシルメと呼ばれる強制徴用制度によっておもにバルカン諸地方のキリスト教徒社会から供給されたカプクルは、通常、二つのグループに分けられる。ひとつのグループは、常備軍兵団員である。彼らは歩兵部隊のイェニチェリ軍、騎兵部隊のスィパーフ軍、予科軍団のアジェミーオーラン軍などからなり、スルタンのお膝元である首都に駐屯した。とくにイェニチェリ軍は十分な訓練を受けた少数精鋭の

イェニチェリ　イェニチェリ諸団のひとつソラック部隊はとくに選抜された精鋭軍で，スルタンを囲んで行進した(上)。白いかぶりものが特徴的。下は戦場でのイェニチェリ兵。右下で銃をもつ。

近衛兵部隊で、最新の火器で武装し、戦場ではつねにスルタンの周囲を囲んだ。これにたいし捕虜や徴用された少年たちのなかから特別に選び出された若者たちは、常備軍には配属されず、スルタンの宮廷で養育され、エリート軍人への道を歩んだ。この第二のグループに属した若者たちは、長じると県(サンジャク)や州(ベイレルベイリキ)の司令官、常備軍兵団長などとして軍隊の指揮や地方の統治にたずさわり、成功した者は宰相、大宰相など軍人政治家として活躍した。彼らはスルタンに一身従属を誓う「スルタンの奴隷」勢力の中心としてスルタン権限の拡大、中央集権体制の整備と連動して台頭した。

オスマン帝国の十五世紀後半の歴史の底流には、トルコ系名家とスィパーヒーからなる「アナトリア勢力」と、宮廷出身軍人政治家と常備軍兵士からなる「バルカン出身のカプクル勢力」の葛藤が存在し、やがて、後者が前者を凌駕していくことになった。続く十六世紀のスレイマン一世の時代、スィパーヒーたちが構成するトルコ系騎士兵団はいぜん重要な軍事力であったが、しかし彼らを指揮するのは宮廷出身の軍人政治家に限られた。新エリート集団に守られたオスマン帝国スルタンにたいする不満は遊牧民的心性をもつアナトリアの人々のなかにくすぶり、しばしば首都での主導権争い、アナトリアでのシーア派反乱、あるいは、東部アナトリアからイラン高原に展開するトルコ系遊牧民政権への同調として表れ、時にイスタンブルのオスマン政権を足下から脅かした。

コンスタンティノープルの征服

宮廷出身の軍人政治家がトルコ系名家出身者を凌駕する劇的な転機は、メフメト二世(在位一四四四〜四

六、五一～八一）のコンスタンティノープル征服によってもたらされた。宮廷出身の側近に支えられた二十歳の若いスルタン、メフメト二世は、トルコ系名家チャンダルル家出身の大宰相ハリル・パシャの反対をおさえてコンスタンティノープルの征服を成功させ、スルタンの権威を著しく高めた。まもなくハリル・パシャは処刑され、以後の大宰相のほとんどは宮廷出身の軍人政治家が占めることになった。メフメト二世時代の大宰相たちの出身をみると、寵臣マフムト・パシャやルム・メフメト・パシャのように、バルカンの旧貴族層出身と思われる者が多い。戦争捕虜やデヴシルメを通じての登用は出身者の階層を特定するものではなかったが（それゆえ農民出身者も含まれえたが）、宮廷入りした捕虜についてみると、旧秩序下で

カレンデルハーネ・モスク　コンスタンティノープルの征服後，町の教会・修道院の一部はモスクやマドラサなどのイスラーム的な施設に転用された。カレンデルハーネ・モスクも13世紀ころのギリシア正教会にさかのぼる。

の上流階層出身者である可能性が高かった。その結果、旧キリスト教徒貴族の子弟がオスマン帝国下でイスラームに改宗し「スルタンの奴隷」として活躍するという構図が生まれた。こうした新興のスルタン側近集団はトルコ系の名家やスィパーヒーたちの目には異質の存在として映っていたに違いない。しかし側近集団に囲まれたスルタンの絶対化と国家諸制度の中央集権化は、メフメト二世の時代、著しく進んだ。

中央集権体制は、バルカンとアナトリアにまたがる領土の地勢的な結節点であるイスタンブルを核にするかたちで整えられていった。イスタンブルのトプカプ宮殿で開かれる御前会議が政治の中心となり、イスタンブルを頂点とした軍事機構や行政機構の階層化、組織化が始まる。統治の基本は法令(カーヌーンナーメ)に明文化された。スルタン直属の書記官僚組織も徐々にととのえられていった。スルタンは、戦場に赴き軍事指導者としての役割を続ける一方で、首都イスタンブルの再建につとめ、そこを壮麗なモスクや堅牢な市場などの大建造物で飾り、世界帝国の「皇帝」としてのイメージづくりも怠らなかった。首都には一万人以上の常備軍が駐屯し、イスラーム教徒に限らずキリスト教徒、ユダヤ教徒の商人・職人が呼び寄せられ、首都の経済的振興がうながされた。ビザンツ皇帝の千年の都コンスタンティノープルは、中央集権的なオスマン政権の一極集中の核としてのイスタンブルに生まれ変わった。

しかし中央集権体制のシンボルであるイスタンブルの興隆にはアナトリアの人々からのさまざまな抵抗があった。軍人や商人・職人の首都イスタンブルへの移住はスルタンの命令どおりには進まず、しばしば強制移住措置がとられている。また、建設と征服・破壊をくりかえす不吉な都市コンスタンティノープルをモチーフとする『アヤソフィア伝説』が人々のあいだに流布し、首都にとどまることなく「聖戦」の続行を主張するアナトリア出身の神秘主義教団兵士やスィパーヒーのあいだには、遠征の前線基地たる旧首都エディルネへの根強い支持がみられた。

十五世紀後半のアナトリアの状況

メフメト二世はコンスタンティノープルの征服に続きバルカン方面でギリシア、セルビア、アルバニア、ボスニアの征服を達成した。一方、アナトリア方面でも積極的な拡大政策をとった。ひとつの目的は、黒海をオスマン帝国の内海とすることであった。まずアマスラなど黒海沿岸に点在していたジェノヴァの植民都市を一掃し、続いて一四六一年にビザンツ・コムネノス朝の系譜を引くトレビゾンド王国を滅ぼした。さらにクリミア・ハン国の混乱を理由に艦隊を派遣し、同国を宗主権下においた(一四七五年)。従来、黒海の制海権を握っていたヴェネツィアはこうした展開に対抗し各地でオスマン帝国と衝突したが、一六年間の抗争の末一四七九年に和議が結ばれ、黒海は事実上オスマン帝国の内海化した。ドナウ川下流域の穀倉地帯や南ロシア平原への入口クリミアを結んだ黒海海運は、イスタンブルの海運業者らの手に委ねられ、奴隷や毛皮などの北方交易産品やドナウ川下流域の小麦などが安定したかたちで首都へ供給された。

一方、中・東部アナトリアでは、いぜんトルコ系諸侯国の支配が続いていた。なかでも中央アナトリアを支配したカラマン侯国はヴェネツィアと結んでオスマン帝国に対抗したが、内部には遊牧民政権特有の後継者争いをかかえていた。一四六六年、オスマン軍はコンヤやカラマンの町を征服し、カラマン侯国君主ピール・アフメト・ベイは、東部アナトリアの支配者、アクコユンル朝ウズン・ハサンのもとに逃走し

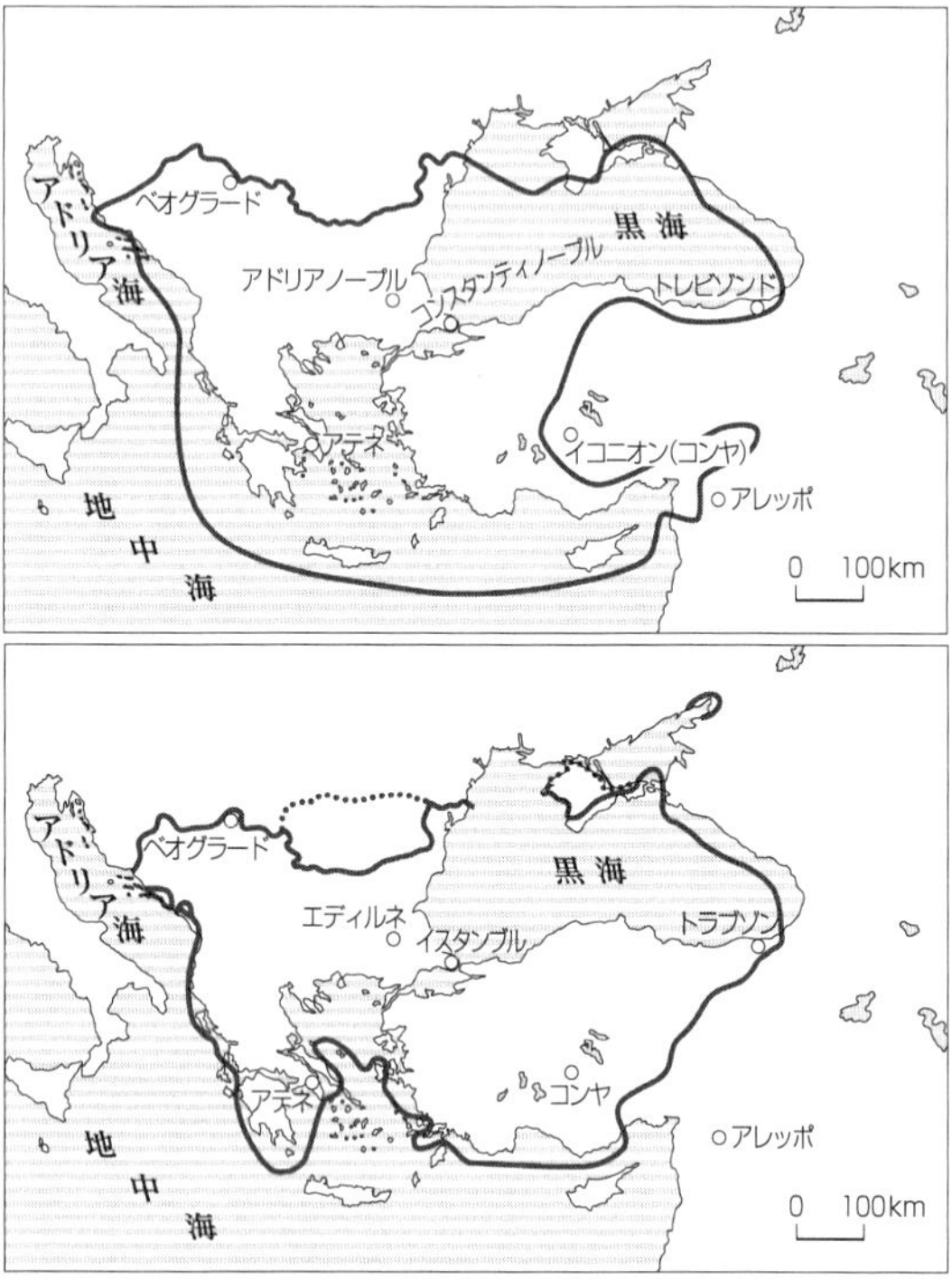

11世紀のビザンツ帝国(上)と15世紀後半のオスマン帝国 オスマン帝国が拡大した領域は，かつてのビザンツ帝国の領域とほぼ重なる。遊牧民政権の伝統の強い東アナトリアへの拡大は，16世紀に残された。

た。それに前後してアランヤ侯国なども征服され、オスマン帝国のアナトリアへの拡大は急速に進んだ。これに危機感をいだいたアクコユンル朝のウズン・ハサンはヴェネツィアやローマ教皇庁、ロードス島の聖ヨハネ騎士団との同盟を画策し、一四七三年、オスマン帝国と直接対峙した。東部アナトリアのオトゥルクベリで決戦におよんだ両陣営の戦いでは、鉄砲の威力などによりオスマン軍が勝利をおさめた。この結果、旧カラマン侯国領たる中央アナトリアのオスマン帝国への帰属が確定した。

このようにメフメト二世時代は、バルカン、アナトリアの両方面で領土の拡大が実現され、それを可能にしたスルタン中心の集権的な軍事体制と国家機構の妥当性が認識されるにいたり、スルタンの権威は著しく高まった。同時に、経済的にも、税源の国家への集中が意識的に推進された。従来、トルコ系名家や神秘主義教団はバルカンやアナトリアに膨大な私領地を保有し、その多くはワクフと呼ばれる宗教寄進財に設定されていたが、メフメト二世は国有地原則をたてにこれらの多くを没収し、国庫に加えた。一方、国庫に属する税源の一部をオスマン王家のハス(直轄地)とし、ハスからの収入の一部をスルタン寄進のワクフ財源に指定し都市の公共・慈善・宗教的使途にあてるという「帝室ワクフ」の仕組みが広められた。国有地や関税、鉱山などからの税収は、細かな収税項目に分けられ、その一部はティマールや「帝室ワクフ」として目的を特定して分与され、残りは徴税官や徴税請負人を通じて国庫に納められ、スルタン政府の財源となった。オスマン家スルタンへの権力集中は、経済的な配分権もスルタンに集中させ、実際にはスルタンの名のもとに諸業務をおこなうスルタン直属の書記官僚機構の発展をうながした。

バヤズィト二世とセリム一世

急速な拡大を実現したメフメト二世にたいし、続くバヤズィト二世(在位一四八一〜一五一二)の時代は対外的に消極政策の時代であった。その原因のひとつには、スルタン位争いに敗れたバヤズィトの弟ジェムがカイロからロードス島、フランス、イタリアへと逃亡し、対抗勢力によりいつでも担ぎ出される状況にあった点がある。バヤズィトとジェムのスルタン位争いの際にバヤズィトを支持した勢力はイェニチェリなどの常備軍勢力と宮廷出身軍人政治家たちであった。これにたいし、ジェムは大宰相カラマーニー・マフメト・パシャをはじめとするトルコ系名家出身者の支持を受けていた。バヤズィトは勝利し即位したものの、彼を支持したイェニチェリ軍への報償と反対勢力への妥協をよぎなくされ、メフメト二世時代の集権化の流れは一時後退した。

弱腰のバヤズィト二世を批判し、彼を退位へと追い込み、そのあとを襲ったセリム一世(在位一五一二〜二〇)は一転、積極策をとる。王子時代にトラブゾン知事として東方との関係に精通していたセリムは、その短い在位のあいだに東アナトリアやアラブ地域の征服をはたした。その引き金となった東アナトリア情勢の緊迫化は、オスマン帝国の東にトルコ系遊牧民の騎兵軍団に支えられたサファヴィー朝政権が誕生したことによってもたらされていた。もともと東部アナトリアの遊牧民を教団員とする一神秘主義教団から成長したサファヴィー朝は、アクコユンル朝の旧領の継承を主張し、東アナトリアを版図に加えようとしていた。遊牧民の心情に通じるサファヴィー朝の宗教的プロパガンダはアナトリアで支持を広げ、一五一一年に勃発したシャー・クルの反乱など、それに呼応する動きがアナトリアの各地で発生した。サファヴィー朝の君主シャー・イスマーイールのトルコ語の詩は民衆のあいだに広まり、「シャー」の語は、オスマン支配の受容を潔しとしないトルコ系遊牧民のあいだで一種の救世主の響きをもってむかえられた。

こうした状況にたいしセリム一世は断固とした態度で臨み、アナトリアのサファヴィー朝同調者の反乱を徹底して弾圧、さらにサファヴィー朝本体を一五一四年にチャルディランの戦いで破り、エルジンジャン、エルズルムをこえヴァン湖にいたる東部アナトリアの領域をオスマン支配下に組み込んだ。翌年には南東アナトリアのドゥルカドゥル侯国を滅ぼし、さらに南東アナトリアの主要都市ディヤルバクルをサファヴィー朝から奪った。

セリム一世の征服はアナトリアの歴史の大きな転換点となった。アナトリア出身の国家と考えられがちなオスマン帝国であるが、今日の「トルコ」が位置するアナトリア全域がオスマン帝国の支配下にはいったのはこのセリム一世の時代である。これ以後アナトリアの中部以東にたいしても、バルカンや西アナトリアで確立していた統治システムが徐々に適応されていくことになった。すなわち、アナトリアの中・東部も州や県に再編成され、州知事にはイスタンブルから宮廷出身の軍人政治家が派遣された。納税戸と税目にかんする綿密な調査(タフリール)が実施され、税収はイスタンブル政権に掌握された。軍事力による威嚇を背景に、政治的・行政的なネットワークへの組み込みが進められたといえよう。しかしタフリールの結果、一律にティマール制が施行されたかというとそうではない。オスマン支配を受け入れたアナトリアの旧来の遊牧民族長支配者らにたいしては征服以前の権利が一定保証され、税収を政府と旧支配者が折半するディーワーニー・マーリキャーネ制がとられる場合も多かった。統合は地域の状況に応じ時間をかけておこなわれ、早急で画一的な政策は回避された。統合の過程では、イスタンブルから各地のカザー(郡)に行政官としてカーディーが派遣され、エリート色の強い正統派スンナ派の教学・法学が地方に適用されるようになった。この点は、その後もアナトリアにおいて根強い摩擦の原因となった。

ところで、オスマン帝国のスンナ派化をより推し進める要因のひとつになったのは、東部アナトリアに続いてセリム一世によってなしとげられたシリア・エジプト、さらにメッカ・メディナ(一五一七年)の獲得である。イスタンブルに膨大な経済的利益をもたらしたエジプト支配を永続させるには、イスラーム文化の長い伝統をもつアラブの人々にオスマン帝国支配を認知させる論理が必要であった。外敵からイスラーム世界を守り、メッカ・メディナを保護する「イスラーム世界の盟主」の役割はこうした文脈でオスマン帝国君主に付されることになった。またチャルディランの戦いのあともイラン高原に覇をなしたシーア派政権サファヴィー朝との違いを鮮明にし、彼らを討つことを正当化した言説も、「スンナ派世界の擁護」であった。こうした正統派意識は、統治にも深くかかわったイスタンブルのウラマーのあいだで成長し、アナトリア民衆のなかにあるシーア派的傾向の強い土俗的なイスラーム信仰を異端視する度合いを深めていった。

スレイマン一世期の拡大

一五二〇年、スレイマン一世は、セリムに他の男子がなかったことから問題なくスルタン位を継承した(在位一五二〇〜六六)。これはオスマン史では例外的な事例といえよう。オスマン帝国では長く相続者決定のルールが確立されず、十七世紀にいたるまで、男子兄弟のあいだでの継承争いとスルタン即位後の兄弟殺害が慣例化していた。イスタンブル中心のネットワークで束ねられていた領土には分割の余地はなく、王子たちにとっては全領土の継承か死かという二つにひとつの道が待っていた。幸運なスレイマンに比べ、彼の息子たちの運命は悲惨であった。スレイマンの長い在位のあいだにすでに継承問題が表面化し、有能といわれていたムスタファとバヤズィトの二王子がいずれも権力闘争に敗れ、スレイマンの命で処刑された。オスマン王家の血統は重視されたが、それはあくまで一子による一筋の流れに限定された。分家が王権の周囲に貴族層をつくりだすことは、あくまで防止されたのである。

さてスレイマン一世の前半期には、前代からたくわえられた経済力を利用してとくに中央ヨーロッパ方面に積極的な拡大政策がとられた。一五二一年のベオグラード征服、二六年のハンガリー平原のモハーチでの戦勝、二九年のウィーン包囲と続く一連の遠征は、十六世紀ヨーロッパの覇者、神聖ローマ皇帝ハプスブルク家カール五世の喉元まで「オスマン帝国の脅威」を突きつけた。オスマン帝国とハプスブルク家という両勢力の対峙は、ヨーロッパ諸国家や新教・旧教間の衝突をこえて、当時のヨーロッパ政治関係の基調をなした。海上でも、オスマン海軍は一五二二年にロードス島を征服してエジプトとイスタンブルを結ぶ東地中海の制海権を握り、さらに地中海一の海賊として名をはせていたアルジェリア水軍のバルバロスを登用して海軍を強化、彼の活躍でヴェネツィア・スペインの連合艦隊を破り(プレベザ沖の海戦、一五三八年)、アルジェリアにいたる地中海の制海権を握った。オスマン帝国はハプスブルク家を共通の敵とするフランスと同盟し、ニース攻撃など両国は時に共同の作戦をとった。

このような拡大の結果、ハンガリーの中央部にブダ州(一五四一年)などのオスマン帝国の州がおかれ、ティマール制の施行とともにオスマン支配が定着していった。州体制がしかれた地域の外側には、ワラキアやトランシルヴァニア、ハンガリー王国(ハンガリーの西部)、クロアチアのようなイスタンブルへの貢納義務を認めた諸国家が取り囲み、オスマン領と「外敵」の世界との緩衝地帯がベルト状につくりだされた。その意味で、イスタンブルを中心とした支配領域は均整のとれたかたちで姿をあらわしてくる一方、征服・拡大の限界もまた明らかになってきた。

同様のことは東方の戦線についてもいえる。アナトリアの領有はオスマン側に確保されたが、その外側のアゼルバイジャン、バグダードを含むイラク地方は、サファヴィー朝とオスマン帝国とのあいだの長い争奪戦の舞台となる。対立のきっかけはスレイマン一世の統治の初期に実施されたタフリールが中央集権体制の浸透をきらう東部アナトリアの遊牧民を刺激し、サファヴィー朝同調者の反乱の連鎖がアナトリアで発生したことにあった。背後にあるサファヴィー朝を討つことはスレイマン一世の命題のひとつとなり、一五三四年、四八年、五四年の三次にわたり対サファヴィー朝遠征が実施された。その結果、一五五五年のアマスィヤ和議によりイラクやアゼルバイジャンのオスマン領有が認められたが、この条約はサファヴィー朝側にとっても力の均衡を確認した外交上の勝利でもあった。イラクにたいしてはバグダード州が設置されユーフラテス水運の監督など積極的な統治が試みられたが、一方のアゼルバイジャン領有は安定せず、サファヴィー朝とのあいだの一種の緩衝地帯を確保する性格をもった。

このようにオスマン帝国の支配可能な範囲が徐々に定まってくる一方で、「イスラームの盟主」オスマン帝国は、時にその枠をこえた挑戦もおこなった。国際関係や在地勢力の援助要請などによって実現された冒険的政策のなかには、アルジェリアにいたる北アフリカ沿岸部の支配やマルタ島包囲、インド洋への展開、アラビア半島のイエメンやオマーンの確保、紅海対岸のエチオピアへの出兵などが含まれる。多くの場合、在地勢力を温存し一定の宗主権を認めさせるにとどまったこれらの拡大はイスラーム世界におけ

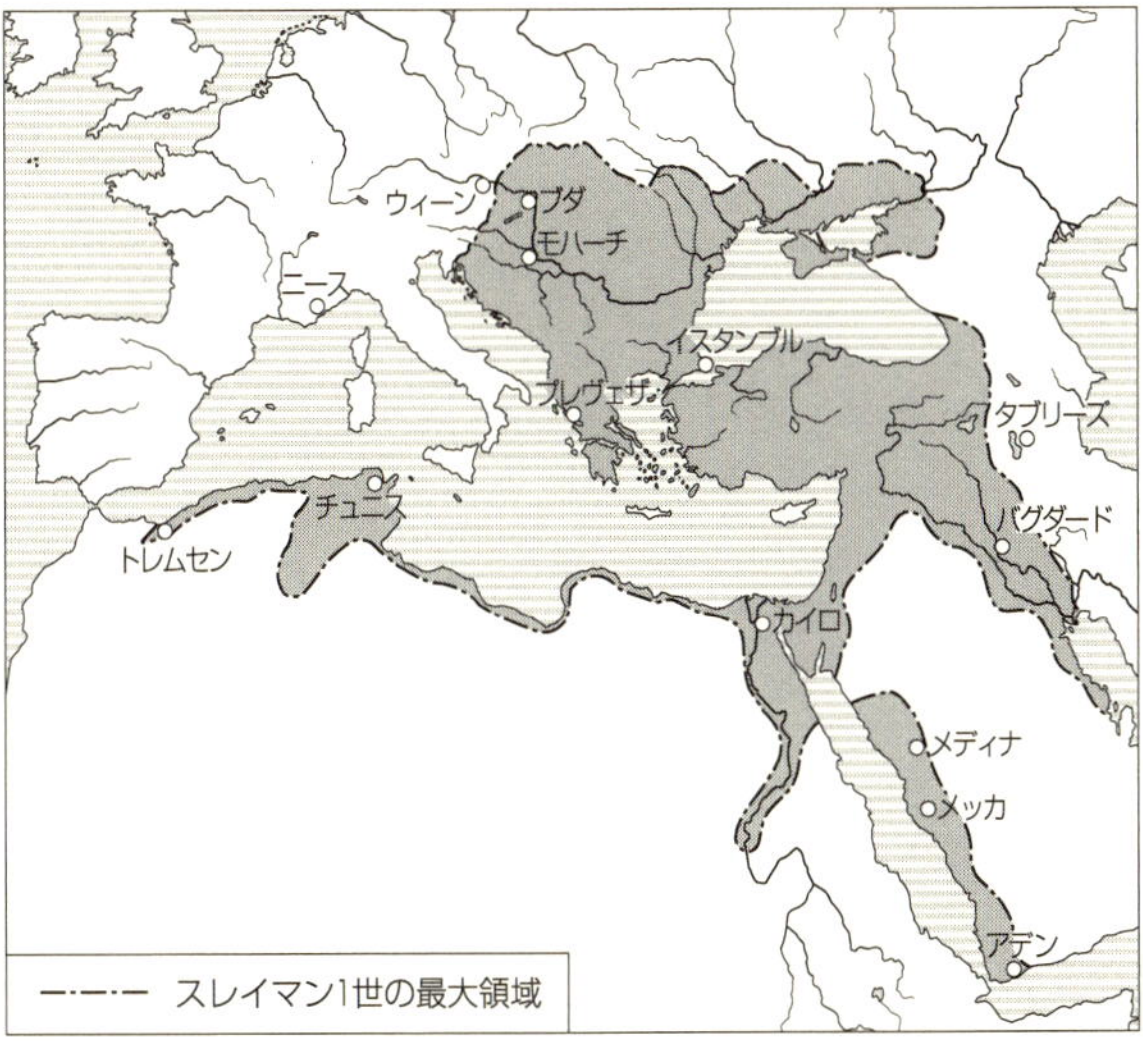

スレイマン１世時代のオスマン帝国

るオスマン帝国スルタンの権威を高めたが、財政的な負担は大きく、やがてオスマン帝国の財政が緊迫していくなかでさらなる拡大の野心は放棄されることになった。

財政の悪化は、一五五〇年代から感じられ始める。長引く遠征や人気の高かった王子の処刑は軍隊内部に不満を残し、スレイマン一世はその晩年、遠征をひかえ内政の整備に専念した。それはイスタンブルから可能な範囲の征服はすでに完了し、オスマン帝国がすでに獲得された領域をより丁寧に統治する時代が到来したことによるものでもあった。

スレイマン一世は、オスマン帝国の人々によってのちに、カーヌーニー(立法者)の名で呼ばれた。これは彼が征服者としてよりも、国内秩序の構築者として記憶されたことに由来しよう。全土を郡・県・州からなる軍管区に分け秩序正しくティマール制を施行すること、末端のスィパーヒーを法(カーヌーン)によって縛り農民にたいし公正な統治を実施すること、常備軍と書記官僚機構をスルタンのもとに厳しく束ねること、市場における物価と供給の安定などが支配の理想とされ、スレイマン一世のもとでそれらは実現されたと自負された。さらに対外戦争の勝利も加わり、スレイマン一世の時代は「理想の時代」として、のちのオスマン帝国人士によって回想されることになる。ただし、ティマール制に代表される拡大・成長期の制度は、征服の終焉とともに歴史的役割を終えていた。スレイマン一世の時代の「理想形態」は、実際には、新しい行財政体制の登場により乗りこえられていくことになるのである。

アナトリア社会と帝都イスタンブル

オスマン帝国期のアナトリアは、農民の保有地とされる農地を二頭の牛を使って耕作する小家族の自営農民と、牧畜を生業とする遊牧民が構成する農業牧畜社会であった。農民の多くは家畜も飼育し、遊牧民もまた農村社会と深い関係をもちつつ生活していた。山がちな高原では灌漑はおこなわれず、通常は天水によった。一戸の農民が手がける産物は多種目におよび、穀物のほか、都市向けの茜《あかね》(赤色の染料)や米、綿花などもしばしば栽培された。地域によって異なる徴税対象や収税慣習、税率などは、政府による農地・農村の調査(タフリール)によってつぶさに調べられ、その結果は県単位の法令(サンジャク・カーヌーンナーメスィ)に取り込まれて施行された。オスマン帝国以前からの収税慣習の多くは、この過程でオスマンの法として取り込まれた。徴税のプロではないスィパーヒーに地方の徴税を任せるにあたっては、こうした調査と徴税にかかわる法の布告が不可欠であったといえよう。遊牧を営む部族もまた、調査の対象となった。遊牧民一人ひとりの名と集団（ジェマート）への帰属を示した台帳が作成されたが、その過程で部族・氏族の絆を弱めて、なるべく小集団単位でオスマン支配に結びつける努力がなされた。イスタンブル政権の意図は、どこからどのような税がとれるのかを掌握することにあり、末端の農民・遊牧民にいたるまでその網はおよんでいた。農民や遊牧民の有力者は、徴税にかんする不満や不正の告発をしばしば政府が各地方都市に開設したカーディー法廷にもちこみ、その内容はしばしば首都イスタンブルの宮廷にも報

スレイマニエ・モスク　写真上，奥。建築家シナンの代表作。イスタンブルの高台には大ドームをもつスルタンのモスクが配され，オスマン権力を印象づけた。写真上，手前のモスクはスルタン，スレイマンの女婿で大宰相も務めたリュステム・パシャのモスク。おなじくシナンの作。

告された。農民がイスタンブルのスルタンへ直接訴える構図は、スルタンを中心にした「あるべき公正な秩序」が末端の農民・遊牧民にも理解されていた証左にほかならない。

十六世紀のアナトリア社会では、「オスマンの平和」の到来とともに農業生産が向上し人口が増加した。農村の余剰人口は、地方の小都市やイスタンブルに流入し、都市に下層の職人徒弟層を供給した。農村や遊牧民のもたらす原料産品が都市にもちこまれた結果、都市における手工業生産が拡大し、流入人口を吸収する原動力になった。ブルサの絹織物、アンカラのモヘア、カイセリに集まる羊毛や穀物など、各地に特産品が生まれ、それを扱う市の数が増加、アナトリア全土で都市が成長した。インド洋から紅海、ペルシア湾をへてアレッポにもたらされる香辛料、ブルサやアレッポにはいるイラン産の生糸にみられるように、東西交易も活発化した。都市の繁栄の多くは、国際的な商業ルートの活発化と、農業・遊牧後背地の産品の安定した供給の二つにより支えられた。その結果、関税や取引税など都市での税収が増加し、オスマン帝国の財政を潤した。

一五二〇年代までアナトリア各地で遊牧民や農民を巻き込んで頻発した小規模な反乱が、十六世紀中期になるとみられなくなるのは、こうした安定の結果でもある。「オスマンの平和」の恩恵は、当初、オスマン帝国の支配を異質のものと感じていたアナトリアの人々のうえにもおよんだ。

一方、十六世紀のイスタンブルは帝国の首都として成長し、人口は四五万人に達したともいわれている。首都の住民や宮廷・軍隊への食糧・原料の供給は、オスマン帝国政府の重要課題のひとつであった。それにともないドナウ川下流地帯の小麦、バルカンやアナトリアの羊、エジプトの砂糖など各地の重要な生産品は、イスタンブルの市場と直接的に結びつけられることになった。主要な商品を扱う商人はムスリム、非ムスリムを問わずスルタンから許可状を受け、特権商人として活動した。

イスタンブルが首都として成長していく過程では、文化の分野でも、オスマン的ないしはイスタンブル的ともいえる独特のスタイルが生まれてくる。そのパトロンは、スルタンや中央集権体制下で成長した軍人政治家たちであり、実際の担い手は彼らのもとで働くムスリムの文人たち、あるいは宮廷工房の職人たちであった。詩や絵画(ミニアチュール)は元来イランの伝統を引くが、トルコ語での詩作、記録性を重視したミニアチュールなど、模倣を脱し独自の世界を築いた芸術家が輩出した。もっとも顕著なのは建築の分野である。ビザンツのドーム建築の技法を消化・吸収し、大ドームと高いミナレを特徴とするモスクの建築様式がオスマン宮廷建築家の手により完成された。その代表的な建築家は宮廷建築家長を長く務めたシナンである。シナンの手になる均整のとれた威風堂々たる外観をもつモスクの内部は、美しく繊細な花文様の彩色タイルで飾られた。大ドーム型のモスクは、地方に派遣された軍指令官などの命で帝国の各地に建設され、イスタンブルの支配を印象づける道具立てとしても使われた。

2　オスマン官人支配体制の成長

オスマン官人支配の始まり

スルタンを中心とし、軍隊に基礎をおく軍事国家であったオスマン帝国は、スレイマン一世の治世の後半ごろからイスタンブルの官職者群によって運営される官僚国家への移行を始めた。十五世紀以来、オスマン帝国の官僚機構は陰で国家を支えてきたが、この時代になると狭義の書記だけでなく、上級の軍人やウラマーたちも官僚機構のなかに位置づけられ、彼らは互いに役割を分担し国家運営を担うようになった。こうした支配層の人々をさしてオスマン官人ということばを用いておこう。当時のことばでは、オスマン家やそれに仕える者たちを意味する「オスマンル」がそれにあたる。

オスマン官人の代表は軍人政治家が務める大宰相であった。大宰相はスルタンにかわり実質的に軍事、行政、財政全般を統括した。大宰相優位の始まりは、スレイマン一世末期からセリム二世、ムラト三世の時代に権勢を誇ったソコッル・メフメト・パシャにみいだせる(大宰相在職一六五六〜七九)。ソコッル・メフメト・パシャはボスニアのキリスト教徒の名家出身で、デヴシルメをへてオスマン宮廷に加えられ、スレイマン一世の晩年に大宰相となった。彼はその有能さでスレイマン以後のスルタンにかわり実質的な政策立案をおこない、軍隊や統治制度の組織化につとめた。同時に、血縁的・地縁的・個人的な結びつきを最大限に利用して有用な人材を周辺に集め、その後のオスマン官人社会の特徴となる、私的結びつきによる党派形成の先例をつくった。

メフメト・パシャの盟友の一人にウラマーの世界に属するエブースード・エフェンディがいる。彼はコーランの注釈書の執筆を生涯の仕事とするなど宗教家としての一面を残す一方、シェイヒュルイスラームという政府の宗教顧問職に長くあり、国家の実務に深くかかわった。彼は、一五二八年にマドラサでの教育を終えた神学生たちを各種の推薦に応じて任官台帳に記載し、順次官職に就かせるミュラーゼメト制度を創始し、職業的ウラマーの組織化につとめた。この制度の定着以後、オスマン帝国のマドラサは行政職に就く職業的ウラマーを養成する場となった。職業的ウラマーの多くはカーディーとして郡レヴェルの行政官の役割をはたした。

ソコッル・メフメト・パシャとエブースード・エフェンディのつながりにもみえるように、宮廷出身の軍人政治家は各種の常備軍司令官、ウラマーや書記官僚と結び、政局を動かしていった。こうした軍人政治家の台頭によって、以後のスルタンの多くは象徴的な存在となり、実際の政治に発言力を行使することはまれになってくる。ただし、大宰相の地位もまた安泰ではなかった。経済政策の失敗や対外戦の敗北の責任はつねに大宰相に帰され、失脚ばかりでなく処刑されるにいたった大宰相も少なくない。またポスト争いは官職全般にみられ、その過熱から「敗者」はしばしばアナトリアで反乱を起こし、農村や地方都市にも甚大な被害を与えた。

官僚国家化の流れのなかで、国政の質を決するものが適切な任官であることは当時の人々に正しく認識されていた。スレイマン一世のころからさかんに著わされ始める政治論は、正しい政治の指針をなにより有能な大宰相の推挙に求め、賄賂や売官を批判、適任者に官職が与えられていない現状を憂えた。国家体制の瑕疵《かし》を憂い過去の繁栄への回帰を求める政治論の著作は、伝統的なスタイルにのっとった一種の文学作品でもあったが、しかし、そこで展開された官職者の質を問う議論は時代の動勢を切実に反映していた。オスマン官人やその予備軍の人々は、大宰相を頂点とする官僚機構のなかで官職をえることをなにより求めていたからである。政治論の著者が指摘する「縁故・賄賂・買官行為の横行」と、官僚各職における登用や昇進の制度化は、厚さをましたオスマン官人のなかでの熾烈な官職争いから生まれたものであり、二つの動きは表裏一体であった。

「長期戦」と経済困難の時代

後継者争いに勝利してスレイマン一世の後継者となったセリム二世(在位一五六六〜七四)の時代には、大宰相ソコッル・メフメト・パシャのもとでオスマン帝国の拡張がいぜん続いていた。一五六九年、ソコッル・メフメト・パシャはカスピ海に近いアストラハンにまで兵を派遣し、ドン川とヴォルガ川を結ぶ運河の建設を計画した。一五七一年にヴェネツィアからキプロス島を奪い、反発したヴェネツィア・スペイン・教皇庁の連合艦隊により、同年アドリア海のレパント沖で海軍ほぼ全滅の敗北にみまわれるが、一年後には海軍の再建をはたし七四年にはチュニスを攻略する。

しかしながら、十六世紀の末になると状況の変化が顕著になってくる。西のハプスブルク家オーストリア、東のサファヴィー朝との両戦役はともに膠着《こうちゃく》化し、かつての夏期の季節的な戦争から兵の配備を解けない長期戦へと戦争の形態が変化する。これは、武器や築城術が変化し、全体的な軍事力が均衡してきたことによる。近世ヨーロッパの技術革新をへつつあったハプスブルク家はいうにおよばず、サファヴィー朝も進んだ火器を備えた常備軍を編成し、オスマン軍の軍事的優位は失われる。兵力の主力は火器を使う常備軍が担い、戦費の負担は増大した。

対サファヴィー朝戦(一五七八〜九〇年)では、アゼルバイジャンがふたたびオスマン帝国に加わるが、シャー・アッバースのもとで体制をととのえたサファヴィー朝はアゼルバイジャンを奪還する(一六〇三〜一二年)。さらにバグダードを含むイラクの領域をサファヴィー朝が獲得する(一六二三〜二四年)とオスマン帝国は反撃にでた。グルジア・アゼルバイジャン・イラクと続く長い境域は、休戦期間を挟みつつオスマン・サファヴィー両陣営の争奪の対象となり、戦いは一六三九年のカスリ・シーリーン条約の締結によりアゼルバイジャンのイラン帰属、バグダードのオスマン帝国帰属が確定するまで断続的に続いた。

トランシルヴァニア王家の後継者問題をめぐって始まったハプスブルク家との紛争は、ポーランドやクロアチアでの衝突に発展し、一五九三年、両国は戦争状態にはいった。双方にとって長い消耗戦となったこの戦争は、一六〇六年の和議でオスマン・ハプスブルク双方がたがいのかつての領域を確認し合い終結した。一三年間続いた戦争の結果、領土拡大の終息は多くのオスマン帝国の人々の意識するところとなった。中央ヨーロッパ領を保守するための戦費の負担は重く、戦争のバランスシートは明らかにマイナスに傾き始めていたのである。

このころからオスマン帝国の財政は、恒常的な赤字に転落する。その主たる原因は東西の戦線での過重な戦費にあったが、急速な価格上昇にたいする経済政策の失敗も財政に負担をかけた。十六世紀を通じて安定していた物価は、人口の増加とアメリカ産銀の流入による銀の流通量増加などの結果として十六世紀末に急速に上昇し、以後のオスマン帝国の支配者たちは、ふくらむ中央政府の支出をまかなうための税収の確保と通貨の安定に向けて、むずかしい経済の舵取りを迫られることになった。

首都の混乱とアナトリアの争乱

劇的な物価高騰は、一五八四年ころに発生した。オスマン政府は貨幣改鋳をよぎなくされ、銀含有量を約半分にしたアクチェ(オスマン銀貨)を市場にだし、経済的な混乱の原因となった。首都では価値の低いアクチェで俸給を払われた常備軍兵士らが反乱を起こし(一五八九年)、貨幣改鋳をめぐる混乱は十七世紀前半まで繰り返された。一六九〇年に新銀貨クルシュが登場するまでのあいだ、オスマン帝国は銀貨の安定に成功せず、アクチェの流通量が減少、かわって外国銀貨の流通が広まった。

こうした経済的な混乱の原因と推移についてはいぜん不明な点が多いが、経済的な要因はその他の政治的要因と結びつき、首都とアナトリアでの騒乱というかたちで表面化した。すなわち十七世紀前半、首都ではイェニチェリの反乱や宮廷を舞台にした権力闘争が頻発、アナトリアでは、幾度となくジェラーリーと呼ばれる暴徒の反乱が発生、オスマン帝国の安定を揺さぶった。

アナトリアでの反乱分子がジェラーリーと呼ばれるのは、十六世紀初頭の叛徒の長ジェラールの名に由来する。以後、反乱の性格の違いを問わずアナトリアの反乱者やその軍勢は、おしなべてジェラーリーと呼ばれた。一五七〇年代にアナトリアの小都市において自然発生的に続いたジェラーリー反乱の主体は都市の無頼《ぶらい》者たちであった。彼らのなかにマドラサに籍をおく学生(ソフテ)も含まれたことから、ソフテの乱とも呼ばれる。本来、宗教と学問の道に進むべきソフテがなぜ無頼者となったのかは十分には明らかでないが、マドラサが農村から流入する人口を受け入れるひとつの窓口であったためと推測される。物価の上昇にともなう窮乏で寄宿先のマドラサを追われたソフテたちが起こした騒動は、雑多な不満分子を結集してジェラーリー反乱へと発展していった。この時期の反乱は小規模なものでその影響力は限られたが、アナトリアに流動性をもたらし、軍人政治家に主導された十七世紀初頭以後のジェラーリー反乱の土壌を提供することになった。

一五八〇年代には首都においても政治の混乱が始まった。ソコッル・メフメト・パシャの暗殺(一五七九年)ののち、指導力の弱いスルタンのもとで大宰相はつぎつぎに交代する。軍隊内の対立から首都で反乱が発生し、敗れた元常備軍騎兵たちは無頼化し、アナトリアでジェラーリー反乱に合流した(一六〇三年)。オスマン帝国政府は東西の前線で続く戦役のためアナトリアの動乱の鎮圧に割く余力がなく、それのみならず一六〇六年にハプスブルク戦役が終結すると、そこから解雇された非正規兵が徒党をくんでジェラーリーに合流し、アナトリアの町や農村を襲う反乱による被害はさらに深刻になった。

この時期の反乱の特徴としては、非正規兵として戦場に赴いた農民・遊牧民出身の新参兵、さらにティマール制の解体にさらされたスィパーヒーなどがアナトリアの町にあふれ、彼らが反乱に参加したことであった。先にあげた政治論の著者たちは、アスケリー(支配層)とレアーヤー(被支配層)の区別をわきまえる重要性を繰り返し説いたが、これは、逆にその区別が強調される必要が差し迫っていたことを示していよう。ところでジェラーリー反乱の討伐に向かう大宰相やその他の有力軍人政治家は、配下の私兵軍団を率いていた。そもそも、十六世紀末以後、在地のスィパーヒー軍は実効性を失いつつあり、地方に赴任するベイレルベイたちは自前での私兵軍の養成をよぎなくされていたのである。ここにも新規の非正規兵が入り込む余地があり、こうしてアスケリーとレアーヤーの中間に位置する不安定な軍事力は再生産されつづけることになった。

ジャンブラットオールやカレンデルオールなど、地方の下級軍人に主導されたジェラーリー反乱の波は一六〇八年を頂点にいったんは終息するが、この時期以後、首都ではスルタン位の継承をめぐる抗争が続いた。アフメト一世(在位一六〇三～一七)は強硬なクユジュ・ムラト・パシャを登用してジェラーリー反乱を鎮めるなど、内政で一定の成果をあげたと評価されるが、続くムスタファ一世(在位一六一七～一八、二二～二三)は精神に問題があり、イェニチェリ軍の改革をめざしたオスマン二世(在位一六一八～二二)は逆にイェニチェリの反乱で殺される(一六二二年)。それまでも毒殺と推測されるスルタンの「謎の死」はあったが、刃を向けられての明らかな殺害は人心の不安をあおった。スルタンの殺害にいたったイェニチェリの横暴に抗議してエルズルム州知事アバザ・メフメト・パシャが反乱を起こし、この決起はやがてジェラーリー反乱としてアナトリア全土に広がる。アバザ・メフメト・パシャには首都の軍人政治家のなかにも同調者がいたため彼への討伐が徹底することはなく、やがて要職の授与により反乱は収拾された(一六二四年)。短期間再即位したムスタファ一世を継いだ幼少のムラト四世(在位一六二三～四〇)は、一六三二年ころから政治の実権を掌握し、規律の回復をめざし一定の成果をあげる。彼の治世下では、コーヒーハウスや酒・タバコの禁止、非ムスリムの服飾法などユニークな施策もみられ、イスラーム的な公正を旗印に綱紀粛正がめざされた。

ムラト四世、続くイブラヒム一世(在位一六四〇～四八)の時代は、スルタンの母后として政治に介入したキョセム・スルタンの時代でもあった。「操りやすい」スルタンを望む有力軍人政治家やイェニチェリ司令官たちは、宮廷にこもったスルタンに影響力を行使すべく宮廷内の勢力を利用し、その結果、母后や愛妃などのハレムの女性が政治的な影響力を獲得した。デリ(狂人)とあだ名されるイブラヒムは一六四八年の降位後に殺害され、続いて即位した甥のメフメト四世(在位一六四八〜八七)はわずか六歳であった。その母后トゥルハン・スルタンとハレムの権力者キョセム・スルタンの争いは宮廷の一室でのキョセムの殺害に発展した(一六五一年)。宮廷では、ジンジ・ホジャという名の占い師が一時権勢をふるうなど(一六四八年処刑)、オスマン家が実質的な政治担当能力をもたないことは誰の目にも明らかだった。

こうしたなか、クレタ島をめぐってヴェネツィアとの対立が深まり、イスタンブル近郊の海峡がヴェネ

オスマン２世　スルタン・オスマン２世の拙速な改革をきらったイェニチェリたちは，彼をトプカプ宮殿からイェディクレ城の牢獄に移し絞殺した。没時18歳であった。

ツィアにより封鎖され、首都では物価高騰とそれに抗議するイェニチェリの暴動が深刻になった。一六五六年にキョプリュリュ・メフメト・パシャが大宰相として全権を掌握するが、それにたいし、アナトリアではアバザ・ハサン・パシャら反主流の軍人政治家がイスタンブルの政権に反旗をひるがえした。その勢力はアナトリアに広がりジェラーリー反乱が再燃した。

十七世紀中ごろのジェラーリー反乱は、イスタンブルで政権を争う軍人政治家間の抗争が地方に波及したものであった。しかし、その彼らが集めた軍事力には、非正規兵など雑多な半軍人身分のトルコ系の人々を含んでいた。反乱軍のなかには宮廷にこもりきりのスルタンにたいし、謁見(アヤック・ディーワヌ)を要求して異議申し立てをするなど、遊牧民社会の対等な秩序意識もみえ隠れする。中央集権化のなかで押し込められたトルコ系遊牧民の伝統は、混乱のなかで時にオスマン支配に反抗するイデオロギーとしてあらわれてきた。

書記官僚機構の整備と税制改革

ところで、こうした混乱した政治史の展開は、じつは水面下で進行していた官僚制度の再構築、地方統治システムの改編、あらたなシステムからえられる富の再配分における不公平、新秩序への感情的な反発といった要素から生み出されたものでもあった。

前述のように、スレイマンの時代が終わるころ、オスマン帝国にはひとつの転機がおとずれていた。それは領土の拡大が終息したことであり、それは限られた領土から効率よく徴税し、領土の防衛と国家運営の採算をあわせていくという課題をオスマン官人に突きつけるものであった。その帰着として、大幅な税制改革と官僚機構の発達がうながされた。おおむねその改革が成功したことにより、中央政局の表面上の混乱にもかかわらず、この時代、帝国全土にたいするイスタンブルの吸引力は維持された。

税制改革はつぎの三点で実施された。第一は、農村からの収税を在地のスィパーヒーに委ねることをやめ、財務局の徴税システムに集約、ムカーターと呼ばれる収税項目単位に請負契約にだすこと、第二は、アヴァールズ税と呼ばれる人口単位に徴収される臨時税を恒常化すること、第三は、収税業務を地方に派遣されるオスマン官人諸職の共同責任とし、イスタンブルの指示のもと、各部局に任務を分担させることであった。第一、第二の転換にともない、ティマール保有者であったスィパーヒーの没落と、それにかわる徴税責任者として、帝国全体にネットワークを広げた財務官僚層の台頭がもたらされた。第三の点は州（エヤーレット）を単位にした地方行政システムの再編と、その長としての州知事職の地位の向上、地方官吏としてのカーディーの責任範囲の拡大とその組織化をもたらした。

この点を少し詳しくみておこう。まず、財

大宰相府内の書記局で働く書記の姿　広大な帝国は，発達した文書行政によって束ねられた。

務官僚は、十六世紀後半以後、急速にその数を増加させていった重要なグループである。経済的な手腕が為政者に求められるようになった十七世紀、軍人政治家たちの政治的な成功は、彼らが配下においた財務官僚たちの成果によっていた。また上級の財務官僚は、しばしば軍事司令官をかねる職にも任命され、「軍人」のポストの境域は曖昧になりつつあった。

中央財務局全体の責任者は、バルカン領担当の財務長官(デフテルダール)が務めた。その職は大宰相につぐ要職とみなされはじめた。中央の財務官僚は、地方に派遣された財務官との密接な連絡のもと各地域の財務行政を監督していた。彼らの手によりスィパーヒーやその他の官職者に分与されていたティマールが徐々に回収され、直接、徴税官によって収税をおこなうか、あるいは徴税請負契約により財力のある第三者に収税をまかせるかのいずれかに移行した。これにより、国庫に直接はいる税額は飛躍的に増加し、拡大する常備軍への俸給や対外戦の戦費がここから捻出された。

地方に派遣された地方財務官は、各州の知事のもとで業務をおこなった。州域内の収入は、州運営の必要経費を差し引いて中央の国庫、または資金を必要とする別の州や戦線に直接送られた。州知事職は、かつての州の軍事司令官の役割から、むしろ州の行政・財務全般を掌握する職に変化する。その職は私兵軍を養うなど支出も大きかったが、それに倍する収益のえられる職でもあった。十七世紀のジェラーリー反乱の首領の多くが州知事出身なのは、彼らがそこで力をたくわえ、さらなる政治的・経済的権益を求めたからにほかならない。

徴税業務全般は、中央から郡に派遣されたカーディーにより監督・査察された。オスマン帝国全土に張りめぐらされたカーディーの組織化は、十六世紀後半以後のオスマン帝国の官僚制度の成長をもっとも象徴的に示すものである。二、三年の早い周期で任地を交換したカーディーたちは、オスマン帝国全体で同じイスラーム法解釈と財政システムが適用されるのを保証した。

財務官、ならびにカーディーたちのキャリアに共通した特徴として、その任官に有力者の推薦が必要であった点があげられる。カーディーの場合、マドラサでの教育を終えて任官台帳に登録されるには、その実力以上に上級ウラマーやほかの分野(軍人など)の有職者の推薦が不可欠であった。統一的な任官制度のない財務官僚の場合は、出仕先の有力軍人政治家の斡旋によって公職への任官が実現した。その意味で、有力者の子弟には大きなアドバンテージが与えられたし、賄賂や売官が入り込む余地は無限にあったといえる。

十六世紀後半以後の徴税制度の変更にともない、地方社会では在地のスィパーヒーが表舞台から退場し、かわって中央から派遣されたオスマン官人たちの影響力が増すようになった。中央と地方を結び、オスマン官人主導で進められる政治過程に在地の勢力が発言力をもつことは、いぜんとしてほとんどなかったようにみえる。しかし、官職者たちが短いサイクルで交代していく地方支配体制を支えるには、在地の人間の協力は不可欠であった。徴税請負権購入者の代官、または下請けとして、実際に現場で徴税にあたったのは在地の人間であり、そのなかからじょじょに有力者の家系が育っていった。やがて十七世紀末にいたるころ、彼らは政治過程の表舞台にも姿をあらわしてくるのである。

キョプリュリュ家の時代

ヴェネツィアの艦隊がイスタンブルから地中海への出口であるダーダネルス海峡を封鎖、イスタンブルの物価は高騰し、スルタンは宮殿を離れアジア側に逃げ出すという混乱のなかで、メフメト四世から全権委任を受けて大宰相に就任したのは、老齢のキョプリュリュ・メフメト・パシャであった(一六五六年)。彼は海峡の封鎖を解き、首都の混乱を収拾、対外的にもトランシルヴァニアへの遠征を成功させ(一六五八年)、半世紀ぶりに安定した政権を実現した。対抗するイェニチェリ勢力や地方のジェラーリー反乱の頭領となった有力軍人たちをつぎつぎに処刑し、強圧的な施策でオスマン官人内の反対勢力を一掃した。続いて一族の政治家たちが大宰相職を受け継ぎ、十七世紀後半はキョプリュリュ時代と呼ばれる。

キョプリュリュ一族の興隆は、十六世紀後半以来顕著になってきた有力な軍人政治家による党派形成の典型である。彼自身は、その経歴をおもに地方で積み、首都との関係は薄かったといわれるが、彼を大宰相に推挙したイプシール・パシャをはじめ宮廷内に多数の同盟者をえていた。党派の核になったのは、有力な軍人政治家の家組織である。すなわち、成功した軍人政治家の家が、オスマン宮廷のミニチュア版組織に発展し、それが政治の核となる現象である。カプハルクと総称される家組織の用人は、家産を扱う書記や執事、私兵軍団、その司令官などからなり、その外側にはさまざまなネットワークでつながった軍人政治家たち、さらに縁故を求めるウラマーなどが取り巻いた。その関係はあくまで個人的なものであるが、中心にいる軍人政治家の政治的浮沈はグループ全体の命運を左右した。結びつきの契機は、血縁、地縁、婚姻などさまざまであるが、ウラマーや書記候補の文人がパトロンと結びつくための手段のひとつは、著作や詩の献呈であった。才能が認められれば、スルタンや有力者のサロンに加わることが可能になり、そこでの活躍いかんでは官職への斡旋も受けられた。十六世紀中葉以後に積極的に執筆された現状を批判する言説に満ちた政治論の多くは、こうした文脈で生み出された。

メフメト・パシャは、執務をトプカプ宮殿に隣接する大宰相邸(のちの大宰相府)でおこなった。大宰相の主催する会議が実質的な「政府」の役割をもち、宮廷での御前会議は徐々に形式的なものになっていく。大宰相に直属する書記局の独立性が高まり、その長たるレイスュル・クッターブ(書記局長)が、地方と中央を結ぶ文書行政や外交全般の実務の長に成長していった。こうした変化は、キョプリュリュ時代に顕著になった。

メフメト・パシャの人脈は、ウラマーの世界にもおよんでいた。息子のファズル・アフメト・パシャにウラマーの経歴を歩ませているのは、その表れである。彼は十六歳でマドラサ教授職をえており、父親の推挙が彼のウラマーとしての経歴を押し上げているのがわかる。父親が大宰相になると軍人政治家に転じ、父親を継いで大宰相に任じられた。クレタ島の征服などを成功させオスマン帝国のヨーロッパ側の領土を最大にするという功績を残したファズル・アフメト・パシャのあとを継いだのはその娘婿カラ・ムスタファ・パシャであった。自分の家で育てた有力用人に娘を嫁がせるのは、スルタンの皇女の多くが大宰相に降嫁しているのと同じ関係である。

カラ・ムスタファ・パシャは一六八三年にウィーン包囲を断行して失敗、巻き返しをはかりつぎの遠征の準備でベオグラードにとどまっている際に、スルタンを味方につけた敵対党派の計略で処刑の憂き目をみた。政局は党派争いのダイナミズムのなかで決定され、遠征の失敗のような外的要因はそれに口実を与えたにすぎないのである。

軍事体制の弱体化

ウラマーや財務官僚の組織化に比して、十七世紀にその輝きを失うのは、かつてのオスマン帝国の屋台骨であった軍隊組織である。騎馬兵たるスィパーヒーは、十六世紀末には軽量の火器に頼る戦法の変化により、その重要性を失った。スィパーヒー軍団は後列の予備軍団に格下げされ、それに連動して政府は彼らに分与していたティマールの多くを国庫に戻し、スィパーヒーの経済的基盤を弱めていった。一方、常備軍の主力たるイェニチェリは、デヴシルメがほぼ停止され、その地位を世襲化させた。妻帯の禁止は過去のこととなり、兵舎での集団生活から都市内での居住が一般化、多くのイェニチェリ(およびその出身者)は平時には都市の商工業に生産者、警護役などさまざまな立場で参加するようになった。彼らの祖先はバルカン出身者であったが、十七世紀のイスタンブルに生きたイェニチェリたちはすでにムスリム人口に同化しており、都市の商工業者と共通する利害をもっていた。徐々に数をふやすイェニチェリへの俸給の支払いはすでに政府の重い負担となっていたが、加えてスルタン即位や戦役からの帰還に際しては武器をちらつかせてボーナスを要求し、政府を苦しめた。

ジェラーリー反乱の時期以後、イェニチェリは地方の主要都市にも駐屯するようになった。イスタンブルから離れたイェニチェリは、より積極的に非軍事部門に参加し投資を始める。地方の徴税請負権の購入者としても、彼らは大きな割合を占めていた。

こうした状態にたいしオスマン二世のようにイェニチェリの廃止を計画したり、イェニチェリを敵視したジェラーリー反乱などが起こるが、いずれもイェニチェリの勢力をそぐにはいたらなかった。それにかわる正規の軍隊が存在しなかったからである。すぐに反乱を企てる危険な集団にたいし、最新の武器を与える必要は感じられなくなり、イェニチェリたちの兵力としての魅力は色あせていった。かつての少数精鋭の近衛兵イェニチェリの姿はそこにはなく、十七世紀にはかわって都市の顔役としてのイェニチェリが誕生していた。

スィパーヒー軍とイェニチェリ軍のいずれもが弛緩した状況での戦争遂行がいかに困難なものであったかは想像にかたくない。その不足は、セクバンやレヴェントとよばれる非正規兵やクリミア・タタールなど属領の軍団によって補塡されたが、それも十分に機能するものではなかった。

オスマン帝国がいずれの戦線でも苦戦を始める原因は、こうした軍事力の危機的状況にも求められよう。にもかかわらず、それへの抜本的な改革は長いあいだ、着手されなかった。戦場はイスタンブルから遠く、属領の軍隊や非正規兵など広い領土内のさまざまな人的資源を利用することで、危機は一時的にしのがれた。いかなる犠牲をはらっても旧勢力を一掃し、あらたな軍団を再編しようと試みられるまでには、なお一世紀の時間を要した。

アナトリアの混乱からの回復とイスタンブル

十六世紀末から十七世紀初頭のアナトリアは、物価変動とジェラーリー反乱の被害で混乱をみたが、それらは比較的短期間に克服され、十七世紀中葉以後は安定した状態に回復したと考えられている。その基礎には十六世紀以来の農村人口の増加とそれにともなう生産力の向上がある。農産物市の立つ小都市の成立、都市と都市を結ぶネットワークの形成、ネットワークの中継点となる既存都市の発展は、十六世紀に引き続き、アナトリアのほぼ全域で進んだ。

ただし、徴税をおこなう政府の目からみた場合、ジェラーリー反乱のさなか、農村の位置が移動したり、農民が逃散し遊牧生活に戻った結果、徴税対象となる農民の数は減少した。スィパーヒーにかわりあらたな収税担当者となった徴税請負人は、こうした状況に対処するため、荒れ地や農民の逃散した村に植民、開拓、水利工事などを実施する必要に迫られた。中央で競売される大口の徴税権の購入者は、軍人政治家やその家産関係者、宮廷官吏、ウラマー、富裕な商人などであり、彼らは「再開発」が成功すれば大きな見返りが見込める徴税請負契約にきそって投資した。やがて徴税請負契約は二、三年の短期契約から終身契約に移行し(一六九五年)、契約者により有利なものとなった。また地方レヴェルで売買される徴税請負権については旧スィパーヒー層、在地化したイェニチェリほかさまざまな在地有力者が獲得していた。アナトリアからの収税業務は、カーディーによる監督と財務官僚による統括のもと、財力のあるオスマン官人各層により分割・分担される状態になった。

農民は、アヴァールズ税などの現金納の税への対応のため、余剰の生産物を市で売り、徴税担当者たちも、同じく現物納された農産物の一部を市で売却し現金化した。各地の特産物も地方商人たちによって取引され、沿岸部の港湾都市や首都イスタンブルにもたらされた。こうした経済活動の活発化はアナトリアの都市を潤したが、一方で、相場変動が直接に地方都市まで影響する状況ともなった。沿岸部や都市にあらわれるヨーロッパ商人との取引の機会もふえ、在地有力者のうち経済感覚に優れた者が次代に台頭してくる環境が整えられていった。

公衆浴場　公衆浴場(ハンマーム)は，浴場経営者に貸し出され，その賃貸料はモスクやマドラサの維持費にあてられた。浴場通いは，都市住民の娯楽のひとつであった。

イスタンブルをはじめとする大都市でも、富裕なオスマン官人層は、都市の商業不動産への投資を活発におこなった。大勢のカプハルクを擁する有力軍人政治家たちは多角的な投資によりその財力をたくわえる必要があったからである。投資は、通常、投資対象全体の何分の一かの株(ヒッセ)をもちあうかたちでおこなわれ、利益は細かく分配された。都市不動産への投資は、ワクフ財である商業物件の賃貸借市場への参入というかたちでおこなわれた。オスマン官人やその家族は、市場の店舗や工房をギルドの商人・職人たちに貸し出し、安定した収入をえていた。財産の一部をイスラーム法により守られたワクフ財にかえておくことは、失脚や死亡にともなう財産没収から財産の一部を守る有効な手段でもあった。

こうして都市の大市場やキャラバンサライ、公衆浴場などの営利施設はオスマン官人層によってワクフ財として提供され、それらからの収入で運営されるモスクやマドラサ、水道施設や泉水は町を埋め、人々の暮らしを豊かで都市的なものにした。ただし、富裕層による投資の対象が不動産と徴税権に限られ、製造業に向けられなかったことは、特産品生産が国際的競争力のある産業に育つ機会を逃す結果につながった。もっぱらギルド制の枠内でおこなわれていた製造現場では、同業者間の平等の建前から、問屋制的発展の萌芽は早期につみ取られた。ギルドの既得権益は彼らと結んだイェニチェリの反乱により暴力的に守られたから、政府の都市行政は自ずと保守的なものとなっていた。

文化活動

十六世紀後半から十七世紀末にいたる時代は、質と量の両面でイスタンブルの文人たちによる学問・創作が頂点に達した時代であった。ディーワーン詩の分野では、長らく宮廷で活躍したバーキー(一六〇〇年没)、ムラト四世の保護を受けながらのちに処刑されたネフィー(一六三五年没)などがあげられる。歴史叙述や論説の分野では、ムフタファ・アーリー、セラーニキー、ナーイマーなどが活躍した。彼らは、因果関係を重んじ、社会の現状を批判的に観察する記述を残したが、改革の指針としては、「過去の正しい政治への回帰」を示唆するにとどまった。オスマン帝国最大の「知性」としては、キャーティブ・チェレビーの名があげられる(一六五七年没)。書誌学から地理書、世界史など多方面の著作を残したキャーティブ・チェレビーの博識は、イスラーム世界の知的活動を総決算する性格をもつ。ただし、オスマン帝国への印刷技術の導入が遅れたため彼の著作は一七三二年まで印刷されず、知的財産の共有はごく狭い知識人の世界に限定された。書道もまた広く愛好された。書家の大家ハーフズ・オスマンはキョプリュリュ家の保護下で育ち、ムスタファ二世から褒美にディヤルバクルの徴税権を与えられたと伝えられる。オスマン官人の世界の文化活動の舞台は有力軍人政治家たちのサロンであった。

メヴレヴィー教団の修道場　神秘主義教団のひとつメヴレヴィー教団は，旋舞修行を特徴とする。図左上に楽団が見えるように，儀式には音楽も欠かせない。

これにたいし、一般の庶民による知的活動は、多くの場合、神秘主義教団の修道場でおこなわれた。道場での儀式や宗教教育、音楽や書道の鍛練は、神秘主義教団専従のエリート教団員たちだけでなく広く民衆にも開放されたものであった。教団のシェイフの伝記集には、ギルドの親方や職人など市井の人が多く登場する。神秘主義教団は、都市を共通の生活の場とする支配層と被支配層の交点に位置していた。

一方で、十七世紀は、オスマン帝国のスンナ派正統主義が著しく進む時代でもあった。アナトリアに広く残る土俗的なイスラーム信仰の痕跡は多くの神秘主義教団の活動に包含されていたが、首都イスタンブルでは、反シーア派的な潮流として、カドゥザーデ派と呼ばれる勢力が台頭してくる。説教師やイマームなど、モスクの諸職に従事する下級のウラマーたちを多く引きつけたカドゥザーデ派は、神秘主義的イスラーム信仰に反発し、正統的スンナ派の立場をことあるごとに強調した。コーヒーやタバコの流行に強い反対を示したのも、こうした「原理主義者」たちであった。

3 地方社会の自立と中央政府

十八世紀のオスマン帝国

十八世紀のオスマン帝国では、前世紀からの官僚機構の発達がさらに進行し、一般行政・財務行政の両部門が複雑な機構をもつにいたった。その全容はいぜん十分に明らかではないが、従来の「衰退」イメージとは逆に、十八世紀においてもオスマン帝国独自の行財政メカニズムが十全に機能していたことは確認される。政府に掌握された税源は、細かく分割されたうえで、請負契約や官職者の給与代替分に指定された。名目上の常備軍兵士と官僚機構は肥大化し、税収の多くはその維持のために割かれることになった。オスマン官人にとって官職は富の源泉であったため、時とともに台帳に登録される人員の数がふえていったからである。イスタンブルの有力者のあいだでは、官職の継承と斡旋を目的とする家組織と家間の党派形成がより進行する。一方で、こうした税源の分割の結果、直接国庫にはいる財源は減少し、国家としては常備軍の刷新や産業育成へ投資をおこなう余力をもたなかった。その意味で相対的な国力の低下は否めない。財政難に直面する国家は、戦争や宮廷、あるいは首都イスタンブルに必要な物資をしばしば生産者

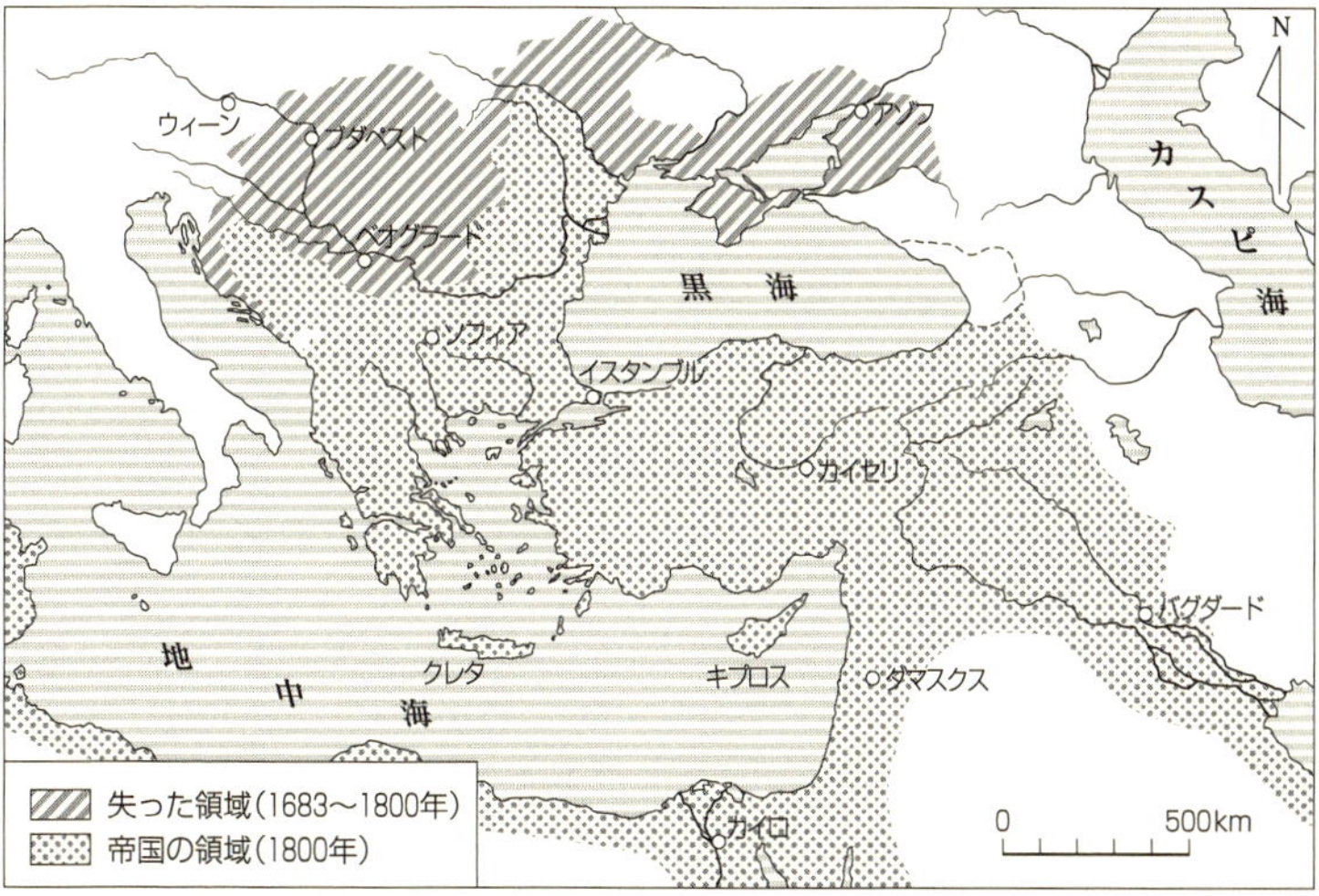

18世紀のオスマン帝国

から強制的な手法で徴用し、国家の需要はむしろ産業の育成を阻害する要因となったといわれる。

それでも新通貨クルシュの登場などで、十八世紀前半のオスマン経済は比較的安定していた。閉じられた空間としてオスマン帝国を考えた場合、域内での経済活動は活発で、伝統的な経済構造は堅調を保っていた。ヨーロッパを中心に成立しつつあった新しい世界経済秩序との関係でみると、オスマン帝国はいぜん、生産地としても市場としても、その域外にとどまっていたといえよう。しかし、相対的な国力の低下は、対外的には軍事的な敗北、国内的には中央政府に縛られない在地勢力の台頭を招き、十八世紀末には旧来のオスマン体制の危機が現実のものとして意識されるようになる。

外交の時代の始まり

第二次ウィーン包囲（一六八三年）の失敗ののち、

さらに一六年にわたり、オスマン帝国は、ハプスブルク・ポーランド・ヴェネツィア同盟(一六八六年にロシアも参加)とのあいだに一進一退の攻防を続け、その決着は一六九九年のカルロヴィッツ条約によってなされた。外交交渉団の長として書記官長ラーミー・メフメトが参加した協議の結果、オスマン帝国は、南部の一部を除くハンガリーの領有放棄に合意し、大規模な領土の喪失をはじめて経験した。カルロヴィッツ条約は、イギリスとオランダを仲介者とした外交交渉の結果締結されたもので、ヨーロッパの列強間の国際関係にオスマン帝国を同質のメンバーとして加えることになった点で画期的な意味をもつ。続く時代のオスマン帝国は、ほかのヨーロッパ諸国同様、武力と外交交渉の二つの手段で領土の防衛をおこなうことをよぎなくされる。「国際外交」への参加は、オスマン帝国の支配層のなかで外交を理解する実務派官僚の成長をうながしていくことになった。

イスタンブルの民衆暴動

カルロヴィッツ条約後に、財政建て直しのために方策を探っていたムスタファ二世(在位一六九五〜一七〇三)は、党派的なオスマン官人勢力の圧力の強い首都イスタンブルを離れ、彼に先行する三人のスルタン同様、おもにエディルネに滞在していた。彼は、書記出身の実務派官僚を登用し、敗戦の原因となった軍制の改革を志したが、その政策はイスタンブルの旧勢力の反対を招き、一七〇三年エディルネ事件が発生する。これは、給料の遅延を理由に反乱を起こしたイェニチェリらにウラマーなど下級のオスマン官人が同調したもので、スルタンに強い影響力をもっていたシェイヒュルイスラームのフェイズッラー・エフエンディをおもな標的とした。この反乱には都市の商工業者も参加した。スルタンのエディルネ滞在で宮廷からの受注が減り、さらに「改革」のための新税に反発していたためである。反乱者の代表が大挙してエディルネに迫り、フェイズッラー・エフェンディの罷免を要求、結果的に彼の殺害とスルタンの退位を勝ちとった。

この事件は、イスタンブルのイェニチェリ・商工業者の叛徒に下級のオスマン官人層も加わった点で大きな意味をもつ。アスケリー(支配層)とレアーヤー(被支配層)の別は、社会の流動化のなかでしだいに意味を失いつつあり、少なくともイスラーム教徒住民は、政策担当者に「反イスラーム」のレッテルを貼ることで、容易に連帯した。この反乱の過程では、オスマン王家にかわり、より操りやすいあらたな「王家」をかつぎだそうとする議論すらみられた。絶対にして唯一の「オスマン王家」の神話は葬り去られた。以後のスルタンたちは、これまでにも増して首都の民衆の脅威を感じることになった。

このエディルネ事件後に即位したアフメト三世(在位一七〇三～三〇)はイスタンブルに宮廷を戻し、イスタンブルは旧状を回復することになる。アフメト三世は即位後、大宰相を頻繁に交代させ、オスマン官人のあいだにスルタンに対抗するような中心が生まれることを防ぎ、十七世紀を通じて弱体化したスルタンの権威を高めるべく努力をした。内政の安定を重視したが、一七一〇年代にはいると外的状況から対外戦争の再開もよぎなくされた。ロシアにたいしては黒海岸のアゾフに進出していたピョートル帝を破り(プルートの戦い、一七一一年)、ヴェネツィアからはモレア半島を奪い返すなど一定の勝利があったが、対オーストリアでは、ハプスブルク家のオイゲン公の活躍などにより後退を続け、一七一八年に締結されたパッサロヴィッツ条約の結果、最後のハンガリー領タミシュヴァールとベオグラードを奪われるにいたる。

パッサロヴィッツ条約ののち、イスタンブルには一二年の平和がおとずれる。この一二年は、「外交」の時代の到来を肌で感じたアフメト三世とその大宰相イブラヒム・パシャの主導のもと、オスマン帝国の人々が手強くなった敵の姿を正確に学ぼうとし始めた時代であった。対外戦が一休止した平和な環境下で、イェニチェリなどの軍団員の数を減らし国庫の負担を軽減することが模索されたが、それは同時に自らの軍事力を弱体化させる試みでもあった。

チューリップ狂の時代

アフメト三世はチューリップの栽培を好み、トプカプ宮殿内にチューリップ花壇を造ったことで知られる。チューリップはそもそも東方原産であるが、十七世紀のヨーロッパで投機的なブームを引き起こした。オスマン帝国のチューリップ・ブームは、同時代のヨーロッパでのチューリップ人気に呼応するものである。軍事的な後退が自覚され、領土的な野心が失われるなかで、この時代、現世の快楽と美を求めて文化への投資が著しくふえていた。チューリップの花はその時代の雰囲気を象徴する存在であった。

アフメト三世とその大宰相イブラヒム・パシャは積極的に文芸や芸術を保護した。そのもとでオスマン文化のあらたな展開が生まれた。レヴニーの絵画ははなやかな色彩が特徴的で、ポートレート的な図柄にはヨーロッパ絵画の影響も指摘される。オスマン帝国の人々の美意識は新しい要素を素早く消化し、従来の伝統にとけこませた。ヨーロッパ領事との接触などで異文化との接触の機会はふえ、開明的なオスマン官人のあいだでは、ヨーロッパの人々をたんに「異教徒」としてみくだす態度は影をひそめていった。パッサロヴィッツ条約のあと、パリとウィーンに派遣されたオスマン使節団は、それぞれに見聞をまとめた報告書をスルタンに提出している。技術や軍事に始まり、ヨーロッパにあってオスマン帝国にないものを学ぶ一歩が踏み出された。

しかし、その受容は容易ではなかった。その代表例が活版印刷技術である。十八世紀前半のヨーロッパではすでに新聞が印刷され、さまざまな知識が広く社会の諸層に共有される基盤がつくられようとしていた。オスマン帝国でも非ムスリム住民のあいだでは活版印刷はすでにおこなわれていたものの、アラビア文字を用いるトルコ語、アラビア語を印刷する最初の印刷所の開設の許可が下りるには一七二七年を待た

レヴニーの描いた女性　長袖のブラウス，パンタロンのうえに，エンターリと呼ばれる半袖の丈の長い上衣を重ね着し，薄いベールをかぶった女性。髪はスカーフに巻き込む。当時の上流の婦人の服飾を伝える。

イギリス領事邸で演奏する音楽団　18世紀のイスタンブルでは，オスマン帝国の人々とヨーロッパの人々とのあいだの日常的な接触がみられた。オスマン帝国の歴史や風俗にかんする優れたヨーロッパ人の著作もあらわれ始める。一方，オスマン帝国側からの関心は軍事技術に集中した。

ねばならず、出版の範囲も非宗教的な書物に限られた。知識や教養の一般化の必要性が認められず、むしろ、書写をおこなうマドラサ学生の生計を奪うことから、宗教への脅威と宣伝されたためである。オスマン官人は、特定の「民族」を基盤としない勢力であっただけに、出身母体の社会との一体感が薄く、民衆の啓蒙には無頓着であった。こうしてオスマン帝国の最初の印刷所は一七種の出版をはたしただけで一七四二年に一時閉鎖されることになった。

それでも、十八世紀前半のイスタンブルにははなやかさがあふれていた。半世紀にわたって、事実上の首都をエディルネに奪われていたイスタンブルは、久方ぶりに積極的な建設ラッシュを体験することになった。アフメト三世の泉水として知られる瀟洒《しょうしゃ》な水場が町を飾り、さらに、サーダバード離宮やチャーラヤン宮殿など、庭園にチューリップを配した離宮の造営があいついだ。庭園での優美な宴席は上流のオスマン官人をひきよせた。富裕なオスマン官人たちを「消費」へと誘ったこの文化活動は、彼らの余剰な財力を割こうとするスルタン側からの働きかけであったともいわれる。

しかし、こうした富裕層の消費は庶民からの税に支えられたものであったから、十七世紀以来、都市反乱という「異議申し立て」の手段を身につけている商工業者とイェニチェリ、下級のウラマーたちは、やがて、浪費への反発を大宰相ダーマード・イブラヒム・パシャとスルタンに向け、大宰相の処刑とスルタンの退位を勝ちとる(パトロナ・ハリルの乱)。あらたに建設された離宮などの多くは破壊され、改革をきらう守旧派の要求は、都市民の手を借りて実現された。以後、ヨーロッパ趣味や技術革新を受け入れる改革派官僚は、「反イスラーム」という非難にさらされる危険をつねに感じることになった。

アフメト3世の泉水　トプカプ宮殿の入口近くに造られた泉水の内部には水がたくわえられ，人々は外壁の蛇口から飲料水をえた。柔和で繊細な様式は，オスマン建築の新傾向である。

マフムート一世の時代

パトロナ・ハリルの乱の直接の原因となったのは、イラン戦役の暗転であった。サファヴィー朝の混乱に乗じて一七二二年にコーカサス・アゼルバイジャンに侵攻したオスマン軍は、ロシアと牽制し合いながら、この地方を支配下にいれた。しかしナーディル・シャーの援助を受けてタフマースブ二世のもとでサファヴィー朝が態勢を立て直すと事態は逆転し、獲得した領土を確保するため大規模な遠征が必要となった。このためにイスタンブルに軍隊を集結させているまさにその時期に発生したパトロナ・ハリルの乱は、大宰相とスルタンを交代させることになった。新スルタン、マフムート一世(在位一七三〇~五四)のもと、一七三二年、タフマースブ二世とのあいだで一時、和議が結ばれるが、タフマースブ二世を追放しサファヴィー朝を滅ぼしたナーディル・シャーは、むしろオスマン帝国側に攻勢にでて、バグダードやユーフラテス上流地域を繰り返し攻撃した。一四年間、断続的に続いたオスマン帝国のイラン戦役は、結局、ナーディル・シャーの死(一七四七年)まで続き、双方は侵攻と防衛を繰り返しながら、カスル・シーリーン条約での両者の境界線に戻っていった。この間、ナーディル・シャーは、シーア派をスンナ派の四法学派と対等に扱い、五つめの法学派とするなどの奇抜な宗教的提案をおこなうが、それに同調するアナトリアのトルコ系遊牧民の動きはなく、イラン世界とトルコ世界の境域は、長い抗争の結果、たがいに認め合う「国境線」として定着していた。

一方、イラン戦役の休戦中にはオーストリアおよびロシアとの戦いも勃発した。オーストリアには勝利し、一七三九年のベオグラード条約でベオグラード、ボスニア、セルビアの奪還をはたした。この勝利は、十八世紀においてもオスマン帝国が軍事的に退潮一方ではなかったことを示している。

マフムート一世の時代は、このように、対外戦で一定の勝利があり、また、パトロナ・ハリルの乱の首謀者たちをのちに厳しく処刑した手法にもみられるように、断固とした政策で一種の安定がみられた。これは、アフメト三世時代の改革の延長線上に彼の治世があったからにほかならない。この時代、フランス出身のフンバラジュ・アフメト・パシャ(フランス名ボンヌヴァル伯アレクサンドル)に命じて西欧をモデルにした軍隊が試験的に編制された。また、ウシュクダルに創設されたヘンデセハーネ(技術学校)で軍人たちに近代数学を教えるなど、西欧的な知識の導入が部分的に開始された。

平和の三〇年とアーヤーンの台頭

一七三九年のベオグラード条約ののち、六八年にロシアと開戦するまでの三〇年間、オスマン帝国はイランとの短期間の衝突を除けば、戦争のない時代を過ごした。この間の平和はけっして自然に生まれたものではなく、戦争を回避し国力を回復しようとしたオスマン官人たちの努力の結果であった。たとえば、オスマン帝国のベルリン使節はオスマン帝国を七年戦争に引きずり込もうとするプロシアの説得に耳を傾けず、ロシアの挑発にのることもなかった。

この平和のあいだにオスマン帝国の中央政庁では戦争経験のない書記系官僚と宮廷官吏の台頭が著しく、オスマン帝国の文官支配が進んだ。大宰相にも文系官僚出身者が多く任命された。その一方で西洋的な兵器や軍事技術に関心は示されたものの、根本的な軍制改革には着手されなかった。弱体化する軍事的な空白を一時的に埋めたのは、地方に台頭した「アーヤーン」の私兵部隊であった。

アーヤーンは、通常、地方名士と訳される。バルカン、アナトリア、アラブ地域のいずれにおいても、十八世紀を通じ、オスマン帝国の官職制度を利用しながら官職をこえた影響力をもつにいたった地方有力者の成長が目立ってくる。アナトリアにおける彼らの台頭の契機は、徴税請負権の獲得と土地集積の二つであった。在地に顔のきく有力者は、終身徴税請負権をもつ中央のオスマン官人の下請負人としてしだいに一地方の徴税請負権を集積していった。彼らは、負債の担保に農民から奪った農地(法的には国有地)と新規に開墾した農地をあわせ、私的な農場(チフトリキ)経営を営む地主としても成長し、地方社会に地歩を築いた。アーヤーンの出自は下級の軍人や遊牧民の族長、宗教指導者などさまざまであるが、オスマン帝国の官僚体制の外側に育ち、のちに地方代官職(ミュテセッリム)などのオスマン帝国の官職をえている点で共通する。さまざまな役得をともなう官職授与を通じて、政府はアーヤーンを体制内に取り込んだが、アーヤーン側にとってもそれは自らの地位を確実にするための有効な手段であった。当初、アナトリアの各地に無数にいたと思われる地方有力者は、徴税請負制が広まった十七世紀以来の抗争・淘汰をへて、やがてアダナのコザンオール家、マニサのカラオスマンオール家、チョルムのチャパンオール家のように各地方に一大名家が残るにいたった。彼らは、家畜の飼育や市場向け作物の栽培を含む多角的な農業経営、金融、農作物の輸出を主とする外国交易など、複合的な経済基盤をもち、さらにその配下には、ボディーガード集団から成長した雑多な私兵軍をかかえていた。

十八世紀のオスマン帝国では、徴税権が官職者のあいだで公式(=俸給)または非公式(=終身請負権)に分配されていたが、その取り分の一部を獲得するかたちで地方有力者は台頭したといえる。これにより地方の富は一方的にイスタンブルに吸い上げられるのではなく、地方社会に残されることになった。トルコ系の地方有力者たちは、キャラバンサライなどのワクフ財と、そこからの収入で運営されるモスクなど宗教施設の建設を積極的におこない、蓄財の一部を積極的に地方社会へ還元した。それは彼らが名士として民衆の支持を集めるのに必要な投資でもあった。

政府の目からみた場合、オスマン帝国の徴税システムを蚕食し、さらに軍事力を備えるにいたったアーヤーンの成長は危険な動きであった。しかし、同時に在地のさまざまな利権に通じ、経済力をもつアーヤーンは有用な存在でもあった。それゆえ、政府は監視・介入する口実にこと欠かなかったにもかかわらず、十八世紀においては、当主の死亡時の財産没収や対外戦争への出兵の強制などで彼らの経済力を削るにとどまった。

ロシア戦役とキュチュック・カイナルジャ条約

十八世紀中葉のオスマン帝国の平和は、南下を試みるロシアの動きによって終わりを告げた。ポーランドの情勢に干渉し、ウクライナからドナウ川へと進軍したロシアにたいし、オスマン帝国は対外消極主義をすてることをよぎなくされ、一七六八年、戦争に突入した。しかし、三〇年のブランクをへて以前にも増して弛緩したオスマン軍は興隆するロシアの前に陸海で敗れ、一七七四年キュチュック・カイナルジャ条約の締結をよぎなくされた。この間、ギリシアのモレア半島ではギリシア人の蜂起が起こり、エーゲ海にはイギリスとロシアの連合艦隊が出現した。この戦争においてオスマン帝国は、物資の補給と兵力の両面で各地のアーヤーンの力に頼らざるをえなかった。

キュチュック・カイナルジャ条約により、オスマン帝国は十五世紀以来のクリミア・ハン国への宗主権を失い、ロシアの全オスマン帝国の正教徒住民にたいする保護権、さらには黒海でのロシア商船の活動が認められた。続く一七八三年にはロシアはクリミアを占領し、属国化する。こうした動きをオスマン帝国はなすすべもなく静観せざるをえなかった。

この事態に直面し、軍隊の再建の必要性は明白だった。それへの財源を確保するために徴税機構を改革することも避けられない課題であった。しかし、官職と徴税権が複雑に結びついた構造にメスをいれられるだけの指導力を、イスタンブルの中央政府はもちえなかった。なぜなら、中央政府そのものがその利権構造のうえに成り立っていたからである。オスマン帝国の官僚機構の特徴ともいえる官職者への徴税権の配分構造を改革し、国庫収入をふやし、スルタンが改革のイニシアティヴを発揮するまでには、さらなる犠牲が必要であった。すなわち、戦争での敗北という外圧、アラブ領やバルカン領における諸「民族」の離反運動という内圧、そして、改革派官僚を支持する既得権益をもたない中・下級の官僚層の成長を待って改革は着手された。改革のモデルとしては、十八世紀初頭以来の流れをくみ、ヨーロッパ諸国のものが採用されることになる。

次代をになう中・下級の官僚層や新しい兵力は、イスタンブルだけでなくアナトリアやバルカンのイスラーム教徒住民(その大半はトルコ人)のなかから供給された。こうして地方社会の有力者のみならず、オスマン帝国のイスタンブル政権もまたじょじょに「トルコ化」していくことになるのである。

第六章　オスマン帝国の改革

1　開明的専制君主の改革

セリム三世の改革

十八世紀後半以後、ロシアおよびオーストリアなどとのあいつぐ戦争に敗北して、ヨーロッパ諸国の軍事的・政治的圧迫にさらされたオスマン政府は、今や自らの軍事技術や統治機構がヨーロッパのそれに比べて立ち遅れていることを認識せざるをえなくなった。一方、帝国各地ではアーヤーン(地方名士)が勃興し、政府の中央集権支配に挑戦した。彼らは、地域の政治権力、徴税請負権、そして土地を掌握していた。十九世紀にはいると、アナトリアとバルカンの各地は、有力なアーヤーンによって、さながら分割「支配」される形勢となった。バルカン諸地域では、ギリシア人、ブルガリア人、セルビア人などの正教徒商人がヨーロッパ諸国との通商関係を拡大して民族意識に目覚め、自立への胎動をみせ始めていた。こうした内外からの圧迫に直面したオスマン政府は、改革をおこなって中央集権支配を回復し、かつ非ムスリム諸民族を帝国支配のもとにつなぎとめようとした。それはまた、帝国内のキリスト教徒の保護を口実とするヨーロッパ諸国の干渉をはねのける手段でもあった。

一七九二年にヤッシー条約を結んでクリミア半島をロシアに割譲せねばならなかったセリム三世(在位一七八九〜一八〇七)は、「ニザーミ・ジェディード(新秩序)」と総称される改革に着手した。フランス革命の影響をも受けたこの改革プランは、フランスから招かれた軍事顧問団に指導された同名の新軍団(兵力約二万人)の設置をはじめ、陸軍および海軍技術学校の開設、フランス語の戦術書・数学書の翻訳、近代的な軍需産業の創出などを含んでいた。また、ヨーロッパの情勢をキャッチするために、一七九三年にロンドン、九七年にはパリ、ベルリン、ウィーンに常駐大使が派遣された。

セリム三世は、改革を推進するために必要な資金を調達するため「ニザーミ・ジェディード財務局」を設置し、これまでアーヤーンの手に委ねられていた徴税請負権の一部を回収してこの財務局に移管し、また商人、官僚、アーヤーンの財産没収を積極的におこなった。だが、セリムの改革は既得権益を脅かされたイェニチェリ、守旧派官僚、ウラマー、ファナリオット(イスタンブルのフェネル地区に住むギリシア系金融家)、そしてアーヤーンなど広範な人々の反発を招いた。

この間、国際情勢も緊迫の度を強めていた。その発端は、ナポレオンが一七九八年に敢行したエジプトへの侵略であった。ナポレオンは、かつてオスマン帝国の軍事改革に顧問として参加することを志願したことがあるほど、フランスの地中海政策にとってのオスマン帝国の重要性をよく認識していた。フランス軍はさらにシリアへの侵攻を企てたが失敗し、エジプトから撤退することをよぎなくされた(一八〇一年十月）。エジプトではやがて、ムハンマド・アリーが勃興してオスマン帝国から自立する形勢をみせると、「エジプト問題」は深刻な国際問題に発展した。

一八〇四年にセルビア人が民族蜂起に立ち上がり、ボスニアやブルガリアでも反乱が起こると、これらの鎮圧をめぐってロシアが介入し、〇六年に露土戦争が勃発した（〜一二年）。バルカンにおける露土戦線の戦局は、アーヤーンたちの活躍により、むしろ有利に展開していた。しかし、セリム三世によって派遣されたニザーミ・ジェディード軍団が前線に向けて進軍すると、バルカンのアーヤーンたちはエディルネに集結して軍団の進軍を阻止する構えをみせた（一八〇六年六月）。この事態は、セリムの改革政治に反対する守旧派官僚たちに絶好の機会を与えた。彼らの扇動によってボスフォラス海峡警備兵が反乱して、改革の全面停止、シャリーア（イスラーム法）の施行、そしてセリム三世の退位を要求した。その結果、一八〇七年五月二十九日にセリムは廃位されてムスタファ四世が即位した（在位一八〇七〜〇八）。セリムの改革を支持する官僚たちはブルガリア北部の町ルセのアーヤーン、アレムダル・ムスタファ・パシャのもとに身をよせてセリムの復位と改革の続行とを要請した。アレムダルはただちにイスタンブルに上洛したが、時すでに遅くセリムは殺害されていた。アレムダルはムスタファ四世を斥け、セリム三世の甥で弱冠二十四歳のマフムト（二世）を推戴し、自らは大宰相の地位に座り、セリムの遺志を継ぐことを明らかにした。

アレムダルは、改革を推進するためにはアーヤーンたちの支持を取りつける必要があることを熟知していた。彼はアナトリアとバルカンの有力なアーヤーンたちをイスタンブル郊外に招聘し、スルタンとのあいだに「同盟の誓約《セネディ・イッティファク》」を署名させた（一八〇八年九月二十九日）。この文書は、アーヤーンがスルタンへの服従を誓い、租税と兵員の徴集、治安の維持などの国家的任務に協力するかわりに、スルタンは徴税請負権やチフトリキ(「私的大土地所有」)などアーヤーンたちの既得権益を認めることを約束したもので、スルタンによる専制支配を国是とするオスマン帝国史上において画期的な内容を含む文書である。アレムダルはニザーミ・ジェディード軍団にかわって「セグバーヌ・ジェディード」と名づけられた西洋式軍団を創設するなどの改革を続行した。だが、アーヤーンたちが軍勢をつれてそれぞれの故郷へ引き上げると、この機をうかがっていたイェニチェリは大宰相府を襲いアレムダルを殺害し、ふたたび保守派が政局を掌握した(一八〇八年十一月十四日)。

マフムト二世の改革と民衆の反発

アレムダルのいうがままに「同盟の誓約」に署名したマフムト二世(在位一八〇八〜三九)は、ブカレスト条約(一八一二年)によって露土戦争を終結させると、以後、決然たる態度をもって改革に乗り出すことになる。一八二一年に勃発したギリシア人蜂起の鎮圧にイェニチェリ軍団が無力であることを暴露した反面、エジプトのムハンマド・アリーが派遣した西洋式軍団「ジハーディヤ(聖戦軍)」が顕著な成功をおさめたことは、マフムトにイェニチェリ軍団の廃止を決意させた。マフムトは「エシキンジ」と名づけた西洋式軍団を編成する一方、イェニチェリ軍団にもこの新軍団への兵員の供出を要求した。これにイェニチェリ軍団が反対すると、マフムトは二六年六月十五日、軍団本部に集中砲火をあびせて潰滅的打撃を与えたのち、この軍団の廃止を宣言し、同時にこの軍団と深い関係にあったイスラーム神秘主義教団ベクタシュをも閉鎖させた。マフムトはただちに「ムスリム常勝軍」と名づけた軍団を編成した。ここにオスマン帝国の軍隊はほぼ完全に西洋化された。

イェニチェリ軍団の廃止は社会的・経済的観点からも大きな意味があった。それは、イェニチェリたちが今や商工民と一体化して都市の経済に重大な役割をはたし、付随的に軍団名簿に名を連ねる存在だったからである。このことはこの軍団が「ギルド」組織の特権と利益を擁護する武力的うしろだてだったことを意味する。したがってイェニチェリ軍団の廃止は、親方株数《ゲディキ》の限定、原料の確保、価格の統制《ナルフ》など「ギルド」に独占的な特権を与えて帝国内部での食料や原料の供給を優先する伝統的な「供給優先主義」経済政策にかわって、自由な商工業活動を保障する自由経済政策ともいえるものであった。しかし一方では、

マフムト2世

ムスリム常勝軍の設立は、その運営のために膨大な予算を必要としたために帝国の財政は逼迫《ひっぱく》した。そこでマフムト二世は財政再建のための方策として一八二八年以後エジプトのムハンマド・アリーにならって専売制度を実施して国庫の増収をはかった。

一八二七年にマフムトは帝国史上はじめてヨーロッパ諸国へ留学生を派遣した。三四年には一時停止されていたヨーロッパ諸国の在外公館を再開してヨーロッパ諸国との外交関係の緊密化をはかり、また陸軍士官

学校を開設した。そしてこれらの学校への準備過程として、イスタンブルに世俗的な教科課程をもつ初等学校（リュシュディエ）を開設した。これらの教育改革によってやがてヨーロッパの言語と知識を身につけた軍人や官僚層が育成され、彼らがイスラームの教育を受けたウラマーにとってかわる道が開かれた。

国政の中心は久しいあいだトプカプ宮殿を離れて大宰相府に移行していた。マフムト二世は、大宰相府のなかから外務・内務・財務の三省を独立させて大宰相府の権限を分散させた（一八三五〜三七年）。また、三六年に閣僚会議と最高軍事会議を、三七年には最高司法審議会議を設置するなど合議制に基づく法治国家への足場を築いた。社会改革の面では、三一年にはすでに完全に形骸化していたティマール制を全廃し、全国的な人口調査をおこなって徴税と徴兵のための基礎固めをし、さらにオスマン帝国最初の新聞である『官報』を発行した。三三年には従来のギリシア人にかわってトルコ人通訳官を養成するための翻訳局を設けた。この部局は、以後若いトルコ人にとって官僚として出世するための登竜門となった。三四年には郵便制度、検疫制度を採用するとともに、改革に必要な資金を確保するためにワクフ省を設置して、ワクフ（イスラーム信託財産）を国家管理のもとにおいた。これはワクフ財に基盤をもつウラマー層に大きな経済的打撃を与え、彼らの不満を助長させた。

中央における改革に平行してマフムト二世は地方知事の権力を削減するなどの地方行政機構の再編成や役人への俸給制を実施して財政面から彼らを中央政府に従属させた。続いてマフムト二世は念願のアーヤーン弾圧に乗り出した。しかし彼が、当時の歴史家の目からみても不法と思われる強引な手段でこれを実行したことは、イェニチェリ軍団やベクタシュ教団のような民衆に密着した組織を廃止あるいは閉鎖したこととあいまって、民衆のあいだに大きな不満を引き起こした。民衆はマフムト二世に「異教徒《ギャーブル》のスルタン」の異名を進呈して、その不満を表明した。一八二九年にアナトリアのエーゲ海沿岸地方一帯に、遊牧民出身でキャラヴァン・ルートの護衛や道案内を生業とするゼイベキたちの反乱が起こり、シャリーアに基づく公正な支配などを要求した。この反乱には少なからぬ数のウラマーや商工民も加わっていた。

東方問題の発生

マフムト二世の三〇年にわたる治世は、中央集権支配を回復し、つぎの時代への道を開いたと評価される反面、国際政治のうえでは重大な危機に直面した時代でもあった。その先端を切ったのは、一八一五年にふたたび起こったセルビア人の独立運動である。ナポレオン・ボナパルトが一二年のモスクワ遠征に失敗して没落したことは、ロシアにとって「ナポレオンの脅威」を取り除き、以後バルカンに勢力を傾けることを可能にしていた。二一年以後ギリシア人が本格的な独立運動を展開すると、ヨーロッパ諸国はこれに多大な関心をよせた。それはルネサンスや人文主義以来、古典ギリシア時代の言語・哲学・文学・神話に親しんできたヨーロッパ人の心性を刺激したからである。革命組織「フィリキ・エテリア」(本シリーズ『バルカン史』参照)のバルカン方面における活動はメッテルニヒの策謀によって一時停滞したが、その後運動がモレア(ペロポネソス)半島のギリシア人のあいだで息を吹き返したのは、当時北部ギリシアから南部アルバニア一帯を強力な支配のもとにおさめていたアーヤーン、テペデレンリ・アリー・パシャがマフムト二世の軍勢によって二二年に殺害されたのちのことである。

ギリシア人の独立運動はオスマン政府の援助要請を受けたムハンマド・アリーの軍によって一時鎮定されたかにみえたが、ヨーロッパ諸国はただちに干渉し、イギリス・フランス・ロシア連合艦隊はナヴァリノの海戦(一八二七年十月)でオスマン・エジプト艦隊を焼き払った。その結果、二九年にオスマン帝国とロシアのあいだで締結されたエディルネ条約でオスマン帝国はギリシアの独立を認め、それは翌年のロンドン議定書で国際的に承認された。このときセルビアも自治公国の地位を獲得した。

エジプトのムハンマド・アリーは、「ギリシア人反乱」の鎮定に協力したことを口実にシリアの行政権を要求してスルタンに拒否されると、息子のイブラーヒーム・パシャの率いる軍勢をシリアからさらにアナトリアへと侵攻させた。これにたいしてアナトリアのアーヤーンや民衆が事態を静観する態度をとったこともあって、エジプト軍はまたたくまに西アナトリアのキュタヒヤにまで達した。マフムト二世はやむなくロシアの支援を要請した。やがてロシア艦隊がボスフォラス海峡にあらわれ、英仏艦隊もまたエーゲ海沿岸のイズミル港の沖合に姿をみせると、エジプト軍はキュタヒヤ条約(一八三三年四月)を結んで、とりあえずアナトリアから撤退した。しかしムハンマド・アリーはシリアをあきらめたわけではなかった。オスマン帝国はロシアとのフンキャル＝イスケレスィ条約(同年七月)によってボスフォラス、ダーダネルス両海峡をロシア船に開放せねばならなかったが、これにたいしてヨーロッパでは反ロシアの気運が高まった。こうして「エジプト問題」は全ヨーロッパを巻き込む「東方問題」へと発展した。

こうした国際情勢のなかでエジプト問題を解決するためにヨーロッパで奔走していたのが、のちにタンズィマート改革を主導することになるムスタファ・レシト・パシャである。イスタンブルに生まれた彼は、義兄の「庇護」により若いころから役人の道を志し、ギリシアやエジプトで経験を積んだあと、一八三四年にパリ大使、そして三六年には外務大臣に就任した。この間に彼は、ヨーロッパの政治情勢、思想、そしてオスマン帝国にたいする見方などを学んだ。彼は、オスマン帝国の専売制廃止を要求してやまないイギリスとのあいだに通商条約(後述)を結ぶことによってエジプト問題でのイギリスの外交的支援をとりつけようとした。だが、シリアをめぐるスルタンとムハンマド・アリーの紛争はなお解決せず、三九年六月二十四日に北部シリアのニジプにおいてエジプト軍はふたたびオスマン軍を破った。この報がイスタンブルに届く直前にマフムト二世はこの世を去り(七月一日)、アブデュルメジトが即位した(在位一八三九～六一)。

2　タンズィマートとその社会

ギュルハネの勅令

新スルタン即位の報に接するとムスタファ・レシト・パシャは急遽イスタンブルに戻り、西洋列強、とくにイギリスとフランスのリベラルな世論の支持をえるべく、自らのイニシャティヴによって起草した改革の基本方針を、スルタンの「宸筆《しんぴつ》」という形式でトプカプ宮殿内のギュルハネ(バラの園)において文武の高官、ウラマー、外交団、そして民間の代表を前にして読み上げた(一八三九年十一月三日)。このいわゆる「ギュルハネ勅令」の骨子は以下のように整理できる。

ギュルハネ勅令の発布　トプカプ宮殿の裏庭「バラの園」でギュルハネ勅令を読み上げるムスタファ・レシト・パシャ(想像図)

(1)　わが国家(デヴレト)がこの一五〇年来衰退を続けてきたのはシャリーアとカーヌーン(行政法)が尊重されていないためである。

(2)　国家の繁栄を回復するためには新しい法律が施行される必要があるが、その原則は以下のとおりである。

(a)　全臣民の生命・名誉・財産の保障。これによって臣民の国家への忠誠心と祖国愛が生まれる。

(b)　国土防衛に必要な軍隊の財政的基礎は租税にある。専売制はすでに廃止されたが、いまなお存続し国庫に益をもたらさぬ徴税請負制は、これを廃止する。

(c)　今後は各地域の実情に応じて徴兵がおこなわれ、兵役期間も四~五年に定められる。

(3)　すべての被告は、法に照らして公平な裁判を受ける。なんびとも判決がでる前に処刑されることはない。

(4)　財産没収はおこなわない。

(5)　ムスリムと非ムスリムとを問わず、かくのごときスルタンの「お許し」は例外なく全臣民に適用される。(ムスリ

ムと非ムスリムの平等)

(6)　ほかの諸事項にかんしても意見の一致によって決定されることが必要であるため、最高司法審議会議は必要に応じて増員され、軍事にかんしては最高軍事会議で審議される。それぞれの会議で作成された法案は、スルタンの認可を受けるために上奏される。

(7)　これらの法は、ただただ宗教(ディーン)、国家、国土(ミュルク)、国民(ミッレト)を再生させるためのものであるから、スルタンはこれに反する行為をせぬことをアッラーの名にかけて宣誓する。ウラマーや高官も同様にせよ。法に違反した者は、その地位のいかんにかかわらず、発布されるべき刑法に従って処罰される。

(8)　今後官吏には俸給が支給されるので、収賄行為は法に照らして処罰される。

(9)　かくのごときスルタンの御意志は全臣民に告知され、イスタンブル駐在の友好国諸使節にたいしても公式に通告されるものとする。

この勅令の内容の一部はマフムト二世の改革によってすでに実現されている。スルタンの「御意志」が前面にでていることから立憲思想に裏づけられているとはいいがたいが、ムスリムと非ムスリムとを問わず全臣民の平等、そして生命・名誉・財産の安全保障が繰り返し述べられているところにはフランスの人権思想の影響をみてとることができる。また、スルタン自身が法に違反する行為をしないことを宣誓するという一文は、スルタンの権力のうえに「法の力」が存在することを認めている点で、今後おこなわれる改革が、法律に基づいて実施されるというタンズィマート時代の改革の精神を示唆している。とはいえ、勅令の文面ではこの「法」をさすことばであるシャリーアとカーヌーンが慎重に使い分けられており、シャリーアの専門家であるウラマーや保守的な人々を慰撫《いぶ》しようとする姿勢がみられる。新しい「法」はタンズィマートの中心的な組織となった最高司法審議会議をはじめとする各種の組織で立案されることになるが、そこでは、ヨーロッパ近代法とシャリーアとの均衡の維持がつねに重要な問題となった。

ジグザグに進行する改革

ギュルハネ勅令の発布に続いて、一八四〇年中に刑法の発布、人口調査、徴税請負制の廃止と徴税官の任命、州議会の設置、地方官の俸給制実施、賄賂の禁止などの改革がさっそく実施された。マフムト二世の時代に設置された最高司法審議会議が拡大・再編成され、これに準立法権を与えてヨーロッパ的な新しい官僚機構をコントロールするための近代的な法概念を浸透させた。しかし、財政面からみてもっとも重要な改革であるはずの徴税請負制はまもなく復活した。それは、この制度に利益をもつアーヤーン、ウラマー、少数民金融家、それに「キリスト教徒アーヤーン」ともいうべきキリスト教徒社会の名士(コジャバシス、チョルバジア)など多くの人々の反対に直面したこと、そしてなによりも実際に徴税を実行しうる役人が不足していたことによる。

この間に一八四〇年七月のロンドン四カ国条約に基づいてエジプト軍がシリアから撤退したことによってエジプト問題は一応解決した。しかし改革の約束が容易に実現しないことをみた、とくにバルカン諸民族の不満は大きかった。早くも四〇年から四一年にかけてブルガリアで大規模な反乱が起こった。そうしたなかで改革推進の大黒柱であるムスタファ・レシト・パシャが四一年三月末に外務大臣の職を解かれてパリ駐在大使として左遷されると改革は一時停滞した。

ムスタファ・レシト・パシャがようやく第一回目の大宰相に任命された一八四六年から四八年にかけて改革はふたたび勢いを増し、四六年に公務員法の制定、一般教育審議会議の設置(四七年文部省に改組)、四七年に商事と刑事を扱う混合裁判所の設置、農業学校の開設、四八年には師範学校の開設などの改革がおこなわれた。ムスタファ・レシト・パシャは、四八年に大宰相職から罷免されたが、その後も都合五回この地位に就くことになる。改革はそのたびごとにジグザグなコースをたどって進行した。こうした事実が示すように、改革派の力はまだ弱く、これまで長いあいだに蓄積された旧来の宮廷人、軍人、官僚層の壁は厚かった。しかも改革派の背後にはイギリスとフランス、保守派の背後にはオーストリアとロシアがつくといった構図が改革のゆくえをより一層複雑にしていた。ただし、これまで指摘されてきたように、改革は失敗に終わったと決めつけるのは早計である。激しい権力闘争や政治的危機にもかかわらず、タンズィマート期(一八三九～七六年)の長い時期を通じて、オスマン帝国は、前章でみたカプ・クルではなく、役人(メームール)を通じて統治される近代的な国家としての体裁を整えた。中央集権化された官僚機構と近代的な軍隊、そして「法の力」によって中央政府の影響力はしだいに地方社会に浸透し、オスマン帝国の改革路線は定着した。

タンズィマート前期の経済と社会

タンズィマートが開始されたこの時期はヨーロッパを中核とした資本主義経済が中東におよぶ時期と一致していたから、オスマン帝国の経済はしだいにそのもとに組み込まれていった。十八世紀なかば以後、産業革命の進展ともあいまって、十六世紀にヨーロッパ諸国に与えられたカピチュレーション(通商特権)をテコに、とりわけイギリス人商人が通商活動を拡大した。一八一五年にナポレオン戦争が終わって政治的安定がおとずれると、イギリスの工業生産は飛躍的に拡大しその販路を模索していた。二〇年代以後イギリスのオスマン帝国への輸出は急増した。その結果、蒸気船の寄港地であるエーゲ海沿岸のイズミルとサロニカ(現ギリシアのテッサロニキ)、地中海沿岸のアレクサンドリアとメルスィン、黒海沿岸のサムスンとトラブゾンといった港湾都市が、そしてバルカンではベオグラード、ヴィディン、ニコポル、ルセといったドナウ川沿岸の町が急速に発展した。これらの「港」を通じてイギリス製の綿糸、綿布、綿製品が持ち込まれ、その見返りとして生絹、綿花、羊毛、畜産品、アカネの根(赤色染料)、アヘン、ヴァロニア樫(皮なめしや染色の触媒)、干ぶどう、干いちじく、そしてのちにタバコ葉などの一次産品が輸出された。セリム三世とマフムト二世は、カピチュレーションでは禁止されていた居留地外での活動を始めたイギリス人商人との競合にさらされた土着の商人に特権を与えて彼らを保護する姿勢をみせた。

一方、マフムト二世が実施した専売制度はイギリス人商人の活動にとって大きな障害であった。彼らはさらに自由な活動を求めてオスマン政府を圧迫し始めた。おりから発生したエジプト問題が彼らに絶好のチャンスを与えた。こうして一八三八年の「オスマン帝国＝イギリス通商条約(バルタリマヌ条約)」が締結された。この条約はその後イギリスがアジア諸国と結ぶことになる一連の通商条約の雛形となった点で世界史上にも大きな意味をもっている。この条約はオスマン帝国におけるイギリス人商人の権利だけを定めた片務的な性格をもつ不平等条約である。条約の内容は、従来のカピチュレーションによってイギリス人商人が享受してきたすべての特権(領事裁判権など)の存続、専売制の廃止、帝国内全域でのイギリス商人の商業活動の自由、そして関税にかんしては輸出税一二%、輸入税三%、通過税三%と定められた。この関税率配置はイギリスが綿製品の輸出を第一義としていることを如実に示している。この条約の三カ月後にフランス、三九年にドイツ諸都市、四〇年にプロシア、ベルギーなど、そして四六年にはロシアが同様の条約を締結した結果、オスマン帝国市場はヨーロッパ資本主義のもとに開放された。このためかつて繁栄していた土着の産業は大きな打撃を受けて衰退し(その典型はテッサリア地方のアンベラキアの綿織物産業と、アンカラのモヘア産業)、またイェニチェリ軍団という保護者を失った「ギルド」組織が自由競争の波にさらされた。ただし、この条約の締結をめぐっては帝国内部でも賛否両論があり、条約の締結はイギリスによる一方的な押しつけだけとはいえない。

一八四〇年代以後、政府は莫大な費用を投じてイスタンブル郊外に軍需工業を中心に多数の国営工場を設立した。費用の多くは外国人技術者の給料や資材の購入費にあてられた。しかし、工場の採算はとれず、その多くは短期間に操業停止、そして閉鎖の道をたどった。結局この計画で利益をえたのは、外国人投機家やアルメニア人の金融家として名高いダディアン家などの利権屋だけであった。

国際貿易の拡大は帝国内の商人層にも大きな変化をおよぼした。外国語に堪能で、もともと地中海地域に商業ネットワークをもっていたギリシア人、アルメニア人、ユダヤ人などの非ムスリム商人は、通訳の名目で外国領事館の庇護を受けるなどの手段によって、ムスリム商人層に比べて有利な立場に立つことができた。彼らは在地の生産者とのコネクションをもっていたから、やがては外国人商人を駆逐する勢いさえみせた。「ギュルハネ勅令」で約束されたムスリムと非ムスリムとの平等原則は、そのこと自体ムスリム民衆にとっては咀嚼《そしゃく》しにくい問題であったが、ごく一部の存在とはいえ、非ムスリム商人の上昇がみられたことはムスリム民衆に屈折した思いをいだかせ、やがてムスリムと非ムスリムの対立を生む契機となった。ただし、この条約によってムスリム商人層が完全に駆逐されたと考えるのは早計である。帝国内部の都市と農村、あるいは地域と地域を結ぶ国内商業においてはムスリム商人がなお優勢であった。帝国の商業全体を射程にいれれば、国際貿易よりも国内商業が重要だったからである。また、ムスリム・非ムスリム商人のあいだではある程度の分業関係があったし、民衆の多くはなお共存していた面も忘れられてはならない。

クリミア戦争と一八五六年「改革勅令」

一八四八年に「ヨーロッパ革命」が起こり、まもなくそれにたいする反動の嵐が吹き荒れると、オーストリアやロシアで弾圧されたハンガリー人やポーランド人が大量にオスマン帝国に亡命した。これにたいしてロシアは彼らの引き渡しを要求したが、オスマン帝国はこれを拒絶してヨーロッパのリベラルな世論の支持を受けた。しかし五〇年、この「革命」に触発されたこともあって、北西ブルガリアのヴィディンで大規模な反乱が起こった。ヴィディン地方では十八世紀なかば以降ムスリム地主層が大きな力をもっていた。反乱の原因は、「ギュルハネ勅令」の「約束」に期待したブルガリア人農民が地主層に課せられていた強制労働などの「封建的義務」を拒否し、土地証文を要求したのにたいして、中央政府がバルカン支配の要《かなめ》であるムスリム地主層の「土地所有」と「封建的義務」に目をつぶらざるをえなかったからである。タンズィマート時代を通じてバルカン領土においてしばしば発生したこうした反乱は、やがて民族的・宗教的対立へと転化していった。

このころ、オスマン帝国内のギリシア正教徒の「庇護者」をもって自認するロシアがイェルサレムにおけるギリシア正教徒の権利拡張を要求してオスマン政府を圧迫していた。しかし外相ムスタファ・レシト・パシャはロシアの要求を拒否し(一八五三年五月)、カトリック教徒の権利を主張するナポレオン三世の支持を取りつけた。ロシアの地中海への進出を恐れるイギリスもまた、これに同調した。これにたいしてロシアは、ワラキアとモルドヴァに軍を進駐させ、ここにクリミア戦争が勃発した(五三年十月)。開戦後まもなくオスマン軍が敗北すると、イギリス、フランスとサルデーニャはただちに参戦し、ロシア軍はクリミア半島に退いた。ナイチンゲールの献身的な傷病兵看護で知られるこの戦争は、世界最初の悲惨な近代戦争となった。オスマン帝国にとって重要なことは、戦費の捻出に窮して五四年にはじめてイギリスに借款をしたことである。借款はその後約二〇年間に一七回にわたっておこなわれた。しかしそれによってえた資金は産業に投資されることは少なく、大部分は宮廷費や軍事費、そしてのちには借款の利子償却に費やされ、帝国財政を破産に導いた。

クリミア戦争の休戦を告げるパリ条約(一八五六年三月三十日)に先立って、イスタンブルでイギリス、フランスの総領事とオスマン政府との協議の結果、五六年二月に「改革勅令」が発布された。この勅令では、非ムスリム臣民のあらゆる公職への参加、信教の自由、非ムスリム共同体代表の権利の再規定、非ムスリムの公立学校への入学許可、各地方レヴェルの議会へのムスリムと非ムスリム共同体代表の選出方法の改善、非ムスリム代表の最高司法審議会議への参加、非ムスリムへの差別用語の禁止、非ムスリムの兵役義務(ただし代納金により免除)、非ムスリム共同体による学校の設立と独自なカリキュラム編成の承認(ただし教育会議の承認が必要)、混合裁判所での非ムスリム証人の容認など非ムスリムの政治的・社会的権利がきわめて明確に述べられている。それは一方では列強の要求であったが、他方では非ムスリム諸民族の共同体(ミッレト)内部での対立も激しく、これを調停する必要があったからである。勅令ではまた、外国人への不動産所有権の付与、国家予算の提示、銀行の設立、道路・運河の建設、そしてヨーロッパの教育や科学技術および資本の導入などヨーロッパ資本のための投資環境の整備を含む条項も具体的に述べられている。これらの条項はヨーロッパ経済が金融資本主義段階にはいった事実に対応している。この「改革勅令」を受けたパリ条約で黒海の自由化(ロシアの独占排除)を代償にオスマン帝国がヨーロッパ「共同体」の一員として認められたのはこうした背景があってのことである。

ふたたび改革が続行されるが、この時代はムスタファ・レシト・パシャの「庇護者」であるフアト・パシャとアーリー・パシャによって推進された。この時代の改革の中心は法律と教育の分野であった。一八五八年の新刑法と六一年の新商法はいずれもシャリーアとヨーロッパ近代法の均衡を模索したものであるが、それは、アフメト・ジェヴデト・パシャが中心となって編纂された『メジェッレ』（民法典、一八七〇〜七六年）によって一応の到達点に達した。一般的にみて、イスラームの法体系のなかでも時代の変遷に応じて変更しうる実定法的性格をもつ部分はヨーロッパの近代法を借用する部分が多かったが、宗教的規範にかかわる部分は伝統的性格が強く残された。教育の分野では、文官養成校（ミュルキエ、五九年）とガラタサライ高校《リセ》（メクテビ・スルターニー、六八年）の開設が重要である。これらの学校では、フランス語や世俗的な教育がなされるとともに、トルコ語が重要視された。ここでは、トルコ人、アルバニア人、アラブなどのムスリム子弟のみならず、ギリシア人、ブルガリア人、アルメニア人、ユダヤ人などの非ムスリム子弟も学んでいた。このためトルコ語とフランス語をよく知り、ヨーロッパ文化を身につけたコスモポリタンな性格をもつ官僚層が養成された。

タンズィマート後期の経済と社会

この分野で発布されたもっとも重要な法令は一八五八年の土地法である。法制史上この土地法は、その後の一連の改訂過程を通じて近代的私的土地所有権確立への一里塚となったと評価されている。六七年の改訂では外国人の土地所有さえ可能となった。しかし土地法の本来の目的は、国有地における国家の所有権と農民の用益権とを再確認し、国有地におけるアーヤーンのチフトリキなど、非合法的な土地所有を清算して農民を保護することであった。このため法令では農民の用益権を保障する土地証文を政府の役人が直接与えるべきことが繰り返し述べられている。しかし政府の意図は貫徹しなかった。拡大した官僚機構と軍隊に必要な経費を確保するために農産物からえられる租税収入の増大を最優先させねばならなかった政府は、現実に土地をおさえているアーヤーンの土地所有にしばしば目をつぶらざるをえなかったからである。すこしのちのことであるが、政府は八〇年に農民へ融資をするために農業銀行を設立した。銀行は数十年間にアナトリアだけで四〇〇の支店を開設したが、アーヤーンが農民を犠牲にしてそれを利用した。もっとも、この土地法の効果は地域の諸条件に応じて千差万別であった。アナトリアでは、ティマール制の遺制もあって小農民的土地保有が支配的であったから、この法令は小農民たちの市場向けの商品作物生産意欲を刺激した。これにたいしてバルカンではチフトリキを清算できず、それはむしろ発展した。北イラクではこの土地法がかえって大土地所有成立の契機となった。ずっとのちのことであるが、パレスティナでのユダヤ人の土地獲得にとってもこの法令がひとつの根拠となった。

一八六一年から六二年にかけて、ヨーロッパ諸国とのあいだに先に結ばれた通商条約の改訂がおこなわれた。それは、輸入関税を八％に引き上げるかわりに、輸出関税を八％に引き下げ、さらに毎年一％ずつ引き下げて七年後には一％としてこれを固定するというものである。この関税率配置はヨーロッパ諸国が工業製品の売り込みよりも、工業用原材料の輸入に比重を移したことを示している。その背景には、六一年にアメリカで勃発した南北戦争によって供給が止まった綿花の代替地として中東に目をつけたイギリスの要求があった。しかし同時に、帝国内でも農産物を輸出してその収益でヨーロッパの工業製品を買うべきであるという意見が大勢を占めたという事情もあった。このあらたな通商条約はイギリスばかりでなく、アメリカも含むヨーロッパ諸国とも結ばれた。この条約を締結したイギリスの矛先は主としてエジプトに向けられたが、アナトリアでもその影響は大きかった。イギリスが建設したイズミル＝アイドゥン鉄道およびイズミル＝カサバ鉄道(ともに六六年開通)によってエーゲ海沿岸地方産の綿花、タバコなどの農産物と畜産品がイズミル港から搬出された。

この時代にもっとも激しい社会変化を経験したのは、シリア国境に近いチュクロヴァ地方(中心都市はアダナ)であった。ここは地中海沿岸のメルスィン港の後背地にあたる広大な平原地帯であるが、久しいあいだ遊牧民の天下であった。政府は一八六五年から六六年にかけて「改革軍」と称する近代的軍隊を派遣して遊牧民を強制的に定住させ、これに従わぬ者をバルカンや西アナトリアへ追放した。その結果、チュクロヴァ地方は今日にいたるまでトルコ随一の綿花栽培地となった。しかしその過程で、遊牧民の族長に広大な土地が与えられ、部族民がその小作人となったため、部族制がらみの封建的な社会関係が定着した。さらに、中央アナトリアや東部アナトリアのクルド人が綿花の摘み取りのための季節労働者として働いた。また東部アナトリアに住む富裕なアルメニア人がアダナ近郊の肥沃な土地を買い占めて綿花農場を経営し、これら小作人や季節労働者を使役した。このため、アルメニア人とトルコ人やクルド人とのあいだにしばしば衝突が起こった。

一方、新条約における輸入関税の引き上げは政府が国内の産業を保護する姿勢を打ち出したことをも示している。政府は、一八六七年に「産業改革委員会」を設置して土着産業の振興につとめ、「ギルド」の特権的・独占的地位を部分的に回復しようとした。その効果はすぐにはあらわれなかったが、そこに植民地型経済構造を払拭しようとする政府の自立志向を読みとることができる。

一八六九年にファアト・パシャ、そして七一年にアーリー・パシャがあいついで没すると改革はふたたび停滞した。七三年にウィーンに始まった金融恐慌がヨーロッパ全体を覆う大不況をもたらすと、オスマン帝国の農産物価格が暴落し、その結果オスマン政府は七五年に外債利子の不払い(半額)を宣言して破産した。おりしも七四年から七五年にかけてバルカン半島は未曾有の不作にみまわれ、ヘルツェゴヴィナで大規模な農民反乱が勃発した。反乱はただちにボスニアからブルガリア(七六年「四月蜂起」〈新暦五月〉)へと拡大した。これらの反乱はマフムト二世以来の中央集権政策に端を発した中央政府とムスリム地主層との対立、そして、それにたいする列強の干渉などが複雑に入り組んで、やがてムスリムとキリスト教徒の宗教的・民族的対立に転化した結果である。反乱にたいしてオスマン帝国が厳しい弾圧を加えると、ヨーロッパ諸国では反オスマン世論が沸騰した。ロシアとイギリスの抗議に続いて、オーストリアがボスニア＝ヘルツェゴヴィナにおける信仰の自由を勧告する覚書をオスマン帝国を含む各国に通告するなど国際情勢は大きく揺れ動き、それはやがて露土戦争へと発展した。

3　アブデュルハミト二世の専制政治

第一次立憲制とその挫折

一八六〇年代以後、「新オスマン人」と呼ばれた若い知識人たちがスルタン、アブデュルアズィーズ(在位一八六一～七六)の浪費と専制、列強の干渉、関税自主権の喪失による民衆の経済的苦境などを批判し始めていた。その先頭に立ったのはナムク・ケマルである。ウラマーの息子ではあるが、フランス語を学んで翻訳局員となった彼はフランスの啓蒙思想に鼓舞されて反専制の立場から立憲制を主張していた。彼の思想は帝国内の諸民族をオスマン「国家」の「国民」として一体化させようとする「オスマン主義」であった。この思想の萌芽はすでに「ギュルハネ勅令」にみられたものである。しかし、タンズィマート改革の行く末をまのあたりにしていたケマルの「オスマン主義」はただたんにムスリムと非ムスリムとの平等を謳《うた》う素朴なものではありえず、トルコ語とイスラームの信仰を軸にムスリム優位のうえにオスマン帝国の一体性を保持しようとする愛国主義的で、プロト・ナショナリズムの色彩をおびていた。「新オスマン人」運動は六五年に発布された出版条例によって弾圧されると、六七年に活動の拠点をパリに移した。

アブデュルハミト２世

一八七〇年以後オスマン帝国財政が破産状態になると、反専制運動はふたたび盛り上がり、イスタンブルでは保守的な神学生《ソフタ》までが参加してアブデュルアズィーズの退位を要求するデモが繰り広げられた。その結果、アブデュルアズィーズは退位をよぎなくされ、かわってムラト五世が即位したが、政情はおさまらず、アブデュルアズィーズの自殺、ムラト五世の廃位と政局はなお流動的であった。こうしたなかであらたに即位したのはアブデュルハミト二世(在位一八七六〜一九〇九)であった。彼は世論が今や立憲制に傾いているのを察知して、「新オスマン人」運動のリーダー格であるミドハト・パシャと会見した際に立憲制支持を表明してスルタン位を手にいれたのである。ミドハト・パシャはバグダード州とドナウ州知事時代に改革に成功して名声を博した人物である。やがて大宰相に任命されたミドハト・パシャは、ナムク・ケマルらとともに憲法草案の作成に着手した。しかし、今やスルタンとなったアブデュルハミトは責任内閣制など自らの権力を制限するあらゆる条項に反対する一方、「スルタンは国家の安全を脅かすと判断された人物を追放処分にする権利を有する」という条項(第一一三条)を挿入させることに成功した。ナムク・ケマルはこの条項の挿入に強く反対したが、憲法発布を急ぐミドハト・パシャがスルタンの主張を認めたのである。一八七六年十二月二十三日、全一一九条からなるオスマン帝国最初の憲法(いわゆる「ミドハト憲法」)が発布された。

こうして第一次立憲制の幕が切って落とされた。この憲法はフランス、ベルギー、イギリスの憲法を参照したもので、「ギュルハネ勅令」と「改革勅令」の流れをくむものであった。しかしこの憲法では、オスマン帝国がシャリーアに立脚した国家であり、スルタンはカリフとしての属性をもち不可侵であるという性格がむしろ強くでており、「新オスマン人」運動の当初の目的からすれば大幅に後退した内容であった。アブデュルハミト二世は、皮肉にも第一一三条をたてにミドハト・パシャを追放(一八七七年二月)し、八一年にアブデュルアズィーズの廃位を工作したとの口実でアラビア半島のターイフの刑務所に彼を幽閉しのちに処刑した(八四年)。

一八七七年三月、帝国議会が召集された。これはスルタンの任命による上院と帝国各州から人口に応じた比例代表制によって選出された議員による下院とからなっていた。露土戦争のさなかに展開された下院議会での議論は、地方役人の不正や地方議会への中央政府の干渉にたいする批判に始まって、政府高官の汚職、そして借款をめぐる特権的な金融業者とアブデュルハミト二世の癒着を糾弾し始めた。とくにそれが非ムスリムや非トルコ系議員からさかんに論議されると、それは帝国解体の危機をはらんだものとなった。ここにいたってアブデュルハミト二世は憲法に盛り込まれたスルタンの「大権」を発動して憲法を停止し、議会の閉鎖を命じた(一八七八年二月)。ここに史上に名だたる三〇年におよぶ専制政治が始まった。専制政治はオスマン帝国から利権を引き出そうとする列強にとっても、やっかいな存在である議会を相手にするよりは、よほど都合のよいものであった。

アブデュルハミト二世の専制政治

露土戦争はロシアの圧倒的な勝利に終わり、戦争末期にはロシア軍はイスタンブル郊外にまで達した。そこで締結されたサン・ステファノ条約(一八七八年三月三日)は、東ルメリアとマケドニアを含む大ブルガリア公国の設立、東アナトリアの一部のロシアへの割譲など、ロシアにとってきわめて有利な内容であった。このためビスマルクの仲介で、列強の利害を改めて調整するためにベルリン会議が開催された。その結果締結されたベルリン条約(七八年七月)でサン・ステファノ条約は廃棄され、大ブルガリア公国は三分されて東ルメリアとマケドニア、それにロシアに割譲されるはずだった東アナトリアの一部がオスマン帝国に返還された。その代償として列強はマケドニアと、アルメニア人の多く住む東アナトリアとにおけ

サン・ステファノ条約とベルリン条約

るキリスト教徒に有利な改革を要求した。これらの要求はマケドニアをめぐるバルカン諸民族の抗争とゲリラ活動を激化させ、また帝国内のアルメニア人を刺激した。条約ではまた、オーストリア＝ハンガリー帝国によるボスニア＝ヘルツェゴヴィナの軍事占領が認められた。この間にイギリスが東アナトリアの返還に協力したことを口実にキプロス島を併合した(七八年四月)。その後、フランスによるチュニジア占領(八一年)、東ルメリア反乱(八五年)、クレタ島反乱(九六年)とそれに続くギリシアとの戦争(九七年)などオスマン帝国は未曾有の政治的危機にみまわれた。

こうした事態に直面して、アブデュルハミト二世はドイツに接近することによって列強の勢力均衡を利用する政策を打ち出す一方で、パン＝イスラーム主義を標榜して帝国内の非トルコ系ムスリムの忠誠と国外のムスリム諸民族の政治的・財政的支援とを確保しようとした。パン＝イスラーム主義はアフガン人のジャマール・アッディーン・アル・アフガーニーが提唱したイスラーム改革主義思想で、エジプトやイランでの反帝国主義運動のイデオロギーとなった。アブデュルハミト二世はカリフとしての地位を強調して、オスマン帝国の延命をはかる「オスマン主義」にこれを換骨奪胎したのである。アフガーニーはアブデュルハミト二世に招かれてイスタンブルへきたのち宮廷の対立に巻き込まれて幽閉され、病死した。アブデュルハミト二世のパン＝イスラーム主義は国内外のムスリムによって予想以上の支持を受けた。少し先のことであるが、ムスリムの聖地メッカとダマスクスを結ぶヒジャーズ鉄道建設(一九〇八年開通)のための資金が募集されると、世界各地のムスリムはこぞって寄付をよせた。この事実は、列強の植民地支配のもとにおかれていたアジア・アフリカ各地のムスリム諸民族がオスマン帝国に大きな期待をよせていたことを物語っている。

アブデュルハミト二世は政治の中心をユルドゥズ宮殿に移して、ここにアルバニア人やアラブ遊牧民兵を駐屯させ、また厳しい言論統制と全国に張りめぐらせた諜報組織とによって専制体制を固めた。鉄道、電信、郵便といったコミュニケーションの発達と巨大な官僚機構とがこれを支えた。専制を長期にわたって維持するためには莫大な資金が必要であった。そのために彼は「特別財務局《ハズィーネ・イ・ハーッサ》」を設置して広大な所有地からの収入のほか、油田と鉱山の採掘、鉄道敷設、河川運輸、船舶の就航などの利権の供与による収入と、港湾と埠頭の使用料による収入とをこの財務局を通じて管理させた。管理を任されたのは、ギリシアの独立によって本国へ移住したファナリオットにかわって帝国の金融界を掌握していたアゴップ・パシャらアルメニア人金融家であった。

専制支配下の経済と社会

列強はベルリン会議でオスマン帝国の財政再建について話し合い、その結果、一八八一年の「ムハッレム勅令」に基づいてイスタンブルに「オスマン債務管理委員会」が設立された。この組織はイギリスの世界的銀行家ゴッシェンの指導下にイギリス、フランス、ドイツ、イタリア、オランダ、オーストリア＝ハンガリーの債権国と「オスマン帝国銀行」（五六年設立、六三年フランス資本導入）の代表七人からなる「委員会」のもとに五〇〇〇人以上のスタッフを擁し、政府の指定した「六税」と呼ばれた各種租税の徴収権を与えられた。政府はその円滑な遂行のために軍隊を出動させることを約束させられた。

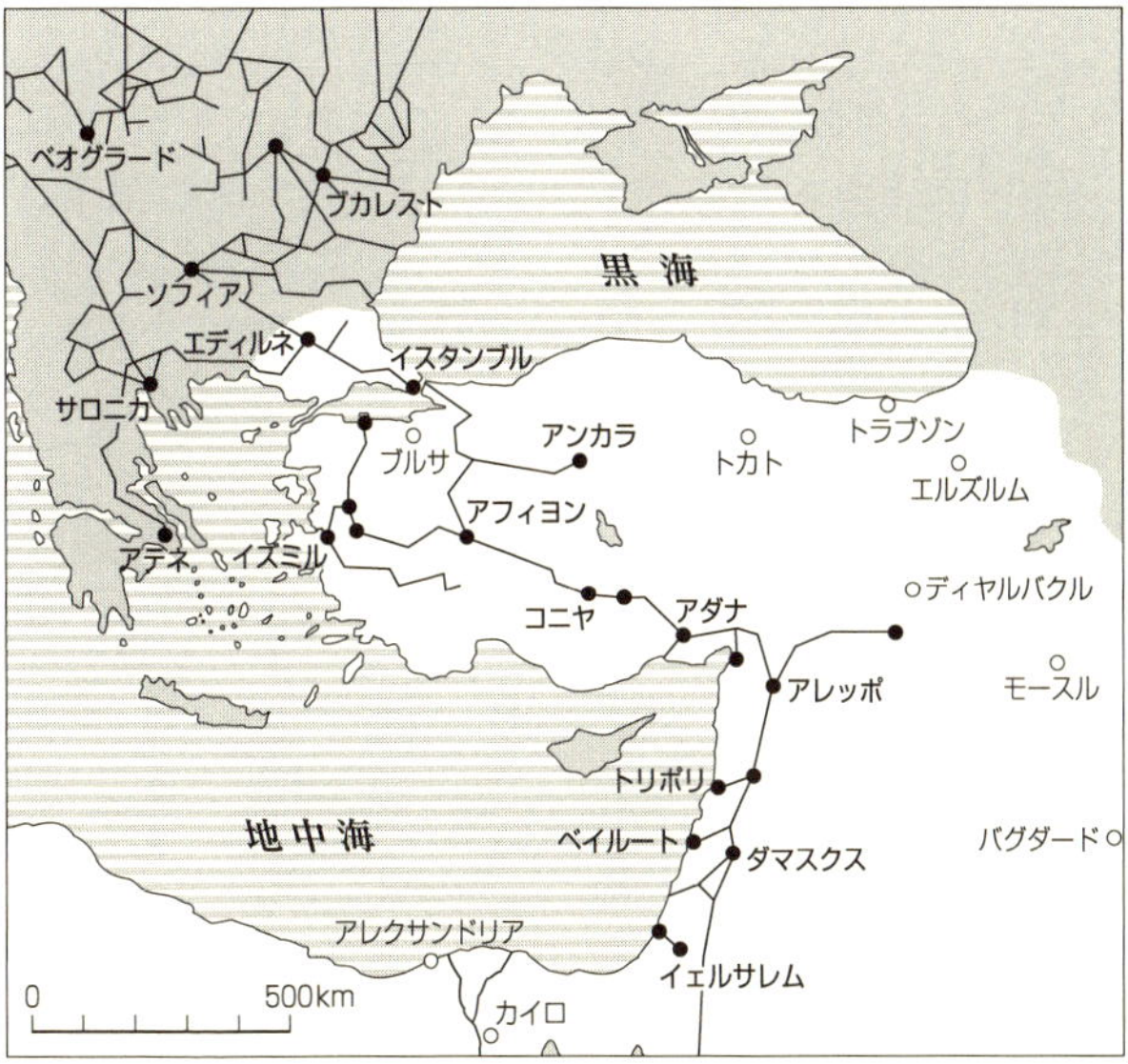

鉄道網の拡大
(1914年頃)

タンズィマート期を通じて肥大化した官僚機構と軍隊の給与支払いに加えて、帝国のもっとも豊かな領土であったバルカン諸地域をはじめ、失われた旧領土から引き上げてきた大量のムスリム・トルコ系の移民をも養育せねばならなかった帝国財政はふたたび危機をむかえた。クリミア戦争以後、クリミア・タタール(約一四万人)をはじめおよそ四〇〇万人が流入したと推定されている。一八八六年以後ふたたび借款が復活し、「オスマン帝国銀行」、ドイツ銀行、ロスチャイルド商会などがこれを仲介した。「オスマン債務管理委員会」の設立によってオスマン帝国への資本輸出が活発になり、鉄道、鉱山、船舶、それに電気・都市ガス・水道・市電などの公共事業への投資が「オスマン債務管理委員会」を足場に展開された。これまでのイギリスとフランスに加えてドイツとイタリアなどの新顔が登場していた。ドイツに接近し

	水　道	電　気	都市ガス	市　電
イスタンブル	1882年	1910年	1888年	1889年
イズミル	1893	1905	1862	1885
サロニカ	1891	1905	——	1892
ベイルート	1909	1908	1887	1909

オスマン帝国の主要都市における公共施設敷設年次

たアブデュルハミト二世はクルップ商会(その筆頭株主は皇帝ヴィルヘルム二世)を通じて大量の兵器を注文した。

このようにアブデュルハミト二世時代は、「オスマン債務管理委員会」による財政支配とそれを足場とした資本投資の時代であったが、その中核となったのは鉄道建設である。すでに一八六〇年代以後アナトリアとバルカン各地に鉄道が敷設され、また八八年には東方鉄道(いわゆるオリエント急行)がウィーン—イスタンブル間に開通していたが、この時代の最大の話題はバグダード鉄道である。八八年にイズミル—アンカラ間の鉄道敷設権を獲得(九二年開通)して「アナトリア鉄道会社」を設立したドイツは、一九〇三年にバグダード鉄道敷設の最終的認可を取りつけて建設を進めた。しかし、これによってインドへの道を脅かされたイギリス、地中海への出口を求めるロシア、シリアに重大な利害をもつフランス、そして新興国アメリカをも含んだ列強が干渉したため、鉄道建設問題は第一次世界大戦前における国際問題の焦点となった。経済的観点からみた場合、この鉄道建設はドイツを中心としてはいるものの、実態は多国籍の金融シンジケートによる投資であった。しかし、それは列強や国際資本の一方的な要求だけによるわけではない。鉄道の敷設によって兵士、食料、兵器の大量輸送を可能にして帝国全域に中央集権支配を貫徹し、かつ徴税の能率をあげようとするアブデュルハミト二世の思惑もあった。

	計　量	1897／98	1909／10	1913／14	1914／15	増　加　率 (1897～1913) 1897＝100
小　　麦	100キレ	126	140	169	232	134
大　　麦	〃	79	113	106	111	134
トウモロコシ	〃	13	20	19	19	146
タ　バ　コ	1000トン	15.3	21.4	49.0	41.3	320
綿　花(アダナ)	1000バリヤ	30	76	120	135	400
干ぶどう	1000トン	36.0	54.6	69.0	60.8	192
ヘーゼルナッツ	〃	22.0	28.0	51.2	51.8	233
干いちじく	〃	15.1	22.0	32.0	17.6	212
ま　ゆ(ブルサ)	〃	4.21	7.71	6.82	3.07	162
モヘア山羊毛	〃	16.1	12.3	15.8		98
オリーヴ油	〃	14.1	10.7	7.0		50

商品作物生産の増加

アナトリアおよびバグダード鉄道の敷設によって中央アナトリアのコニヤ平原など沿線の農産物の市場化が進んだ。表にみるように、とりわけ当時のヨーロッパで需要の高かった綿花、タバコ、ヘーゼルナッツ、干ぶどう、干いちじくのような農産物の輸出増加が著しかった。しかし、鉄道の経営そのものは期待された収益をあげることができなかった。鉄道を「誘致」したオスマン政府は鉄道の敷設に際して一キロにつき一定の保証金を支払わねばならなかったため、鉄道の敷設はかえって政府の財政を圧迫した。保証金の支払いはそのための担保として示されたアーシャール税(農産物から徴収される)収入によったから、政府は請負制を導入して徴税を強化した。結局、鉄道敷設のつけは農民の肩に転化されたのである。

こうした事態にたいして民衆の側からの抵抗がみられたのは当然である。外国人や非ムスリム少数民の経営する工場の焼き討ち、彼らに土地を奪われた農民による土地の占拠が散発的にみられたが、もっとも大規模だったのは、

バグダード鉄道の風刺画　鉄道利権のうえにあぐらをかくヴィルヘルム２世

「オスマン帝国銀行」およびウィーンとベルリンの金融会社の合同資本によって設立された「タバコ専売公社」にたいするものだった。公社は「オスマン債務管理委員会」の収入の最大部門で、それはこの公社がタバコ葉の買い付け価格を低額に固定して莫大な利益をあげたためである。しかし、そのため密売人が横行し、これを取り締まる公社の取締官とのあいだにたびたび武力衝突が起こって多くの死傷者をだした。こうした犠牲のうえにトルコのタバコ葉は国際的にその名を知られていった。西アナトリア一帯では、一八二九年の反乱以後匪賊化したゼイベキたちが活動していたが、民衆は彼らのリーダーである「エフェ」を、その実体とは別に、義賊としてとらえたから多くの英雄譚が生まれた。

知識人のあいだでは、国際経済のなかにおけるオスマン経済のあり方をめぐって、自由経済主義か保護主義か、いずれを採用するべきか真剣な論争が展開されたが、実効はともなわなかった。一八六七年の「産業改革委員会」の設置による政府の保護政策もあって、「ギルド」は彼らの特権を保持し、これをさらに拡大しようとして政府に圧力をかけた。十九世紀末までに親方株の保有は手工業を遂行するための権利となった。

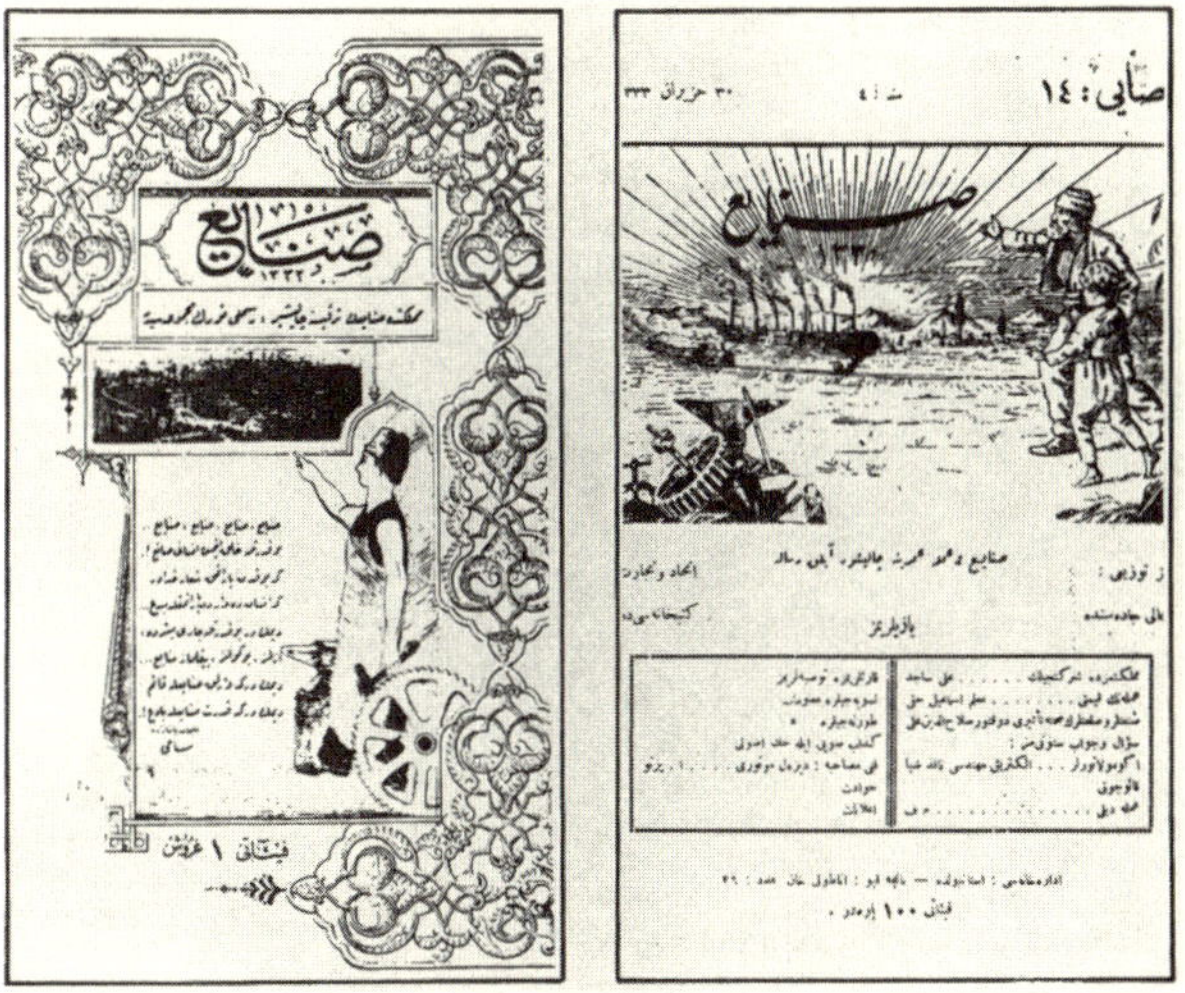

工業化を称えるポスター　工業化に「トルコ」の将来を夢みたジャーナリズムの期待は裏切られた。

　だが、それ以上に注目すべきことは、押しよせるヨーロッパ工業製品にたいする商工民の対応の仕方である。それは、輸入された糸や布を合成染料で染めることによって安い製品をつくる、あるいはヨーロッパ製品のイミテーションを安くつくる、あるいはまた新しいファッションやスタイルを開発するといった方法である。つまり、外国資本による大規模な工場の出現やヨーロッパ商品の流入によって小規模な手工業がまったく衰えてしまったわけではなく、一時期打撃を受けたが、ある種の産業部門はむしろ拡大したのである。これはヨーロッパ経済の浸透に直面して帝国内部で調整のダイナミズムが作用したことを示している。さらには輸出向けの手工業さえ存在した。その筆頭は絨毯生産である。たとえばウシャク、クラ、ギョルデス、デミルジといった伝統的な絨毯生産で知られた西アナトリアの町では遊牧民によって絨毯が織られ、「イズミルの絨毯」として輸出されてヨーロッパやアメリカの中産階級や労働者の家庭で使われた。このように、一八七〇年代以後における地域産業のリヴァイヴァルには顕著なものがあり、イスタンブルの靴生産を例外とすれば、その多くは繊維部門であった。ただし、タンズィマート以来の官僚機構と軍隊の膨張がムスリム労働力の多くをこの部門に吸収させ、非ムスリムが財政と国際商業に活路をみいだすという経済分野におけるある種のエスニック・パターンを生み出したことも否定できない。

西洋文化の浸透

アブデュルハミト二世の専制政治は、そのパン゠イスラーム主義がイメージさせるような、西洋的なものをいっさい排除しようとする性質のものではなかった。西洋化の視点に立つかぎり、セリム三世、マフムト二世、アブデュルメジド、アブデュルアズィーズ、アブデュルハミト二世はすべて同一線上にならぶ。西洋化の伝統を大衆的基盤のうえに確立するという点からすれば、軍配はむしろアブデュルハミトに上がる。そこで、セリム三世以来の西洋化がもたらした文化状況を簡単に総括しておこう。

文学やジャーナリズムの分野では、古典的な宮廷文学にかわって、イスタンブルの中産階級の日常語に近い「言文一致体」を旨とする散文、小説、戯曲を中心とした「タンズィマート文学」運動(一八六〇～九五年)が新聞・ジャーナリズムと連携しつつ展開された。その主要なテーマはヨーロッパの政治思想、社会思想、そして人間観である。「タンズィマート文学」の鼻祖であるイブラヒム・シナースィーは、ムスタファ・レシト・パシャの推薦でパリに留学してラマルティーヌと親交をもつなど、文字どおりタンズィマートの申し子であった。帰国後、中央アナトリアのアーヤーン家系出身のアーギャーフ・エフェンディと一緒にトルコ最初の民間新聞『諸情勢の翻訳者』紙を発行し(六〇年)、のちに独力で『世論の注釈』紙を刊行して(六二年)ジャーナリズムの分野を確立した。文学者としてのシナースィは自由恋愛を謳歌した戯曲『詩人の結婚』を著わした。彼が先鞭をつけた「言文一致体」文学はオメル・セイフェッティンによって確立された。西洋文学の翻訳もまたさかんにおこなわれた。ナムク・ケマルにはラマルティーヌ、モンテスキュー、ルソー、コンドルセなどからの翻訳がある。アブデュルハミト二世時代になると、より大衆的なアフメト・ミドハト、エブッズィヤー・テヴフィク、テヴフィク・フィクレットらによって大衆的な新聞、雑誌、小説が数多く出版された。

オペラの作曲家として世界的に有名なイタリアのガエターノ・ドニゼッティの兄ジョゼッペはマフムト二世の招聘で一八二八年にイスタンブルにきて二八年間滞在しそこで死去した。この間に彼は、イェニチェリの「軍楽隊(メフテル)」にかわって設立された「帝室音楽院」を指導してドニゼッティ・パシャと呼ばれた。五九年にはドルマバフチェ宮殿に西洋風の劇場がつくられ、アブデュルメジド、アブデュルアズィーズ、アブデュルハミト二世らが観劇を楽しんだ。イスタンブル市街にはこれに先立って四〇年に「ナウム劇場」、四八年に「オスマン帝国劇場」がベイオール地区につくられた。改宗したブルガリア人の孫で、大宰相職の経験もあるアフメト・ヴェフィク・パシャはブルサ知事時代に、この町に西洋風の劇場を建設した(六九〜七二年)ことで知られる。彼はモリエールの作品のほとんどすべてを翻訳した。これらの劇場ではアレクサンドル・デュマの『モンテ゠クリスト伯』、シェイクスピアの『オセロ』『ロミオとジュリエット』、シラーの『ウィリアム・テル』、大衆的なものでは『シャーロック・ホームズ』や『アルセーヌ・ルパン』などが人気を博し、これら演劇界ではアルメニア人俳優が活躍した。イスタンブルやイズミルのようなヨーロッパに開かれた都市の繁華街ではヨーロッパ風の商会、映画館、劇場、居酒屋が建ち並び、そこにはオリエント急行や蒸気船が運んできた最新のパリ・モードに身を包んだ上流階級の人々が出入りしていた。

4 「青年トルコ人」革命

革命への道程

十九世紀末になると、列強はベルリン会議で約束された「マケドニアの改革」(その実は分割)をアナトリアにおけるバグダード鉄道やモースルの油田の利権を獲得するための「圧力」として利用し、それがバルカン諸民族、とくにブルガリア人のゲリラ活動を活発化させていた。「マケドニア」はバルカン最大の貿易港であるサロニカの後背地に位置する綿花とタバコの生産地であり、サロニカはかつては綿織物の重要な輸出港であった。ただし、オスマン帝国には「マケドニア」という地名もなければ、行政区分も存在しない。オスマン帝国の行政区分でいえば、ここはサロニカ、マナストゥル、コソヴォの三州に相当する。つまり、「マケドニア」とは列強がかってに命名したもので、ここはトルコ人、ギリシア人、ブルガリア人、セルビア人などが長いあいだ共存していた地域であった。しかし、十九世紀以後の改革の波のなかではじめて、これら諸民族のあいだに対立が生じ、「マケドニア問題」が発生したのである。国内ではギリシア人にかわって発言力を増していたアルメニア人のあいだに「フンチャック」(一八八七年)、「ダシナクツトューン」(九〇年)などの革命組織が成立し、九四年には東部アナトリアのサスーンでアルメニア人とクルド人の大規模な衝突が起きた。九六年にはイスタンブルでアルメニア人革命組織による「オスマン帝国銀行」占拠事件が、そして一九〇五年にはアブデュルハミト二世の暗殺未遂事件が起こった。老齢化して猜疑心の強くなったスルタンは、ユルドゥズ宮殿に閉じこもり、諜報組織を使って批判勢力の弾圧にやっきとなった。

一八八九年に帝国軍医学校のアルバニア人学生イブラヒム・テモら四人の学生によって秘密結社が組織された。これがのちの「統一と進歩委員会」の母体である。当時の軍医学校や士官学校の生徒は、「新オスマン人」のような体制内の不満分子とは違って、あらたに台頭してきた階層に属していた。それはタンズィマート以来の世俗教育の普及によって、小学校から大学にいたるまでの種々の学校で新しい知識を吸収した人々がしだいに社会の下層に向かって広がっていったからである。したがって、この時期における彼らの運動目標はたんなる専制打倒や憲法復活にとどまらない、より革命的な思想が含まれていたと思われる。しかし、組織が拡大するにつれて、ロシアからの亡命トルコ人、クルド人、チェルケス人、アルメニア人、アラブなど多様な人々とともに、オスマン王家の一員やエジプトの王族、高級官僚も参加するようになると、運動はたんなる専制打倒と憲法復活をめざすものへと後退していった。九七年の弾圧により、運動がパリに活動の中心を移すと、彼らの運動は当時ヨーロッパで活動していた「青年イタリア人」になぞらえて「青年トルコ人」と呼ばれた。したがって、この呼称は「統一と進歩委員会」のメンバーに限らず、オスマン帝国において反専制運動をしていたすべての人をさす総称である。

一九〇二年二月四日にパリで第一回「青年トルコ人」会議が開催された。会議では、アフメト・ルザーの主導する中央集権派とプレンス・サバハッティンの率いる地方分権派との対立が表面化した。両派のプログラムによると、中央集権派は外国の干渉排除、専制政治の打倒と憲法の復活、オスマン王家のカリフ位の強化、そして改革がムスリム・トルコ人主導のもとにおこなわれるべきことを主張している。これにたいして地方分権派は、帝国内諸民族の融和を重視して、地方自治に基づく具体的な改革プランを提示している。このように両派の主張は大きく異なる。両派に共通な意識は「この国家はいかにして救われるか」のただ一点であった。

一九〇五年以後、日露戦争における日本の「勝利」、ロシアでの革命、イランでの立憲運動が「青年トルコ人」にインパクトを与えると、ブルガリア人などのゲリラ組織と戦っていたサロニカのオスマン帝国第三軍に所属する陸軍士官学校出の青年将校たちのあいだに運動が浸透した。〇六年九月にサロニカの郵便局員タラートらが「オスマン自由委員会」を設立した。この組織はエディルネの第二軍を含むマケドニア各地の軍人たちのあいだに広まった。そこにはエンヴェル(のち陸軍大臣)、イスメト(イノニュ、のち共和国第二代大統領)、カラベキルなどこの国の将来を担うことになる若い軍人たちの姿があった。〇七年十月には、ダマスクスで「祖国と自由」(〇六年)を組織していたムスタファ・ケマル(アタテュルク、のち共和国初代大統領)もサロニカへ配属されてこの隊伍に加わった。やがてアフメト・ルザーが代表する「進歩と統一」がサロニカへ進出すると、両者は合併して「オスマン進歩と統一委員会」が成立した。これはパリに本部をもつ「統一と進歩委員会」の帝国内部における「本部」であった。こうして「青年トルコ人」運動は陸軍士官学校出の青年将校を中心とする軍人の組織へと変質していった。

一九〇七年十二月二十七日にアフメト・ルザー、プレンス・サバハッティン、それに「ダシナクツトューン」のマルミヤンを議長団として第二回「青年トルコ人」会議が開催され、外国による干渉の断固排除などを決議した。それというのも、同年九月十五日にオーストリア＝ハンガリーとロシアが「マケドニアの改革にかんする覚書」を、そして十二月十八日にはイギリスが列強によってマケドニアに派遣されてい

「青年トルコ人」革命の成就を祝うポスター
左がエンヴェル(パシャ)，右がニヤーズィ・ベイ。オスマン・トルコ語，ギリシア語，アルメリア語で「祖国を専制から救った英雄たち」と書かれている。

た憲兵隊(ジャンダルマ)を増強すべきことを提案していたからである。〇八年三月三日、イギリスはさらに「マケドニア三州」にムスリムないしキリスト教徒知事の任命を要求する覚書を公表した。これが「統一と進歩委員会」のパリ本部からサロニカ「本部」に伝えられた。この知らせは、給与の不払いや遅延による不安にさらされていただけでなく、列強の憲兵隊に比べて自分たちの服装や装備が貧弱であることにコンプレックスを感じていた青年将校たちの危機感をあおった。しかしその彼らでさえ、徴兵されて実戦経験の豊富な「連隊あがり(アライル)」の特務将校からみれば、「学校出(メクテプリ)」のエリートであった。

一九〇八年六月九日にロシアのニコライ二世とイギリス国王がレヴァル(現エストニアのタリン)で会見してオスマン帝国の分割について話し合ったという情報が流れた。この情報は「統一と進歩委員会」をついに直接行動に立ち上がらせることになった。七月三日にレスネのニヤーズィとティクヴェシュ方面にいたエンヴェルが兵士たちを引き連れて山に登った。これはサロニカ「本部」の了承なしにおこなわれた行動であったが、彼らの行動は民衆によって「自由の英雄」と讃えられた。七月二十三日にマナストゥルの「統一と進歩委員会」が立憲制を宣言し、同日ルメリア各地でも立憲制を祝賀する式典がおこなわれ、立憲制の宣言を要求する電報がつぎつぎとアブデュルハミト二世に送りつけられた。七月二十三日の夜、スルタン、アブデュルハミト二世はおのれの地位を保全するために立憲制を宣言した。こうして「青年トルコ人」革命が成就して第二次立憲制が始まった。

このように、「革命」はなによりもまず、陸軍士官学校出の青年将校によって実現されたもので、国内外で活動していた「青年トルコ人」の多くはこれに関与する余地がなかった。革命後青年将校たちはサロニカからイスタンブルにでてきたが、首都の反応は冷淡だった。そもそも彼らは陸軍少佐程度の階級だったから、首都にいる閣僚や将軍のあいだで主導権を握ることは不可能だった。首都の高級官僚たちもまた、そうやすやすと政権を手離す気はなかった。そのため彼らは革命後も直接政治の表面に立つことはできず、専制時代の旧官僚層のうち革命に理解を示す人物を押し立てて組閣し、それを背後から支援するという政治形態をとらざるをえなかった。

三月三十一日事件

革命は帝国内の全臣民の融和に基づく「オスマン主義」を標榜していたから、帝国内のムスリムだけではなく、非ムスリム諸民族によっても歓迎された。しかし、革命による政治的空白を利用してブルガリアが東ルメリアを併合して完全独立を宣言し(十月五日)、オーストリア＝ハンガリーがボスニア＝ヘルツェゴヴィナを併合した(十月六日)。ギリシアもまたクレタ島を併合してこれに続いた(十月七日)。このことは立憲制の復活が祖国を救う万能薬ではないことを明白にし、多くの人を失望させた。

一九〇九年四月十三日(ルーミー暦三月三十一日)イスタンブル郊外の兵営に駐屯する第四狙撃大隊の下士官・兵士が将校を監禁して武装反乱を起こした。「三月三十一日事件」である。彼らはイスタンブル市内のアト・メイダヌ広場に集結した。これには「統一と進歩委員会」によって兵役を課せられたことに不満をもつメドレセの学生、「学校出」の将校に反感をもつ「連隊あがり」の特務将校、アルバニア人民族主義者などが加わっていた。「統一と進歩委員会」はただちにサロニカとエディルネから第三軍・第二軍の実践部隊を「行動軍」として編成し、バグダード生まれのチェチェン人将軍、マフムト・シェヴケト・パシャを司令官としてイスタンブルに派遣して反乱を鎮圧した。「行動軍」の一部隊をムスタファ・ケマルが指揮していた。

この事件は、反乱者たちが「シャリーアを要求する」というスローガンを掲げていたことから、後世しばしばトルコにおけるイスラーム復興運動の原点とされている。その理由は、この事件が、キプロス島生まれで、ナクシバンディー教団の修道者(デルヴィーシュ)を自認するヴァフデティーと東部アナトリア出身のクルド人、セイーディ・ヌルスィーとによって設立された「ムスリム連合」の機関誌『ヴォルカン(火山)』によって扇動されていたからである。ヌルスィーは、第二次世界大戦後にふたたび「ヌルジュ」と呼ばれるイスラーム復興運動にかかわることになる。しかし、事件の本質はあくまでも「青年トルコ人」内部の勢力争いであり、「統一と進歩委員会」の主導権を握っていた中央集権派に反対する勢力によるクーデタの試みであった。背後にはイギリスの支持もあった。二日間のあいだに殺害された二〇人の大部分は「学校出」の将校であった。反乱が失敗に終わったことによって「青年トルコ人」内部の地方分権派は完全に力を失い、事件との関係を疑われたアブデュルハミト二世が、一九〇八年十二月十七日以来再開されていた「民族議会」の決定により、シャイフル・イスラームのフェトヴァに基づいて廃位されてメフメト五世(在位一九〇九〜一八)が即位した(四月二十七日)。また、この事件に呼応してチュクロヴァ地方の中心都市アダナではアルメニア人革命組織とトルコ人のあいだに衝突が起こり、双方に多数の犠牲者をだした。

一九〇九年八月に憲法改定がおこなわれて責任内閣制が実現するなど、より民主的な憲法が制定された。「統一と進歩委員会」は「行動軍」の武力を背景としながらも、なお合法的な手段による政権掌握への道を模索し、また「オスマン債務委員会」の財政支配をはねのけようと試みていた。しかし、オスマン帝国の前途はなお多難であった。一〇年から一一年にかけてアルバニア、南東アナトリア、ヒジャーズ、イエメン方面で反乱が起こった。一一年九月にイタリアがリビアのトリポリに侵入すると、エンヴェルら多くの青年将校がトリポリ救出に向かい、民衆の喝采をあびた。しかし、一二年十月にツルナゴーラ(モンテネグロ)がオスマン帝国に宣戦を布告すると、ブルガリア、ギリシア、セルビアもこれに加わり、ここに第一次バルカン戦争が始まった。ブルガリア軍はエディルネを攻略してイスタンブル近郊のチャタルジャにまで迫り、ここでオスマン帝国と休戦協定を結んだ(十二月三日)。この間にアルバニアが独立と中立を宣言して臨時政府を樹立した(一二年十一月)。

一九一一年以後軍部のなかにも反「統一と進歩委員会」派の組織が生まれ、民間には「自由と連合」協会などの反対政党が結成されていた。そして、これら「統一と進歩委員会」派に反対する勢力にスルタン、シャイフル・イスラーム、旧官僚層も加わって熾烈な権力争いが展開された。一二年十月に成立した親イギリス派のキャーミル・パシャ内閣は「統一と進歩委員会」派に属する人物をつぎつぎと逮捕し、十一月にはその数は五五人に達した。一方、バルカン戦争終結のために十二月十七日以来開かれていたロンドン会議での最大の議論はエディルネをオスマン帝国領として残すか否かであった。一三年一月二十三日、タラート、エンヴェル、ジェマールらの「統一と進歩委員会」派はキャーミル・パシャ内閣がエディルネの領有をあきらめようとしていることを口実に、大宰相府を襲ってクーデタを敢行してマフムト・シェヴケト・パシャ内閣を成立させた。同年五月三十日にオスマン帝国とバルカン諸国のあいだで結ばれたロンドン条約によってエディルネは返還されたけれども、同時にオスマン帝国はバルカン領土のほとんどを喪失した。同年六月十一日にマフムト・シェヴケト・パシャが暗殺されると、「統一と進歩委員会」の独裁をはばむ旧官僚の壁が取り払われ、以後「統一と進歩委員会」をバックにタラート、エンヴェル、ジェマールによる三頭政治が成立した。

「青年トルコ人」革命の性格

一九〇二年の第一回「青年トルコ人」会議における中央集権派と地方分権派との対立が「ダシナクツュートン」代表の調停によって妥協をみいだした事実が示すように、「青年トルコ人」革命は当初、帝国全臣民の一体化を標榜するオスマン主義をそのイデオロギーとしていた。しかし革命後の厳しい国際情勢と民族主義の高揚によるバルカン領土の喪失は「オスマン主義」の幻想性を白日のもとにさらした。「青年トルコ人」革命後の思想潮流は西洋主義、イスラーム主義、そしてトルコ主義の三つに代表される。ただし、この三つをはっきりと区別するのは困難である。この三つの思想は、それぞれどこに重点がおかれているかによってはじめて識別されうる面がある。西洋主義はたんなる「西洋かぶれ」から、西洋文明を取り入れることによって帝国内の諸民族の融和をはかろうとする者までさまざまであった。イスラーム主義はアジア・アフリカ諸国が帝国主義のもとで植民地化していた情勢にたいする反発としてあらわれたもので、西洋文明のもつ暴力的・宗教的な性格をより一層理解していたが、同時に西洋の学問と技術を学ぶ必要性も十分に認識していた。したがってイスラーム主義もたんなる「西洋ぎらい」からイスラームを現代化することによって再活性化しようとするイスラーム改革主義まで、さまざまな側面をもっている。イスラーム改革主義の提唱者の一人がジャマール・アッディーン・アル・アフガーニーであるように、この思想潮流はイスラーム世界全体の思想潮流と連動している。

「オスマン主義」は、一方では早くから帝国臣民の一体化をムスリム・トルコ人主導によって実現しようとするプロト・ナショナリズムの思想を内包していた。しかしオスマン帝国が存在するかぎり、彼らが「オスマン主義」を脱却するのは容易ではなかった。ヨーロッパに発達したトルコ学に学んだこともあって、トルコ主義は最初は、自らの言語(トルコ語)や歴史を自覚する文化的潮流であった。この潮流を政治的イデオロギーへと変えたのは「統一と進歩委員会」である。「統一と進歩委員会」がトルコ主義を追求するようになると、宗教を国家管理のもとにおく世俗化政策が追求された。しかし、これをイスラーム主義と相対立するものと考えるのは誤りである。彼らは、なによりもまずムスリムであり、セルジューク朝以来のトルコ人の「輝かしい」歴史が彼らにイスラームのチャンピオン意識を植えつけていた。彼らが批判したのはイスラームそのものではなく、イスラームに名を借りた迷信や、草創期の活力を失った神秘主義諸教団、そしてウラマーの旧習墨守(タクリード)である。トルコ主義者が追求した世俗化政策はむしろ、イスラームの再活性化、あるいは真のイスラーム化であるとさえいえる。一方では、トルコ主義はカザン出身のユスフ・アクチュラなどロシアからの亡命トルコ人のもつロマン主義的なパン＝トルコ主義の影響を強く受けていた。オスマン帝国がトリポリ戦争、バルカン戦争とあいつぐ敗戦を重ねるにつれて、その傾向はむしろ強まっていった。トルコ主義の理論的指導者であるズィヤ・ギョカルプでさえ、一九一二年三月に設立された民族主義団体「トルコ人の炉辺《テュルク・オジャウ》」の機関誌『トルコ人の祖国《テュルク・ユルドゥ》』誌上でパン＝トルコ主義的、さらにはトゥラン主義的心情を吐露している。トゥラン主義とはトルコ系諸民族を中心としたウラル＝アルタイ系諸民族の大同団結によって「アーリア民族」の支配に対抗しようとする超現実的な思想である。トルコ民族主義思想にまとわりつくこの性格はオスマン帝国滅亡後も消えることはなかった。

「統一と進歩委員会」のトルコ主義政策は、一方ではアラブやバルカン地域の非トルコ系ムスリムにたいする「トルコ化」政策をともなって大きな反発を受け、それがアラブ、アルバニア人、アルメニア人、クルド人の反乱を招くことになった。しかし他方ではトルコ人を主体とした民族的経済政策を打ち出すことを可能にした。その背景には、ドイツのフリードリヒ・リストによって提唱されていた保護主義的経済理論がこの時期になって彼らに影響を与えていた事実がある。政府は一九一三年五月に「不動産等の所有にかんする臨時法」を発布して国有地の事実上の売買を公認し、続いて十二月には「産業奨励法」を制定してトルコ人の企業投資に有利な特典を認めることによって民族資本と産業の育成をはかった。同じ年に設立された「国民消費者協会」と「国民援助協会」によってギリシア国家の商品のボイコット運動がおこなわれた。こうした民族的経済政策の結果、鉄道、鉱山、各種公共事業などの基幹産業のほとんどすべてが外国資本に握られている条件のなかで、繊維産業、皮革産業、食品加工業を中心にトルコ人事業主による工業化がみられた。しかし、「青年トルコ人」革命直後の〇八年八月から九月にかけて頻発した鉄道、港湾、炭坑などで働く労働者のストライキは「ストライキにかんする臨時法」によって弾圧された。この事実は「青年トルコ人」革命のいまひとつの性格をよく示している。

一九一四年に政府はカピチュレーションの廃止を宣言して経済的独立を宣言した。しかし、パン＝トルコ主義の夢を追った陸軍大臣エンヴェル・パシャのイニシャティヴのもとで、オスマン帝国は、ドイツの軍事力に頼って第一次世界大戦へと突入して滅亡への道をたどった。大戦中、新家族法の制定、アラビア文字の改革の試み、「シャリーア法廷」をシャイフル・イスラームの手から法務省へ移管するなどの世俗化改革がなお続行される反面、一五年に東部アナトリアに住む「アルメニア人の強制移住」令がだされて、欧米諸国から、オスマン帝国による「アルメニア人の虐殺」と呼ばれる事態が発生して多くの人命が失われた。敗戦後、エンヴェル、タラート、ジェマールの最高幹部があいついでドイツに亡命して「統一と進歩委員会」政府は瓦解した。しかし、その人脈、イデオロギー、そして政策はトルコ共和国へと受け継がれていった。

第七章　近代イランの社会

1　ガージャール朝の成立と国際関係

ガージャール朝支配の体制と特徴

サファヴィー朝の崩壊以来、半世紀近くにわたって戦乱と政争に明け暮れたイラン高原を平定したかにみえたザンド朝の創始者キャリーム・ハーン・ザンドが死去すると(一七七九年)、たちまち後継者争いに端を発する政治的混乱が再発した。この機に乗じて、ガージャール諸族が長年拠点としてきたアスタラーバード(現在のゴルガーン)周辺地域から北部イラン一帯に地歩を固めた同族出身のアーガー・モハンマド・ハーンは、自らイランの支配者であることを宣言し、故地に近く、しかも軍事的拠点でもあるアルボルズ山脈南麓の小邑テヘランを首都に定めた(一七八五年ころ)。続いて、ザンド朝の残存勢力をケルマーンに包囲してこれを殲滅《せんめつ》(一七九四年)、翌年にはカフカズ遠征をおこなってティフリスを攻略したあと、一七九六年三月、テヘランで正式に国王(シャー)に即位した。しかし、まもなく暗殺され、あらたに即位したファトフ・アリー・シャー(在位一七九七～一八三四)によってガージャール朝支配の基盤が固められていった。

ガージャール朝の歴代君主は「王の中の王」「地上における神の影」あるいは「ハリーフェ(カリフ)」と称するなど、自らの至上性を誇示するもろもろの称号をおびる絶対者として君臨していた。彼のことばは法を意味し、ワクフ(宗教施設などへの寄進)地を除く全国土は彼の財産とみなされ、宣戦布告から和議・条約の締結、トゥユールの下賜、位階の授与、税額の設定と租税の徴収などのあらゆる権限を手中にし、すべての臣民(ライーヤト)の生殺与奪は彼の意のままであった。十九世紀の初めにガージャール朝の宮廷に派遣された最初のイギリス人使節としてイランをおとずれたジョン・マルコム大尉の表現を借りれば「イランの君主政は世界でもっとも専制的なもののひとつ」であった。しかし、現実のガージャール朝の支配体制は、こうした強力な専制君主のイメージとはかなり異なっていた。

強力な中央集権的政治権力にとって不可欠の支柱のひとつである軍隊を例にとると、初代、アーガー・モハンマドの軍隊はサファヴィー朝の軍隊とさほど変わることはなく、六万～七万人規模で、騎兵は甲冑を身につけ小さな楯をもつ者もいたが、完全に遊牧部族集団に依存し、彼らは自らの首長にのみ服従した。たとえば、アゼルバイジャン地方の部隊はアフシャール族、オサンルゥ族、シャーサヴァーン族などから構成されていたが、彼らはおたがいの連携作戦をきらった。歩兵は、なんらの徴募原則もなく、地方ごとに将校や地主が徴募し、よくとも年に六～七カ月間俸給を受け取る程度で、場合によってはまったくの無給であった。主要な装備は弓矢、棍棒、剣、槍、短剣で、火器としては小銃、それも主として火縄銃を装備する程度であり、火砲の使用はまれにしかみられなかった。ガージャール朝下において唯一実動部隊としての常備軍が設置されるのは、一八七九年にロシアのてこ入れで創設されたガッザーク連隊がはじめてであった。

ガージャール朝の統治組織もオスマン朝のような複雑な官僚行政機構の発達をみることはなかった。アーガー・モハンマドは、サファヴィー朝のような煩雑な文書行政を排し、簡単明瞭な表現・用語を使用するよう書記たちに命じるとともに、宮廷儀礼の簡素化をはかった。自らは生涯にわたって首都の宮廷生活をきらい、遊牧民流のテント生活を好んだ。一方、統治行政にかんしても、財務長官《モストウフィー》、軍務長官《ラシキャリーネヴィース》、宮内長官《ヴァズィーレ・ダルバール》をおいたのみで、それ以外の諸務はすべて自ら処理することを旨とした。

十九世紀に入りにわかに顕著となる諸外国の外交攻勢に対処すべく、ファトフ・アリー・シャーは専従の外国使節団接待役を任命、その後正式に外務省の設置を指示するが、しばらくは大臣以下数名の補佐役と書記のみという陣容で、しかもタブリーズにおかれていたため、省員もアゼルバイジャン出身者が多かった。一八二五年にはロンドン駐在全権使節を務めゴレスターン条約の調印者でもあったハージー・ミールザー・アボル・ハサン・ハーン・シーラーズィーが外務大臣に親補され外務行政の充実がはかられた。ファトフ・アリー・シャーの時代にはほかに内務省、財務省、公益省も設置され、最初の政府はこれら四省と大宰相《サドレ・アザム》とで構成されたが、それぞれに独立性はなく、事実上大宰相の管轄下におかれていた。その後アミーレ・キャビールの改革をへて、一八五八年には六省、七二年には九省と、しだいに中央行政の細分化が進行していくが、八〇年ころまでは多くの省庁は庁舎もなく、行政機構も整わず、常雇いの職員さえいないという状態が続いた。

このように強力な常備軍や整備された官僚機構を欠いたガージャール朝の支配権力が直接およぶ範囲は、首都テヘランとその周辺、および地方の主要都市に限られ、それ以外の地域は間接的支配、「名目的な」統治に終始した。版図内の各地には事実上の広範な自治的権力をもつ遊牧諸部族の族長をはじめ、地方有力者が割拠し、中央から派遣される地方総督や知事が租税を確実に徴収し秩序を維持するためには、そうした地方の権力者の協力と助力をあおぐ以外にはなく、したがって、彼らとの平和的共存をはかることは自らの職務遂行上、必須の要件であった。つまり、ガージャール朝の君主はいわば専制の手段なき専制君主であった。このように自力による統制を欠いた王朝権力は、一方で、地方の有力者たちをたがいに競わせ争わせることで権力の微妙な均衡を維持しつつ、政治的安定をはかろうとしたのであった。

ガージャール朝時代の経済と社会

ガージャール朝下のイランは、住民の多数が農民であり、その意味でも基本的には農業を主たる産業とする農業社会であった。伝統的にイランでは天水農業《ディミー》と灌漑農業《アービー》の二つの耕作方法がとられてきたが、生産向上に向けての耕作農民の側からの努力はほとんどみられなかった。生活に必要な基本的農産物はサファヴィー朝以来変わることはなく、小麦などの穀類が占めていた。十九世紀なかばの段階では穀類の国内生産は国内需要を十分にまかなうだけの余裕があり、一八五八年の時点では小麦と大麦は主要な輸出農産物であり、総額の一割を占めていた。十九世紀後半の五〇年間には小麦の輸出総量は八倍にふえているものの価格は七分の一に下落している。そして二十世紀の最初の一〇年間には自給率が急激に低下し、以後輸入が輸出を上回ることになるのである。十九世紀には生絹もイランの主要な輸出品であり、一八五〇年には輸出総額の三一～三八%を占めていた。一八六四年に生産の頂点に達するが、それ以降は微粒子病(ペブリン)の蔓延によって大打撃を受けた。かわって輸出が増大するのはテリヤーク(アヘン)であり、一八八〇年代には最大の輸出品となり、輸出総額の二五%を占めるにいたる。

ガージャール朝下の基本的な土地保有形態は、私有地《メルク》、王領地《ハーレセ》、ワクフ地の三種類に大別される。これ以外に荒蕪地(保有者不在の土地、あるいは非耕作地)があった。さらに王領地には、国家の直接的管理下にある土地と、トゥユール(原義は恵与、贈与であるが、実際には有力遊牧部族長や官職保有者の軍事上・政務上の奉仕にたいする見返りとして下賜された土地からの収益徴収権)として下賜された土地などがあった。十九世紀なかばすぎの段階ではこのトゥユール地が可耕地の半分ほどを占めていたと考えられている。しかし、十九世紀後半にはいると、一時的・条件付きの土地保有者でしかないはずのトゥユール保有者がしだいに実質的土地所有者へと変質していった。一八七〇年代以降には都市の商人層による土地買収への資本投下も進み、政府高官や総督・知事らに土地を担保に金を貸し土地を取得するといったケースもふえていった。いずれにせよ、十九世紀をとおして土地はもっとも価値ある財産とみなされていたのである。

さて、住民の多数を占める農民層の大部分は土地なし農民であったから、彼らの生活は、基本的に地主の土地を耕作することによって配分される収穫物に依存していた。イランでは土地、種子、水、耕牛、労働力が農業生産の五要素として知られるが、通常、収穫物の配分はこの五要素に従ってなされた。土地と水は地主が管理しているのが普通であったから、最低五分の二は地主の取り分となる。しかも、耕作農民が次年度の種子用に余剰を確保することはむずかしく、耕牛も地主か差配《モバーシェル》、あるいは村長《キャドホダー》から借り受けるのが普通であったから、耕作農民自身の取り分は最悪の場合には五分の一となった。したがって小作によって生計を立てるイランの多くの耕作農民はきわめて過酷な経済状態におかれたことになる。実際、集約的農業がおこなわれる比較的豊かなギーラーンやマーザンダラーンなどのごく限られた地方を除いて、イランでは小作争議や農民一揆の類がきわめてまれにしかみられなかった最大の理由は、彼らが抵抗する余力さえもち合わせていなかったためといわれている。

　ガージャール朝下イランにおけるもっとも有力な都市社会層は商人であった。商人と一口にいっても、卸商人のような大商人《タージェル》と、小売り商や露天商、行商人などの小規模商人《カーセブ》とはたがいに異なる社会層《センフ》を形成していた。ガージャール朝期（とくに十九世紀後半以降）の大商人層にみられた顕著な傾向は、外国貿易などにかかわる一部大商人の富の増大、つまり商人層の階層分化と、あらたな商業活動の多様化であった。

　ガージャール朝期に職人や手工業者がつくりだす製品は、基本的にすべて国内あるいは域内消費用であった。手工業の種類も数世紀にわたって受け継がれてきたものであった。織物の分野では、絨毯に始まり綾織り、更紗、ショール、絹織り、カシミア、ビロードなどがあり、金属加工では銅、鉛、鉄、金、銀が用いられ、貴金属細工の分野では、宝飾、金細工、銀細工、エナメル細工、ハータムカーリー（一種の寄せ木細工）、象眼細工などがあった。さらに、煉瓦製造、石灰製造、陶磁器製造、ガラス加工、皮革、木工、そして、パン焼き、菓子屋、薬種屋、油搾りなどがガージャール朝期の手工業のおもなものであった。

イランの「渋沢栄一」ともいうべきアミーノッ・ザルブ　両替業務と外国貿易で財をなし，19世紀後半のナーセロッ・ディーン・シャー時代には，官立鋳造所の管理人をも務めた企業家。父のあとを継いだ息子は，テヘランの初代商工会議所会頭となり，第一議会の副議長も務めた。

これらの手工業はイランの対外貿易が大きく成長する一八二〇年代以降は、しだいに後退していった。とくに織物の分野において打撃は大きかった。たとえば、シーラーズでは、一八〇〇年には五〇〇台程の織機があったが、五七年にはわずかに一〇台に激減した。エスファハーンの絹織物工房は一八二〇年代に一二五〇カ所あったものが、四〇年代には四八六カ所、五〇年代には二四〇カ所、そして七〇年代には一二カ所になっている。このように、安価で高品質な外国製品によって自国産の織物類はまたたくまに市場から排除されていった。

絨毯織りのみは例外で、幾分異なる状況にあった。十九世紀までは絨毯といえば日常生活の必需品として農民や遊牧民が自家使用のために織るか、熟練した男の織り手がシャーや有力者層《アーヤーン》のために織る高価な贅沢品でしかなかった。ところが、その商品価値に着目したヨーロッパやアメリカの企業が、十九世紀末には市場の大部分を掌握し、大規模な作業場を設置して生産をおこなった(タブリーズには一五〇〇名の労働者が働く作業場があった)。その結果、輸出額も一八七〇年には七・五万ポンドであったものが、一九一四年には一〇〇万ポンドに急上昇し、イランの対外貿易額の八分の一を占める最大の輸出品となった。当時、絨毯産業には六万五〇〇〇人の労働者が就業していた。この時期の全労働者数一四万五〇〇〇人のうち、伝統的産業への就業者は約一二万人であるから、その半数近くが絨毯産業にかかわっていたことになる。

絨毯を織るクルドの娘たち(19世紀末)　緻密かつ繊細にして重厚な織りを特徴とするペルシア絨毯は，元来自家使用か域内消費が主であったが，19世紀後半にヨーロッパ資本が進出するにおよんで飛躍的に生産力を高め，世界的ブランドとしての地位を築いていった。

イランを取り巻く国際関係の変化

イラン高原を吹き荒れた政治的動乱にようやく終止符が打たれようとしていた十八世紀末、ヨーロッパではフランス革命の勃発と、それに続くナポレオン戦争とによって、あらたな政治的激動と国際関係の再編の時代をむかえていた。十八世紀後半、インド経営に本格的に乗り出したイギリスは、アフガニスタンに台頭し、デリーをも脅かす勢いのザマーン・シャーと、マイソール地方に反旗をひるがえしたティプゥ・ソルターンの動静には神経を尖らせていたが、一七九八年、ナポレオン麾下《きか》のフランス軍が突如、エジプトに侵攻すると、この危機感は一層強まった。というのも、ザマーン・シャーとティプゥ・ソルターンが同盟を結び、フランス軍に支援を求めると、ナポレオンはこれに応えてエジプトから両者に向けて、支援の小部隊を派遣したからであった。もっとも、その一方ではナポレオン自身もロシア皇帝アレクサンドル一世とはかり、黒海・アゾフ海からボルガ・ドン両川をへて、カスピ海をぬけイランを通過してインドへと向かう大遠征計画を進めていた。

それまでイラン高原地域には直接的関心を示さなかったイギリスも、インドに攻勢をかけるフランスへの対抗策として、にわかにガージャール朝イランへの接近を試み始めた。こうしてその後のイランはヨーロッパにおける列強の離合集散劇のあおりを直接こうむり、目まぐるしく変わる国際関係に翻弄されつづけることになるのである。

十九世紀を通じて、イランの外交政策の主眼は、領土の保全をはかり政治的独立を維持するために、イランにたいする列強の政治的影響力の均衡をいかにはかるかにすえられていた。こうした均衡政策は、二十世紀にはいってからも基本的には踏襲される。しかし、均衡維持のための方策には、大きく異なる二つの方向性が認められる。ひとつは、一方の影響力を制御するために、もう一方の影響力の増大をはかるという積極的均衡政策であり、これには第三勢力との提携を模索するという道もあった。もうひとつは、イランへの外国勢力の影響力の浸透・増大を阻止するために、既存の条約、協定、利権はいかなるものであれ、その破棄・取り消しに積極的に取り組もうとする政策である。この立場はとくに消極的均衡政策と呼ばれる。南部イランの石油利権をイギリスに譲渡したダーシー・コンセッション(一九〇一年)にたいして、北部イランの石油利権をロシアに譲渡したホシュタリア・コンセッション(一九一六年)は前者の代表的事例であり、第一次世界大戦および第二次世界大戦に際して、イランがドイツに接近したのも、イギリスおよびロシア(ソヴィエト)の影響力の制御を期待した積極的均衡政策のひとつであった。一方、モサッデグによる石油国有化政策は後者の典型的事例と考えられる。

一八〇一年一月、イギリスはガージャール朝イランとの通商条約をともなう攻守同盟を結んだが、これは明らかにアフガニスタンを牽制し、フランスに対抗するために締結された軍事同盟であった。しかし、ティプゥ・ソルターンが殺害され、ザマーン・シャーの勢いも後退し、アレクサンドル一世が急逝したうえ、フランス軍もエジプトから撤退すると、同条約はイギリスにとってはほとんど意味をもたなくなってしまった。実際にイギリスは、グルジアにたいする宗主権をめぐって一八〇四年勃発した第一次イラン・ロシア戦争に際して、ガージャール朝イランがおこなった支援要請にたいしても、ペルシア湾上のゲシム島、ホルモズ島の譲渡などの厳しい交換条件を突きつけ、即応を避けた。その結果、イランはにわかにフランスに接近することとなり、一八〇七年五月にはフィンケンシュタイン条約の締結にこぎつけた。

イランは同条約によって、イギリスとの条約関係をたち、宣戦布告をすることを条件に、グルジアにたいするイランの宗主権の承認と、軍事的支援の約束をえた。同年十二月にはガルダン将軍を団長とする軍事顧問団がイランに来て、シャー・アッバースの時代以来、ほとんど変わることがなかった軍制の改革に着手、遊牧部族民を主体とした従来の部隊にかわる、ヨーロッパ式編成と装備をもつ歩兵部隊の創出を試みた。しかし、これに先立つ同年七月にはすでにフランスとロシアの和解（ティルジットの和約）が成立しており、この意味でフランスのイランにたいする支援は当初から二律背反的様相をおびたものであった。フランスの軍事顧問団も一八〇九年二月にはテヘランを去った。事実上フランスとの同盟関係の第一段階は幕を閉じるのであるが、これはイランが第三勢力との提携を通じて、イギリス・ロシアとのバランスを取ろうとした最初の事例となった。

かわってイギリスによる外交攻勢が活発化し、一八〇九年二月には予備条約、一二年三月には本条約の締結にいたる。この両条約は、それまでイランがヨーロッパ諸国と結んだ条約のすべてを反故にすることをうたう一種の排他条約であり、見返りとしてイギリスはイランへの財政的支援に加えて、必要時における武器、軍需物資、軍事的支援の供与を約するものであった。加えて一八一四年には、予備条約、本条約の路線にそって両国関係のさらなる強化をうたったテヘラン条約が結ばれる。こうして、一八〇九年以降の二〇年間はイギリスはイランの唯一の軍事的同盟者として自らの影響力を強化していった。イランをインド防衛の最初の防御線と位置づけるイギリスの意図は、明らかにロシアとの対抗を想定したものであった。

2　列強の進出とイランの従属化

キリスト教国グルジアにたいする宗主権をめぐって、アレクサンドル一世の即位以降南下政策を強化したロシアとのあいだで勃発したイラン・ロシア戦争(第一次＝一八〇四～一三年、第二次＝一八二六～二八年)におけるイランの敗北は、少なくとも二つの点でそれ以降のイランの歴史を方向づける決定的な契機となった。

不平等条約の締結

緒戦の優勢にもかかわらず、皇太子アッバース・ミールザー麾下のガージャール朝軍がアラス河畔のアスランドゥズにて決定的敗北を喫し、ゴレスターン条約(一八一三年)が結ばれた。イランはダルバンド、バクー、シルヴァーン、カラバーグ、さらにターレシュの一部をロシアに割譲、また、グルジア、ダゲスターン、ミングレル、アブハジアにたいするいかなる要求も放棄することを約し、加えてカスピ海におけるロシア軍艦の独占的航行権を認めた。ところが、同条約では両国の領土の範囲が明確に示されていなかった。これが原因で再燃した両国の軋轢は、異教徒にたいする聖戦(ジハード)熱にあおられたイラン側の軍事行動となってあらわれた。イラン側は一時、ゴレスターン条約によって失った地域のほとんどを回復するまでに善戦するが、彼我の軍事力の差は歴然としており、ついにはイラン領アゼルバイジャンの主邑タブリーズも陥落するにおよんで、トルコマンチャーイ条約締結のやむなきにいたる(一八二八年)。同条約の和平条約において、イランは戦争賠償金支払いの責務をおわされたうえに、エリヴァーン、ナフジャヴァーン両ハーン国をロシアに割譲し、アラス川を両国の国境線とすることが明記された。また、イラン北部の主要都市におけるロシア領事館設置にかんする条項は、同条約の通商条約に規定されている領事裁判権規定とも密接に関連しており、この条項によってイランはロシアの治外法権を認めることとなった。さらに、従価五%の協定関税率が設定され、関税の自主権を失った。同条約はイランが西欧列強と結んだ最初の不平等条約であり、国家としての主権喪失の第一歩であった。

以後四半世紀のあいだは、イランにたいするロシアの影響力は増大の一途をたどり、結果としてイランをめぐるイギリス、ロシア両国の対抗関係は一層激化していった。ちなみに、一八四一年十月に締結されたイラン・イギリス通商条約により、イギリスもロシアと同等の特権を享有することとなり、五五年にはフランスがこれに続いた(イラン・フランス友好通商条約)。

国境線の画定

現在、イランは総延長八七〇〇キロにおよぶ国境線をもっている。このうち、海岸線が約二七〇〇キロを占めているので、陸の国境線は約六〇〇〇キロである。内訳をみると、旧ソ連邦との国境線が約二〇〇〇キロ、トルコ共和国との国境線が約四八〇キロ、イラクとの国境線が約一六〇〇キロ、アフガニスタンとの国境線が約九四〇キロ、パキスタンとは九八〇キロである。

このうち旧ソ連邦(当時はロシア帝国)との国境をはじめて画定したのが、前述のトルコマンチャーイ条約である。この条約の歴史的意義は、イランの領土をはじめて国境線によって画したことといえる。それまでは、隣接する王朝政権との境はすべて曖昧な境界域のかたちで維持されていた。領土を明確にし、他の国家とのあいだを国境で厳格に区分することが国民国家の特性のひとつであるとするなら、トルコマンチャーイ条約は、イランにとって国家としての主権喪失の第一歩であると同時に、国民国家イランへの第一歩でもあるという二面性を有していたことになる。

続いて、西部国境がオスマン朝とのあいだで画定された。オスマン朝とイラン(サファヴィー朝)とのあいだで約一世紀にわたって続けられた領土紛争に決着をつけたのが一六三九年に結ばれたガスレ・シーリーン条約(ゾハーブ条約)である。この条約によって設定された両国の境界域は、現在の国境線の原型をなすものであった。両国の境界は、十九世紀にはいって締結された第一次エルズルム条約(一八二三年)においても曖昧な境界域のかたちで維持された。

したがって紛争の種はたえず、その後再発した領土紛争の調停のために、当事国であるオスマン朝とガージャール朝に加えてイギリス、ロシアも参加した国境画定委員会が設置され、四年の歳月をへてようやく第二次エルズルム条約の締結にこぎつけた(一八四七年)。これにより、両国の国境がはじめて国境線によって画されることになった。現在のイラン・イスラム共和国とトルコ共和国、イラク共和国との国境線は、細部の修正を除けば、ほぼそのまま維持されている。

同条約の第二条には、イランはゾハーブ地区の西方に位置する低地をオスマン朝側に割譲し、かわりにオスマン朝は当該地区の東部山岳地域をイランに割譲すること、イランはソレイマーニーエの街および同地区にかんする権利を放棄し、当該地域のクルド人問題に容喙《ようかい》しないこと、オスマン朝はモハンマレ(現在のホッラム・シャフル)の街および港、ヘズル島、シャットル・アラブ川(イランではアルヴァンド川)左岸の停泊地・上陸地点へのイランの主権を認めること、イランの船舶は、湾頭からシャットル・アラブ川の両国国境接触地点までの自由航行権を有することが定められていた。そして、実際にこの取り決めを実行に移すべく、第三条には、両国国境を画定するための技師・官吏の選任がうたわれている。さらに第八条には、所属がはっきりとせず両国の係争の対象となっている部族集団は、今後居住することになる土地を自らの意志で選ぶこと、また帰属が明確な部族集団は自らが服属する政府の土地にすみやかに戻ることが明記され、遊牧諸集団をも例外なく、国境線によって画される国家の枠組みに押し込めようとする意志をはっきりと読みとることができる。

さて、東部国境に目を転じてみよう。まず、旧ソ連邦(現在のトルクメニスタン共和国)との国境線は、一八八一年にテヘランで締結された通称アハル・ホラーサーン条約によって画された。イラン高原に覇を唱えた歴代の王朝は、トルキスターン地域をも版図の一部とするのが一般的であった。したがって、歴史的にも文化的にも、この地域はイラン高原部と共通の背景を有していると考えられていた。事実、ガージャール朝第二代、ファトフ・アリー・シャーの時代まではこの地域のハーンたちも恭順の意を示し、イラン側も形式的ではあれ宗主権を保持していた。ところが、対ロシア戦争におけるイランの敗北をきっかけにトルキスターンのハーンたちはしだいに自立化していく。一八五七年と六〇年の二度にわたるマルヴへのガージャール王朝部隊の遠征も敗北に終わった。一方で、クリミア戦争での敗北を機に、南方への拡大政策の比重を中央アジアに移したロシアは、一八七三年には中央アジア地域の平定をほぼ終えた。こうした両国の利害調整のために締結されたのがアハル・ホラーサーン条約であり、アトラク川からコペト山脈の外縁部に国境線をおくことが決められた。これによって、歴史的にホラーサーンと呼ばれてきた広大な地域の分断と解体が決定的となった。

もっともこれに先鞭をつけたのは一八五七年にイランとイギリスとのあいだで締結されたパリ条約であった。歴史的ホラーサーンの一部でもあるヘラートにたいする領有権を主張するガージャール朝イランは、三度にわたってヘラート遠征をおこなった。こうした遠征は、中央アジアに拡大の矛先を向けつつあったロシアの脅威を警戒し始めたイギリスの特別な関心を呼び起こした。ガージャール朝第四代ナーセロッ・ディーン・シャーがおこなったヘラート遠征(一八五六～五七年)に際して、素早く対応したイギリスは、ヘラートを奪い返した勢いで、ペルシア湾に進出し、ハールグ島と要港ブーシェフルを占領、さらにはカールーン川を遡行してアフヴァーズを落とし、一気呵成に条約の締結へとこぎつけた。これによって、ガージャール朝イランは、ヘラートおよびアフガニスタンにたいする一切の要求をおこなわないことを約束させられた。こうして、イランとアフガニスタンはまったく別個の政治的単位であることが既成事実化した。同条約に両国の国境線が明記されているわけではないが、その基本的位置がすでに念頭におかれていたことは想像にかたくなく、事実上、歴史的ホラーサーンの分断・解体の過程はこの条約をもって始まったといえよう。

全長約一九〇〇キロに達するイランとアフガニスタンおよびパキスタンとの国境線は、実際にはイランとイギリスとの交渉を通じて決定されていった。イギリス本国と植民地インドを結ぶ電信線敷設事業を進めていたイギリス系電信会社は、領有関係が定かではなく、不安定な治安状態が続くこの地方におけるイラン、イギリス双方の領有範囲の明確化に着手した。イギリス政府の意向を受けた同電信会社代表、フレデリック・ゴールドシュミットはイラン政府との交渉を進め、スィースターン・バルーチェスターン地方における境界を画定した(ゴールドシュミット裁定、一八七一～七二年)。一九〇五年にはマクマホン大佐により再度の裁定がおこなわれた。イラン・アフガニスタン国境にかんしてはマクリーン少将による裁定(一八九一年)のあと、第三国であるトルコ共和国のファフレッディーン・アルタイ将軍の裁定(一九三五年)によって現在の国境線が画定された。

このように、国境線画定の経緯に着目すると、国民国家イランの形成は、中東地域においては特異な背景をもっていることがわかる。現在のアラブ諸国の大半にとって、相互を画する国境線は列強による勢力範囲画定のなごりである。つまり、現在のアラブ諸国の意志が直接反映された結果ではない。ところが、イランの国境線は、十九世紀のほぼ一世紀間を通じてしだいにかたちづくられてきたのであり、たとえ不平等条約というかたちではあっても、一方の当事国としてイラン政府自体が直接関与した結果であった。

列強による利権獲得とイランの従属化

十九世紀前半がいわば軍事的、外交的、政治的にイランの劣位が顕著となった時期であるとするなら、十九世紀後半は、経済的、金融的にイランの従属化が進行した時期であるといえる。その過程は列強による利権獲得競争を通じて、さらにはイラン側による列強からの借款の導入というかたちをとって進行していった。

一八六二年にイギリス系の「インド＝ヨーロッパ電信会社」にたいして供与された電信線敷設利権を皮切りに、一九二一年のクーデタによって事実上、ガージャール朝権力が後景に退くまでの六〇年間に諸外国に供与された利権は全部で三八件にのぼった。おもなものをあげると、イギリスにたいしては、一八六五年、七二年、さらには一九〇一年と、同様の電信線敷設利権が供与された。これによってイギリスは念願の本国と植民地インドを直接結ぶ一大電信線網を完成させた。

イランにおける鉄道敷設にかんする最初の利権は、一八七二年に、ロイター通信社の創立者として有名なイギリス人、ユリウス・ロイター男爵が取得した利権である。その内容はたんにカスピ海からペルシア湾に通ずる鉄道の敷設にとどまらず、路面電車の設置、石炭・鉄・石油などの地下資源の採掘、森林資源の利用、河川整備、堰堤《えんてい》建設、貯水槽設営、掘り抜き井戸や運河の掘削、税関の管理運営、銀行設立、街道の舗装・整備、郵便・電信線の整備、製粉

キャラヴァン・サライの光景(20世紀初頭)　広大なイラン高原とその周辺をはしる街道には，一定の間隔で隊商(キャラヴァン)用の宿泊所(サライ)が設けられていた。舗装道路が建設され，自動車が主たる交通・輸送の手段となるまで，キャラヴァン・サライは街道のオアシスであった。

ペルシア帝国銀行　1889年に設立されたイギリス系の銀行で，その後長年にわたってイランの経済と金融に多大な影響力をもち，1932年まではイランで唯一，紙幣を印刷・発行する権利を有した(写真は本店，1938年撮影)。

所・工場・作業所などの建設と、鉄道建設に関係するあらゆる分野が盛り込まれている。事実、帝国主義者をもって自らを任じていたカーズン卿をして、「これは一国のすべての資源が外国人の手に引き渡されたもっとも完璧で驚くべき事例であり、これまでに類例をみない」という驚愕のことばを吐かせたほどであった。

さすがに、このロイター利権が、このままのかたちで日の目をみることはなかったものの、その代替としてイランとイギリスの交渉の末にたどり着いた結論は、イランの地下資源の採掘・利用(貴金属・宝石類を除く)の権利を保有する「ペルシア帝国銀行」の設立利権(一八八九年)をイギリスに提供することであった。同銀行はイランへのイギリスの経済的・金融的進出の重要な足がかりとなったばかりか、一九三〇年代まではイランにおいて唯一、銀行券の印刷・発行権を有する銀行でもあった。イランをめぐって激しく角をつきあわせるイギリスとロシアは、このロイター利権のような危険な利権の再発を懸念して、一八九〇年にはイラン政府にたいして、向こう二〇年間は鉄道敷設利権をいかなる相手にも与えないことを約束させたのであった。

一八九〇年にイギリス人、タルボットに供与されたタバコ独占利権(期限は五〇年)もロイター利権に引けをとらず包括的内容であった。年間一万五〇〇〇ポンド(オスマン朝の場合はレジー〈タルボットが設立したタバコ専売会社〉から六三万ポンドを受け取っていた)と利益の一六%を支払う条件で、レジーはイランで産出されたタバコ葉を国内消費であろうと輸出用であろうとすべて買い取る権利を手にしたのであった。もちろん、各方面から激しい批判の声があがり、最終的には破棄されたことは後述する。

南部イランの油田地帯　1908年，中東ではじめて原油の採掘に成功したのは，イラン南部のフーゼスターン地方に位置するマスジェデ・ソレイマーンにおいてであった。この一帯はバフティヤーリーなどの遊牧部族集団が支配する荒涼とした山岳地帯である(アーガー・ジャーリー，1949年撮影)。

イギリスがイランから手にした利権でもっとも重要なのがノックス・ダーシーに供与された、向こう六〇年間にわたってイラン全土の天然ガス・原油を探鉱・調査、採掘、輸送・販売する利権(一九〇一年)である。一九〇八年にはマスジェデ・ソレイマーンで最初の油井を掘り当て、翌年には「アングロ・ペルシアン石油会社」が設立された。同社はフーゼスターン地方のアラブの族長、ハズアルからアルヴァンド川(シャットル・アラブ川)沿いに一マイル四方の土地を買い入れ、そこにアーバーダーン製油所を建設(一九一二年)した。

こうしてイラン石油の本格的な生産体制が整えられていった。

一方、イギリスと競い合うロシアも、一八六九年のカスピ海漁業利権を皮切りに、七〇年にはペテルスブルグ―テヘラン間の電信線敷設利権、七四年にはジョルファー―タブリーズ間の鉄道敷設利権(利権条項を履行できなかったためのちに破棄)、九〇年にはイギリス系「ペルシア帝国銀行」に対抗する「ペルシア貸付銀行」設立利権、九二年にはバンダレ・アンザリー―ガズヴィーン間の道路敷設利権、九七年にはアゼルバイジャン地方のガラージェ・ダーグにおける鉱山採掘利権を矢継ぎ早に取得していった。

フランスが獲得した利権は、イラン全土における学術的発掘調査にかんする利権である(一八九七年)。フランスはこれに先立ち、一八八三年にはシューシュ(スーサ)における発掘調査の権利を手にしていた。この取り決めにより、フランス政府はシューシュで発掘されたものすべてと、それ以外の地域で出土したものの半分を自国に持ち帰る権利を手にしたのであった。

先述のタバコ利権の破棄にともなう五〇万ポンドの賠償金支払いの工面に窮したシャーがとった方法はイギリス系「ペルシア帝国銀行」からの借金であった。これはガージャール朝イランが外国から借り入れ(借款)をおこなった最初の事例となった。イギリスからの借款はこの後も一九〇〇年(二〇万ポンド)、〇四年(一〇万ポンド)と続いた。

一九〇〇年、シャーのヨーロッパ旅行のための莫大な資金を調達する手段として、当時の大宰相、アミーノッ・ソルターンがとった方法も外国からの借金であった。ファールス地方とペルシア湾岸を除く全域の関税収入を担保に、ロシア系の「ペルシア貸付銀行」から二二五〇万ルーブリを借り受け、一九〇二年にはふたたび同銀行から一〇〇〇万ルーブリの借款を受けた。

3 抵抗の始まりと改革の試み

さまざまな抵抗のかたち

ガージャール朝の支配権力がさまざまな地方勢力の微妙な勢力均衡のうえに成り立っていたことはすでに述べたが、それゆえ、遊牧集団の反乱、地域的抗争、都市騒擾などはたえまなく発生していた。たとえば、ガージャール朝歴代のなかでもっとも長い治世を有する第四代、ナーセロッ・ディーン・シャーの側近で、翻訳・出版局長官を務めたエテマードッ・サルタネがシャーの統治四〇年を記念して編纂した『事績集成』には、その間(一八四八〜八八年)に発生した一六九件の蜂起、騒擾、地域的抗争、陰謀などが記されている。その多くは首都から遠く離れた地方での遊牧民集団の反乱や蜂起よりは、都市における騒擾であった。タブリーズ、エスファハーン、シーラーズ、ケルマーン、ヤズドなど版図内の主要な都市では例外なく発生している。理由も、増税、パン不足、食料価格の高騰、為政者の専横・圧制とさまざまであるが、いずれも一種の生活闘争であり、なんらかの新しい社会的理念や主張、あるいはその萌芽を確認することはできない。そうしたなかで注目されるのは一八二九年にテヘランで起きたグリボエドーフ殺害事件と、四八年から五三年まで続いたバーブ教徒の反乱である。

前者は、トルコマンチャーイ条約の履行をイラン側にうながすためにロシア皇帝のもとからテヘランに派遣された全権使節グリボエドーフ(カフカズ戦線総司令官の甥で、秀作『知恵の悲しみ』などで著名な文学者でもあった)が、随員ともども暴徒と化したテヘラン住民の手によって殺害された事件である。経緯の委細にかんしては定かでない部分も多く、さまざまに取りざたされているが、ほぼつぎのような次第であった。あらたにロシア領土となったカフカズの諸地域出身の(あるいは連行されてきた)キリスト教徒はその気があれば帰郷する資格があると主張するグリボエドーフが、部下に命じて二人のグルジア人婦人をあるガージャール王族の邸宅から連れ出し使節団の在所にかくまった。このことに宗教界が反発し、二人の解放はムスリムとしての義務であるとするファトヴァー(見解)を発した。これに呼応したテヘラン住民はバーザールを閉めて抗議の意を示すとともに使節団在所に押しかけ返還を要求するが、この間の小競り合いで死者がでると、激昂した群衆は暴徒と化し、使節団長以下一行の殺害に至ったというものである。二人のグルジア人婦人はムスリムに改宗していたともいわれるし、二人の引き渡しに王朝当局も同意していたともいわれている。いずれにせよ、この事件が一種排外的傾向を色濃くおびているとはいえ、こうした住民の行動に、イランへの影響力を強めつつあった列強にたいする原初的な抵抗のひとつのかたちをみてとることはできる。

一方、バーブ教徒の反乱はガージャール朝の支配そのものにたいする異議申し立てであった。十九世紀にはいるとイランの国教であるシーア派十二イマーム派のなかにもあらたな思想的動きがあらわれる。隠れイマームと一般のシーア派信徒の仲立ちをする存在(完全なるシーア派信徒)が必要であるとする主張である。この潮流は創唱者の名前に因んでシェイヒー派と呼ばれた。一八一九年にシーラーズの商家に生まれたアリー・モハンマドはブーシェフルでしばらく商売に従事したあと、キャルバラーでシェイヒー派の中心的存在であったカーゼム・ラシュティーに師事、彼の死去とともにシーラーズに戻り、自らがその仲立ち、つまり隠れイマームへの入口《バーブ》であると称した。さらには救世主《メフディー》を名乗り、コルアーンにかわる律法書『バヤーン』を著わし、モハンマドのかわりに遣わされた預言者であることを主張した。

こうして、既存のシーア派十二イマーム派イスラームと完全に決別したバーブことアリー・モハンマドは、自らの説教のなかで貸付利子や通貨基準の法制化、通商の確保、商取引の自由、財産の保障など、自らが生活の基盤とした商業の分野における改革に始まり、無産者・孤児・寡婦の保護、男女平等など広く社会全般におよぶ斬新な改革を唱道するにいたった。こうして、ガージャール朝の支配体制にとっても大きな脅威となった彼は、一八五〇年にタブリーズで処刑された。しかし、ウラマーや商人、職人、農民層を中心とする彼の支持者らはシェイフ・タバルスィー(一八四八～四九年)、ネイリーズ(一八五〇年)、ザンジャーン(一八五〇年)、タブリーズ(一八五〇年、五三年)などでつぎつぎと蜂起した。一部には租税や個人的所有・保有の廃止、さらに財産の共有を唱える者もあらわれた。アラブ地域の聖地ではなくイラン・ザミーンにこだわったこと、聖典『バヤーン』がペルシア語で書かれていること、イスラーム太陰暦ではなくノウルーズを年度始めとするイラン古代の太陽暦を用いたことなど、バーブ教徒の運動に宗教的に表現された一種のイラン・ナショナリズムを読みとることもできるかもしれない。

ともかく、鬱屈した現状への激しい異議申し立てをおこなったこのバーブ教徒の運動は、時を同じくして現状打破に向けて国家の側から改革を進めるアミーレ・キャビールの手によって徹底的に鎮圧・排除された。

改革の試み

ガージャール朝下イランにおける国家の側からの改革の最初の試みは、王位継承者にしてアゼルバイジャン総督でもあったアッバース・ミールザーとその宰相、ガーエム・マガームによるものである。改革の主眼は軍事部門にすえられ、第一次イラン・ロシア戦争での手痛い敗北を教訓に進められた。移動砲の前に無力をさらけだした遊牧部族民からなる騎馬部隊にかわって、西欧式の編成と装備をもつ六〇〇〇名からなる歩兵を中核とする新軍《ネザーメ・ジャディード》が創設された。新軍の兵士は俸給の支給を受け、兵舎に起居し、ヨーロッパ人士官のもとで訓練にいそしんだ。また、兵器工廠の建設、軍事技術書の翻訳を担当する役所の設置などが並行して進められた。さらに、あらたな知識および技術の修得と導入を目的に西欧(とくにイギリス)への留学生の派遣もはじめて試みられた。しかしこの一連の改革はアッバース・ミールザーの突然の死(一八三三年)によって、その後に受け継がれることなく頓挫した。

イラン近代における重要な改革の試みとして、パフラヴィー体制下にあっても、イスラーム共和国になってからも、変わることなく高い評価を受けているのが、ガージャール朝第四代、ナーセロッ・ディーン・シャーの初代の大宰相であったアミーレ・キャビール(ミールザー・タギー・ハーン、在任一八四八～五一)による一連の政策である。その最終的目標は、強まりつつあった諸外国のイランにたいする影響力をいかに抑えるかということに据えられていた。具体的には、イランにおける外国人の不動産取得禁止、ロシア、イギリスへの利権供与の禁止、カスピ海におけるロシアの、ペルシア湾におけるイギリスの影響力の制限など、いわゆる一連の消極的均衡外交を精力的に展開した。

その一方で、国内の諸制度の手直しにも、さまざまな部門において取り組んだ。改革の中心でもあった軍事部門では、従来のように地方の遊牧部族民の長《ハーン》に依拠する徴募体制にかえて、各地方行政単位ごとに、租税収入に応じた兵員割り当て簿《ボニーチェ》を作成し、それに基づき部隊編成をおこなった。そして軍の直接的指揮権を自ら掌握した。ちなみに、彼の正式の称号はアミーレ・ネザーム(軍務卿)であった。新しい軍事・産業技術の導入と修得を奨励し、そのための学校「ダーロル・フォヌーン」(一八五一年開設)を設立、フランス、オーストリア＝ハンガリーなどから教官を招聘して、宗教教育を中心とする伝統的なマクタブ教育からの脱皮をはかった。

モザッファロッディーン・シャー期のダーロル・フォヌーンにおける授業風景　1851年，時の大宰相アミーレ・キャビールにより創設されたダーロル・フォヌーンは，イランで最初の西欧式学校であり，近代国家の中枢を担う高級官僚や軍の将校の養成をおもな目的としていた。

行政部門では、行政府《ディーヴァーン・ハーネ》を設置して国家行政の中央集権化をはかり、同時に宮廷の国政への容喙を牽制した。経済の分野でも、地方の財政業務を中央の統制下におこうとするなど、中央集権化が試みられる一方で、国内消費産品を生産する農民への助成金供与、未発達の産業育成のための保護関税設定、国内産業の助成・促進(とくに軍需工場の設置)につとめた。

彼の一連の改革のなかでもっとも実効をあげたのは駅逓《チャーパーリー》制度の抜本的改革であった。事実上、機能していなかった従来の駅逓制度を蘇らせ、全国の主要街道に六ファルサフ(約六キロ)ごとに駅停を設置、交代用の馬匹が用意され、厩舎と宿泊者用の施設も完備された。一八五一年の駅逓令によれば、毎月朔日《ついたち》と十六日に首都テヘランから全国の主要都市に向けて郵便夫が出発し、十四日と二十九日に帰京することが定められていた。官報『ヴァガーイエ・エテファーギーエ(出来事)』紙の創刊も注目される。イランにおける新聞の歴史は一八三七年にイギリス帰りのミールザー・サーレフ・シーラーズィーがテヘランで発行した石版刷りの新聞に始まるとするのが定説となっているが、現物はみつかっていない。したがって本紙はイランで発行された現存する最古の新聞ということになる。しかし、このアミーレ・キャビールの改革もイランの政治・経済構造を根底から変えるにはいたらず、彼の突然の失脚によって、アッバース・ミールザーの場合同様に頓挫した。

飢餓対策に始まる大宰相ミールザー・ホセイン・ハーン(セパフサーラール、在任一八七一〜七三)が進めた国政改革も、軍制や政府機構の改革、経済建て直しなど、アミーレ・キャビールの施策を受け継ぐ部分もあるが、決定的に異なっていたのは、そのための財源確保の方策として、積極的に外国資本の導入をはかったことである。具体的にはロイター利権をはじめとする利権譲渡政策を推し進めた。また、アミーレ・キャビールと同じようにイランの自律的存立を求めてはいたが、そのために彼がとった政策は、いわゆる積極的均衡政策であった。つまり、イランをめぐって角逐するイギリスとロシアの影響力の均衡のうえにイランの自立の道をみいだそうとするものであった。一方を牽制するために他方に利権を供与するのである。こうした政策が孕む危険性を危惧する各方面からの激しい批判に晒《さら》された彼は結局失脚し、その後一〇年間程はイラン側から利権が供与されることもなかった。

4　ナショナリズムの出現と立憲革命

タバコ・ボイコット運動の意義

当初秘密裏に供与されたタバコ利権の噂が伝わるや、最初に不満の意を表明したのはロシア政府であった。続いてイスタンブルのイラン人が発行していた『アフタル』紙が、公然とイラン政府批判を開始した。国内のタバコ商人グループも利権のロイヤリティ以上の額を税として支払う用意があることを表明、その一方でテヘランの南に位置する聖地、ハズラテ・アブドル・アズィームにバスト(抗議の避難・立て籠もり)を敢行し、レジーとは決して妥協しないことを宣言した。一八九一年四月にはシーラーズで本格的な抗議行動が始まり、電信所とシャー・チェラーグに集まった人々はレジー職員がシーラーズにはいることを拒否、鎮圧に出動した知事配下の遊牧民部隊が発砲、死傷者をだした。皮肉にもイギリスが敷設した電信線を介してこの動きが全国に伝えられると、またたくまに全国各地に波及した。最大のタバコ生産地をかかえるアゼルバイジャン地方の中心都市タブリーズでは住民がシャーに利権破棄を求める電報を打ち、

ガリヤーン（水煙管）を吸う女性たち　中東一円でみられる水煙管を吸う習慣がイランでいつ始まったのかは定かでないが，ガージャール朝期にあってはもっとも一般的なタバコ吸引の方法で，男女を問わず広くおこなわれた。タバコ・ボイコット運動の社会的広がりも，こうした背景に支えられていたともいえる（エスファハーン，20世紀初頭撮影）。

エスファハーンでは当地の有力モジュタヘド（独自の解釈・推論を許された法学者）、アーガー・ナジャフィーがタバコは不浄であるとの見解を表明、住民に吸引自粛を求めた。こうして、タバコ商人に始まり、ウラマー、職人層、店主、知識人、それに都市の浮浪層など広範な住民を巻き込んだ抗議運動は、一八九一年末に頂点に達した。

シーア派十二イマーム派の最高権威、ミールザー・シーラーズィーがタバコ禁忌のファトヴァーを発すると、イラン全土でいっせいにタバコ・ボイコットが始まった。当時テヘランにいた外国人観察者らは、シャーの後宮の女性たちから非イスラーム教徒（キリスト教徒、ユダヤ教徒）にいたるまでガリヤーン（水煙管《みずギセル》）を擱《お》いたことを記している。一八九二年初め、政府がテヘランの運動指導者で有力モジュタヘド、ミールザー・ハサン・アーシュティヤーニーにたいして公衆の面前でタバコを吸うか、テヘランを立ち去るかの二者択一を迫ると、これに抗議する住民は大挙して宮殿に向けデモ行進を敢行、死者をだす騒擾に発展した。この結果、一八九二年一月四日、シャーは利権破棄を最終的に表明した。

タバコ・ボイコット運動は一般に、専制的支配を続けるガージャール朝権力にたいしてイラン史上はじめて広範な住民運動が勝利したケースとして語られる。同時に列強による植民地主義的支配に反対することを明確に掲げた住民運動であり、その意味でイラン・ナショナリズム運動の嚆矢《こうし》として高く評価されている。しかし一方で、運動指導層の場あたり的対応や内部的確執もその後に問題を残した。さらに、利権を破棄に追い込んだことで、結果として課せられた賠償金の支払いが重くのしかかり、その解決のために借款に頼るという悪循環に陥り、一層深い経済的・金融的従属化の淵にはまり込んでいったことも事実であった。

経済闘争から立憲闘争へ

一九〇四年はイランにとって災難続きの年であった。全国的な不作やコレラの発生に加えて、日露戦争の勃発により国内の食料品が高騰し、テヘランをはじめとする主要諸都市では同年末の三カ月間だけで砂糖の値段が三三％、小麦の値段が九〇％値上がりした。一方、政府がとった対策は関税収入の減収、物価の高騰、あらたな借款の失敗などから商人層に照準をあわせた増税であった。こうして、無為無策に終始する王朝政府の経済政策にたいする批判がつのっていった。

日露戦争に日本が勝利を収めたという知らせは西欧列強の支配を目のあたりにしていた中東諸地域の住民に大きな希望を抱かせることとなった。とくにイランにおいてはアジア唯一の立憲国家が西欧の専制国家を打ち破ったとして歓迎され、十九世紀以来つねに重くのしかかっていた北の脅威を前に溜飲を下げるとともに、タバコ・ボイコット運動の経験を通じて深まりつつあったガージャール朝の専制的支配にたいする批判が経済闘争を通じて一層強まっていった。

一九〇五年にはいって、経済的窮状の打開を求める声がしだいに顕在化するなか、四月終わりには二〇〇名程の両替商を中心とするテヘランの商人たちが、ベルギー人税関局長の罷免などを求める動きを示した。同年末には砂糖価格の高騰を理由にテヘランの砂糖商人二名が逮捕され処罰を受けたことに抗議してバーザールが一斉休業にはいり、約二〇〇〇名のテヘラン住民がハズラテ・アブドル・アズィームにバストをおこない、テヘラン市長の更迭、大宰相エイノッ・ドウレの罷免、住民の権利擁護を保障する「アダーラト・ハーネ(正義の館)」の設置とシャリーアの実施を要求として掲げた。このときはじめて「イラン国民(メッラト)万歳」が叫ばれたという。

しかし政府側からは十分な対応がみられず、抗議の波は広がっていった。一九〇六年七月末には、ふたたび二つの大規模なバストが展開された。ひとつはテヘランの有力なモジュタヘドであるモハンマド・タバータバーイーやアブドッラー・ベフベハーニーに率いられた一〇〇〇名程のウラマーによるゴムへのバスト、もうひとつは商人・職人層や下級ウラマーを中心にしたイギリス公使館内庭へのバストである。後者は八月初めには一万四〇〇〇名をこえる人数に膨れあがった。ここでまとめ上げられた要求のなかに、大宰相の罷免やゴムでバストをおこなっている者たちのテヘラン帰還許可などに加えて、はじめて国民議会の開設要求が登場した。住民の圧力に屈したシャーはこれを基本的に受け入れ、八月五日には立憲制(マシュルーテ)樹立にかんする詔勅を発した。立憲制樹立要求にたどり着くこうした運動の開始(一九〇五年)から、一九一一年末に第二議会が解散に追い込まれるまでの時期の一連の政治過程は一般に立憲革命と呼びならわされ、イラン近現代史上の重要な画期と位置づけられている。

第一議会と国民国家宣言

かくして事態は急速な展開をみせ、九月九日には選挙法が公布され、十月七日には地方選出の議員の到着を待たずにテヘラン選挙区選出の議員のみの出席をもって第一議会(制憲議会)が開催された。六つの階層(王族・ガージャール族出身者、ウラマー、アヤーン・アシュラーフ〈名士層〉、商人、地主、職人・手工業者)別に選出された一五六名の議員のうち、じつに六〇名がテヘラン選出であり、首都偏重が顕著であった。しかもこの第一次選挙法(第二次選挙法は一九〇九年七月一日、第三次選挙法は一一年十一月二十五日に施行された)は、選挙人資格として二十五歳以上であること、一〇〇〇トマーン以上の不動産を保有していること(地主の場合)、しかるべき店舗をかまえていること(商人の場合)、公認されたギルドに所属していること(職人・手工業者の場合)といった条件が付された制限つき選挙法であった。注目すべきはイラン臣民(国民)であることが選挙人の絶対条件とされていたことである。ちなみに第二次、第三次の選挙法では、年齢制限、資産条件は幾分緩和されたものの、イラン国民であることという条件は変わらず受け継がれている。一方、これら三つの選挙法に共通してみられる被選挙人資格としては、イラン国民であることに加えて一定程度ペルシア語の読み書き能力を有することがうたわれ、さらに第二次・第三次選挙法では、イスラーム教徒、キリスト教徒、ゾロアスター教徒、ユダヤ教徒に限ることが明記されている。ここに「国民」と「非国民＝外国人」とを峻別することができると同時に、国民国家の特質を確認することができると同時に、ペルシア語の共有という一様性・均質性を国民に期待する立憲政府の基本的志向をみてとれるのである。

憲法制定に向けての準備も大急ぎで進められ、国民議会《マジュレス》の構成とその管掌範囲および上院《セナー》の設置にかんする全五一条からなる第一部は一九〇六年十二月三十日にはシャーの署名をえた。より重要な全一〇七条からなる第二部（憲法補則）もわずか三カ月間で草案作成作業を終え、第一議会開設からちょうど一年たった一九〇七年十月七日には議会を通過しシャーの署名をえて公布された。アジアで最初の民主的憲法と称揚されるこの憲法は、フランス人権宣言（一七八九年）の精神を積極的に盛り込み、立憲主義憲法の古典的表現と称されたベルギー憲法に主として範をとって編纂された。三権分立の原則に立ち、国家の権力は国民《メッツ》に由来し、シャーの統治権は神から委譲されたものではなく、国民《ラト》から託されたものであることが明記された。政府はこれまでのような事実上のシャーの諮問機関ではなく、議会に責任をもつことが義務づけられた。法の前における平等がうたわれた国民は、生命・財産・名誉そして住居の不可侵、教育の自由および義務教育を受けること、出版の自由、集会の自由、信書の秘密保持などの諸権利が約束された。また、イランの国およびその州・県の範囲が不可変のものであることをうたい、イランが領域国家であること、そしてその領域への本源的な拘泥《こうでい》を宣言した。

憲法制定に加えて、第一議会の活動のなかでもとくに注目に値するのは財政・経済面での取り組みであった。開会早々に政府から提案のあった借款案を否決する一方で、ヴォスーゴッ・ドウレを委員長とする財務委員会が設置され、土地保有や地税行政にかんする四つの重要な提言がおこなわれ、立法化された。

(1)王族・高位高官に毎年支給されてきた年金・下賜金の大幅削減あるいは廃止、(2)地方知事による経常賦課以外の徴税の規制、(3)換算率(タスイール)の廃止、(4)トゥユール制の廃止である。ガージャール朝の後期には、膨れあがる年金・下賜金が国庫支出の二〇%にまで達し、王朝財政圧迫の原因となっていた。土地に課せられた租税を現金に換算する際の一定の換算率を意味するタスイールは、長年にわたって変更することなく用いられてきたため、穀物価格の変動などにより現実にあわなくなっていた。このトゥユール制の廃止は、「中世の終焉を画する」(A・K・S・ラムトン)ものであるとしても、この時期ほとんどトゥユールから大きな利益をあげていなかったトゥユール保有者にとって実際上はさして痛手とならず、耕作農民にとってもなんら生活上の改善を意味するものではなかった。

三権分立の一翼を担う司法部門においては、従来から受け継がれてきたオルフ(慣習法)法廷とシャリーア法廷の二元体制に抜本的変革が加えられることはなかった。それでも一九〇七年には四種類の法廷(資産・財政関連訴訟法廷、刑事裁判法廷、控訴裁判法廷、高等控訴法廷)があらたに設置され、〇八年にはオルフ法廷とシャリーア法廷とのあいだを調停する法廷も併置されて、法典の編纂も試みられた。しかし、ウラマー層の抵抗などにより作業は困難をきわめ、実際にはほぼ従来どおりの体制が続いた。

さて、第一議会のもとにあって、とくに目立った社会的動向として注目されるのは、ジャーナリズム(とくに新聞の発行活動)のめざましい成長である。十九世紀後半から本格化するイランの新聞発行は、しばらくは政府官報の類が主流を占めていたが、立憲革命期に出版の自由が保障されるなど条件が整うと、一気に加速され、その大多数が立憲制支持の論陣を張った。一九一一年末の段階でイラン国内で発行されていた三三五紙のうち、革命期以前の創刊は六六紙にすぎない(ちなみに、国外で発行されていたペルシア語紙の場合は五割近くが革命期以前の創刊であった)。また、テヘランとタブリーズを除く他の諸都市の新聞はほとんどすべてが革命期に創刊されたものであった。新聞の創刊点数が頂点に達するのは一九〇七年であるが、立憲運動の展開という観点からとくに注目されるのは、『アンジョマン』紙(一九〇六年創刊、タブリーズ)と『マジュレス』紙(同年創刊、テヘラン)の二紙である。両紙ともたんに政論主張の手だてというよりは、報道に重点がおかれ、それまでの新聞にはない広い公示性を有する新聞として画期的であった。世論を進化する手だてであり、国民にとって有益な情報を広める手段であることをもって自らを任じていた立憲革命期のこれら諸紙は、イランにおける国民的世論の形成、そして国民統合に向けてのイデオロギー形成の先駆け的役割りをはたしたといえよう。

第一議会のもとでつぎつぎと誕生するアンジョマンは、立憲革命の屋台骨(パースィー・サイクス)ともいわれるように立憲運動の組織的基盤という観点からはとくに注目される。アンジョマンとは本来「集会、団体、協会」などを意味するペルシア語であるが、これが政治的文脈で頻用されるようになるのは立憲革命期においてである。こうしたアンジョマンは十九世紀末ごろから政府高官や大商人、知識人らによって文化的啓蒙事業を推進する母体として創られていたが、立憲革命期には集会の自由が憲法で保障されるなどの環境整備が進み、立憲派、反立憲派を問わずおびただしい数のアンジョマンがあらたに誕生した。「アゼルバイジャン・アンジョマン」「南部イラン人・アンジョマン」などは出身地や地域的紐帯に、「アルメニア人・アンジョマン」「ユダヤ教徒・アンジョマン」「ゾロアスター教徒・アンジョマン」などは宗教的あるいは民族的結束に、「同業者ギルド・アンジョマン」「モストゥフィー(財務官僚)・アンジョマン」「トッラーブ(イスラーム学徒)・アンジョマン」などは職業的・社会的背景に基づくものであった。ほかにも、「ガージャール王族アンジョマン」とか、「女性アンジョマン」など、組織原理は多岐にわたり、最盛時にはテヘランだけでその数一二〇とも、二〇〇ともいわれた。しかし、明らかなように、立憲制を支持するか否かを別にすれば、大多数は特定の政治的立場や政治的イデオロギーに基づいて組織されていたとはいいがたく、その意味でなんらかの政治的党派の出現を告げるものではなかった。

これらアンジョマンの多くは立憲運動を底辺で支える重要な組織母胎であったが、同時に利害関係も複雑に入り組み、政治的混乱の原因ともなりかねなかった。事態を憂慮した議会は「州・県アンジョマン設置法」(一九〇七年五月)、および同年十月制定の憲法補則において、アンジョマンを「公的」なものと「非公的」なものに分け、前者に地方議会としての機能をもたせると同時に、一定程度の地方行政を担当する役割をも付与した。しかし、そうした期待を実際に担いえたのは、タブリーズ、ラシュトなどごく限られた都市(地方)のアンジョマンのみであった。

立ち上がるイラン国民

ガージャール朝第六代、モハンマド・アリー・シャー(在位一九〇七～〇九)はアゼルバイジャン総督職にあった皇太子時代から強硬な反立憲派として知られ、即位の式典にも議会代表の出席を排除するなど露骨な対抗姿勢をみせていた。一方、一九〇七年にはいり憲法補則の審議が始まり、立憲体制の具体的な肉付け作業の段階にはいると、立憲制の意味をめぐってウラマー層内部における亀裂がしだいに明らかとなっていった。テヘランの有力モジュタヘド、シェイフ・ファズロッラー・ヌーリーらは、立憲制はあくまでもシャリーアに即したもの(マシルーエ)でなければならないとして、草案に盛り込まれた諸宗教集団の法の前における平等やシャーリア法廷の権限縮小などに強い反対の意を表明した。六月末には五〇〇名程のウラマーを引き連れハズラテ・アブドル・アズィームにバストをおこない、イラン全土に向けて議会の打倒を打電した。

立憲革命期のテヘランでのルーハーニー(ウラマー)**たちのデモ**　イランにおける立憲革命は当初，西欧的改革をめざす知識人とイスラームの伝統的知の体系を担う彼らとの緊密な連携が際立った特徴であったが，しだいに両者の齟齬が鮮明となり，革命の推進にとって大きな障壁となっていった。

八月三十一日、イギリスとロシアがイラン議会の意向を無視してイランをそれぞれの影響圏に分割する協定(英露協商)に調印したことが明るみにでると、議会は多大な衝撃を受けた。おりしも同日、シャーの期待を担う大宰相、アミーノッ・ソルターンが議会前で急進的立憲主義者の若者によって暗殺されると、反立憲派は危機感をつのらせると同時に反議会の動きを一層活発化させた。同年十二月なかばには大規模な反議会デモを組織して議会に押しかけ、議会派と衝突して多数の死傷者をだした(トゥープハーネ事件)。一九〇八年にはいるとイラン全土で立憲派と反立憲派の軋轢が先鋭化し、テヘラン、タブリーズ、エスファハーンなどでは武力衝突に発展した。モハンマド・アリー・シャーにたいするテロ未遂事件も発生し、緊張が高まるなか、六月十一日にシャーは戒厳令を発令、ガッザーク旅団(創設時の連隊から旅団規模に拡充されていた)の司令官、リャホフ大佐を戒厳司令官に任命して、アンジョマンの解散や集会の禁止を宣告した。そして六月二十三日には、一〇〇〇名のガッザーク部隊が実際に議会砲撃をおこない、数百名の立憲派を殺害し議会を否応なく解散に追い込んだ。こうして、シャーのクーデタが成功をおさめると、立憲派は一時的後退をよぎなくされるが、立憲制擁護、回復の闘いはほどなく全土の都市を拠点に開始された。

いち早くシャーの反立憲派勢力に対抗して徹底した武装闘争が組織されたのは、もっとも強力なアンジョマンを組織していたアゼルバイジャン地方の中心都市タブリーズであった。タブリーズはガージャール朝の対ロシア戦略上の拠点都市であったのみならず、十九世紀前半から半ばにかけて、イランの対ロシア・対ヨーロッパ貿易の中継ぎ都市としてもめざましい経済的発展をとげ、一八七三年には人口一五万人を擁するイラン随一の都市へと成長していた。こうした西欧との通商関係を通じて、タブリーズはいち早く西欧の新しい政治思想をはじめとする多くの文物を吸収していった。また、十九世紀後半から二十世紀初頭にかけて、イランから隣接する新興工業地帯カフカズへ多数の出稼ぎ労働者が流出したが、その多くを送り出していたのがアゼルバイジャン地方であった。これら出稼ぎ労働者の存在はカフカズにおける労働運動、革命運動のイランへの浸透を容易にし、とくにタブリーズをはじめとするアゼルバイジャン地方の諸都市では反専制闘争、立憲闘争の強力な基盤をかたちづくっていった。

立憲制ということばが他に先駆けて一般化していたのもタブリーズであったといわれている。その一例をタブリーズ・アンジョマンにみることができる。全国に先駆けて組織された同アンジョマンは、第一議会のもとで立憲派の拠点組織へと成長し、大商人による小麦の退蔵禁止、肉・パンなどの日常必需品の価格高騰の抑止、統一的計量単位の導入などの実務行政を担う一方、タブリーズの警察部門を掌握し、裁判業務も管轄下にいれていた。このタブリーズ・アンジョマンに少なからぬ影響力を有していたのが社会民主党であった。一九〇六年の末ごろまでには組織されていたと思われる同党は、第一議会のもとにおけるイランで唯一の政治的結社といってもよく、カフカズの社会民主党や社会民主主義者らとも直接的・間接的な協力関係をもっていた。

こうしてタブリーズに培われた政治的土壌はシャーのクーデタに際して本領を発揮した。クーデタの成功と同時にタブリーズ・アンジョマン自体は自壊の運命をたどるものの、社会民主党の指導のもとに商人、職人、中・下級ウラマー、ルーティー(任俠《にんきょう》・無頼《ぶらい》の徒)など幅広い住民層からなるモジャーヘダーン(義勇的武装闘争集団)が組織された。最盛時には四万人ともいわれたシャーが差し向けたタブリーズ包囲部隊(大部分はシャーサヴァンなどの遊牧民部隊)を向こうに回して、一二万人程のモジャーヘダーンは、一一カ月

サッタール・ハーンとタブリーズのモジャーヘダーン　立憲革命期に立憲派と王党派のあいだでもっとも激しい市街戦が戦われたタブリーズにおいて，立憲派の戦闘部隊の主力はモジャーヘダーンと呼ばれる義勇戦士たちであり，彼らを指揮していたのがサッタール・ハーンであった。彼は，国民将軍の尊称をもって呼ばれた。

間にわたる防衛戦を戦いぬいた。その攻防戦を実際に指揮したのは、各街区を拠点とするルーティーたちであった。馬喰《ばくろう》出身でアミールヒーズ地区の名だたるルーティーで街区長を務めていたサッタール・ハーン、石工出身でヒヤーバーン地区のルーティーをとりまとめるバーゲル・ハーンらは、自らを「国民の僕」と呼び、マシュルーテ(立憲制)護持を旗印に、自らが所属し生活の場としている街区を包囲軍(外敵)の略奪から守りぬいた。とくにサッタール・ハーンはアゼルバイジャン地方の伝説的英雄クル・オグルにもたとえられ、レーニンも自著のなかで彼をペルシアのプガチョフと讃えている。のちに、包囲戦のなかで復活したタブリーズ・アンジョマンより、サッタール・ハーンは国民将軍の、バーゲル・ハーンは国民司令官の尊称をそれぞれ与えられた。この防衛戦のさなか、タブリーズの立憲派は、アゼルバイジャンのメッラト(国民)はモハンマド・アリー・シャーの統治権をけっして受け入れず、タブリーズをイランの臨時の首都とし、タブリーズ・アンジョマンがイラン国民議会の任をおうことを全国に向けて宣言した。

こうして、頑強に続けられたタブリーズ防衛戦の知らせはイラン全土で立憲派の反攻を呼び起こした。とくにラシュトでは入念な計画のもとに立憲派の蜂起が実行に移された。ラシュトには煉瓦工出身のアルメニア人で民族主義組織ダシナクの党員であったエプレム・ハーンなどを中心にサッタール委員会が結成されていたが、カフカズからの武器・弾薬、および人的支援をえると、一九〇九年二月に蜂起を決行し、アンジョマンを再建して、地方権力を掌握した。こうして地方の実力者セパフダールを総帥にいただくと、おりしも立憲制回復を旗印にエスファハーンを掌握し、テヘラン進軍を始めていたサルダーレ・アスァド麾下《きか》のバフティヤーリー部隊に呼応してテヘラン進軍を開始した。

逼塞する立憲制

一九〇九年七月中旬には、ギーラーンの部隊とバフティヤーリー部隊がほとんど流血をみることなくテヘランに入城し、モハンマド・アリー・シャーはロシア大使館に亡命して、ガージャール朝最後の君主となるアフマド・シャーが即位した。テヘラン奪回の立役者セパフダールが戦争相、サルダーレ・アスァドが内相に就任した政府は、モザッファロッ・ディーン・シャーが立憲制の詔勅を発してからちょうど四年目にあたる八月五日に第二議会の再開を宣言した。資産条件を幾分緩和し、社会層別選出を排して宗教的少数派への議員割りあてをあらたに設定、テヘラン選挙区への割りあてを六〇名から一五名に削減し地方割りあてを九六名から一〇一名(有力遊牧部族集団割りあて分を含む)にふやしておこなわれた選挙の結果、職人・手工業者層の代表の割合が相対的に減少し、第一議会に比べて全体的に穏健な傾向をおびることとなった。立憲派によるテヘラン奪回直後から始まっていた穏健派(エテダーリー)と革命派(エンゲラービー)の対立は第二議会にもちこされ、有力モジュタヘド、アブドッラー・ベフベハーニーらに率いられた前者は、ウラマー、地主、高級官僚出身者を中心に議席のほぼ三分の二を占め、自ら穏健社会党(通称はエテダーリユーン)を名乗った。一方、後者はハサン・タギーザーデらを中心に官僚、新聞人、ウラマー出身者ら二七名の議員によって組織され、議会内では社会民主党(通称はデモクラート)を名乗った。前者が立憲君主制の強化、シャリーア・家族生活・個人的所有にかんする法の護持の原則に立ち、バーザール中間層への支援、無政府主義者・無神論者・デモクラート・マルクス主義者らによるテロリズムの排除を掲げたのにたいして、後者は機関誌『イーラーネ・ノウ(新イラン)』を通じて東洋的専制、封建的支配階級、西欧帝国主義をイランの敵として攻撃、法の前における平等、政教分離、無償教育、新しい租税体系の導入、土地改革、産業化の推進、一日最大一〇時間労働の実現などを具体的な達成目標として主張した。

両派の対立は議会外では武装闘争、さらには暗殺の応酬にまでおよんだ。一九一〇年七月なかば、アブドッラー・ベフベハーニーが暗殺されると、二名の急進的立憲主義者が同師の支持者らにより報復を受け殺害された。事態を憂慮した政府は武器携行禁止令を発するが、これを原則的に受け入れたデモクラートにたいして、これを是としなかった穏健派に属するサッタール・ハーンらは警察部隊との戦闘の末、武装解除された。

このように政争の舞台と化した第二議会のもとでは実質的改革は期待すべくもなかったが、それでも、司法部門では第二議会内に司法委員会が設置され、フランス人法律家アドルフ・ペルニを招聘して民法典の編纂作業に取り組み、さらに司法省自体の刷新がはかられた。また、教育部門でも一九一〇年九月には、無償の初等教育の実施、教育関係統計の実施、教員の養成、教科書の作成などをうたった教育・ワクフ・芸術省管轄法が可決され、翌一一年十一月には教育基本法が制定されて、イスラームを基本にすえた公教育構想が打ち出された。

このほか、第二議会が取り組んだ重要課題に財政改革がある。これは年間四〇%にも達するといわれた赤字財政を解消し、現状に符合しなくなった旧態依然たる徴税制度に抜本的メスをいれて国家財政の再建をはかろうとするものであった。その実行者として議会の承認をえて招聘されたアメリカ人財政顧問モルガン・シャスターは、イラン財政にかんする全権を付与された財務長官に就任すると、ロシアの庇護下にあったベルギー人税官吏らの審問、円滑な徴税業務の推進を目的とした国家ジャンダルメリー(のちの地方警察〈ジャンダルメリー〉の前身)の創設、一部王族の土地の接収などの措置を矢継ぎ早に進めた。こうして、シャスターとロシア政府との確執が深まるなか、国庫ジャンダルメリーとガッザーク部隊との武力衝突も発生し、ロシア政府はイラン政府にたいしてシャスターの罷免を求めて最後通牒を突きつけた(一九一一年十一月)。これを議会は一度は拒否するが、同年十二月末、事実上イギリスの黙認をえたロシア軍二万人が北部イランに侵攻するにおよんで、解散のやむなきに追い込まれていった。

イラン・ナショナリズム思想の諸潮流

十九世紀後半以降、西欧列強によるイランにたいする軍事的・政治的・経済的支配がしだいに顕在化し強化されていくなかで芽を吹いた祖国（ヴァタン）としてのイラン・ザミーンへのこだわりやイラン人としての自覚は、住民の側からの明確な抵抗の意思表明でもあったこれらタバコ・ボイコット運動や立憲革命を通じて、徐々にイラン・ナショナリズムを支えるいくつかの思想的潮流へ成長していった。

ひとつは、イラン国民の自立と独立のための基本的条件は、イランにおいて西欧流の民主主義と国民主義が確立されることにあるとする立場であった。これは十九世紀後半の啓蒙主義者マルコム・ハーンらの主張に発し、立憲革命期の議会において主導的役割を担ったハサン・タギーザーデらの立憲主義者に受け継がれていった。そして後述するように石油国有化を断行したモハンマド・モサッデグらのイラン国民戦線の運動へと発展していくのである。

ひとつは、古代礼賛ナショナリズムともいうべき立場で、イランの文化的・民族的伝統はイランがイスラーム化する以前から受け継がれているものであることを主張した。こうした論調はファトフ・アリー・アーホンドザーデ、ジャラーロッディーン・ミールザー、ミールザー・アーガー・ハーン・ケルマーニーらによって粗形がかたちづくられた。この立場からは、十九世紀以降のイランが経験する屈辱的状況をもたらしたイラン社会の疲弊や憂うべき事態の原因はひとえにアラブの侵入とイランのイスラーム化にあるとされた。こうした考え方は、立憲革命以後は国粋的なさまざまなイデオロギーと結合しながら影響力を増し、レザー・シャー体制の支配イデオロギーへと発展していくことは後述する。

ひとつは、マルクス主義の影響のもと、階級的立場に立ちながらも、イランの政治的・経済的発展の障《しょう》碍《がい》となっているのは、ブルジョワ階級の存在というよりは、列強による植民地主義的支配であるとして、イラン国民(民族)の政治的独立を最優先の達成課題に掲げる立場である。これは後述するようにギーラーン革命のなかで「民族革命」優先の立場をとったヘイダル・ハーンや、アゼルバイジャン国民政府の首班ジャファル・ピーシェヴァリー、草創期イラン共産党の指導部の一員でのちに第三勢力を創設して国民戦線に参加するハリール・マレキーらに受け継がれていく。

最後のひとつは、イスラーム的ナショナリズムとも呼ぶべき立場である。西欧の侵略にたいしてイラン人民が一致団結して立ち向かうための強固な基盤を提供しうるのは唯一イスラーム的紐帯のみであることを主張する。こうした立場の先駆的唱道者としてはセイエド・ジャマーロッディーン・アサダーバーディー(通称アフガーニー)をあげることができる。彼の活動の足跡は広く中東、ヨーロッパ、インドにおよんでいるが、イランにおいてはナーセロッディーン・シャーの列強追随政策と専制的支配体制に批判をあびせた。この考え方もイラン近現代史の展開のなかではつねに一定の役割を担い、そしてイスラーム革命ではほかのさまざまな立場を排して主導的役割をはたすことになるのである。

第八章　現代のトルコ、イラン

1　トルコ革命——一党支配の時代

「独立戦争」の準備と組織化

一九一八年十月三十日、オスマン帝国と連合国とのあいだにムドロス休戦協定が結ばれた。そしてその協定はただちに実行に移され、ボスフォラス、ダーダネルス両海峡地域をはじめ、オスマン領各地が連合軍に占領されていった。同時にギリシア人、アルメニア人の組織は、独立国家樹立をめざして活動を始めていた。

こうした状況のなか、最高幹部が国外へ脱出した「統一と進歩委員会」(以下「統一派」)は、党の再建と、アナトリアにおける抵抗運動の準備にとりかかっていた。「統一派」はすでに、官僚機構、とくに軍と警察のなかで決定的な影響力をもっていたが、敗戦直前の十月末には、タラート、エンヴェル両パシャの主導によって地下組織「カラコル(「見張り」)」がつくられていた。その目的は、党のメンバーを連合軍とアルメニア人の報復とから守り、アナトリアへ逃がすこと、そしてそのアナトリアにおいて、連合軍やその支援を受けて活動するギリシア人、アルメニア人の組織にたいする抵抗運動を指導すること、の二点であった。「カラコル」は、イスタンブルに成立した反「統一派」政権の機密情報を、陸軍の電信を用いてアナトリアへ送り、また連合軍におさえられた多くの武器・弾薬を奪取して、これもアナトリアへ送った。

一方イスタンブル市内では、十二月になると「国民会議」が開かれていた。これには、第二次立憲制期に組織され、「統一派」と深く結びついて活動を進めていた「トルコ人の炉辺」をはじめとする文化・教育団体や、敗戦後の十一月以降、とくにトラキアのブルガリアへの併合を防ぐべく、これも「統一派」の主導でつくられていた「権利擁護委員会」から代表が参加し、以後ほぼ一年にわたって、トルコ人の権利を内外に訴えるべく、広報活動を展開していくことになる。

こうした動きにたいし、イスタンブル政府は十二月下旬、「統一派」が圧倒的多数を占める議会を解散し、同時に、彼らにたいする圧迫を徐々に強めていった。政府と宮廷の関心は、王朝とその玉座のあるイスタンブルの保全のみにあり、それを実現するために、彼らは連合国、とくにイギリスの怒りをかうことを極度に恐れていた。その連合国は、大戦中の協定にそってオスマン領を分割する必要があったが、各国の思惑はくいちがい、同時に彼らは長年の軍役から解放されることも望んでいた。これを察知したギリシアの首相で、大ギリシア主義を信奉するヴェニゼロスは、連合軍にかわってギリシアがアナトリアを占領することを提案。イギリスのあと押しでこれが認められると、ギリシア軍は一九一九年五月十五日にイズミルに上陸し、エーゲ海沿岸地域を占領した。

オスマン帝国分割に反対する「国民会議」　アヤ・ソフィア・モスク前の広場で，イスタンブル大学女子学生代表の演説を聞く群衆。

一方、しだいに逼迫する状況のなか、運動の象徴ともなる高い威信をもった「指導者」を求めていた「カラコル」からの接触を受け、しかし明確な回答は与えずにいたムスタファ・ケマル(のちのアタテュルク)が、その忠誠を信じたイスタンブル政府によって、五月五日、第九軍監察官に任命されていた。そして五月十九日にケマルは、黒海沿岸のサムスンへ、その近郊で頻発する不穏な動きをおさえるべく、上陸した。こうしてアナトリアの抵抗運動は、ようやくその象徴ともなりうる「指導者」をえたのであった。

ケマルはまず、分散した軍に統制を取り戻すため、アナトリア全域から代表を集めて会議を開くことが急務であると考えた。そして、ムドロス休戦協定のオスマン側代表を務め、やはり五月に抵抗運動をおこなうべく独自に活動を始めていたヒュセイン・ラウフや、第十五軍団を率いて東部アナトリアのエルズルムにいたキャーズム・カラベキルらと相談の結果、エルズルムで会議が開かれることになった。七月二十三日から二週間におよんだ討議の末、この会議では、東方諸州が「オスマンの祖国」から分離しえないことや、スルタン・カリフ位の保全のために国民軍が結成されることなどを骨子とする声明が採択され、あわせて、ケマルを長とする九名から成る代表委員会が、執行部として選任された。続いて、九月四日から一週間にわたっておこなわれたスィヴァス会議は、自らを「アナトリア・ルーメリア権利擁護委員会」総会と位置づけ、それがオスマン領内で展開されている抵抗運動全体を代表するものであることを宣言した。さらに、年末におこなわれたオスマン朝最後の総選挙で、旧「統一派」の組織力を生かした抵抗運動派の当選者が過半数を占めると、ケマルは、十二月に本拠を移していたアンカラにイスタンブルへ向かう議員を立ち寄らせ、今後の活動について協議をおこなった。この結果、新議会はアンカラ代表委員会の影響下におかれることになった。

そして新議会は、翌二〇年一月二十八日、オスマン領のうちトルコ人が多数を占める地域が不可分であることや、カピチュレーションの廃止等を内容とする「国民誓約」を採択する。これは、連合国の思惑と大きく乖離するものであったから、イギリスを中心とする連合軍が三月十六日に首都を占領するにいたる。さらに四月にスルタンが議会を解散すると、首都を脱出した議員に、「権利擁護委員会」支部から選出された議員をあわせ、四月二十三日にアンカラで「大国民議会」が開かれた。議会は五月にはいると内閣も組織し、こうしてアナトリアの抵抗運動は、ムスタファ・ケマルに指導される革命政権として立ち上がった。

「独立戦争」の展開と組織の統一

しかし革命政権は、内外で多くの危難に直面していた。イスタンブル政府は、四月十一日には、カリフの命によって「叛徒」(すなわちアンカラに従うもの)を殺すことが宗教的義務である旨のフェトヴァをシェイヒュルイスラームにださせるなど、さまざまな妨害手段を講じた。また連合国は六月になると、エーゲ

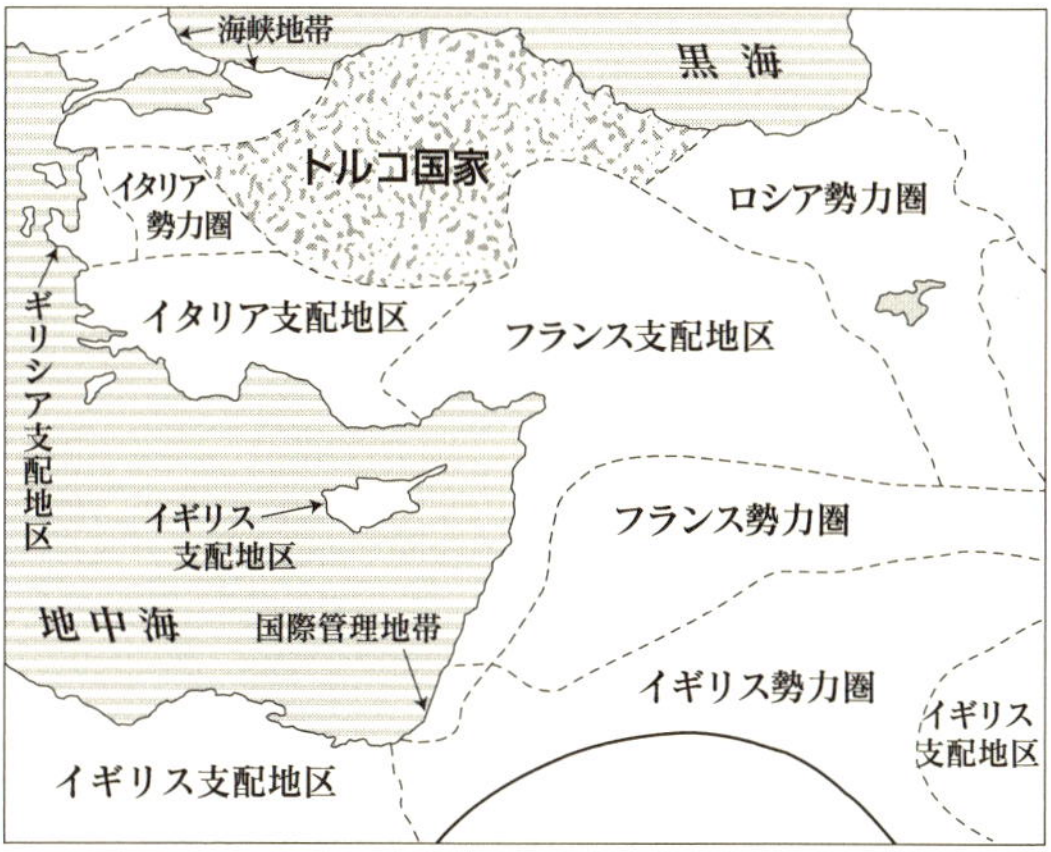

サイクス・ピコ密約(1916年)によるオスマン領の分割

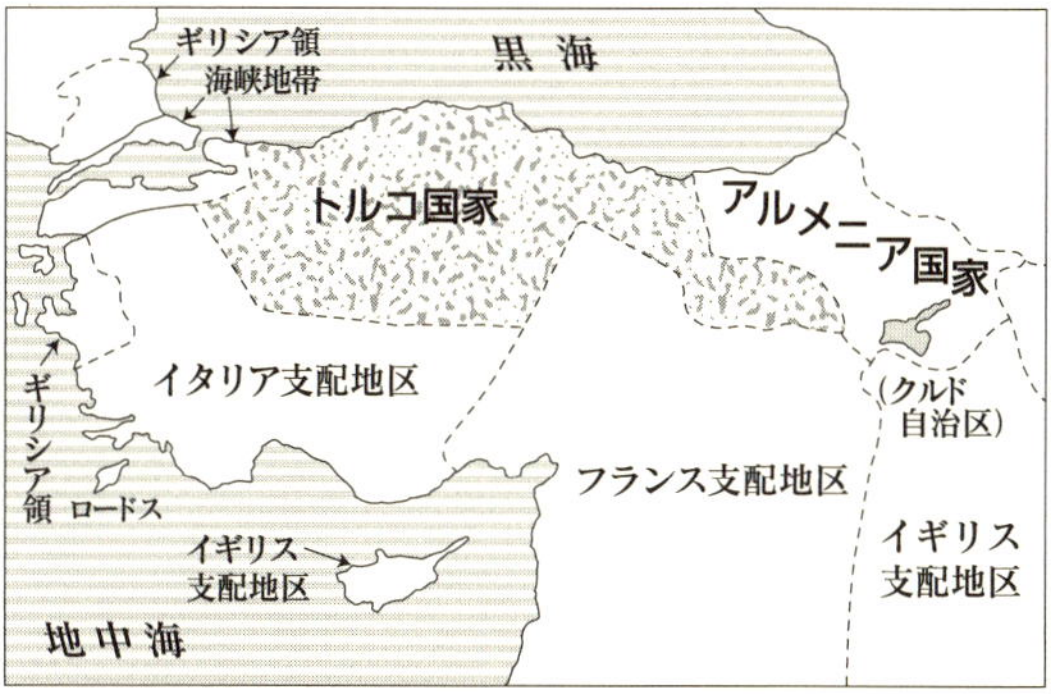

セーヴル条約(1920年)によるオスマン領の分割

海沿岸地域を占領していたギリシア軍を、内陸へ向けて進軍させた。そして、こうした事態の流れにのって、連合国は八月十日にイスタンブル政府とのあいだにセーヴル条約を締結した。大戦中のサイクス・ピコ密約を中心とする協定に従ってオスマン領を分割し、第二次立憲制期に一方的に廃止が宣言されていたカピチュレーションを復活させたこの条約は、それを実行させるという名目で、ギリシア軍の侵攻にも正当性を与えたのであった。

こうした重大な危機のなか、アンカラ側にとってほとんど唯一の光明が、ソヴィエトの存在だった。ボリシェヴィキとの交渉は「カラコル」によって進められていたが、ケマルもこの年一九二〇年の四月に、キャーズム・カラベキルの草案をもとにモスクワ政府宛の書簡を送付し、これに理解を示す返書を六月に受け取っていた。そしてさらに、友好条約締結へ向けて交渉が続けられていたが、アルメニア問題の存在が交渉の障害となっていた。しかし、アナトリア東部への攻撃を開始したダシナク派のアルメニア共和国軍を、九月以降キャーズム・カラベキルが撃退し、さらにアルメニア領内に攻め込んで、十二月に条約を締結したことによって、この障害も取り除かれた。これはさらに、アナトリアにおけるアルメニア国家建設という、セーヴル条約の内容を実力で阻止した点でも、大きな意味をもつ勝利だった。翌二一年三月にはモスクワ政府とのあいだに条約が締結され、アンカラ政府ははじめて国際的に認知されるにいたった。

一方、アンカラ側が各地のパルチザン部隊の散発的な活動に頼らざるをえないほど、軍事的には弱体であった西部戦線では、一九二一年早々に、ギリシア軍がブルサから東方への進撃を開始していた。前年の十一月にケマルによって西部戦線司令官に任じられていたイスメット(のちのイノニュ)が、一月と三月の二度、イノニュ川でギリシア軍を撃退していたが、六月になると国王が自らイズミルに上陸して全軍の指揮をとり始め、アンカラ政府は大きな危機に立たされた。イギリスの援助をえて猛攻に転じたギリシア軍は、七月にエスキシェヒールを占領。トルコ軍は、ムスタファ・ケマルの決断によって、サカリヤ川の東にまで撤退したが、アンカラではケマル批判の声が高まっていった。この危機のなかでケマルは八月五日、総司令官として全軍を指揮する権限と、議会が保有するすべての権限を三カ月に限って掌握する「非常大権」を、議会によって賦与された。敗北必至とみて、スィヴァスへの後退を視野にいれていた反対派は、これによってケマルを失脚させうると考えたのであった。

だが、およそ三週間にわたるサカリヤ川の激戦は、ギリシア軍の敗走によって終止符が打たれた。トルコ側にもこれを追撃するだけの余力は残されていなかったが、しかしアンカラ政府は、これを契機に連合国によっても認知され始めた。そして一年後の一九二二年八月末、ようやく戦備の整ったトルコ軍は攻撃を開始し、九月にイズミルに入城、さらに十月にはマルマラ海南岸のムダニヤにおいて停戦交渉を開始させるにいたったのである。

だが、ようやくに勝利をえたこの「独立戦争」が、つねにムスタファ・ケマルのもとで一体だったわけではなかったし、またそれは、戦いが勝利したこの段階でも同様であった。ケマルはつねに、抵抗運動を準備した旧「統一派」によって、とくにいつでも彼にとってかわりうると考えていた人々によって、その地位を脅かされていた。だがケマルは、一九二〇年三月の連合軍によるイスタンブル占領を機に「カラコル」を解散させ、また、国境のバトゥームで待機していた旧「統一派」の領袖エンヴェルには、サカリヤ川の勝利で隙を与えなかった。そしてキャーズム・カラベキルをはじめとする将軍たちもまた、このとき同時に機会を逸したのである。また、ケマルの前には社会主義者グループもいて、彼らもまたケマルによる運動の掌握を脅かしていたが、ケマルはこれらの勢力もひとつずつ無力化することに成功した。だが、サカリヤ川の戦勝後も、大国民議会のなかには、むしろその勝利ゆえに独裁的傾向を一層強めたケマルにたいする警戒心をもつ人々がふえ、およそ六〇名からなる彼らは、二二年七月に「第二グループ」と呼ばれる野党を結成したのであった。

トルコ共和国の成立

こうした状況のなかで、ムダニヤ休戦協定締結後の一九二二年十月二十七日、連合国はセーヴル条約改定のための協議をローザンヌで開くべく、二通の招聘状をトルコへ送った。一通はアンカラ政府へ。そしていまひとつはイスタンブルへであった。ケマルはこれを機に、十一月一日、スルタン制とカリフ制との分離、および前者の廃止を大国民議会で決議させた。だがスルタン位と分離したカリフの職責をめぐって、ケマル派(「第一グループ」、のちの人民党)と「第二グループ」とのあいだに議論が戦われたことに象徴されるように、スルタン制廃止には少なからぬ抵抗が存在していた。

十一月二十日に開会したローザンヌ講和会議には、イスメットが代表として派遣されたが、会議は難航した。そして講和会議が一時中断しているあいだの一九二三年四月、ケマルは総選挙を実施し、「第二グループ」の人々を議会からほとんど排除することに成功した。そして八月、この新議会で、七月に調印されていたローザンヌ条約が、わずか十四名のみの反対で批准された。しかしこの時期には、ケマルの強引な手法にたいする不満が、とくに「独立戦争」を――場合によってはケマルより早い時期から――戦ってきた将軍たちのあいだに高まっていた。そのなかでケマルは、彼らがアンカラを不在にしていた十月二十九日に、抜き打ち的に共和制宣言を議会に提案し、可決させたのであった。

こうしてトルコ共和国が誕生したが、その前途は多難である。一九一一年のトリポリ戦争以来、二二年九月にギリシア軍をエーゲ海に逐い落とすまでの丸一一年間、ほとんど間断なく続いた戦争に、アナトリアは兵力を提供しつづけた。この間にアナトリアのムスリム二五〇万人が死んでいた。さらに一五〇万程のアルメニア人口が、「虐殺」と移住によってほとんど失われていたし、さらにギリシア人口の大多数も消えていた。トルコはこうして、たんに人口を減らしたにとどまらず、長年にわたって商工業に従事し、アナトリアと、そして都市を支えてきた貴重な民族要素を一挙に失い、疲弊したムスリムの農民と遊牧民が圧倒的多数を占め、言語的にはトルコ語人口とクルド語人口にほぼ限られた国へと変貌していたのであった。その共和国を、ムスタファ・ケマルは背負って立とうとしていたのである。

共和制宣言の手法が、ヒュセイン・ラウフをはじめとする将軍たちによって批判され、またそうした批判に、カリフのお膝元イスタンブルの世論が同調していた。さらに、カリフ位の重要性について、海外からも反響が届いていた。そうした一連の動きを、ケマルは強硬な手段でおさえたあと、一九二四年三月三日に、カリフ制の廃止を、これも大国民議会で、挙手による圧倒的多数によって可決させた。さらに四月には新憲法が制定され、こうしてトルコ共和国は、名実ともにオスマン帝国の残滓《ざんし》を振り払ったのであった。

反対派の組織化とその一掃

しかし議会にも、また与党人民党のなかにも、ケマルに批判的な勢力が存在しつづけていた。とくに軍内部のそれが強力だった。そしてキャーズム・カラベキルや、第二軍監察官アリー・フアトらの最高幹部をはじめ、抵抗運動最初期からの活動家だった人々が一九二四年十一月、人民党を離脱して進歩主義者共和党を組織した(同時に人民党も共和人民党と改称)。進歩主義者共和党は、政治・経済両面における自由主義を強調し、同時に権威主義や中央集権主義に反対して権力の分散と段階的改革の実施を謳《うた》っていた。ケマルは当初彼らに融和的態度をとっていたが、翌二五年二月にアナトリア東南部でクルド人の反乱が勃発すると、それを機に反対派の一掃をはかった。

反乱の報がはいると政府はただちに対応策を講じ、これを鎮圧。同時に、反乱に関係したかどで、六月には進歩主義者共和党の閉鎖が決定された。一方クルド人は、族長や教団のシェイフとその家族が、反乱にかかわらなかった者も含めて、アナトリア西部へ強制的に移住させられ、クルド地域とその住民のトルコ化が徹底されていった。

こうして反対勢力をおさえたあと、ケマルは改革を断行し始める。すでにカリフ制の廃止とともに、ケマルはイスラーム法の最高権威として君臨してきたシェイヒュルイスラームを廃止していた。同時に、ウラマーの養成機関であったメドレセを閉鎖し、さらにシャリーア法廷をも廃止していた。そして総理府内に「宗教局」を新設して、イスラームにかかわる事柄を国家の機構内で管理、処理していくことにしていた。こうした、イスラームを標的とした改革が、反対勢力をおさえこんだ直後の一九二五年九月に再度おこなわれた。今回は、人々の宗教生活を深いところで支えてきた神秘主義教団の修行場や聖者廟が閉鎖された。さらに十一月には、マフムト二世以来愛用されてきたフェズ(トルコ帽)が禁じられ、鍔《つば》つきの西洋帽に変えることが規定された。これらの決定にたいする反発は大きかったが、政府は毅然たる態度で臨み、同時期におこなわれたクルド反乱の懲罰とあわせて、七〇〇〇名をこえる逮捕者、六六〇名におよぶ処刑者をだしながら、改革を徹底させていった。

こうした急激な改革が社会を動揺させるなか、一九二六年六月にケマル暗殺計画が発覚した。首謀者はかつての「第二グループ」の有力メンバーであった。ケマルは迅速に行動し、必ずしも暗殺計画への関与が明確ではない者、さらに潜在的な者まで含めて彼の政敵、ないしライヴァルを、この機に完全に排除したのであった。そして二八年四月になると、憲法第二条における「トルコ国家の宗教はイスラーム教である」という文言が削除された。また十一月にはアラビア文字を排してローマ字を採用することが決定された。こうしてケマルは、「脱イスラーム化」による近代国家建設に向けて、全力をつくしていくのである。

「ケマル主義」の確立

一九二九年に世界恐慌が起こると、それは輸出用の農産物価格の下落などの深刻な影響を、若い共和国にもおよぼした。そうしたなかでケマルは、建国以来の経済政策の重大な転換をおこなった。共和国では、第二次立憲制期の「民族ブルジョワ」育成策を引き継ぎ、二四年のトルコ勧業銀行設立や二七年の産業奨励法制定によって、民間企業の育成がはかられてきたが、その政策は、それまで必ずしも思ったような成

ケマル主義の確立　トルコ共和国初代大統領ムスタファ・ケマル・アタテュルク(左)と第2代大統領になるイスメット・イノニュ(右)。

果をあげてはいなかった。こうして、世界恐慌下で民族産業の発展を支えるべく、三〇年以降「国家資本主義」政策がとられていくことになるのである。二九年十一月に通商協定を締結したソヴィエトからの援助や、その計画経済の影響もあったと思われる。

そして一九三一年の党大会で共和人民党は、すでに二七年大会で採択されていた「共和主義」「国民主義」「人民主義」「世俗主義」に加えて「国家資本主義」と「革命主義」を採用し、これらを、共和国を導く基本原理「六本の矢」としたのである。三七年には憲法のなかにも書き込まれるこの六つの原理は、しかしいずれも、明確に定義されたイデオロギーとはいいがたいものであった。したがって「ケマル主義」(のち、とくに八〇年以降は「アタテュルク主義」)と総称されることになる共和国の指導原理もまた、固定的な教条というよりむしろ、柔軟で可変的な枠組みとでもいうべきものであった。このことは、異なる見解をもつものが、いずれも「ケマル主義者」を主張できること、およびそれが情感に訴えるところが少なく、したがってそれだけでは民衆を主導しづらいという結果をもたらすことになる。そして第二の「欠陥」を埋めるために、救国者、国父としてのムスタファ・ケマル像の強調(ケマルは三四年に「アタテュルク」〈「父なるトルコ人」〉の姓を、議会から贈られた)と、彼にたいする一種の崇拝の徹底化がはかられることになる。

しかし、イスラーム的伝統を徹底的に消し去り、西洋化を推進するためには、アタテュルクへの尊崇の念の強調のみでは不十分だった。そこで、西洋帝国主義と戦って建国したにもかかわらず、西洋化によって国家の発展をはかるという、共和国がかかえていた一種の矛盾をも乗りこえるべく、トルコ民族としての誇りの感情の醸成に力がいれられることになる。公定のトルコ民族史があらたに書かれ、アタテュルクの行動と一体化された「トルコ革命史」とともに学校で教授された。さらに「トルコ人の炉辺」を党組織に吸収・改編した「人民の家」「人民の部屋」を通じて、国民教化がはかられていった。

一九三〇年代後半にはいると、「独立戦争」以来一貫してアタテュルクを支えてきたイスメット・イノニュ首相とアタテュルクとのあいだに軋轢《あつれき》が生じるが、三八年十一月にアタテュルクが死去すると、第二代大統領にはイノニュが選出され、「国民指導者」の称号をえた彼が、アタテュルクのしいた路線を継承していくことになる。

一党支配期の内政と外交

「国家資本主義」の採用にともない、一九三四年から第一次五カ年計画がスタートしていた。前年に設立されたシュメール銀行が工業開発を担い、多くの国営工場を設立するとともに、民間企業にも経営参加をして、工業化を主導していくことになった。アタテュルクによって勧業銀行総裁からさらに財務相に起用され、三七年には一時イノニュにかわって首相にも任じられたジェラール・バヤルが、「国家主導」を、民間企業が自立するまでの一時的な方策と考えるのにたいし、イノニュとその側近が「国家主導」をすべての分野で永続的におこなわれるべき方策と考えていたように、共和人民党内が一枚岩的な結束を保っていたわけでは必ずしもないが、しかし三八年以後はイノニュが主導権を握りつづけていった。

シュメール銀行は、製鉄、製紙などでは国内生産のすべてを担っていたが、木綿工業のように、国営企業に互して民業の発展する部門も存在した。「国家」はまた、農業にも介入した。第二次立憲制期に、「統一派」を支える重要な基盤であった地主・富農層への融資に大きな役割をはたしてきた農業銀行が、この時代にも農産物の買い支えや価格調整をおこない、農業生産は大きな伸びを示すことになった。

一方、対外政策の面では、過酷な総力戦の末に勝ちとった共和国の国境を維持するために、トルコは慎重で現実的な外交政策をとることをよぎなくされた。まず、「独立戦争」期を通じて絶望的に悪化していたイギリスとの関係を、モースルのイギリス領イラクへの編入にかんする交渉のなかで修復していった。そしてそのイギリスの仲介をえて、シリアとの国境問題が解決された。トルコ人口が多数を占めるにもかかわらず、フランス委任統治下のシリア領に含まれていたアレクサンドレッタ(トルコ名ハタイ)が、フランスによるシリア独立承認(一九三六年)の際にもシリアに編入されたことにトルコが抗議したこの問題は、国際連盟(トルコは三二年に加盟)の仲裁等をへて、三九年に、ハタイのトルコへの併合というかたちで解決したのである。

ついでトルコが直面していたいまひとつの外交上の課題が、「海峡問題」だった。ローザンヌ条約でも、トルコはボスフォラス、ダーダネルス両海峡地帯にたいする自国の主権を、不完全なかたちでしか認められていなかった。これを改めさせ、完全な主権を回復することは、トルコ外交にとって当面最大の課題であったが、これが一九三六年七月のモントルー条約で解決された。ハタイ問題、海峡問題、いずれも、第二次世界大戦へと向かう国際的緊張の高まりのなかで、トルコを自陣営にとどめておこうとするイギリス、フランスの戦略に助けられた面が強かった。

第二次世界大戦前の国際緊張が高まるなかで、しかしトルコはどこまでも中立を維持し、戦乱に巻き込まれないことを外交政策の軸にすえていた。だが、イタリアの地中海への膨張政策と、ドイツのバルカンへの進出は、トルコにとって大きな脅威となった。一方で恐慌下の厳しい経済情勢のなか、トルコに有利な貿易を進めてくれるドイツとの通商関係を強めながらも、他方では一九三九年のドイツによるチェコスロヴァキア解体、ソヴィエトとのあいだの東欧分割案合意(モロトフ・リッベントロップ協定)を契機に、トルコは英仏両国と相互援助条約を締結して連合国陣営に加わったのである。だが、それでもイノニュ政権は、戦乱に巻き込まれることを避けようとつとめ、じつに四五年二月まで中立を維持しつづけたのであった。

しかし中立を維持するために、トルコは軍事力の増強という代価を払わざるをえなかった。軍事費が国家予算を圧迫し、増税と紙幣増刷がおこなわれ、インフレが昂進した。政府は戒厳令とともに「国民防衛法」を制定し、価格の統制をおこなうと同時に、国民に物資の供出と労働を強制した。こうして地下経済がはびこり、食糧生産者である大農場主や輸入業者が富をたくわえた。「戦争成金」への怨嗟《えんさ》の声の高まりに危機を感じた政府は、一九四二年十一月に「富裕税」を、また四三年には「農産物税」を新設した。だが、前者は非ムスリム商工業者に偏して課されたため、国際的批判をあびるとともに、ギリシア人、ユダヤ人業者の没落と国外脱出とを招き、また後者は農民層の、政府にたいする不信感を招くことになった。

複数政党制への移行

共和人民党とそれが推進する改革を支持してきたのは、「統一派」の場合と同様、軍人、官僚に、都市のムスリム商工業者、それに地方では地主階層であった。その彼らに、大戦期の政策は大きな痛手となっていた。「富裕税」は非ムスリムに偏していたとはいえ、ムスリム商工業者にも課されていた。彼らは元来、第二次立憲制期以来の民族資本育成策によって保護され、成長してきた存在だったが、今や彼らの一部は、「国家資本主義」を桎梏《しっこく》と感じるほどに成長していたのである。また給与生活者にとって、戦時中のインフレは、まさに生活を直撃するものであった。さらに地主層にたいしては、戦争最末期に「土地分配法」が示される。「農産物税」導入に続くこの法案の提出によって、地主層の共和人民党への不信感は、ぬきがたいものとなった。

イノニュは、党の地方組織を通じて、共和人民党の不人気を、すでに大戦中から感じとっていた。さらに時代が、世界的に民主主義へ向かって大きく流れていることも、イノニュは理解していた。彼はすでに一九四四年十一月の議会演説で、トルコ政治の民主的性格を強調し、さらに四五年五月には、「民主主義の原理がより広範に適用される」であろうことを示唆していた。

1950年におこなわれた総選挙　演説しているのは，民主党のジェラール・バヤル(のちの第3代大統領)。

　そして同じ五月に、イノニュは「土地分配法」を議会に提案したのである。その結果、一党支配体制確立後はじめて、議会で激しい政府批判がおこなわれた。急先鋒は、アイドゥン選出の大地主アドナン・メンデレスであった。さらに六月になると、メンデレス、ジェラール・バヤルをはじめとする四名の議員によって、のちに「四者提議」と呼ばれることになる、複数政党による自由な討議の必要を説く声明が、党に提出された。十二月になると、イノニュはバヤルと新党結成について協議を始め、一九四六年一月にいたって民主党が結成された。

　民主党の誕生を歓迎したのはイノニュだけではなかった。民主党が地方支部をつくり始めると、権威主義的体制のもとで息をひそめてきた人々は、これを歓呼してむかえたのであった。これにたいしてイノニュは、五月の臨時党大会で自由化策を打ち出して民主党に対抗しようとした。同時に、同年中に——民主党の準備が整わないうちに——総選挙を実施することが決定された。こうして七月に、必ずしも公正にはおこなわれなかったといわれる総選挙で、民主党は四六五議席中六二議席を獲得した。

一九四七年になると、イノニュは「タカ派」の首相にかえて穏健派をすえ、さらに初等・中等教育における宗教教育の容認等を打ち出した。そのうえ一九四〇年以来施行されつづけてきた戒厳令の解除もおこなった。一党支配体制のもとでは「指導される」存在にすぎなかった「人民」が、政党の消長を左右する「有権者」に変わったことで、トルコの政治文化は大きく変化し始めたのである。この年はまた、アメリカの支援をえるべく、重大な政策の変更がおこなわれた年でもあった。経済活動への国家の介入は、アメリカの批判するところでもあったからである。「国家資本主義」を推進してきたブレーンによって前年に策定されていた新五カ年計画がこの年廃棄され、あらたに民主党の要求に近いかたちで、「トルコ開発計画」が採択された。また政府は、この年に国際通貨基金へ参加するため、一二〇％の通貨切り下げをおこない、トルコが世界経済へ加わるべく、種々の自由化政策を打ち出していた。

そして一九五〇年五月に総選挙がおこなわれた。だが公正におこなわれた今回の選挙で、共和人民党は三九・八％の得票にとどまり、民主党は五三・四％を獲得した。しかも、議席配分では比較多数制がとられていたため、民主党が四〇八議席を獲得したのにたいし、共和人民党はわずか六九議席に転落した。ことに同党は、経済的な先進地域であるアンカラから西では一議席も獲得できなかった。「国父」アタテュルクとともに十四年、「国父」亡きあともそれにかわって十二年間、圧倒的な権威をもってトルコを「指導」してきたイノニュが、権力の座をおりた歴史的選挙であった。

2 トルコ共和国——複数政党制の時代

民主党政権下のトルコ

一九五〇年五月、バヤルが第三代大統領に選出され、メンデレスが首相に任命された。民主党政権は、すでに四七年にイノニュによって転換されていた政策を実行に移し、めざましい成果をあげ始めた。まず、貿易の拡大とマーシャル・プランに基づくアメリカからの莫大な援助が、トルコの農村を大きく変えた。四九年には一七〇〇台余りしかなかったトラクターが、五七年には四万四〇〇〇台をこえるまでに普及し、それにあわせて耕地面積も増大した。とくに政権誕生後の三年間は、異常とも思える好天が続き、しかも低利の融資がおこなわれ、農産物価格は高めに維持されたから、農民の収入は増大した。工業部門でも、食品加工や綿織物等、農産物を基礎にする工業が優先され、こうして、トルコ史上ではじめて、農村に光があたったかにみえたのであった。従来の鉄道重視にかわる道路網の整備が、その観を一層強める。五四年の総選挙で民主党は地滑り的な大勝利をあげ、五〇五議席を獲得した。

だが民主党の農業政策は、大地主、富農層の利益にそったものだった。国内総生産の五分の一を稼ぎ出す彼らが納める税額が、税収全体の二％であったことに象徴されるように、民主党政権下で潤ったのは、もっぱら富農層であった。機械化によって小作人の地位すら逐われた人々は、やむなく離農し、都市へ流れ、ゲジェコンドゥ(「一夜建て」)と呼ばれるスクウォッター(不法占拠住居)地区を形成していくことになった。一九五〇年代末において、人口一〇〇万以上の大都市は、年に一〇％の割合で膨張していたといわれるが、彼らのうち、流れ込んだ都市で工場労働者として定職に就けるのはわずかだったのである。メンデレス政権下で、工業化は必ずしも順調に進展していなかったからである。五〇年以前に民主党が公約していた国営企業の民営化も進まず、その非能率は相変わらずであった。そして、工場労働者をはじめ、給与生活者全般にとって、民主党の政策は問題をはらんだものだった。メンデレスは膨大な量の機械の輸入によって、農業主導で経済「成長」――必ずしも「発展」ではなく――をはかろうとしたため、貿易収支はつねに赤字だった。インフレがしだいに昂進し、都市の給与生活者は窮乏生活を強いられた。

一方、民主党の時代には、「イマーム・ハティープ(導師・説教師)養成学校」が拡大され、モスク建設も進んだ(二〇年間で一万五〇〇〇戸)。また、ケマルの時代にトルコ語化されていた礼拝呼びかけのアザーンがアラビア語に戻り、宗教文献の出版・販売が許可されるなどの現象もみられた。だが、ケマル主義者エリートの一人である大統領バヤルは、民主党が世俗主義を遵守し、宗教の復活をもくろむいかなる運動にも反対することを強調し、同時に、宗教を政治に利用してはならないと断じていた。しかしその一方で、民主党が宗教グループと微妙な関係を保ち、選挙に際してその協力をえていたことも事実だった。農村から都市への人口移動にともない、農民がもっていた、宗教的色彩の濃い文化が都市を浸食し始め、そしてそれが、都市と農村との格差に目をつぶったまま、都市中心に官僚と軍人主導で推進されてきた改革に、ある変化を与えたのである。外部の観察者に「イスラームの復活」と映る農民文化の表出は、必ずしも世俗主義への反対行動としてなされたわけではない。しかし、彼らの投票活動は政治のゆくえを大きく左右するから、アタテュルクの世俗主義遵守を掲げる諸政党も、多かれ少なかれ、宗教を政治の道具として用い始めたのであった。

対外関係の面では、民主党の時代は、冷戦構造のなかでの西側への――より正確にはアメリカへの――全面的な参入・依存に特徴づけられる時代だった。欧州経済協力機構(OEEC)にも、また欧州会議にも、トルコは正式メンバーとして加入し、さらに一九五二年には北大西洋条約機構(NATO)にも正式加入を認められた。十八世紀以来連綿と続けられてきた西洋化の結果、ついに西洋の一員として認知されたとして、トルコは祝賀ムードにわいた。またこの時代には、マカリオスが大主教に就任したキプロスのギリシア系住民のあいだに、ギリシアへの併合を求める「エノシス」運動が高まり、少数派のトルコ系住民が圧迫され始めたため、トルコも否応なくこの問題に当事者としてかかわらざるをえなくなっていた。

第二共和制の成立

一九五〇年代の中ごろから、短期的な成長をめざして対外依存の度を深めたことの矛盾があらわれ始め、都市の知識層や官僚、軍人のあいだに批判的な空気が生じ始めた。しかし首相メンデレスは抑圧策をとり、五五年九月には、政府はキプロス問題を契機に戒厳令を施行するにいたった。さらにメンデレスは、言論統制や政治集会の禁止等の強硬手段をとって、しだいに独裁化していった。五七年の総選挙では、選挙干渉がおこなわれたうえに、民主党によって宗教が利用され、共和人民党は「無宗教」「アカ」と攻撃されたにもかかわらず、四〇・六%の票を獲得していた(ただし議席数は一七八にとどまる)。五八年になると、アラブ・ナショナリズムの昂揚にともなって、トルコの西側成員としての重要性が増大したため、IMF(国際通貨基金)を通じて巨額の援助が供与され、農村部の状況は好転したが、しかし物価は騰貴して都市住民の困窮は一層進んだ。

一九六〇年にはいると、政府批判の遊説をおこなう共和人民党党首イノニュへの妨害もおこなわれ始める。とくに、四月にカイセリへ向かっていたイノニュの列車を軍隊を使って停止させ、アンカラへ戻そうとした「カイセリ事件」は、軍首脳に大きな衝撃を与えた。そしてその直後に、メンデレスが野党の院外活動を一時的に禁止しようとしたことをきっかけとして緊張が一気に高まり、五月二十七日、ついに軍が無血クーデタを成功させ、一〇年にわたる民主党の政治に終止符が打たれた。

前陸軍司令官ジェマル・ギュルセルを議長とする「国民統一委員会」は、ただちに新憲法の草案づくりを始め、バヤル、メンデレスをはじめ、逮捕した民主党所属の全議員の裁判を開始した。クーデタは、イスタンブルとアンカラにおいて、ことに学生と知識人のあいだで熱狂的にむかえられたが、それ以外、とくに民主党政権によって繁栄をもたらされた農村部では、不気味なほどに沈黙が守られていた。

クーデタ一周年の一九六一年五月二十七日、新憲法が制憲議会で承認された。新憲法では、旧憲法下で独裁政治がおこなわれた経験から、第一党による権力の独占を防ぐことに重点がおかれていた。二院制が採用され、憲法裁判所が設置された。さらに、比例代表制が導入されて、得票率が議席に反映されるよう配慮された。また司法の独立が保障され、大学、言論界の自由も明記された。一方「国家保安協議会」の設置が定められ、国政のなかで軍が一定の役割をはたすことが、憲法によって保障された。七月にはいると、新憲法の承認が国民投票にかけられた。六一・七％の賛成票によって一九六一年憲法が成立し、トルコは第二共和制の時代にはいるが、しかし反対票も予想外に多かった。三八・三％という割合もさることながら、旧民主党の地盤であった一一の県では、新憲法は否認されていたのだった。

九月には旧民主党議員への判決がいい渡され、メンデレスら三名が処刑された(バヤルは高齢を理由に終身刑に減刑され、のち出獄。処刑された三名も一九九〇年に名誉回復される)。翌十月には、民政移管のための総選挙が実施された。ここでも、旧民主党の流れをくむ公正党が健闘し、下院で三四・七％という高い得票率を獲得し、イノニュの共和人民党は、予想を裏切って三六・七％にとどまった。しかも上院では公正党が第一党となっていた。いずれにせよ、こうした政治状況のなかで六一年十月、ギュルセルが第四代大統領に選出され、大統領に組閣を依頼されたイノニュが一一年ぶりに政権を握って、民政への移管が完成したのであった。

六〇年代のトルコと軍部の再介入

一九六〇年代前半は、単独過半数におよばない共和人民党のイノニュによる、きわめて不安定な政局運営が続いた。一方公正党も、党首の急逝によって生じた権力闘争に揺れ動いたが、六四年末に、メンデレス政権下でダム建設の責任者として大きな業績を残し、クーデタ後はアメリカ資本の会社に移っていた、イスタンブル工科大学出身のスレイマン・デミレルが党首の座に就いた。軍人でも官僚でも、また大地主でもない彼が、刻苦勉励して学問を修め、さらにそれを用いることで国に貢献し、そのうえ実業界でも成功しつつあったという事実が、国民の心を強くとらえた。メンデレスと同じように、都市のエリートとは違った態度で自分たちに語りかけてくる若いデミレルに、地方の住民は大きな親近感と信頼感をよせ、六五年十月の総選挙は公正党の地滑り的勝利に終わった。五二・九％の得票率を勝ちとった公正党政権のもとで、トルコは以後四年間、政治的にも経済的にも、比較的安定した時代を過ごすことになる。

一九六〇年クーデタを起こした軍も、また共和人民党も、民主党時代の自由主義的経済および財政運営を、「無計画」として非難していたから、憲法にも経済開発が計画的におこなわれること、そのために「国家計画機構」が設置されることが明記された。そして六二年にはあらたな五カ年計画が同機構によって策定され、六三年一月から実施された。だが、共和人民党以外は自由な経済活動を支持していたから、イノニュはつぎつぎに譲歩をよぎなくされ、さらにデミレル政権誕生後は、「国家計画機構」の影響力は大きく後退し、五カ年計画も、もっぱら国営企業にのみ適用されるように変更されていった。こうしてデミレルの時代には、原材料、機械、部品等を輸入した消費財生産を中心とする、輸入代替工業化が促進され、そのための優遇税制、補助金交付、輸入規制、為替レートの操作など、さまざまな政策がとられていった。また、農産物価格の高値操作、農業所得への非課税などの農村対策もおこなわれた。しかし財政支出の拡大と輸入材・部品への依存は、一方では着実な経済発展を実現したが、他方では財政赤字、貿易赤字双方を拡大させ、慢性的な外貨不足、物価上昇を招いた。

そして一九六〇年代の経済発展は、トルコ社会に大きな変化を引き起こしていた。都市への人口流入が加速し、ゲジェコンドゥの住民は増加の一途をたどった。一方で教育制度もいちだんと整えられていったから、学生数も大きく伸長した。こうした人々の票を獲得し、政権の奪取を実現すべく、まず共和人民党が自己改革をはかった。六五年、かつて党機関紙の編集に携わり、さらにアメリカで社会心理学などを学んだあと、六三年にイノニュ内閣で労働相を務め、労働者の団結権、争議権を認める法を成立させていたビュレント・エジェヴィットを中心に、共和人民党が「中道左派」路線を打ち出したのである。さらに同党の左旋回は、左翼知識人を刺激し、六一年に結成されていたトルコ労働者党が活発な活動を展開、知識層のみならず、労働運動にも影響をおよぼし始めた。そして従来の「トルコ労働組合連合」に加え、「革命的労働組合同盟」が結成されて、運動が活発化していったが、同時に六〇年代も後半になると、しだいに労働運動(のみならず左翼全体)に分裂の兆しもあらわれ始めるのであった。

他方一九六〇年代には保守派にも変化が起こった。六〇年クーデタの首謀者の一人で、その過激な傾向ゆえに権力の中枢からはずされて外国勤務を命じられ、しかし六四年に帰国していたアルパルスラン・テュルケシが、翌年八月、保守派を代表する政党であった共和主義者農民国民党(四八年に民主党から分れた国民党の流れを引く)の党首に就任し、同党を戦闘的ナショナリズムを追求する政党へと変貌させていったのである。パン＝トルコ主義と反共主義を特徴とするこの党は、六八年末にはイスラーム化以前のトルコ民族の伝説に基づいた「灰色の狼」と称する青年行動部隊を創設、武装闘争にはしるグループもあらわれていた左翼学生や知識層を攻撃し始め、さらに六九年には党名を民族主義者行動党と改めた。

イスラームを強調する政党もまた、この時期に出現する。一九六九年に、元イスタンブル工科大学教授のネジメッティン・エルバカンが、大企業と外国資本に屈従するデミレル政府の経済政策を批判し、中小の実業家、商人の支持を集めてトルコ商工会議所連合会の会長に選出された。そしてエルバカンは、七〇年一月に国民秩序党を設立し、「道徳」と「美徳」という、イスラーム的な含意の強いアラビア語を綱領のなかで繰り返し用いることで、イスラームを合法的なかたちで強調した政治活動を始めることになるのであった。

そうしたなか、一九七一年にはいると、デミレル政府は弱体化していった。一〇%程度で推移するインフレ、失業者の増大、労働運動・学生運動の活発化・過激化とそれに対抗する右翼団体の先鋭化という社会不安のなか、デミレルがあらたな工業化推進のための新課税を提案すると、彼は大地主や中小商工業者の支持を失って、政局は流動化した。さらに、左右両勢力の武装闘争と衝突騒ぎは、とどまるところを知らないかにみえた。こうした状況のなかで三月十二日、軍は参謀総長と陸海空各軍司令官が連名で、大統領および上下院議長に宛てて書簡を提出した。この書簡で軍最高幹部たちは、社会経済的混乱と無政府状態という、トルコが陥っている現状を指摘し、党利党略をこえて政治家が無政府状態を終わらせ、改革を再開するよう望み、そして、もしそれがおこなわれないならば、軍は憲法に定められた義務を遂行して、国政を自らおこなう決意であると明言していた。この書簡の提出によって、デミレル内閣は即座に総辞職し、党派色の薄い、元アンカラ大学法学部教授ニハト・エリムを首班とする超党派内閣がつくられた。

七〇年代のトルコ

政界外から多くの人材を集めてつくられたエリム内閣は、農地改革、土地税制の改革をはじめとする社会経済改革のプランを発表した。しかし、地主や実業界など、既得権益をもつ階層がこぞってこれに反対した。軍という強いうしろだてをもって、こうした反対を押しきって改革に取り組めるはずのエリム内閣だったが、しかし軍はテロ対策に気持ちを奪われていた。四月にふたたびテロが起こり始め、三月以前の「無政府状態」に戻る形勢がみえてきたのである。そして軍はこの時期、改革を実施することより治安の回復、それももっぱら左翼をおさえつけることで社会の平穏を取り戻すことを、最重要の課題としたのであった（たとえばテュルケシの党はこの間なんらの介入も受けずに活動を続けていた）。

改革が頓挫し、エリムにかわった内閣も無力だったあいだに、デミレルをはじめとする旧体制の政治家が、かつての実権を取り戻し始めていた。共和人民党では、一九七二年にエジェヴィットがイノニュにかわって党首に就任していた。そしてエジェヴィットの清新さがかわれて、七三年十月におこなわれた総選挙では、共和人民党は三三・五％を獲得、二九・五％の公正党をおさえて第一党となった。エジェヴィットは、エルバカン（彼は軍部介入後の七一年五月に国民秩序党を閉鎖されたものの、翌年これを国民救済党として再建していた）と連立をくむことで、七四年にはいってようやく組閣にこぎつけたが、しかしこの連立では、思うような政策を実施することはできなかった。だが同年七月に、キプロスでクーデタが起こったことで、政局は一変する。

一九六〇年に独立していたキプロスで、ギリシアへの併合を求める過激グループが七月十五日、ギリシア人将校団の支援を受けてマカリオス大統領を追放し、政権を掌握したのである。これにたいし、脱出したマカリオスは国連でギリシア政府を強く非難し、キプロスのトルコ系住民の指導者も、キプロス独立を保障したチューリッヒおよびロンドン条約に基づいて、イギリスならびにトルコが軍を派遣することを要請した。イギリスが共同派兵の提案に応じなかったため、エジェヴィットは七月と八月の二度にわたってトルコ軍をキプロスへ侵攻させ、その北部を制圧した。この作戦の実施によって、トルコ国内でのエジェヴィットの人気は熱狂的といえるまでに高まり、エジェヴィットはこれを利用して安定多数を確保しようと総辞職。だが議会の反対で解散がおこなえず、結局デミレルが保守諸党を糾合して「民族主義者戦線」内閣を結成した。

デミレル内閣は、一九六〇年代におこなわれていた経済政策、すなわち輸入代替工業化政策による高度成長の追求を繰り返していくことになる。しかし、七三年に石油ショックにみまわれた直後にキプロス紛争が突発して多大な出費を強いられ、しかもその結果として、アメリカからの軍事援助停止、武器禁輸という制裁が加えられることになったことから、トルコ経済の条件は劣悪化していた。政府は、海外出稼ぎ労働者からの送金によって支えられた外貨準備を取りくずすことで、石油ショック以来悪化した貿易収支を調整しようとし、さらに海外からの借入も急増させていった。低金利を維持しつつ融資を拡大して、国内産業の発展をはかろうとしたデミレル政権であったが、対外債務の拡大とインフレの昂進はとどまるところを知らず、しかも政府は、インフレの原因を取り除かないままに物価の抑制策をとったから、地下経済の肥大化が進んで、国民生活はしだいに困窮の度を深めていくことになる。七〇年代中ごろから経常収支が悪化し始め、経済成長率も七八年にはマイナスに転じていた。七六年までは二〇%台で推移していたインフレ率も、七七年から急伸し、七九年末には一〇〇%に達した。

そうしたなかで一九七七年六月に総選挙がおこなわれた。経済危機とそれを背景にした社会不安のなかで、エジェヴィットの個人的な人気と期待度に支えられて、共和人民党が、五〇年以来最高の四一・四%(二一三議席)を獲得し、公正党の三六・九%(一八九議席)をおさえて第一党の座を守った。二大政党時代が再来したかにもみえたが、実際には国民救済党(二四議席)、民族主義者行動党(一六議席)という、アタテュルクの原則に反する主張を掲げる政党が、連立政権のパートナーとして大きな影響力を行使する、問題含みの政局なのであった。エジェヴィットが組閣を要請され、単独内閣をつくるが議会で信任されず、結局七月にデミレルが第二次「民族主義者戦線」内閣をつくって、引き続き政権を担当することになった。だが、デミレル内閣の閣内不一致は明らかで、同年末には議会の不信任を受けて総辞職。かわったエジェヴィットも、デミレルの抵抗を受けて立ち往生の状態だった。

そしてこの時期、トルコは暴力に席巻され始めていた。インフレの昂進、失業者の増加といった状況のなかで、労働運動、学生運動も活発化してきたが、これを「灰色の狼」組織が襲撃。一方「灰色の狼」は、民族主義者行動党の影響下にある警察、治安部隊の庇護を受けているも同然だったから、左翼組織も対抗上先鋭化していき、両派の衝突はしだいにエスカレートして、流血が日常化していったのである。そして、こうした社会不安の背景であった経済危機は、この間にも深刻さの度合を増していった。一九七八年末に対外債務はじつに一三七億七七〇〇万ドルに達していた。エジェヴィットはＩＭＦと交渉し、経済改革と引き替えに援助を受ける約束をとりつけたが、エジェヴィット自身がＩＭＦの「干渉」を批判する政治姿勢をとっていたため、改革を十分には実行せず、援助も中途でキャンセルされた。

そして一九七九年十月の上院選挙で共和人民党は敗北し、かわってデミレルが十一月に公正党単独内閣を発足させた。デミレルは、IMFの「改革パッケージ」の実施を、かつて「国家計画機構」の長官代行を務めたことのあるトゥルグット・オザルに一任した。オザルの始めた経済再建計画は、従来の政策をほとんど一八〇度転換させ、開放経済、輸出志向産業への転換等をはかる画期的なものだったが、しかし国内は、宗派対立(アレヴィー派問題)も、民族問題(クルド人問題)もが、「左右対立」という外観を装う傾向を示し、その左右両勢力による政治テロとストライキの続発というかたちで、社会不安が増大していた。一九八〇年になると、七一年に首相を務めたニハト・エリムや労組連合の幹部らもテロの犠牲になった。この年は八月までのあいだに、テロと左右の衝突による死者が一八〇〇人をこえたのだった。

第三共和制の成立

労働運動や学生運動の激化は、軍部の懸念を増大させていた。経済の破綻をもたらし、それを解決できない政治の現状も、当然彼らを憂慮させていた。議会は一九八〇年三月、任期満了にともなう大統領後任の選出にはいったが、過半数を占める政党がないうえ、各政党は協議、調整の能力も失ってしまったため、じつに一〇〇回をこす投票をおこなって、なおかつ大統領を選出できない始末であった。さらに国民救済党が、世俗主義の原理を露骨に誹謗する態度をあからさまにし始めていた。党首エルバカンは、八月三十日にアタテュルク廟でおこなわれた「独立戦争」戦勝記念行事に欠席して、共和国の根幹を否定するかのような態度をとり、さらに九月六日には、選挙区であり、宗教勢力の本拠でもあるコンヤで大規模な集会を開いた。そこでは、参加者がトルコ帽を被り、イスラーム法の復活を要求するプラカードをもって行進したのであった。

こうして、九月十二日未明、軍は全国で行動を開始し、政府機関をすべて接収した。一九六〇年のクーデタから二〇年。第二共和制が終わりを告げたのであった。議会は解散、憲法は停止され、すべての政党は活動を停止されるとともに、党首は逮捕された。将軍たちは、トルコの民主主義を無能な政治家たちから救い出すことを、自らに課された責務であると考えていた。したがって彼らは、民政移管の前に、民主主義が正常に機能するよう、政治制度を徹底的に改革しようとしていた。参謀総長ケナン・エヴレンと陸海空三軍および憲兵隊(ジャンダルマ)司令官の五名からなる「国家保安評議会」が国政の最高機関となり、エヴレンは国家元首となった。政治テロをおさえ、治安を取り戻すことが、将軍たちの大きな責務であった。逮捕の波が全国を覆った。

そしてクーデタからほぼ一年後に制憲議会が開かれ、一九八二年七月には草案ができあがる。行政府への権力集中と大統領の権限強化を特色とし、それを通じて議会制民主主義の機能不全を事前に防ごうとする意図が明らかな草案は、国民の自由や

1980年９月12日のクーデタを指揮した将軍たち　中央がのちに大統領となる参謀総長ケナン・エヴレン。

権利は基本的に保障しているものの、公共の利益や秩序、あるいは共和国の体制維持を優先して、それらのために自由や権利に制限が加えられうることが記されていた。この草案は十一月に国民投票に付され、九一・四％の賛成票をえて正式に発効することになった。ここまでこぎつけて、将軍たちに残された最後の仕事が、民政への移管であった。旧政治家の政治活動を一〇年間禁止し、あらたに政党をつくる際にも、「国家保安評議会」の承認をえる必要があること、教師や学生、官吏が党員になれないことなど、多くの規制が加えられたうえで、八三年四月に政党活動が解禁された。一五党の結成が認められたが、十一月におこなわれる予定の総選挙に参加できる政党は三党に限られた。しかしその総選挙では、将軍たちが強く推した民族主義者民主党が二三・三％の得票にとどまり、旧共和人民党のうち、イノニュ以来の伝統的路線を引き継ぐ人民主義党が三〇・五％、そして旧公正党の系譜を引き、さらに軍政下で活動を禁じられた国民救済党や民族主義者行動党の流れも集めたオザルの母国党が、四五・一％をえて第一党となったのである。旧憲法下で、得票率の低い国民救済党や民族主義者行動党が、連立内閣のパートナーとして大きな影響力を行使したことへの反省から、新体制では第一党に有利な議席配分をすることになったため、母国党は四〇〇議席のうち二一一議席を制して過半数を確保し、オザルが母国党単独内閣を組織した。

一九八四年にはいると地方選挙がおこなわれたが、それを前に若干の政党が選挙への参加を認められた。そして、国民救済党の後継である繁栄党、実質的にデミレルの党であることが誰の目にも明らかな正道党、さらに共和人民党の「中道左派」路線を引き継ぐ社会民主党が登場して、それぞれ相応の票をえた。またエジェヴィットも、社会民主党を批判して、夫人を党首とする民主左派党を結成していた。その後政界の

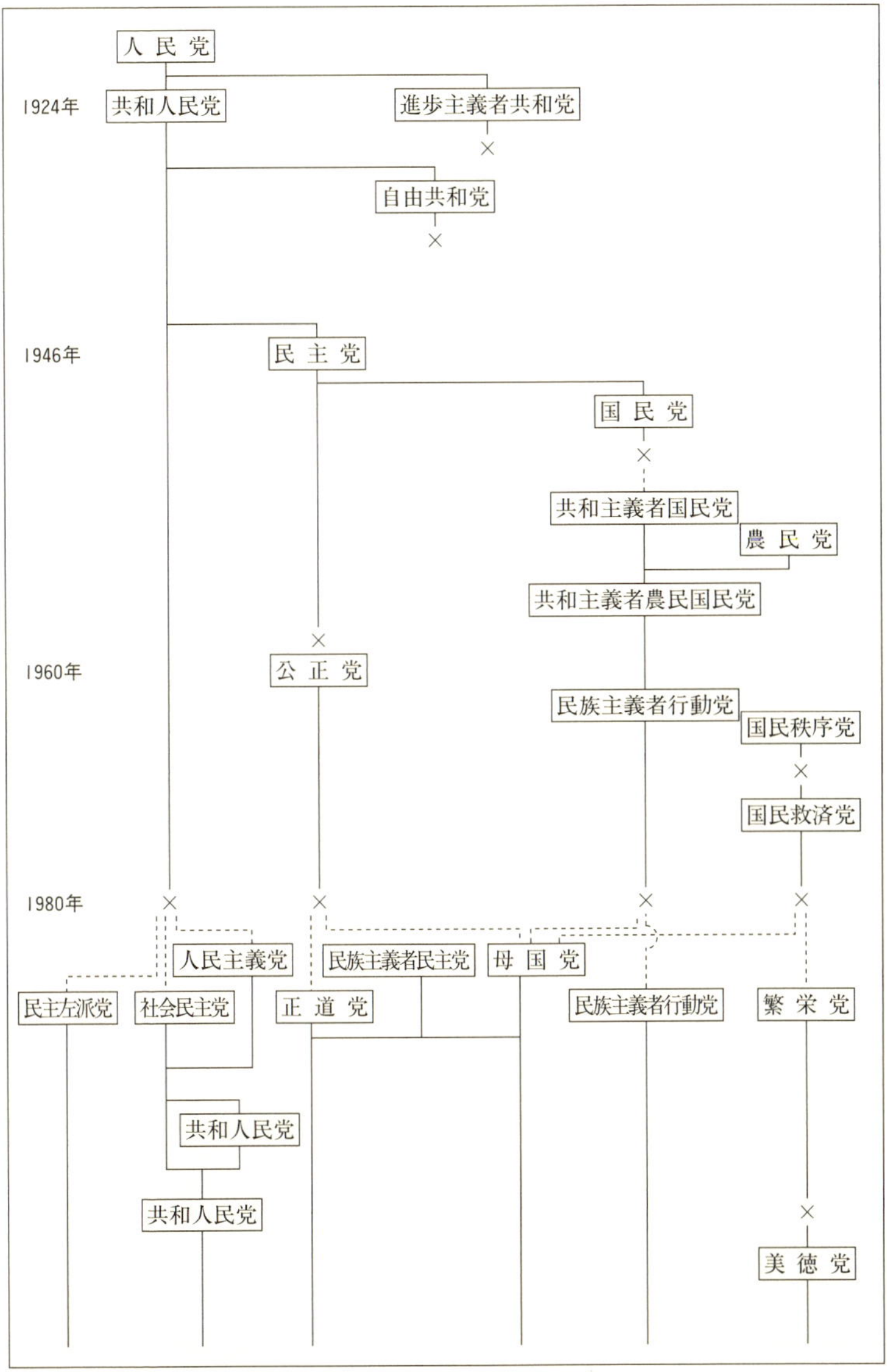
人民党
1924年
共和人民党
進歩主義者共和党
自由共和党
1946年
民主党
国民党
共和主義者国民党
農民党
共和主義者農民国民党
1960年
公正党
民族主義者行動党
国民秩序党
国民救済党
1980年
人民主義党
民族主義者民主党
母国党
民主左派党
社会民主党
正道党
民族主義者行動党
繁栄党
共和人民党
共和人民党
美徳党

トルコ共和国主要政党略系譜

再編が進み、八六年になると、クーデタ以前の政党が、名前を変えてほぼ復活し、しかもかつての支持率をおおむね継承する状況となった。一方将軍たちの推した党は解消していた。さらに八七年には、旧指導者の政治活動解禁が(憲法改正を要するため)国民投票にかけられた。オザルの反対キャンペーンにもかかわらず、五〇・二四%対四九・七六%という僅差で復権賛成が上回り、デミレル、エジェヴィット、エルバカンらが合法的な復権をはたした。母国党はその後選挙のたびに後退を続けたが、八九年には議会での多数を背景に、オザルがエヴレンの後を継いで第八代の、文民出身としては第二代バヤルについで二人目の、大統領に就任した。

オザル政権は、一九八三年におけるその成立と同時に、トルコ経済の再建に全力を注いだ。ＩＭＦの提言に基づく再建計画に、すでに八〇年初頭からとりかかっていたオザルは、その「経済安定化プログラム」の継続的遂行に努力した。その目的は、貿易赤字の縮小、インフレの鎮静化、そして輸出志向の自由経済市場創出の三点であった。これらを実現するために、オザルは通貨の切り下げを継続的におこなって輸出品に競争力をつけ、金利を上昇させて過剰消費を抑制し、また投資の奨励、賃金の抑制等によって企業を強化、さらに物価上昇に目をつぶって価格統制を大幅に緩和する、といった一連の政策を打ち出していった。さらに輸出志向産業のための輸入品の免税措置、輸出業者への補助金支給、輸出手続きの簡素化等がおこなわれて輸出産業の育成が急がれた。一方、外資の投下も奨励された。その結果、従来の規制や煩瑣な手続きから解放された外国資本が進出を始め、イズミル、アダナ、メルスィン周辺には自由貿易地域が設置され、地域内に誘致された工場でつくられた製品が、海外へ輸出されるようになった。こうしてトルコの経済は活性化され、国内総生産も順調な伸びを示すようになった。またインフレ率も、八〇年代中ごろには三〇%から四〇%程度までに「鎮静化」された。輸出も順調な伸びを示し、しかも主要輸出品目も、従来の食料品から工業製品へと変化していった。

だが、基本政策の一環として賃金を抑制された給与生活者にとって、オザルの政策は過酷なものであった。彼らの購買力は、付加価値税の導入もあいまって、クーデタ直前の一九七九年からの一〇年間に、ほとんど半減したといわれる。しかも「鎮静化」していたインフレも、八七年末から急速に再発傾向を示し始めた。非能率な国営企業を整理できないこと、それも含め、肥大化した公務員数の削減がおこなわれないこと、そしてさらに決定的なこととして、不完全な税制のために十分な税収をあげられないことなどを原因とする財政赤字が、インフレの再発をもたらしたと思われる。こうした状況のなかで、八〇年代には貧富の格差が劇的に拡大していった。失業者数も増大し、人々の不満は、九一年一月に、一五〇万人の参加をえておこなわれたゼネストのかたちをとってあらわれた。こうした社会不安と、その原因である経済問題に、母国党はほとんどなすすべを知らなかった(あるいは意識的に目をつぶっていた)。またこのころには、自由経済への転換がもたらした、実業界と政界を巻き込むスキャンダルが続出したが、それには母国党の有力議員や、さらにオザル家の人間が、しばしば登場した。オザルとその母国党は、こうして国民の人気を失っていき、かわってデミレルの正道党と、そしてエルバカンの繁栄党が票を集めていった。

混迷を深めるトルコ

一九九一年総選挙で母国党は第一党の地位から転落。かわって第一党となった正道党が、第三党で、社会民主党の流れをくむ共和人民党と連立政権をくんだ。正道党は、九三年のオザル急死後第九代大統領となったデミレルのあとを、タンス・チルレルが継いで初の女性首相となったが、首相自身の脱税、汚職による不正蓄財が明らかとなったうえ、政権交代能力をもつ母国党党首メスート・ユルマズは、チルレルとの個人的反目を優先させて安定政権の樹立を実現させず、結果として、この二大「中道右派」政党にたいする国民の失望感を深めていった。これにかわって繁栄党が、九一年総選挙の得票率一〇・九％を、九五年には二一・四％に急伸させて第一党となった。共和国の根幹である、世俗主義を否定してきたエルバカンに組閣を要請するわけにいかないデミレル大統領は、母国党のユルマズ党首に正道党との連立内閣をつくらせたが、これがわずか三カ月たらずで崩壊し、九六年六月にいたって、ついにエルバカンを首班とする、繁栄党、正道党の連立内閣が成立した。

社会の諸矛盾を、政権を担当する諸政党が解決できなかったこと、それどころか自ら汚職にまみれたこと。麻薬、ポルノの氾濫といった、西洋化の負の側面とみなされる現象が顕在化するなかで、繁栄党が道徳や家族生活の強調など、イスラーム的な価値観を前面にだしたこと。さらに、貧者への食料援助や病人の介護など、「草の根」的運動を党員、支持者を動員して広範におこなったこと、すなわち大衆政党への脱皮をはたしたこと。これらが繁栄党の躍進を支えていたと思われる。だが、共和国とその「建国者」アタテュルクの改革の藩屏《はんぺい》を自負する軍部は、エルバカン政権の誕生に危機感をつのらせていた。彼らは一九九七年二月、実質的な国家最高意志決定機関である「国家保安協議会」(大統領を議長に、首相、内相、外相、国防相、参謀総長、陸海空三軍および憲兵隊司令官で構成)の席で、イスラーム化政策を強く非難するとともに、改革の実施を要求した。結局エルバカンは六月に辞表を提出して、繁栄党政権は一年たらずで崩壊。さらにその直後に最高検察庁が、繁栄党を憲法裁判所に提訴した。裁判所は翌九八年一月に、同党を憲法違反と判断し、繁栄党は解党された。エルバカンを含む幹部も、五年間の政治活動禁止がいい渡されたが、しかし同党はただちに美徳党として再出発し、九九年四月の総選挙でも一六％の票を獲得した。

中道諸政党の腐敗と能力不足の間隙をぬって躍進した繁栄党を、力ずくでおさえこんだことは、しかし欧米の世論によって、軍による民主主義の抑圧と批判された。西欧はさらに、トルコ政府によるクルド人の人権抑圧も問題視する。そして経済的な混乱にこれらをも理由に加え、トルコのEU正式加盟が拒まれたのである。一九六四年にEC準加盟国となり、八七年に正式加盟の申請をおこなったのち、九六年にはEU関税同盟へ加入していたにもかかわらず、九七年十二月、東欧諸国と、さらにキプロスまでが新規加盟を実質的に認められたなかで、トルコはそこから除外されたのであった。

一九七八年にアブドゥッラ・オジャランによって組織され、八四年以降、活動を過激化させていたクルド労働者党(PKK)が麻薬の密造、取引にもかかわるテロ組織であることは否定できない。しかし同時に、欧米世論が指摘するように、クルド人がトルコ国内で抑圧されつづけてきたことも事実である。そして、EU加盟の拒絶という、国民的プライドを傷つける出来事に、PKK議長逮捕劇前後における西欧世論の、「人権」を理由としたトルコ批判が加わって、一九九九年四月の総選挙では、トルコ民族の伝統とその高貴さを強調する民族主義者行動党が、突然一八％を得票して第二党に躍進するという出来事がおこった。だが、トルコが実質的にヨーロッパの一部を構成している事実は、もはや動かしがたいであろう。

そして一九九九年末には人権問題やキプロスとの関係修復などの条件つきながら、トルコはようやくEUの加盟候補国として正式に認知された。エルバカン退陣後政権に就き、九九年総選挙で第一党の座を占めた民主左派党のエジェヴィットは、PKK議長にたいして死刑判決がだされたあと、死刑制度の廃止を示唆し、また二〇〇〇年五月にデミレルにかわって第一〇代大統領に選出された法曹界出身のアフメット・セゼルは、クルド語使用制限の撤廃を示唆してもいる。アナトリアの東西間にみられるきわめて大きな経済格差をはじめとする国内のさまざまな問題に解決の目途がついているとは思えないし、ヨーロッパとのあいだの経済力の差も、縮まっているようにはみえないが、西欧への仲間入りという、外交上の目標には少しずつ近づいているのが、トルコの現状である、ということはできるようである。

3 試練に立つイラン・ナショナリズム

第一次世界大戦期イランの政局と社会

第二議会の閉鎖によって立憲革命に一応の終止符が打たれた一九一一年末以降、イラン北部にはロシア軍が駐屯し、ロシアの領事が行政に絶大な影響力を行使して、事実上ロシア帝国の一部であるかのような様相を呈していた。一方、イラン南部では、アングロ・ペルシアン石油会社の管理権を手中にしたイギリスが油田地帯の確保のために一九〇七年協定に定められた中立地帯にまで軍隊を進駐させていた。こうした状況のもとで勃発した第一次世界大戦に際して、イラン政府はただちに中立を宣言した(一四年十一月一日)。

しかし、その一方では、ドイツの強力な中央集権的体制とその世俗主義、そして反英・反露的外交姿勢に強い関心を示すデモクラート党の流れをくむモストウフィーオル・ママーレク内閣は、物質的・政治的協力を受けるかわりにドイツ側に立っての参戦を約する秘密交渉に臨んだ(一九一五年初め)。南部イランではペルシアのロレンスの異名をとるワスムスをはじめとするドイツの工作員が親英的なハムセやフーゼスターンのアラブ、そしてバフティヤーリーといった遊牧部族集団に対抗する勢力であるガシュガーイーとの提携を進めていた。こうした動きを懸念するイギリスとロシアは、一五年三月、コンスタンティノープル秘密協定を締結し、一九〇七年協定に定められた中立地帯への管理権をイギリスが手にするかわりに、ロシアは同協定が画する自らの勢力圏における完全なる行動の自由を手にした。のみならず、モストウフィーオル・ママーレク内閣を退陣のやむなきに追い込んだ。かわって三国協商に好意的であったファルマーン・ファルマー内閣が、さらに続いて親英的なセパフダール内閣が登場すると、イギリスはドイツの反英工作に対抗して自国勢力圏の治安維持の名目で南ペルシア小銃隊を組織し(一六年三月)、一九〇七年協定の再確認を約する協定を締結した。一方のロシアは北部イランの石油利権獲得の約束(ホシュタリア・コンセッション)を取りつけた(一九一六年三月)。

イギリス、ロシアの容喙《ようかい》に反発する議会内のデモクラート系議員と一部穏健派はゴム(コム)に対抗政権

(臨時移転政府)を樹立し、当地に「国民防衛委員会」を設立して反英・反露の姿勢を強めていった(一九一五年十一月)。しかし、同政権も世俗主義的路線をとるソレイマーン・エスキャンダリーらのデモクラート系と、イスラーム護持路線を主張するモダッレスらとの、立憲革命以来受け継がれてきた対立が表面化するなかで、最後の移転地ケルマーンシャーがロシア軍に落とされるにおよんであえなく崩壊した。

一九一二年から二一年のクーデタまでの一〇年間に二〇回以上の内閣交代をみるなど、この時期のイランは慢性的な政情不安が続いていた。しかも、戦略上重要な位置を占めていたこともあり、大戦期間中にはイギリス、ロシア、それに同盟国側に立って参戦したオスマン朝の三つ巴の軍事行動の舞台と化した。そのため、交戦中の部隊による農産物・家畜などの接収、灌漑施設の破壊、道路建設・軍役などへの農民の強制的徴用が頻繁におこなわれた。その結果、社会は甚大な損害をこうむり、農業生産も二五年まで戦前の水準に戻らないほどであった。工業生産もほとんど休止状態にあり、商取引も地域的なものにとどまり、輸入が輸出を上回り、インフレが進行した。これに拍車をかけるように、一七～一八年にかけては厳しい飢饉が全土を襲い、多数の餓死者をだした。一説によると、テヘラン周辺の農村地域では人口の四分の一が失われるほどであったという。

ジャンギャリー運動とイラン・ナショナリズム

タバコ・ボイコット運動や立憲革命を直接的契機として、しだいに明確化していくイラン人意識や祖国(ヴァタン)としてのイラン・ザミーンへのこだわりに支えられて高まりをみせたイラン・ナショナリズムの動きは、第一次世界大戦前後の時期には厳しい試練の時をむかえることとなった。それはイラン自体がふたたび列強による占領や軍事侵攻をこうむったことに加えて、脆弱《ぜいじゃく》なテヘラン政府はほとんど中央政府としての体をなさず、事実上、イラン全土は無政府状態におかれ、イランの政治的統合が危機に直面したからであった。こうした状況下で、イラン各地ではつぎつぎと地域蜂起が試みられていった。これら地域蜂起のなかでも、もっとも強力でしたがって中央政府にとっても最大の脅威となったのがカスピ海南岸のギーラーン地方を拠点として展開されたジャンギャリーの運動であった。

ミールザー・クーチェク・ハーンとその盟友たち　一種のイスラーム復興運動でもあったクーチェク・ハーンのジャンギャリー運動自体は挫折するものの，1979年のイスラーム革命後は彼の再評価が進んでいる。

立憲革命期にはエテダーリユーンに属し反専制闘争に参加したミールザー・クーチェク・ハーンは、一九一五年、故郷のラシュトに戻ると「イスラーム統一委員会(エッテハーデ・エスラーム)」を組織し、周囲の鬱蒼とした森林(ジャンギャル)を拠点に、外国の干渉と腐敗した中央政府からイランを解放することを旗印として、パルチザン闘争を開始した。特異ないでたちでわずかばかりの小火器で武装した彼らは、ジャンギャリーを自称し、地域の既存勢力と敵対するだけでなく、時には連携をはかりながら、反列強闘争を闘うかたわら、学校の設立、幹・支線道路の建設、取水管理などの公共事業や民生面にも意をつくした。とくに、一七〜一八年にイランを襲った飢饉のおりには、全土からギーラーン地方に流れ込んだ飢餓難民の救済に奔走した。かくして、地域住民各層からの幅広い支持と支援を取りつけたジャンギャリーは、一七年には『ジャンギャル』紙を創刊して自らの運動を広くアピールしつつ、運動の組織化に乗り出した。その結果、一九一八年前半には、二千数百名の実戦部隊を有し、ギーラーン地方の行政・軍事・司法の各部門を事実上自らの影響下におくまでに成長していた。

かつて、ロシア軍の直接的軍事介入によって頓挫した立憲革命の理念の実現を目標に掲げるジャンギャリー運動は、強力で集権的な政府の樹立と反列強闘争を当面の課題としていた。オスマン朝が提唱するイスラーム教徒の大同団結をうたうパン=イスラーム主義にも関心を示すが、イラン人であることに強くこだわる彼らは、イランの国土とイラン人の祖国を守ることがイスラーム諸国・諸地域のそれに優先されるとし、あくまでもイランの独立を最優先課題として設定した。

一九一七年十月に勃発したロシア革命の結果、ロシア軍の撤退が始まると、ジャンギャリーはイギリス軍を唯一の敵として闘うことになったが、一八年夏にはバクーに向かうイギリスのダンスターヴィル将軍麾下《きか》の部隊(ダンスターフォース)の前に後退をよぎなくされた。しかも、一九年にはいるとテヘラン政府は運動鎮圧のためにガッザーグの大部隊を投入、これに加えて、さまざまな支持層に支えられるがゆえに生じた内部分裂もあって、一九年夏にはジャンギャリー勢力はほとんど壊滅状態にまで追い込まれた。

おりしも浮上したイラン・イギリス協定(一九一九年協定)はイランの政局を大きく変え、全土で反英ムードが盛り上がっていった。対露（ソヴィエト）貿易に生活の多くを依存するギーラーン地方の地主や商人、および耕作農民層を支持基盤とするクーチェク・ハーンらのジャンギャリーは、新生ソヴィエトとの連携に反英闘争の活路を求めてボリシェヴィキとの接触をはかった。また、デモクラート党左派に属するエフサーノッラー・ハーンはバンダレ・アンザリーで港湾労働者からなる三〇〇名の武装部隊を立ち上げてジャンギャリーとの共闘に踏み切り、さらに、南コルデスターン方面において、連合国に対抗する臨時移転政府のもとで、遊牧部族民部隊を指揮していたハールー・ゴルバーンがジャンギャリーに合流した。こうしてジャンギャリー運動はふたたび盛り上がりをみせるが、同時に、大きくその性格を変えることとなった。潰走するデニキン軍を追って赤軍カスピ海艦隊がバンダレ・アンザリーに上陸（二〇年五月）し、イギリス軍がガズヴィーンに後退した直後の六月四日、クーチェク・ハーンとエフサーノッラー・ハーンは、ラシュトに「イラン社会主義ソヴィエト共和国」の樹立を宣言した。同政府は、⑴イランにおける君主制の廃止と共和制の樹立、⑵個人とその財産の保護、⑶すべての不正な条約・協定の破棄（とくに一九一九年協定）、⑷人類の平等とイスラームの防衛など、クーチェク・ハーンの意向が強く反映した基本綱領を掲げてはいるものの、閣僚には多数のアダーラト党員が参画していた。アダーラト党は、ロシア革命直後にボリシェヴィキとの密接な連携のなかでバクーのイラン系労働者層を基盤に組織された。同党は二〇年七月二十三日、バンダレ・アンザリーで第一回党大会を開催、ソヴィエト・ロシアとともに世界の資本主義と闘うこと、イギリスおよびシャー政府と闘うすべてのイラン人組織を支援することを決議し、名称もイラン共産党と改名した。しかし党大会直後から、土地改革を重要課題のひとつに掲げる同党と、イスラームの観点から所有権を神聖不可侵のものとするクーチェク・ハーンらとの溝は深まり、クーチェク・ハーンらは共和国政府から離脱する。一方、イラン共産党の側でも、同年十月、民族解放闘争は階級闘争に優先されるとするヘイダル・ハーンが主導権を握り、早急なる共産主義政権の樹立を主張するアヴェティス・ソルターンザーデらの教条主義派を排して、クーチェク・ハーンらとの共闘態勢を模索、二一年八月四日には再度のソヴィエト共和国の樹立にこぎ着けた。

しかし、しだいにテヘラン政府との関係樹立へと傾いていったソヴィエト政府は、ついにはクーデタを敢行して成立したタバータバーイー政権とのあいだに友好条約(後述)を締結、九月初めには赤軍部隊が撤退を開始した。その直後にテヘラン政府が差し向けたレザー・ハーン指揮下のガッザーグ部隊の猛攻を受けた共和国はあえなく瓦解しさった。

一九一九年協定とアーザーディースターン

一九一九年八月九日に調印されたイラン・イギリス協定は、外相バルフォアがパリ講和会議に出席しているあいだ、外相代理を務めたカーゾン卿が長年にわたって夢としてきた、ロシアとイギリス領インドとのあいだにイギリスの衛星国家を連ねた緩衝地帯を設けようとする構想の実現を意味していた。イランはそのもっとも弱い部分であり、同時にもっとも重要な部分でもあったからだ。

一九一七年十二月五日付『プラウダ』紙に掲載されたレーニンとスターリンの「ロシアおよび東方の全勤労者ムスリム大衆へ」と題する公開書簡は、イランとの間でこれまで締結された不平等条約はすべて破棄されること、イランに駐留するロシア軍は撤退することを明らかにした。これをイランにたいする自らのヘゲモニー確立の好機とみたイギリスは、すぐさま軍事行動に移り(ダンスターフォースのイラン駐留)、その法的裏づけを期待したのがこの協定であった。しかし、協定自体は議会の承認をえられないまま、交渉にあたったヴォスーゴッ・ドウレ内閣は退陣し(一九二〇年七月)、かわって登場したモシーロッ・ドウレ内閣は、ロシア(ソヴィエト)、イギリス両国の部隊がイランから撤退するまで協定は棚上げされることを明らかにした。とはいえ、イギリス人将校を指揮官とする統合国軍の創設に向けてのイラン・イギリス混成委員会の設置や、財務省へのイギリス人顧問の派遣、ペトログラードのイラン公館閉鎖、イギリス軍によるイラン国内のソヴィエト公館接収など、いくつかの条項は実施に移された。

この協定がイラン全土に激しい反英の動きを惹起したことはすでにふれたが、なかでも、協定締結の一方の当事者であるテヘラン政府にたいしてもっとも激しい批判をあびせ、強い抵抗の姿勢をみせたのがアゼルバイジャン地方におけるヒヤーバーニーの運動であった。

アゼルバイジャン選出の議員として第二議会ではデモクラート党に属し、モルガン・シャスターを熱烈に支持して、イランにたいするイギリス、ロシアの経済的・政治的支配と闘ったシェイフ・モハンマド・ヒヤーバーニーは、第一次世界大戦が終了すると故郷のタブリーズに戻り、同志らとともにアゼルバイジャン・デモクラート党を組織し、アゼルバイジャン語とペルシア語のバイリガル機関紙『タジャッドド』を創刊して政治活動に乗り出した。そしてヴォスーゴッ・ドウレ内閣が秘密交渉をとおしてイラン・イギリス協定の調印にこぎ着けるや、これを激しく批判して、アゼルバイジャン地方における中央政府の出先機関を接収、これに代えてアゼルバイジャン人(トルコ人)だけで構成される社会評議会をあらたに設置した。こうして、事実上、地方権力を掌握した(一九二〇年四月)社会評議会は、外国帝国主義者による略奪的行為に終止符を打ち、イラン・アゼルバイジャンから中央政府官吏を放逐し、彼らにかえてアゼルバイジャン人に受け入れられる官吏を任命し、憲法を実施し、平和と民主主義のため帝国主義者やイランの反動勢力と闘うことが権力掌握の基本的目的であることを明らかにした。六月には、「ラ・マルセィエーズ」が合唱されるなか、イラン国民の自由にして自立した政権の樹立がタブリーズにおいて宣言された。政権の名称には、すでにティフリスに樹立されていたアゼルバイジャン民主共和国と一線を画し、同時にイランにおける自由の拠点であるという自負を込めて「アーザーディースターン(自由の地)」が採用された。ヒヤーバーニーは、アゼルバイジャンに樹立された政権こそがイラン国民全体が自由と独立を取り戻すための橋頭堡であると位置づけていたと考えられる。これは立憲革命期にタブリーズに設立されたタブリーズ地方アンジョアンがタブリーズ国民議会を自称したことを想起させる。その一方で、彼の発言からはアゼルバイジャン人としての自覚とその固有な文化へのこだわりもみてとることができる。それゆえ、同じアゼルバイジャン人でありながら、イランにおける国民統合に強い期待をよせるアフマド・キャスラヴィーなどからは、地方主義者として批判を受けた。とはいえ、ヒヤーバーニーがアゼルバイジャンのイランからの分離を考えていた形跡はなく、事実、イラン・アゼルバイジャンの自領土への併合をもくろんだオスマン朝政府の工作には断固たる反対の態度をとり、その結果オスマン朝の官憲に逮捕されカルスに投獄された。

ヒヤーバーニーは社会評議会をよりどころとして、食糧価格の統制、確実な財源としての収入税の賦課、貧困者、とくに女子のための教育施設の設置、ハーレセ(王領)地の農民への分配などさまざまな改革を試みた。しかし、政権維持のための本格的取り組みをおこたったアーザーディースターンは樹立から半年後の一九二〇年九月には中央政府軍の攻撃の前にほとんど無抵抗のまま瓦解した。

4　国民国家への途

第一次世界大戦後の政局とレザー・シャーの登場

第一次世界大戦およびその前後の時期のイランは、政治的に混迷をきわめ、テヘランの中央政府はまったくの名目的存在にすぎず、国内の各地ではそれぞれ地方勢力が、事実上の政治権力を掌握していた。先述のジャンギャリー運動(ギーラーン地方)やヒヤーバーニーのアーザーディースターン政権(アゼルバイジャン地方)以外にも、ホラーサーン地方では、同地方のジャンダルメリーを率いるモハンマド・タギー・ハーン・ペスィヤーン大佐が、デモクラート系勢力と呼応して、中央政府の腐敗と専制に抗して起こした蜂起(一九二一年七〜十月)、マハーバードを中心とするクルド人地域を拠点とするスィムコの反乱、ケルマーンシャーのデモクラート、アミール・アフシャールを指導者とする決起、フーゼスターンに拠りイギリスの支援を受けたアラブの族長ハズアルの支配、さらにはロル、ハムセ、ガシュガーイーなどの遊牧諸集団の反乱など背景や性格を異にするさまざまな中央政府離反の動きがあいついで発生し、もはや、イランをひとつの政治的統一体とみなすことが困難な程の状況が生まれていた。

一方では、こうした危機感から、イランの政治的再統一と強力な中央集権政府の樹立を期待するムードが高まりをみせた。中央政界の再編も主としてこの問題を軸に展開していった。

第二議会を二分していたエテダーリユーン(穏健派)とデモクラート(改革派)も、分裂と再編を繰り返した。もともと、強力な政治的結束力を欠いていた前者は第二議会が閉鎖されると、いったん、自然消滅の途《みち》を歩んだあと、第三議会ではハサン・モダッレスを中心に、消極的均衡外交の推進を旗印に中道路線をとる改革党(エスラーフタラバーン)として再編された。一方のデモクラートからは、中央政府の権威の回復を主張するヴォスーゴッ・ドウレ内閣を支持する組織派(タシキーリー)とこれに反対する反組織派(ゼッデ・タシキーリー)、それに若い左派デモクラートが中心となった第三のグループが生まれた。組織派は、強力な中央政府と国民軍の創設を掲げるモハンマド・バハールら一八名のデモクラートにより結成された「新中央委員会」を中核とし、ギーラーンやアゼルバイジャンの運動にたいしては批判的姿勢をとった。一方の反組織派は、地方分権を主張するモハンマド・キャマレイーらが中心となり、これらの地域の自治を主張した。また、第三のグループは、ボリシェヴィキ革命の強い影響を受けながらも、政治的ニヒリズムに傾き、「懲罰委員会」を結成して体制の要人暗殺を繰り返した。のちにジャンギャリー運動に合流するエフサノッラー・ハーンがその中心的存在であり、彼も含めてこのグループにはアゼルバイジャン人が多く加わっていた。反組織派はその後、自然解体し、組織派もデモクラート党を再建するにはいたらず、ソレイマーン・ミールザー・エスキャンダリーを指導者とする社会主義者党へとしだいに吸収されていった。

第一次世界大戦後の政治的混乱と社会的混迷に終止符を打ったのが一九二一年のクーデタであった。このクーデタへのイギリス政府の直接的関与にかんしては不明の部分も多い。しかし、一九一九年協定が実施不可能となった状況下では、強力な軍事政権こそが国内の急進的運動を抑制し、イギリス軍撤退後に予想されるソヴィエト軍の侵攻に対抗しうると判断した現地のイギリス大使館や軍上層部が、準備段階で決定的役割を担ったことは確かであった。ロシア人将校たちがガッザーク部隊から身を引いたあと、かわって指揮をとったイギリス人、アイアンサイド将軍は二一年二月十四日、准将に昇進していたレザー・ハーンにガッザーク部隊の指揮を委ねた。『稲妻(ラァド)』紙の編集長として、地方の分離主義的運動に反対し、強力な中央政府の樹立を主張していたセイエド・ズィヤーオッ・ディーン・タバータバーイーを首謀者とするクーデタは、二一年二月二十一日、レザー・ハーン麾下のガッザーク部隊二〇〇〇名が首都テヘランに無血入城したことにより成功した。首相に就任したセイエド・ズィヤーオッ・ディーンは、ガージャール王族などの旧支配層の打倒、ハーレセ(王領)地の配分、分益制の見直しなどを訴える一方で、ただちに一九一九年協定の破棄を宣言、二月二十六日には新生ソヴィエトとの友好協定に調印した。この協定は、ソヴィエトが帝政ロシアおよびその臣民に与えられたすべての経済的利権の放棄とカスピ海の航行権をイランに返却することを約する一方で、反ソヴィエト勢力の軍隊がイランに存在する場合、ソヴィエトはイランへ軍隊を進駐させる権限を有することもうたっていた。ちなみに、この条項は、たびたびおこなわれたソヴィエト軍のイラン侵攻に法的根拠を与えることとなり、イラン側にとっては大きな懸念材料であったが、イスラーム革命後に事実上反故《ほご》にされた。

一九二三年に首相となったレザー・ハーンは、当初、共和制構想をいだいていたと思われる。しかし、ウラマー層などの強い反対を考慮して、最終的には、二五年十月にガージャール朝廃止法案を可決した国民議会の意向を受け、十二月十六日にレザー・シャー・パフラヴィーとして正式に即位した。

レザー・シャー体制と「西欧化」

戦争大臣としてセイエド・ズィヤーオッ・ディーン内閣に参画したレザー・ハーンが最初に取り組んだ事業は近代的編成と装備をもつ国軍の創設であった。イランにおける統一軍創設の構想は、一九一九年のイラン・イギリス協定にすでにみられ、両国合同軍事委員会の設置がうたわれていた。二一年二月のクーデタ当時、イランには戦争省管轄下のガッザーク師団以外に、アフマド・シャーの意向を受けて創設された同じ戦争省所属の中央旅団、内務省管轄のジャンダルメリー、それにイギリスが自国の影響圏の治安維持のために組織した南ペルシア小銃隊があった。クーデタの直後、中央旅団がガッザーク師団に吸収され、レザー・ハーンの戦争大臣就任(二一年四月末)と同時にジャンダルメリーが内務省から戦争省に移管され、事実上の吸収がおこなわれた。また、同年秋には南ペルシア小銃隊が解散し、そのイラン人兵員と士官がガッザーク師団に編入され、ここに事実上、統一軍＝国軍が誕生した。この国軍は、レザー・ハーンが地方権力をつぎつぎと排除し、イランの中央集権化を推し進める際の強力なうしろだてとなり、同時に、体制にとっては不可欠の秩序維持(＝抑圧)装置となっていった。ガッザーク部隊が誕生した時点(一八七九年)では連隊規模であったが、創設時の国軍は約一二万六〇〇〇人の常設部隊を擁し、レザー・シャー退位時には四〇万人の動員能力を誇るまでになっていた。これは経済活動人口が五〇〇万人そこその当時のイランとしてはきわめて大きな数値であった。しかも二六〜四一年のあいだに平均して国家予算の三四%が軍事費として支出された。

効果的な徴兵を期して、一九二五年六月には二十一歳以上の成年男子を対象とする二年間の兵役を定めた義務兵役法が制定された。また、同法の施行をより効果的なものにするためには不可欠となる戸籍法も時を同じくして成立し、国民はすべての個人が身分証明書(シェナース・ナーメ)の所持を義務づけられた。

レザー・ハーン(レザー・シャー)**と子供たち**
3人の子供は，向かって左からレザー(パフラヴィー朝第2代目シャー)，シャムス(姉)，アシュラフ(レザーの双子の姉)。レザー・ハーンの戦争大臣当時，1923年初めころ撮影。

これに先立ち、同年五月には、従来の一般的命名法(本人の名前に父母の名前を付すか、出身地名を加えるか、あるいは称号を使用するかした)を廃し、「姓」と「名」をもつことを定める法律が制定された。国民一人ひとりを細大漏らさず把握しようとするこうした性向は、国民国家に共通する基本的特徴である。その一方では、国民そのものの範囲を厳格に定め、「国民」と「非国民」を峻別するための国籍法も制定された(二九年九月)。

レザー・シャーが自己の権力を強化し体制を維持するためによりどころとしたのは国軍のほかには官僚機構があった。レザー・シャー期の官僚組織は盛時には約九万人の職員を擁していた。ガージャール朝時代には王族や由緒ある家柄の者たちにのみ開かれていた官僚への門戸は、パフラヴィー時代になると教育を受けた中間層にも開放されるようになった。一九二二年十月に制定された公務員法は、年齢、国籍、学歴などにかんする公務員資格を規定するものであったが、同時に、採用試験の実施要項、等級表の作成、規則的な昇進の基準の設定、汚職の罰則、不適格者の罷免をも定めていた。また、三二年二月には、公務員養成のための特別クラス開設の権限が内務省に付与された。こうして法的保障をえた公務員は高い社会的地位を約束されたが、給料は上から下まで最低限度におさえられ、ガージャール朝期以来の悪弊であるマダーヘルの慣行(いわば公認された贈与・賄賂)はいぜんとして続いていた。

レザー・シャーが推し進めた「西欧化」政策は、従来宗教界が独占してきた司法部門にもおよんだ。西欧的な商法典(一九二四年)、刑法典(二六年)の導入に続いて、二七年には司法省自体の刷新がはかられた。また、ジュネーヴ大学法学部出身のエリート、アリー・ダーヴァルを大臣にすえて、二八年には懸案であった民法典第一部を国民議会に提出し承認された。この民法典の総説部分はフランス民法典の逐語訳であり、内容には多分にイスラーム法の諸規範を取り込んではいるものの、徹底してその単純化、統一化がはかられていた。三二年には登記法が成立し、それまではシャリーア法廷の専権事項であった結婚や離婚の登録・財産にかんする法的資料や所有権処理の記録は司法省管轄下の法廷に属することが定められた。さらに、三六年には、司法制度再編・判事任用にかんする法が制定され、司法の非イスラーム化・西欧化が一層徹底されることとなった。

レザー・シャー期には地方統治(行政)の区分にも大幅な手直しが加えられた。一九三七年十一月に制定された「国家行政区分法」においては、ガージャール朝期より一三〇年間にわたって維持されてきた「エヤーラト・ヴェラーヤト制」が廃止され、あらたに「オスターン・シャフレスターン制」が導入された。これは従来の地方統治区分がかかえていた行政上・経済上の不都合を解消すると同時に、中央権力の浸透をより容易にすることをねらったものであった(反中央の傾向が強いアゼルバイジャン地方を二州に分割し、クルド居住圏を複数の州に分断した)。全土は一〇の州(オスターン)と四九の県(シャフレスターン)に分割された。同時に地方官吏の職掌が規定され、知事や市長以下のおもだった地方官吏もすべて内務省の任免にかかわることとされ、地方政庁に付与される権限も大きく制限された内容となった。

レザー・シャー期のイラン・ナショナリズム

パフラヴィー体制下で支配的イデオロギーとなったのは、古代礼讃を特徴とするナショナリズムであった。これは、現在のイランがイスラーム以前にさかのぼる文化的・民族的伝統を継承していることを強調し、反対に、イラン社会の疲弊や惨状の原因をひとえにアラブ侵入以降のイランのイスラーム化に求める立場である。これは「イラン的であること」と「イスラーム的であること」を対置させる考え方であり、こうしたイデオロギーを強調することで、非イスラーム化、あるいは脱イスラームへの途を拓こうとしたのであった。

一九二二年に設立された「国民の遺産協会」は、三〇年に成立した「国民の遺産保護法」に基づき、古代遺産や歴史的建造物の登録作業を開始した。結果として四一年までに五六件が登録されたが、すべてイスラーム期以前のものであった。二五年に国民議会を通過した月名改正法案にもイラン的なるものへの回帰がはっきりとみられる。同法はイラン太陽暦(ジャラーリー暦)で用いられてきた十二支をあらわすアラビア語の月名をアヴェスターにあらわれる古いペルシア語の名称に改めるものであった。また、三五年にはイランの正式の暦はこの太陽暦であることが宣言され、ヘジュラ太陰暦の使用は禁止された。同じ三五年には、考古学的発掘調査の結果、収集された古代遺品をイラン民族の遺産として誇示する場として古代イラン博物館(イラン・バースターン)が開設された。古代礼讃の風潮は建築様式にもおよび、テヘラン市庁舎、国民銀行や裁判所の建物などもサーサーン朝時代のイメージを様式化したものであった。言語の分野においては、外来語(とくにアラビア語)の語彙を排除し、ペルシア語の純化をはかる運動が起こされ、それを推進する機関として三五年にはファルハンゲスターン(アカデミー)が設立された。四〇年までにファルハンゲスターンが認可した都市や村の名称変更は全部で一〇七件であったが、あらたな名称の多くは、

「パフラヴィー」「シャー」「ホマーユーン」など、イスラームとは無縁のペルシア語の語彙との組み合わせからなっていた。

悠久の歴史に裏づけられたイランへの回帰は文学の分野においても顕著になっていった。イランの地(イラン・ザミーン)にまつわる神話、伝説、伝承、歴史の集大成ともいうべき叙事詩『王書(シャー・ナーメ)』を国民的叙事詩として賛え、その作者フェルドウスィーを国民的詩人として顕彰する演出が試みられた。日本を含む一七カ国から四〇名の著名な東洋学者を招いて開催されたフェルドウスィー生誕一千年祭がそれであった(一九三四年)。しかも、『王書』の一節にある「知は力なり」という表現が、高等教育委員会の決定に基づき教育標語に選定され、以後、パフラヴィー時代の五〇年間を通じて、学校などの教育機関はいうにおよばず、卒業証書や学位記、一般の出版物などのあらゆる場所や機会に登場した。こうして、ペルシア語で書かれた諸文学作品を国民的遺産と位置づけることで、イランに住まうさまざまな住民をイラン国民として統合していくための象徴として用いたのであった。

こうして、「イラン」へのこだわりが高まっていった一九三五年三月二十二日、つまりイラン太陽暦では新年の一月一日にあたるこの日にだされたイラン外務省の通達は、以後は「ペルシア」を「イラン」、「ペルシア人」を「イラン人」と称するよう諸外国に要請する内容であった。これは、長年にわたってヨーロッパ人たちが用いてきた呼び方(つまり他称)である「ペルシア」を排し、自分たちが用いてきた呼び方(自称)の復権を宣言するものであった。

レザー・シャー期イランの経済と社会

一九〇〇〜一四年ころのイランの総人口は一〇〇〇万人前後と推定される。四〇年にはこれが一四六〇万人に達し、約五〇%の人口増加がみられた。レザー・シャー期には都市部と農村部の人口比も大きく変わり、二十世紀初頭には、都市人口が二〇%、遊牧民人口が二五%、農村人口が五五%を占めていたと考えられるが、四〇年の段階では都市人口が二二%、遊牧民人口は七%、農村人口が七一%となった。この遊牧民人口の激減は彼らの定住化の結果であった。二七〜三二年にかけてレザー・シャーはガシュガーイー、アラブ、ロル、ハムセなどの反抗的な遊牧諸集団を各個に打ち破り、武装を解除させたうえで、彼らの強制的定住化をはかった。たとえば、冬営地から夏営地への移動路を遮断して、特定の場所に定住して耕作に従事せざるをえなくさせたり、従来どおりの家畜数の維持を禁止したりした。また、場合によっては国有地を彼らに割りあてたり、種子を提供することもあった。その結果、二十世紀初頭には二五〇万人程いたと思われる遊牧民人口が三二年にはわずかに一〇〇万人に激減した。

レザー・シャー期にあっても農村部における基本的な生産形態は分益制に基づく農業と牧畜であった。土地所有の基本形態は、ハーレセ(王領)地が一〇%、ワクフ地が一〇〜二〇%、小土地所有地が五〜一五%、大土地所有地が五〇〜八〇%であったと考えられる。この時期の際立った特徴は不在地主による大土地所有の一般化であり、一九四一年には三七家族が二万カ村を所有していた。いうまでもなく最大の土地所有者はレザー・シャー自身であり、現在のマーザンダラーン州の耕地のほぼすべてとギーラーン州の多くが彼の所有地であり、三三万五〇〇〇人が彼の領地で生活していたことになる。

レザー・シャー期における主要な穀類の生産高は、小麦が六七%、大麦が三六%、米が四四%と、それぞれ漸増の傾向にあり、基本的には人口を養うには十分であった。ちなみに、一九二〇年代のイランにおける主要な換金作物は、テリヤーク(アヘン)であり、輸出の一〇〜一五%、世界の生産の三〇%を占めていたが、政府の禁止政策と生産制限により三分の二に減少した。かわって綿が九〇%、タバコが一一四%の生産増をみている。しかし、国民総生産に占める農業生産の割合は減少し、二十世紀初頭には八〇〜九〇%を占めていたのにたいして、三〇年代には五〇%前後にまで落ち込んだ。それでも、農業労働力はイランの全労働力の七五%を占めていた。ともかくも、農業生産の増大が人口増加率の二倍かそれ以上であったイランは、四〇年の段階でも砂糖と茶を除けば自給できたのであり、米や穀類は時には輸出さえしていた。

しかし一方、でこの時期、農業生産向上に向けての本格的改善の努力はきわめてまれにしかみられなかった。農業技術はまったくといってよい程変化がなかったし、農業の機械化、深井戸の掘削、改良品種の使用などは、シャー領地などの限られた範囲でしかみられず、収穫や脱穀はいぜんとして手作業であった。伝統的な分益制は生産を刺激せず、逆に沈滞傾向に追い込んでいった。

工業部門に関心を集中するレザー・シャー政権は、農業事情の改善には無関心であり、土地改革にかんしても最初の一五年間は意識的な試みは一切おこなわれなかった。一九三七年十一月に制定された土地開発法も、土地開発・土地利用についての土地所有者の自覚をうながしたにとどまった。また三九年九月に可決された耕作地の収穫にかんする地主・耕作者間の分益配分法は、司法省と農業省にたいして、分益小作の割合改善の可能性を検討し、地主と耕作者とのあいだでの収穫配分をめぐる諍《いさか》いを解決するための共同措置作成の権限を与えるものであったが、ほとんど実施にはいたらなかった。

イラン国内の実質的工業化が本格的に始動するのは一九二〇年代以降である。二五年における工場数は二〇カ所以下で、五〇名以上の労働者を擁する工場は五カ所しかなかったが、四〇年にはこれが三〇〇カ所に達し、このうちの二八工場は五〇〇名をこえる労働者を雇用していた。この部門への資本投下の三分の一は政府が、半分程は個人投資家が負担していた。ちなみに四一年段階で稼働していた一〇五の製造企業のうち、二一%弱は政府系であり、五五%弱が個人、二四%が政府と個人との合弁、外資系はひと握りであった。政府系が最大の割合を占めていたのは織物の分野であり、砂糖製造、タバコ、セメントの分野では政府は唯一の、食品の分野では主要な雇用主であり、すべての金属工業は政府の管理下にあった。一方、個人企業が有力であったのは繊維、食品製造、毛織物(主として絨毯)の分野であった。

この時期、政府が最大の資本を投下したのは鉄道建設事業であった。レザー・シャー念願のイラン縦貫鉄道敷設法案が第六議会を通過するのは一九二七年二月のことであり、それに先立ち、借款に頼らず自前の資金調達を目的に砂糖専売法が制定されたのが二五年である。ペルシア湾とカスピ海を結ぶこの縦貫鉄道の路線確定には細心の注意が払われ、南の起点にはできるだけイギリスの影響圏から離れた地点が選ばれ、カスピ海方面でもできるだけソヴィエト(ロシア)の脅威から安全な地点が考慮された。国内治安確保のための部隊派遣を容易にした鉄道の建設は、道路建設の一〇〇倍の資金を要したが、その経済的効果はあまり期待できなかった。首都テヘランを除けば主要な都市を結んでおらず、総延長一四〇〇キロにおよぶ鉄道建設には莫大な資金がつぎ込まれた割には直接的再生産に貢献するわけでもなく、逆にインフレを引き起こした。結果的にみれば、工業部門全体に投下された資本とほぼ同額が鉄道建設に投資されたことにより、国家の産業発展能力をかえって封じ込めることになったといえよう。

5　パフラヴィー体制とイラン社会

第二次世界大戦と地方権力の台頭

第二次世界大戦が勃発すると、イランはただちに中立を宣言した。しかし、レザー・シャー政権が、外交上の潜在的同盟者として期待し、同時に自国の社会的・経済的発展のモデルとして位置づけてきたナチス・ドイツと緊密な関係を維持していたため、イギリス、ソヴィエト両国からの圧力は不可避であった。一九四一年六月二十二日、ドイツによるソヴィエト侵攻が始まると、連合国側からの対ソ支援ルートとして、イランの戦略的重要性が急浮上した。ところが、この直前に誕生したアリー・マンスール内閣が親ドイツ政策を一層強化したこともあり、両国はイラン政府にたいして再三にわたりドイツ人の追放を要請、四一年八月二十五日にはついに北部イランにはソヴィエト軍が進駐し、ペルシア湾からはイギリス軍が上陸した。イギリス、ソヴィエト両軍がテヘランの目前に迫った九月十六日、皇太子、モハンマド・レザーに帝位をゆずったレザー・シャーは、エスファハーンへと退去した。四二年一月、イラン政府はイギリス、ソヴィエト両国との同盟条約に調印し、戦争終結後六カ月以内の軍隊の撤退とイラン経済への支援の約束を取りつけた。また、四三年十一月にテヘランで開催されたスターリン、チャーチル、ローズベルトの三者会談では、イランの役割を評価し、その主権と領土保全の尊重が宣言された。なお、イラン政府は四三年九月九日にはドイツにたいして、また四五年三月一日には日本にたいして宣戦布告をおこなった。

一方、連合国による占領がイランの社会と経済に与えた影響もけっして小さくなかった。連合軍は道路建設、鉄道部門、石油産業、ビル建設などに七万人におよぶイラン人労働者を雇用したが、支払いの滞りなどもあり、必ずしもイラン経済の活性化にはつながらなかった。むしろ、占領軍の巨大な消費は、大戦期における農業・牧畜生産の低下とあいまって、慢性的な食糧不足を引き起こし、イラン全土に飢餓状態を生み出した。一方でイギリス、ソヴィエト両国は自国製品のイランへの売り込みを強行し、その結果イラン通貨は下落し、しかも莫大な輸入超過をかかえることとなった。

このように、連合軍の占領によってイランは経済的には負の影響をこうむったが、政治的には二〇年にわたる独裁体制に終止符が打たれ、戦後の社会運動の素地がかたちづくられていった。レザー・シャー退位の一三日後に出獄した左翼活動家五三人のうちの二七人が中心となり、議会を通じた包括的な社会改革を掲げるトゥーデ(大衆)党が結成された(一九四一年九月二十九日)。同党は飛躍的に党勢を拡大し、四二年は六〇〇〇人、四四年には二万五〇〇〇人、そして四六年には五万人の党員と一〇万人のシンパを擁するイラン最大の党派勢力へと成長し、国内で唯一の組織だった政党となった。同党の指導下に労働運動も再生し、四四年のメーデーには、四つの労働組合が合体し、イラン労働者統一中央連合評議会(CCFTU)が結成された。

ところで、レザー・シャー体制下で進められた中央集権化政策の過程では、首都テヘランの成長・発展とは裏腹に地方の多くは停滞と衰退を強いられた。とりわけ、ガージャール朝期には国内最大の都市として、その政治的重要性に加えて経済的にも繁栄を謳歌したタブリーズを中心とするアゼルバイジャン地方の相対的位置の低下は覆うべくもなかった。たとえば、一九四四〜四五年の国家予算では、テヘランに割りあてられた額は、アゼルバイジャン地方(テヘランの三倍の人口をかかえる)の二〇倍であった。こうした中央偏重の政策にたいする地方住民の不満は加速度的につのっていった。とくに、マジョリティであるペルシア人を中心にすえたペルシア人中心主義政策は、アゼルバイジャン地方(トルコ人居住地域)やコルデスターン地方(クルド人居住地域)で激しい反発を引き起こした。

一九四三〜四四年におこなわれた第一四議会選挙にタブリーズから選出されたにもかかわらず、議員資格を拒否されたジャファル・ピーシェヴァリーは、タブリーズに戻りアゼルバイジャン・デモクラート党を創設した(四五年九月)。これにはかつてのヒヤーバーニーの同調者たちが参加し、トゥーデ党のアゼルバイジャン支部やCCFTUのアゼルバイジャン中央委員会も合流した。同党は、イランの独立と領土保全を誓約したうえで、アゼルバイジャン人民の域内自治、学校教育での母語(アゼルバイジャン・トルコ語＝アーザリー語)の使用、各種の社会的・経済的改革を綱領として掲げ、十月なかばには駐留するソヴィエト軍の存在を背景とする「流血なき反乱」によって地方権力を掌握した。そして、十二月十二日にはイラン史上初の普通選挙によって選出された国民議会により、ジャファル・ピーシェヴァリーを首班とする「アゼルバイジャン国民政府」の樹立が宣言された。

同政府のもとで試みられた政策としてまず注目されるのは、土地改革である。議会は、地主の所有にかかるすべての水資源(河川、泉、ガナート)の接収とハーレセ(王領)地の再配分を骨子とする土地改革法案を可決し、同時に、収穫分配方式の改革もおこなわれた。その結果、耕作農民の取り分が最低でも約四三％まで引き上げられることになった。経済政策としては、大銀行の接収、農業銀行の設立、独自の銀行券の発行、逃亡したり政権に非協力的な所有者の工場の接収などの大幅な変革を導入した。社会政策の面では、最低賃金制、週四八時間労働、有給休暇、時間外労働にたいする五割増の賃金支払いなどを定めた労働法を制定した(一九四六年五月)。また、失業者対策としては、公共事業(タブリーズ市内の舗装作業など)にも着手した。加えて、文盲撲滅を狙いとする労働者学級の設置、中等・初等教育の充実(八二校の中等学校と三二五校の初等学校を開設)、貧しい学生への政府奨学金の支給、成人教育の徹底、そしてタブリーズ大学の設立(テヘラン大学についで国内二番目)など、教育政策にも積極的な取り組みを示した。さらに、同政権の施政は、近代的病院の建設や巡回健康相談所の開設、公衆衛生の強調、清潔な水の供給、売春・麻薬の撲滅、ラジオ局の開設、演劇・ミュージカルの推奨など多方面にわたった。

第二次世界大戦期、ソヴィェト軍駐留地域とイギリス軍占領地域の中間に位置するマハーバード周辺のクルド人居住地域は一種の無政府状態におかれていた。実際にこの地域をおさえていたのは、クルド系部族集団の族長たちであった。一九四二年九月、イラク軍のクルド人大尉、ミール・ハジによりコマラ(コルデスターン再興委員会)が、マハーバードの都市インテリ層を中心として結成された。コマラはその後、街の長老カーズィー・ムハマドが中心となって、部族長や宗教指導者などを取り込みながら急速に勢力を伸ばし、四三年には中央政府の部隊をマハーバードから駆逐して事実上の自治状況をつくりだした。四五年九月には、カーズィー・ムハマドを団長とする代表団が、財政的・軍事的支援を要請するためバクーをおとずれた。時を同じくして、モスタファー・バルザーニーに率いられた一万人にのぼるイラクのバルザーニー族がマハーバードに到来し、コマラの運動に合流した。

代表団の帰還後、コマラはコルデスターン民主党と改名し、域内問題にかんするクルド人民の自治、公用語・教育言語としてのクルド語の使用、地方議会の樹立、クルド人による行政の実現、税金の地方への還元など、自治要求を明確化した。クルド語のオペラ「母なる大地」がマハーバードで数カ月にわたって上演されつづけていた一九四六年一月二十二日、カーズィー・ムハマドはコルデスターン共和国の樹立を宣言した。しかし、アゼルバイジャン国民政府と違い、在来の有力者層や部族長たちの微妙な勢力均衡のうえに成り立っていたマハーバード政権は、クルド語の新聞の発行やクルド国民図書館の設立などの民族文化的事業を除けば、実質的社会変革にはほとんど手をつけることもなく、全体としては保守的傾向を色濃くおびていた。

一方、一九四六年一月に三名のトゥーデ党員を閣僚に含む内閣を成立させた首相ガヴァームは、ただちにモスクワを訪問して、イラン北部の石油利権供与を条件にソヴィエト軍の期限内撤退の約束を取りつけた。こうして四六年五月、ソヴィエト軍の撤退が完了すると、タブリーズとマハーバードにたいする中央政府側の攻勢はしだいに強化され、同年十二月には、アゼルバイジャン国民政府とコルデスターン共和国はあいついで瓦解した。

石油国有化運動とイラン・ナショナリズム

アゼルバイジャンとコルデスターンの問題が一段落したあとも、国内の政局は安定せず、一九四九年にはシャーにたいする暗殺未遂テロ事件も発生した。この機を利用してシャーはトゥーデ党や労働組合などにたいする攻勢を強める一方、憲法を改変して議会の解散権を手にした。また、六〇名の議員(半数はシャーの任命)からなる上院(セナー)を開設して自己の権力基盤の強化に乗り出した。

一九四〇年代末にはふたたびインフレが進行するなか、石油問題が主要な問題として浮上した。これは第二次世界大戦後に石油への需要が急速に増大したことに起因していた。大戦前までは中東の原油産出量は全世界の三・八%を占めるにすぎなかったが、五〇〜五一年には全世界の原油総生産高六億三七〇〇万トンのうち、イラン一国だけで三〇〇〇万トンを生産していた。三三年に新利権協定に調印したことで、イラン側は従来よりは多くの収益を手にすることになったとはいえ、アングロ・ペルシアン改めアングロ・イラニアンとなったイギリス系石油会社の経理・運営に関与することはできず、しかも利権期限も九三年まで延長された(従来は六一年まで)。実際、同社は三二〜四九年までに八億九五〇〇万ポンドの収益をあげていたにもかかわらず、イランにはその一二%弱にあたる一億五〇〇〇万ポンドが支払われたにすぎなかった。

こうしたイギリス系アングロ・イラニアン石油会社の搾取にたいする批判はしだいに高まり、一九四六年五〜六月には中東の歴史始まって以来という大規模な石油産業労働者のストライキとして現実化した。五月一日のメーデーにはアーバーダーン製油所の七万人の労働者が行進をおこない、このときの女性演説者が、はじめて石油国有化を公然と訴えた。

しかし、一九五〇年六月、レザー・シャー以後はじめての軍人首相として登場したラズマーラーは石油の国有化に難色を示した。ところが、五一年三月七日にイスラーム急進派グループ、フェダーイヤーネ・エスラームによって暗殺されると、翌日には議会の石油委員会は石油国有化法案を議会に提出した。同年四月二十八日には、議会内で石油国有化を主張してきたモハンマド・モサッデグが首相に就任し、国民議会と上院も同法案を可決した。こうして五月一日にはシャーが正式に石油国有化を宣言し、アングロ・イラニアン石油会社の石油産業施設は接収された。

この石油国有化に中心的役割をはたしたのが国民戦線であるが、当初はモサッデグら八名の議員で結成された議会内フラクションにすぎなかった。これに知識人、テクノクラート、学生などの左翼勢力を主体とするアッラーフヤール・サーレフ率いる「イラン党」、トゥーデ党より分裂したハリール・マレキーを指導者とする「労働者党」、ダーリウーシュ・フォルーハルに率いられ主として右翼ナショナリストの支持を受けた「汎イラン党」、そしてアーヤトッ

選挙について内相(アミーレ・ティムール)と話し合うモサッデグ　ガージャール王族出身の彼は，フランス，スイスへの留学中に洗礼を受けた西欧流議会制民主主義の信奉者であった。一方で，彼が推進した石油国有化政策は，その後の世界の動向を大きく左右する資源ナショナリズムの嚆矢となった。

ラー・カーシャーニーを指導者とあおぐイスラーム勢力「モジャーヘディーネ・エスラーム」が参加した。国民戦線にたいして批判的であったトゥーデ党も、基本的には協力路線をとった。

首相となったモサッデグは、石油国有化政策に端的に示されているように、外交面では強力な消極的均衡政策を打ち出した。彼は内政面でもさまざまな改革を試み、立憲君主制のもとでの議会制民主主義を追求し、それを保障する手段として思想と行動の自由に立脚した自由選挙の実施を主張した。一方で、シャー権力の分散をはかり、婦人参政権の実現、耕作農民の地位改善などに腐心した。

しかし、国際石油資本(メジャー)によるイラン石油ボイコットによって石油収入は激減し、それにともない輸入が停滞すると関税収入も減少し、政府は深刻な財政難に直面した。そうしたなか、政策の実施に必要であるとして非常大権を議会に要求したモサッデグを批判して、アーヤトッラー・カーシャーニーが国民戦線から袂を分かち離脱すると、戦線内部の足並みの乱れが急速に進行した。一九五三年八月十九日にはアメリカ、イギリスのうしろだてで画策されたクーデタによってモサッデグをはじめとする国民戦線の指導者が逮捕され、政権は崩壊した。

一九五四年、シャーはコンソーシアム(ブリティッシュ・ペトロリアム、アメリカの五大石油資本、ロイヤル・ダッチ・シェル、フランス国営石油会社、アメリカの独立系石油会社からなる)とのあいだに純益折半方式に基づく新協定を締結した。原油の生産量および価格はコンソーシアムとの協議により決定されることとなり、国有化の理念からは遥かに後退した内容であったが、それでも、イラン側の石油収入は飛躍的に増大することとなった。

「白色革命」の意味

一九四九年十一月、体制の安定化をねらうモハンマド・レザー・シャーは訪問先のニューヨークで記者会見をおこない、ハーレセ(王領)地の分配を含む農地改革、汚職の追放の実施などを公約した。これは、同年発足した七カ年計画への経済援助と軍事的支援をアメリカに期待するイランにたいしてアメリカ側が提示した条件に応えるために表明されたものであった。アメリカ側の狙いはイラン国内の「浄化」にあった。四七年三月のトルーマン・ドクトリンによって反共主義政策を明確に打ち出したアメリカが、大土地所有制などに象徴される社会的不公正・腐敗のゆえに、中国国民党政府の崩壊と中華人民共和国の成立を許してしまったという認識から、「対後進国政策」にとっての農地改革の必要性を強く意識したからであった。

一九六一年一月二十八日に発せられた勅令(ファルマーン)では、ハーレセ地に属する二〇〇〇カ村が払い下げの対象とされた。しかしそれほど劇的な効果が期待されたわけではなく、分配自体もきわめて緩慢に進められたし、しかもハーレセ地の三分の一程度が耕作農民にたいしてというよりは、シャーを取り巻く富裕な仲間内にたいして売却されただけであった。その意味では一種のデモンストレーションにすぎなかった。

シャーの主導のもと、シャー自身が「白色革命」あるいは「シャーと人民の白色革命」と称した改革プログラムの全容が明らかにされるのは、一九六三年三月十九日にシャー自らが明らかにした六項目宣言においてであった。その六項目とは、⑴地主・小作関係の廃止(つまり、六二年の土地改革修正法に基づくイラン全土における農地改革)、⑵全国の森林資源の国有化、⑶土地収用代金の代替えとして官立工場株式の地主への供与、⑷労働者にたいする生産・工業施設の利益配分、⑸選挙法改正(婦人参政権付与)、⑹公教育・義務教育にかんする法を実施するための教育部隊の創設であった(同月二十六日には国民投票にかけられた)。

ただし、農地改革については一九六二年一月九日に農相ハサン・アルサンジャーニーが起草した法案を閣議に提出し、首相と数名の閣僚が署名し、シャーが裁可をくだすという、非常手段によって成立させた(議会は閉会中であった)法律に基づき、その第一段階はすでに実施に移されていた。地主の所有上限が一人一村、収用価格は当該土地の税額とされたこの法律の適用を受けたのは、土地改革庁の発表によれば、六三年九月段階で八〇四二カ村であり、これは全国約四万八六〇〇カ村の約一六・五%を占めるにとどまり、受益農民も二四万三〇〇〇人にすぎなかった。

一九六三年一月十七日には中小地主にまで法の適用範囲を拡大する農地改革追加条項(五カ条からなる)が公布された。これにより、六六年二月の段階では、約一二四万人の農民が受益者となり、そのうちの八八万五〇〇〇人が定期借地(三〇年間)農民となった。これがいわば第二段階であるが、六九年三月には賃貸された土地をそのまま農民に譲渡する法律も成立し、七一年には最大の難問であったワクフ地をそのまま借地農民に譲渡するための法律が公布され(第三段階)、イランにおける農地改革は自作農創出に向けてゆるやかな歩みを始めることとなった。一九七〇年代には分益農民の九〇%以上が土地所有農民となった。

この数値は、エジプトやシリア、イラクにおける土地改革（それぞれ、一〇％程度が土地所有農民となったにすぎない）の結果と比べると、一定程度の成果をあげたといえるかもしれない。しかし、土地分与の対象となったのは、ナサク（耕作および分益の権利）を有する分益農民に限られ、農村人口の四八％近くを占めていたナサクをもたない農民（ホシュネシーン）は排除されていた。そのうえ、あらたに土地を取得した農民の七五％以上は、一家の生計を支えるには十分ではない七ヘクタール以下の土地しか取得できなかったのである。一方で、農地改革以後も四万五〇〇〇家族の不在地主・大土地所有者が残り、彼らはいぜんとして、農地・可耕地の四七％を所有していたのであった。

シャーより土地証文を受け取る農民代表　シャー主導の農地改革はさまざまな問題をはらみながらも，総体としては農民を地主から解放し，圧倒的な人口をかかえる農村を市場に結びつけて，イランにおける国民経済の浸透に決定的契機を提供した。

その一方で、この土地改革が、余剰農村人口が都市に流入する条件をつくりだし、人口で圧倒的な農村に市場を発展させたことも事実であり、その意味では、イランにおける国民経済の浸透をうながす重要な契機となったことも確かであった。

石油に沈む「イラン帝国」

土地改革を推進したアミーニー政権崩壊後のシャーによる自己の権力の強化は、主として、物理的な抑圧機構と、巨大な組織へと成長していた官僚機構を通じておこなわれた。前者は軍と警察・情報機関が中心であった。イラン軍は一九五〇～七〇年までは国家予算の二五～四〇%を消化し、三〇～七四年までの防衛費は一九億ドルにすぎなかったものが、七八～七九年には九九億ドルに跳ね上がった。七二年から七七年までのあいだに人員も一九万人から四一万人に増員され、七二年から七六年までにアメリカから一〇〇億ドルの武器を購入し、七六年には約二万四〇〇〇人のアメリカ人軍事顧問がイラン軍に存在した。七七年、イランは世界第五位の軍事大国となり、ペルシア湾岸地域最大の海軍力を保有し、イラン陸軍の規模はイギリス陸軍のそれに匹敵し、しかも遥かに優秀な装備をもち、空軍は世界第四位の戦闘能力を有していた。

情報機関としてはたがいに独立した八つの機関が活動していたが、最大のサヴァク(国家情報安全機関)は、一九五七年にCIAやFBI、それにモサドの協力で創設された。さらに軍やサヴァクを探るための「王立調査局」や「J2ビューロー」も設置された。こうしたチェック・アンド・バランスの体制はガージャール朝以来の伝統を受け継ぐものであった。

政府・官僚組織は、一九六三年には一五万人、七〇年には三〇万人の職員をかかえ、七七年になると軍人を除いて約八〇万人が政府系諸組織で働いていた。都市部に限ってみると常雇いの二人に一人が公務員であった計算になる。一方で、五三年八月十九日のクーデタ以降、すべての政党は禁止となり、五〇年代末になりようやく二つの政党(アサドッラー・アラムを党首とする人民党とマヌーチェフル・エグバールを中心とする国民党)が結成されるものの、いずれもシャーにたいして忠実であり、人々はこれら両党を「イエス党」と呼び揶揄した。六三年にはこの二党体制が一党体制となり、七五年には唯一の合法的政治組織であるラスターヒーズ(復興)党が創設され、アッバース・ホヴェイダーがその党首におさまった。

一九六〇年代から七〇年代初めまではイランの産業化はきわめてゆるやかなペースであったが、七三年のエネルギー危機(イランにとってはオイル・ブーム)を境に前例をみない急成長をとげた。

(単位：10億リアル)

年　度	ＧＮＰ	国庫収入	石油収入	軍事支出
1970	732	171	84	—
1971	923	257	150	—
1972	1179	259	179	—
1973	1728	465	311	135
1974	3079	1394	1205	373
1975	3497	1582	1247	476
1976	4692	1836	1422	567
1977	5483	2034	1498	—
1978	4918	1599	1013	590

イランの経済状況(1970～78年)

一九七四年には前年度比で約四倍に跳ね上がった潤沢な石油収入を背景に、第五次五カ年計画が拡大修正された。ペルシア湾の憲兵を自任するシャーは、最新鋭のファントム戦闘機をはじめとする大量の武器をアメリカから買いつけ、インド洋に面したチャーバハールには周辺地域最大規模の軍港を建設した。また、クルップ社の株も二五%を取得した。さらに、海外投資にも多大な関心を示し、イギリスとフランスに数十億ドルが、エジプトにはポート・サイード港再建のために一〇億ドルが投資され、アフガニスタンにたいしてもイラン国境からペシャーワルにいたる鉄道建設資金が提供された。

石油収入の多くは工業、建設、石油、ガス、運輸、通信部門に集中的に投資され、その結果、国民総生産は一九五三年の三〇億ドルから七七年には五三〇億ドルへと成長、つまり約一七倍強の伸びを示し、一人当りの収入も五三年から七七年までに約一〇倍となった。これを上回る成長率を示していたのは世界で日本、シンガポール、韓国など数カ国しかなかった。経済成長率も六三年から七八年までは平均して一〇・八％であり、これも世界でトップクラスであった。七七〜七八年には石油収入は国民総生産の三八％。政府歳入の七七％、外貨準備高の八七％を占めていた。

石油に圧倒的に依存したこうしためざましい経済成長は、社会的にも大規模な変動を惹起した。農村部から都市部への人口移動が起こり、農業人口が第二次、第三次産業へと吸収されていった。それにともない、都市人口が急激に膨張した。たとえば、テヘラン市は、一九七〇年には二五〇万人であったものが、七七年には五〇〇万人に急増し、これはイランの全人口の一四％が集中した計算になる。

一方では、インフレの激化、都市貧困層の拡大に加えて、都市部と農村部の格差の増大というさまざまな矛盾を一層深刻化させることとなった。

6　イスラーム革命と国民国家

反体制運動の高揚からイスラーム共和国の誕生へ

未曾有の経済的繁栄を謳歌しているかにみえたその裏で、貧富の差の拡大をはじめとする社会矛盾が深刻化し、政治的抑圧にたいする反発が強まっていった。一九七八年一月九日に宗教都市ゴムで発生した抗議行動は、財政再建を最重要課題として登場したアームーゼガール内閣が緊縮財政の一環として打ち出したマドラセ(イスラーム学校)への補助金打ち切りに反発した宗教界の憤懣が、政府系新聞に掲載されたホメイニー師批判をきっかけに噴出した結果であった。広範なゴム市民を巻き込んで繰り広げられたデモと抗議集会を通じて明らかにされた要求とは、憲法の履行、三権の分立、検閲局の廃止、言論の自由、政治犯の釈放、宗教的集会・組織の自由、ラスターヒーズ党の解散、テヘラン大学の再開、学生にたいする警察暴力の根絶、農民への政府援助、フェイズィーエ学院の再開、ホメイニー師の帰還の一二項目であった。これら一二項目にはこの時期に体制がかかえていた諸問題が集約的に表現されていた。これにたいして当局が徹底的鎮圧をもって臨んだこともあり、数十名の死者をだす結果となり、その四〇日目にタブリーズでおこなわれた殉教者追悼式(アルバイーン)はふたたび激しい街頭デモへと転化し、さらなる犠牲者をだした。こうしてシーア派イスラームの伝統である四〇日目の服喪行事を巧みに利用するかたちで展開した抗議集会やデモはまたたくまにイラン全土に飛び火し、三月三十日には全国五五の都市で犠牲者のための追悼デモがおこなわれた。いわばデモがデモを呼ぶデモの「日常化」状況が生まれた。八月三十一日には全国一五の主要都市を中心に一五〇万人の参加をもっておこなわれた抗議行動で、ついに、体制の打倒とイスラーム政権の樹立が公然と叫ばれるにいたった。

こうした状況を受けて、九月八日の早朝には戒厳令が施行され、この日テヘランでおこなわれたデモでは軍隊による無警告、無差別の発砲によりおびただしい数の犠牲者をだした(黒い金曜日事件)。この事件を機に国民のあいだの体制不信は決定的となり、同時に、非妥協的な姿勢を貫いてきたホメイニー師の反体制運動の指導者としての地位が不動のものとなっていった。

一方、一九七八年早々に顕在化したストライキの波も、当初は賃上げや住宅・労働条件の改善などを求める経済闘争であったが、九月以降になると、件数が急増したのみならず、基幹産業部門だけでなく、政府諸官庁、公的機関にも波及し始めた。とくに財務省のストは財政危機に拍車をかけ、石油産業におけるストは石油収入への依存度を強めていたイラン経済にとって決定的打撃となった。

事態を憂慮したシャーは、西欧型民主主義の実現、政治犯の釈放などの譲歩を約束する一方で、敬虔なイスラーム教徒として定評が高かったシャリーフ・エマーミーを内閣首班に任命、皇帝暦の廃止、カジノの閉鎖、投獄されている宗教指導者の釈放など、宗教界にたいする露骨な懐柔策を打ち出した。さらに、シャーが最後の期待をよせたゴラーム・レザー・アズハーリー軍人内閣(十一月六日成立)は、経済的・社会的腐敗撲滅を旗印に、元首相のホヴェイダー、元サヴァク長官のナスィーリー大将などを逮捕して、国民の批判をかわそうとした。しかし、三代目イマーム、ホセインの殉教命日にあたる十二月十〜十一日の両日におこなわれた反体制デモ行進にはテヘランだけで二〇〇万人をこえる参加者を記録するなど、想像を絶する人間の数的圧力を前にしては、政府はもはやなす術をもたなかった。こうして、シャーには、自らの国外退去とひきかえに旧国民戦線の闘士、シャープール・バフティヤールに組閣を依頼し体制の延命をはかることしか残されていなかった(十二月三十一日)。

一九七九年一月十六日にシャーが病気療養を理由に出国すると(事実上の亡命)、二月一日にパリから一五年ぶりの帰国をはたしたホメイニー師は、イスラーム臨時革命政府の樹立を宣言し(二月六日)、その首班には旧国民戦線に属し「イスラーム自由運動」を率いてきたメフディー・バーザルガーンを指名した。二月十一日には首都テヘランにおけるあっけない権力奪取劇の結果、唯一の公式政府となった同政府は、秩序の回復と新体制の制度化に向けての基礎固めに着手した。

一方、ホメイニー師は帰国に先立って、イスラーム的諸目的実現のための基礎的準備を担うイスラーム革命評議会を設置していた。バーザルガーン政権が既存の行政機構を基本的には継承するかたちで国家行政の再建をはかろうとしたのにたいして、革命評議会は反体制闘争の過程とそれに続く権力奪取前後の時期にあらたに生まれた革命諸組織を自己の管轄下に取り込み、それらを再編することで、あらたな国家体制づくりの機軸にしようとした。革命の過程で自然発生的に生まれ、一時は全国で一六〇〇を数えたといわれる革命委員会(コミーテ)、革命闘争の過程で武装した市民を中核に組織された革命防衛隊、そして、旧体制要人にたいする弾劾の急先鋒となった革命裁判所がその中心的役割を担った。

また、権力奪取直後の二月十九日には、イスラー

大アーヤトッラー，ホメイニー師の帰国を祝う人々　1979年２月１日，ホメイニー師は国民の歓呼のうちに15年ぶりの帰国をはたした。彼は反体制運動のシンボル的存在から，自ら提示した「法学者の統治」論を盛り込んだイスラーム共和国憲法が定める最高指導者へとのぼりつめた。

ム教徒による革命の継続をスローガンに、モハンマド・ベヘシュティー師、アリー・ハーメネイー師、ハーシェミー・ラフサンジャーニー師らが中心となり「イスラーム共和党」が結成され、革命評議会の主導権を握った。

革命新体制におけるバーザルガーン政府と革命評議会の並立は、相互の権限の未分化・重複に加えて、前者が経済再建を最優先課題としたのにたいして、後者はあくまでも政治的刷新を主張し、両者の溝はますます深まっていった。こうした状況のもとであらたな政体をめぐる議論が白熱化した。ホメイニー師が自著『イスラーム政権(法学者の統治論)』のなかで展開した議論を受けて、「神の法が人民を統治する」という原理に立脚する「イスラーム共和制」を主張したホメイニー師やイスラーム共和党にたいして、復活した国民戦線系諸勢力は、社会正義の実現という意味では一定程度の「イスラーム化」政策に歩調をあわせながらも、政治原理としての「民主」の概念の導入は不可欠として「イスラーム民主共和制」を提唱した。「パフラヴィー体制」から「イスラーム共和制」への移行の賛否を問うというかたちでおこなわれた国民投票(三月三十〜三十一日)の結果、九八%の圧倒的賛成をえて、翌四月一日、ホメイニー師自らがイラン・イスラーム共和国の樹立を宣言した。

イスラーム共和国体制の確立

六月十八日に新憲法草案が発表されたことを受けて、実質審議を担当する専門家会議の選挙がおこなわれたが(八月三〜四日)、国民戦線系勢力の棄権などもあり、イスラーム共和党系候補の圧倒的勝利に終わった。八月十九日に開始された審議も三カ月後には終了し、十二月二〜三日には二度目の国民投票にかけられた。こうして成立したイラン史上二番目の憲法は、全一七五条からなり、法の前における国民の平等、一院制の議会主義、三権分立の原則など通常の国民国家とさして変わらない内容であるが、統治権と指導権を人民が指導者と認め受容したイスラーム法学者(ファギーフ)に委ねるとする、ホメイニー師が唱えた「法学者の統治論」を受けて、最高指導者(ラフバル)にかんする規定を盛り込むなどイスラーム共和国独特の特徴も有していた。この「法学者の統治論」をめぐっては、草案審議の過程でも激しい論争が繰り広げられ、宗教勢力内部においても、これを不可とするシリーアトマダーリー師やムスリム人民共和党系勢力とイスラーム共和党とのあいだの武力衝突にまで発展した。

憲法審議がおこなわれている最中の十一月四日、「ホメイニー師に従うムスリム学生団」によるアメリカ大使館占拠人質事件が起きた。国際法遵守を主張するバーザルガーン内閣は、占拠を支持するホメイニー師やイスラーム共和党との懸隔が明らかとなり総辞職し、革命評議会が内閣の業務を引き継ぐこととなった。こうして、イスラーム共和党主導の革命評議会が立法・司法に加えて行政権をも一時的に掌握するにいたった。

こうした異常事態を解消すべく、行政府の最高責任者たる大統領選出に向けての動きが活発化し、一九八〇年一月二十五日に全国一斉におこなわれた投票の結果、ホメイニー師の側近らが推すバニー・サドルがイスラーム共和党が推す候補を破って当選した。しかし、イスラーム共和党は、最高裁判所長官や検事総長の職をおさえ、「憲法擁護評議会」(国民議会がイスラーム法の原則および憲法を逸脱することがないよう監視するための機関)のメンバーを独占するなど、国家機関の要職を占め、基礎固めを着々と進めていった。三月中旬におこなわれた国民議会選挙においても、イスラーム共和党系が過半数を占め、第一党となった。ちなみに、大統領バニー・サドル支持派を含む勢力は議席の二〇%を、「イラン自由運動」系(バーザルガーン支持勢力)は一〇%を占めたにすぎなかった。ハーシェミー・ラフサンジャーニー師を議長に選出した議会は、名称もイスラーム議会と改められ、イスラーム共和党の絶対優位を内外に誇示した。また、イスラーム共和党系のモハンマド・ラジャーイーが首相に就任すると(九月十日)、イスラーム共和党による大統領包囲網がさらに狭まった。九月十七日イラン・イラク戦争が勃発し、三軍の司令官であり、軍に強力な支持基盤をもつ大統領の地位は安定度を増したかにみえたが、その分だけイスラーム共和党の懸念を増幅させ、両者の対立はホメイニー師の調停も功を奏せず、決定的破局へと向かった。八一年にはいると両者の対立はますます激化し、六月には大統領不信任動議が議会に提出され、同月末には弾劾決議が採択された。結局、七月末にバニー・サドルは反体制組織モジャーヘディーネ・ハルグのリーダーであるラジャヴィーを同行してフランスに亡命した。

大統領とイスラーム共和党との確執は多くのテロ事件を誘発し、六月二十八日に発生したイスラーム共和党本部爆破テロ事件では、党首のベヘシュティー以下四名の閣僚、六名の次官、二〇名の国会議員を含む計七五名の有力メンバーを失った同党は大打撃を受けた。同党は、即座にラジャーイーを大統領に、バーホナル師を首相に選び、指導体制の再編に着手するが、それも束の間、八月三十日に起きた爆破事件によってふたたび指導者を失った。その結果、十月におこなわれた大統領選挙においては、党首ハーメネイー師が圧倒的勝利をおさめた。こうして、イスラーム共和党は権力奪取後、三年にして司法・立法・行政の三権を完全に手中におさめることとなった。

革命政権から安定政権へ

西でも東でもない外交上の立場を革命の基本スローガンとするイランは、中央条約機構からの脱退、イスラエル・南アフリカとの断交、オマーンからの撤退と、従来の外交政策を大幅に転換させ、アメリカ大使館占拠・人質事件を機に、より戦闘的・挑戦的外交を展開したことで、国際的孤立を招く結果となった。一方で、国内政策におけるイスラーム化路線には一層の拍車がかけられた。一九八二年五月には、イスラーム的立法の導入を内閣が承認し、八月にはすべての非イスラーム的法は無効であることを政府が宣言、翌月には道徳的犯罪にかんする法案が議会を通過した。こうした流れを集大成するかたちでだされたのが、最高指導者ホメイニー師が司法のイスラーム化と題して公にした布告(十二月五日)であった。同布告は、「イスラーム法に立脚した法の制定・承認・布告はすみやかにおこなわれること、司法上の問題にかんする法制定は他の法案に優先すること」などの八項目からなっていた。これは一見、体制のイスラーム化を明確にうたっているようでもあるが、一方では、革命の歯止めなき急進化への牽制をおこない、同時に、革命の成果の制度化、体制化をねらったものでもあった。事実、ホメイニー師は翌年には、人権保護を理由に革命法廷のゆきすぎにくぎを差し、革命法廷と一般裁判所の統合を進め、司法省の管轄下におくことに成功した。また、革命委員会を内務省の直轄機関としたのに続いて、革命防衛隊を省に昇格させて政府内に取り込んだ。

権力奪取以来、権力中枢に君臨しつづけたイスラーム共和党が、役割をはたし終えたとして一九八七年に活動を停止し、翌八八年の七月十八日には、イラン政府が国連の停戦決議五九八を受け入れ、八年間にわたって続けられたイラクとの戦争に一応の終止符が打たれ、さらにその翌年の六月三日には憲法に規定された最高指導者であり、革命の象徴的存在でもあったホメイニー師が死去した。こうした一連の流れのなかで、イラン・イスラーム共和国は革命理念の追求から、革命後の途の模索へと比重を徐々に移していった。急進的な革命路線の支持者は退けられ、国際的強調をうたう現実路線の推進派が影響力を強めていった。九七年五月におこなわれた大統領選挙で、大方の予想を裏切ってモハンマド・ハータミー師が当選をはたしたことは、このことを象徴的に物語っていた。言論の自由を軸とする政治改革と政治的開放路線を追求するハータミー大統領は、対外的には国際的孤立からの脱却と協調路線を掲げ、断交状態が続くアメリカとの関係改善にも積極的に取り組む姿勢を示した。

二〇〇〇年十月三十一日から十一月三日にかけてはハータミー大統領が日本を訪問し、イスラーム革命後低迷していた両国の経済関係の強化を訴え、イランでも最大級といわれるアーザーデガーン油田の開発にかんする優先交渉権を日本に供与することに基本合意した。日本側もこれに応えて、イランに向けての本格的融資開始を約束した。この訪日の際にもハータミー大統領が繰り返し強調した「文明間の対話」姿勢は、冷戦体制崩壊によってにわかに問題地域として注目をあびることとなったイランをはじめとするイスラーム世界が国際社会のなかでの正当な一員となることへの強い期待の現れであるといえよう。

第九章　近・現代のアフガニスタン

1　ドゥッラーニー王朝の興亡

アフガン人とアフガニスタン

十九世紀の末、国王アブドゥル・ラフマーンがヒンドゥークシュ山脈の南西端に位置するカーフェレスターン(異教徒の地)と呼ばれた山岳地帯に居住する多神教徒たちを攻め、これをイスラームに改宗させて以来、一握りのシーク教徒やユダヤ教徒、それに仏教徒の小集団を除くアフガニスタン住民の大部分はイスラーム教徒となり、しかもその八〇%以上はスンニー派を奉じている。

このように宗教的にはほぼ一様な社会であるアフガニスタンも、民族的にはきわめて多様な様相を呈している。そのなかで最大の集団は全人口の四〇%はくだらないと推定されるアフガン人である。アフガン人とはペルシア語による他称であり(最近では自称ともなっている)、元来、彼ら自身はパシュトゥーンあるいはパフトゥーン(それぞれ複数形はパシュトゥーナあるいはパフトゥーナ)と称していた。そのインド化した呼称がパターンであり、この語は広くアフガニスタンやパキスタンのパシュトゥー語の話者をさす。ところで、「アフガン」ということばの語源はいまだ明らかになっておらず、したがって、アフガン人の起源にかんしても諸説あり、判然としない。ただ、イスラーム教徒が残した史料にはかなり古くからアフガン人にかんする言及がみられる。十世紀の著者不明の地理書『世界の諸境域』にはスレイマン山脈地域に住む小集団として登場し、アル・ウトビー著『ヤミーニーの歴史』には、ガズナ朝の軍隊の一部を構成していたことが記されている。また、ジュズジャーニー著『タバカーテ・ナーセリー』では、一二六〇年にインドに侵攻したウルグ・ハーンの傭兵のなかにアフガン人がいたとの指摘があり、有名なイブン・バットゥータの『旅行記』にも、カーブルにて、スレイマン山地に居住し追い剝ぎを生業とするアフガン人の一団にでくわすくだりがあり、ガズヴィーニーの『選史』のなかでは、イラン南部における彼らの悪行にたいする苦情がつづられている。十四世紀に書かれたセイフィー・ハラヴィー著『ヘラート史記』には、アフガン人の地を意味するアフガニスタンの語もみいだされる。『ヘラート史記』が述べるアフガニスタンとは、西はスィースターン、北はグールおよびザミーンダワールとザーブリスターン、南はマクラーン、東はシンドおよびヒンドゥスターンに囲まれた地域であり、中心は現在のクエッタであるとしているが、これはほぼ現在のパシュトゥーン人つまりアフガン人の居住圏に相当する。

アフガン人(パシュトゥーン人)の社会は、基本的にはザーイー(〜の生まれ)と呼ばれる多くの部族(カウム)に分れ、それぞれがさらにその下位集団から構成される分節社会である。その主な集団としてはドゥッラーニー(旧名はアブダーリー)、ギルザーイー、ワズィーリー、ハタク、アーフリィーディー、モフマ

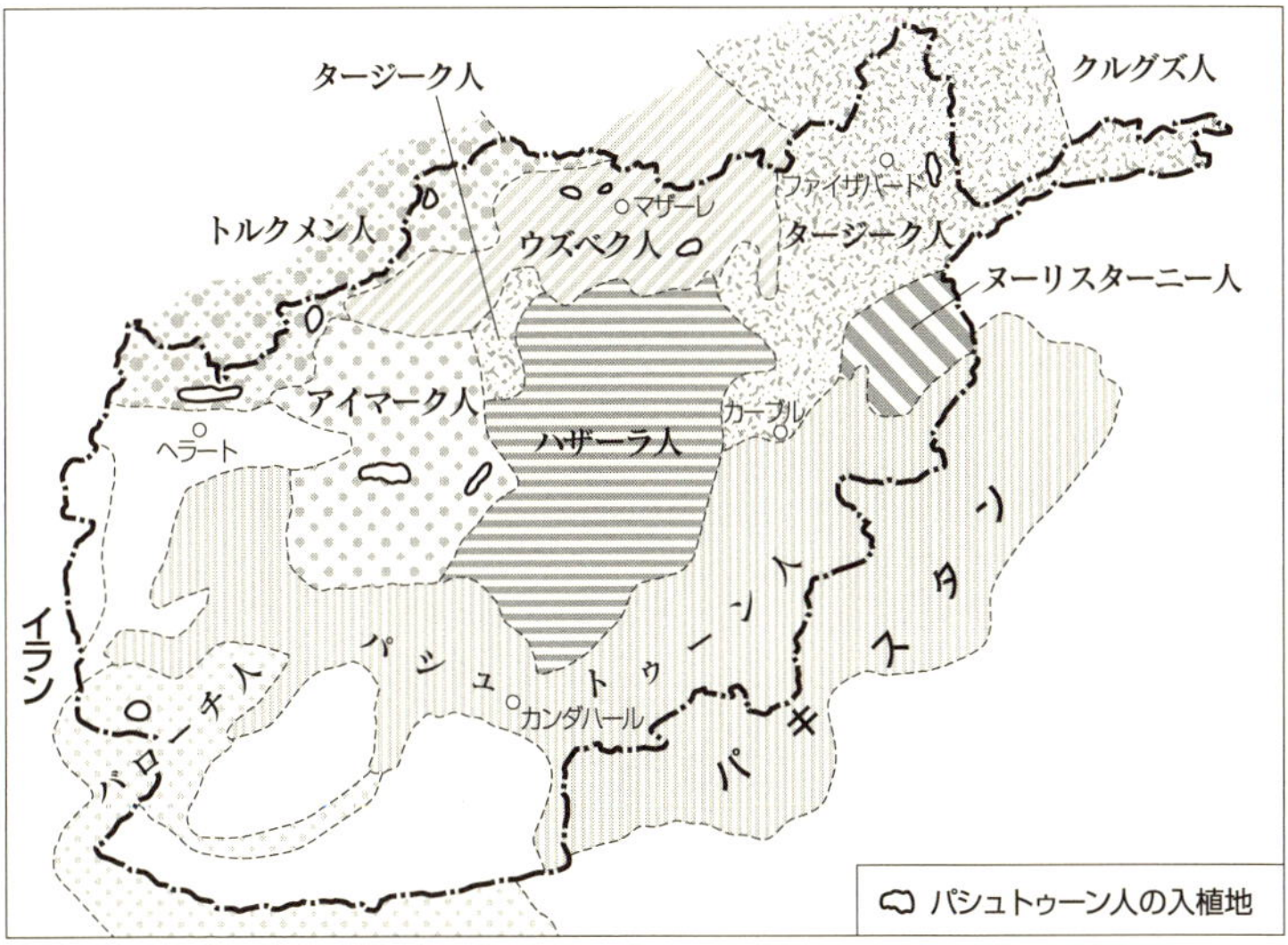

アフガニスタンの主要な民族集団の分布

ンド、ユースフザーイー、シンワーリーなどがある。これらは事実上は部族連合である。これらのうちで現在のアフガニスタン国内を主たる居住圏とするのはドゥッラーニーとギルザーイーの二集団であり、残る諸集団はパキスタン領内を主たる生活圏としている。「真珠のなかの真珠」を名称の由来とするドゥッラーニー部族連合は、現在、アフガニスタン国内最大規模の集団で、ポパルザーイー、バーラクザーイー、アリーザーイー、ヌールザーイー、イスハークザーイー、アチャクザーイー、アリーコザーイーの七つの下位集団(部族)からなる。ちなみに、ドゥッラーニー王朝の草創期から十九世紀初頭まではポパルザーイーの下位集団であるサドゥザーイー出身者が、その後、王政廃止まではバーラクザーイーの下位集団であるムハンマドザーイー出身者がアフガニスタンの統治権を継承した。

ドゥッラーニー部族連合の自立とアフガン王朝の台頭

十六世紀から十七世紀にかけてのアフガニスタンは西のサファヴィー朝、東のムガル朝、そして北のウズベク人勢力という三つの勢力が三つ巴の争奪戦を繰り広げる舞台と化していた。とくに、カンダハール地方は、東のムガル朝と西のサファヴィー朝が激しい攻防を展開する最前線であった。一五五八年にサファヴィー朝のタフマースブ一世がカンダハールを攻略すると、九四年にはムガル朝のアクバルがこれを奪還。これに先立つ一五八四年にはウズベク人勢力がバダフシャーンの大部分を支配下にいれた。一六二二年にはサファヴィー朝のアッバース一世がヘラートからウズベク人を放逐し、カンダハールを再度奪還するが、三八年になると、ムガル朝のシャー・ジャハーンがふたたびカンダハールをサファヴィー朝から奪い返し、その息子ムラートがバダフシャーン方面をウズベク人から奪回、バルフおよびその北方方面にまで支配域を広げた。しかし、一六四八年にはサファヴィー朝のシャー・アッバース二世がまたもやカンダハールを併合、この時をさかいにムガル朝側は当地にたいする支配権を永久に放棄することとなった。

アフガン人意識の萌芽をみてとれるもっとも古い例のひとつは、まさにこうした時代に、ムガル朝の支配に対抗して繰り広げられたバヤズィド・アンサーリーと後継者たちの運動である。ロウシャーニー運動と呼びならわされているこの運動は、エスマーイーリー派の教義と深く結びついており、敵対者たちからは狂信の徒として恐れられた。一方で、この抵抗運動はアフガン人意識の形成を大きくうながし、ハタク族出身の族長であり、詩人でもあったホシュハール・ハーンは、「ナング(誇り)なき生よりは死を」を合言葉に、「同じことばつまりパシュトゥー語を話す者」同士の連帯を訴え、ムガル朝の侵攻に立ち向かっ

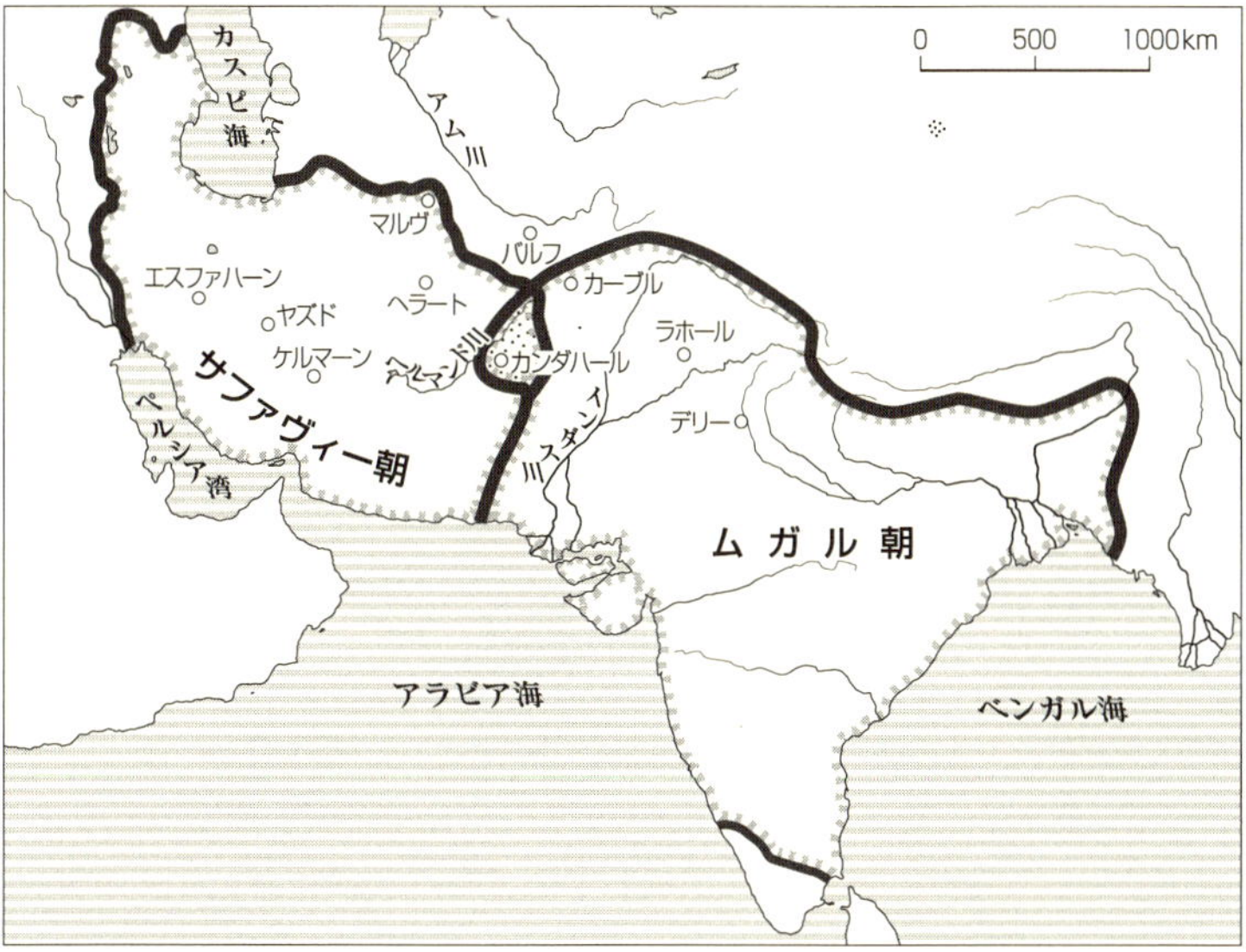

ムガル朝とサファヴィー朝(17世紀)

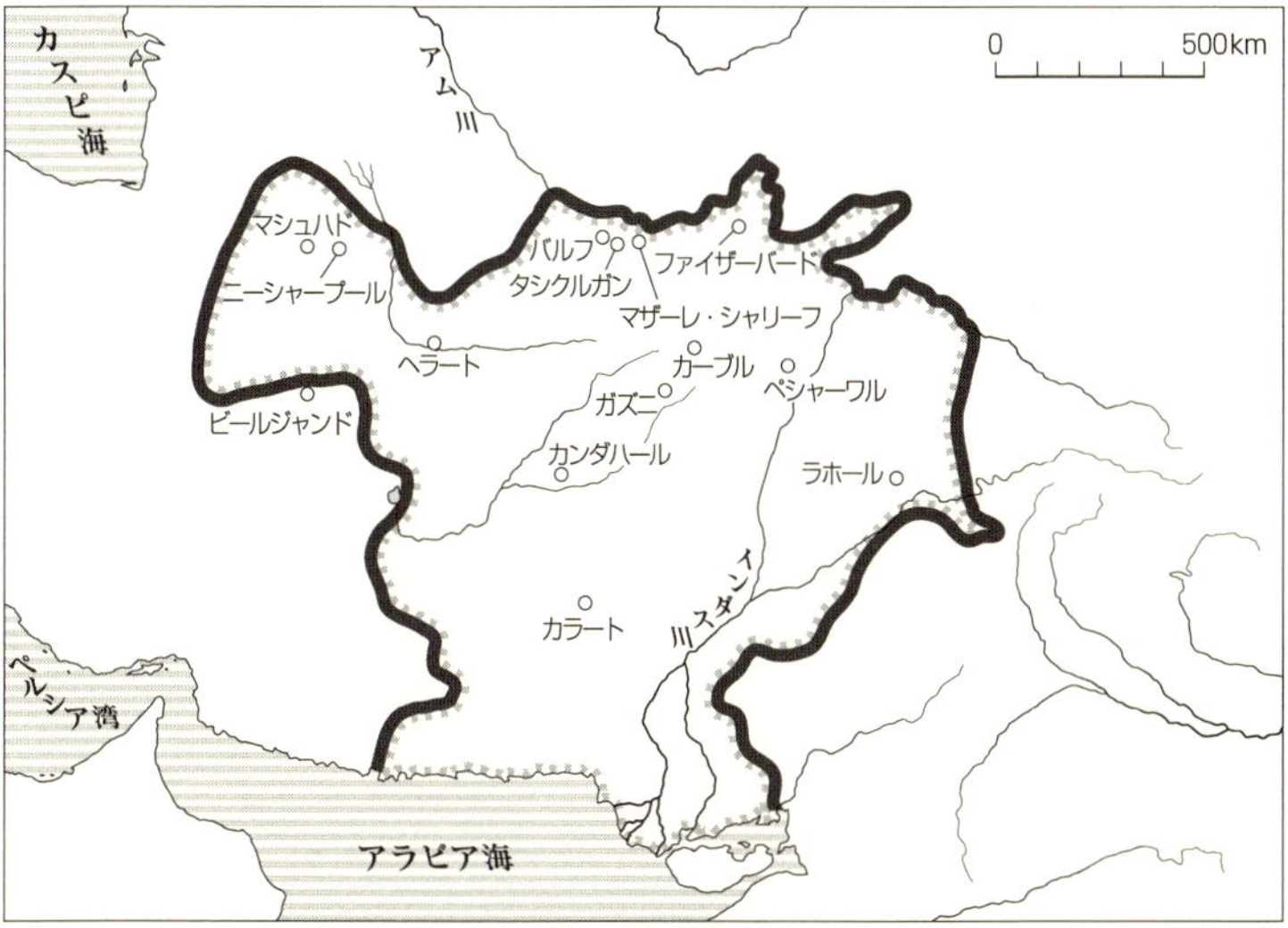

アフマド・シャー・ドゥッラーニーの最大統治支配領域

た。

とはいえ、自立的アフガン人政権の誕生は十八世紀にはいってからのことであった。一七〇九年、ギルザーイー部族連合に属するホタキ族の長、ミール・ワイスはサファヴィー朝に反旗をひるがえして、カンダハールとその周辺の政治的支配権を掌握した。彼がサファヴィー朝への臣従をことわった理由は、王朝が任命した知事の圧政に抗したとも、サファヴィー朝政権がスンナ派のアフガン人社会にシーア派イスラームを強制しようしたからであるともいわれているが、定かではない。かりに後者が主たる原因であるとすれば、そこにはある種の民族意識の高揚を読み取ることもできよう。ともかく、これに呼応して一七一六年には、今度はアブダーリー部族連合がサファヴィー朝軍を打ち破り、ヘラートとその周辺地域を拠点に自立を宣言した。一七一五年にミール・ワイスの後継者となったミール・マフムードはイラン本土に侵攻し、二二年にエスファハーンを落としてサファヴィー朝の崩壊を決定づけた。その後サファヴィー朝の武将、タフマースブ・ゴリー・ハーン(のちのナーデル・シャー)がイランよりアフガン人部隊を駆逐して国王に即位し、内戦に終止符をうったあと、まずヘラートの政治的支配権をアブダーリー勢力から奪取、多数のアブダーリーをマシュハド、ニーシャープール、ダームガーン方面に強制移住させ、自らの部隊にもアブダーリーの族長たちを登用した。一七三七年にはギルザーイー部族連合の本拠地であるカンダハールを攻略、その土地をアブダーリーに下賜した。

一七四七年、イランのナーデル・シャーが暗殺されるや、アブダーリー部族連合はカンダハールにおいて九日間にわたるロヤ・ジルガ(大長老会議)を開催し、比較的弱小なポパルザーイー族のなかのサドゥザーイー族出身のアフマド・ハーンを指導者として選出した。伝統的な王号であるシャー（イランの場合と同じ）を名乗った彼は、最盛時には二万五〇〇〇人に達する部隊を率いてヘラート、マシュハド、ニーシャープール方面へ遠征し、さらにはヒンドゥークシュ山脈の北側に軍を派遣し、アスタラーバードのトルコマン人勢力、マイマナ、バルフ、クンドゥーズのウズベク人勢力、バダフシャーンのタージーク人勢力そしてバーミヤーン方面のハザーラ人勢力をつぎつぎと打ち破った。加えてインド方面にもたびたび侵攻し、威力を誇示した。こうして十八世紀後半には、この地域ではオスマン朝につぐ広大な版図を有する国家にまで成長していた。この間、パシュトゥーン諸族のあいだでの実質的支配権力を確立したアフマド・シャーは、同輩中の第一人者として君臨、アフガン史においては国父（バーバー）の尊称で記憶されることになる。

アフマド・シャーの死（一七七二年）以降、ティムール・シャー（在位一七七二〜九三）、ザマーン・シャー（在位一七九三〜一八〇〇）、シャー・マフムード（在位一八〇〇〜〇三、〇九〜一八）、シャー・ショジャー（在位一八〇三〜〇九）と、約五〇年間にわたりサドゥザーイー系の王による統治が続くが、一八一八年には内訌《ないこう》の結果、カーブル、カンダハール、ペシャーワルを拠点とする三勢力の分立状態が出現し、統一アフガン王朝は事実上中断した。この間、一七七二年には首都がカンダハールから、ヒンドゥークシュ山脈の北側やインド方面にも近く、しかもドゥッラーニー系の族長たち（サルダール）から距離をおけるカーブルに移され、王国政治の中心もそれにともない東へと移動した。

ムハンマドザーイー族支配と国際関係

一〇年弱にわたって続いた内戦に終止符をうち、ドゥッラーニー朝の旧版図のかなりの部分を回復したのは、カーブルによったバーラクザーイー族の一支族であるムハンマドザーイー族出身のドースト・モハンマド・ハーン(在位一八二六〜三八、四二〜六三)であった。彼は、サドゥザーイー族出身の歴代の国王たちと違い、シャーではなくアミール(正確には「アミール・アル・ムーミニーン」つまり信徒たちの長の意)の称号をおび、イスラーム教徒であることを強く自覚すると同時に、それを顕示した。この称号は、以後、シェール・アリー(在位一八六九〜七九)、アブドゥル・ラフマーン・ハーン(在位一八八〇〜一九〇一)、ハビーブッラー・ハーン(在位一九〇一〜一九)まで歴代の国王に継承された。

ムハンマドザーイー族支配の約一世紀間は、植民地インドの確保を至上課題とするイギリスと、南下政策を強める帝政ロシアとのあいだで、イランから東西トルキスタン、チベットにいたる地域で繰り広げられた勢力圏抗争(いわゆるグレート・ゲーム)によって、アフガニスタンが翻弄されつづけた時代でもあった。同時に、領域国家アフガニスタンの領土が具体的に画されることになった時期でもあった。

ガージャール朝イランおよび帝政ロシアによる領土浸食を防ぐために、アフガニスタンとイギリスのあいだで締結された一八五五年のペシャーワル条約は、相互の領土保全と、どちらか一方の敵は両方の敵とみなし協力してこれにあたることをうたっている。一八五六年、ガージャール朝の部隊がヘラートを包囲するや、イギリスはただちに当協定にのっとりガージャール朝イランとの戦闘にはいり、ペルシア湾を経由してイラン本土に侵攻した。その結果結ばれたパリ条約(一八五七年)では、イランはアフガニスタン西部への主権主張を放棄した。これをよりどころとして、のちに両国の境界線が画定されていった(詳しくは三四三ページ参照)。

1879年のヘラート

クリミア戦争に敗北をきっしたあと、南下政策の比重を中央アジア方面に移した帝政ロシアは、一八六五年には中央アジア最大の商業都市タシケントを征服し、六八年にはブハーラー・ハーン国を、七三年にはヒヴァ・ハーン国を保護領とし、七六年にはホーカンド・ハーン国を併合して、八一年に遊牧トルクメン人部隊の果敢な抵抗をギョク・テペに粉砕したとき、中央アジアの平定をほぼ終えた。ところが、ロシア軍は一八八五年にはさらにパンジデフ地区に侵攻、アフガン軍を打ち破り当地をロシア領に編入した。こうして、一八八七年に締結されたイギリス＝ロシア協定により、アム川を境界線とするアフガニスタンとブハーラー(つまり帝政ロシア)との国境線が画定された。一方では、一八九五年にはイギリスの主張により、イギリスの影響圏とロシアの勢力圏が直接ぶつかるのを避けるための緩衝地帯としてワハン回廊が設けられアフガニスタン領とされた。

帝政ロシアを北方の脅威として強く意識していたイギリスは、ロシア使節を受け入れたドースト・モハンマド・ハーンを牽制するために、同じドゥッラーニー系であるサドゥザーイー族の残党を擁してアフガニスタンに侵攻するが、手ひどい大敗北をきっしてしまう(第一次アフガン戦争、一八三八〜四二年)。イギリスは一八七八年、通告を無視してロシア使節を受け入れた時のアミール、シェール・アリーを排除すべく、再度、カーブルに軍をさしむけるが、八〇年にはカンダハール郊外のマイワンドでまたもや決定的敗北をきっした(第二次アフガン戦争)。これを機にイギリスはアフガニスタンにたいする直接的な支配を放棄した。一八七九年五月に締結されたガンダマク条約においても、イギリスの狙いは、アフガニスタンの外交権を保持すること(保護国化)にすえられていた。一方で、イギリスは、対露緩衝国として位置づけたアフガニスタンと自領インドとの境界の明確化をはかった。一八九三年十一月、アフガニスタン国王、アブドゥル・ラフマーン・ハーンとイギリス領インド外相デュアランドとのあいだで交わされた取決め(デュアランド・ライン)がそれである。主眼は、この境界線を挟んでの相互不干渉にすえられていたが、当時頻発していたパシュトゥーン人の反英闘争や、イギリス植民地への部族民の略奪行為にかんする責任の所在を明らかにする意図もこめられていた。ともあれ、この境界線は当初は暫定的な措置と考えられていたものが、アフガニスタン王国の独立にともない、結果として、英領インドとの国境として認定されることとなった。しかも、当該地域を居住圏とするパシュトゥーン人は、その人口の三分の二がアフガニスタン、三分の一がパキスタンに所属することになり、両者の再統一を求めるパシュトゥーニスターン問題が発生し、大きな政治的不安定要因を残す結果となった。

アフガニスタンがグレート・ゲームに翻弄されていたちょうどこの時期、国内的には「鉄のアミール」

の異名をとったアブドゥル・ラフマーン・ハーンと、その後継者ハビーブッラー・ハーンのもとで国政や民政レヴェルでのさまざまな改革が試みられていた。離反者や敵対者にたいする容赦ない対応で知られたアブドゥル・ラフマーン・ハーンは、同輩中の第一人者として君臨した従来の君主たちと違い、イスラームの地の防御という至上課題を掲げ、自らの統治権を神与のものとする一種の王権神授説を唱え、集権国家への道を模索した。内政面では、西欧化に着手した前アミール、シェール・アリーの方針を継承して、従来の部族編成部隊ではなく、イギリスの助成に基づく徴募部隊の創設や、地方産業の育成、教育の近代化などにつとめた。国有地を払い下げ、積極的な住民の移動・入植政策を展開(とくに北部アフガニスタンへのパシュトゥーン人の入植)したのも彼であった。

第２次アフガン戦争時(1879年)のアフガン人騎兵

ハビーブッラー・ハーンはさらに本格的な改革に着手した。政治亡命者の帰還の許可など、政治的自由化をはかる一方で、近代的教育制度の導入にはとくに腐心した。一九〇三年には、英領インドにおける一二年間の中等学校をモデルに、イスラーム教徒のインド人教師を招聘《しょうへい》してハビービーヤ学院を設立、数年後にはトルコ人教師を招いて王立軍事学校を開設、さらには公教育制度の導入のいしずえとなる師範学校を設立した(一九一四年)。それ以外にも、最初の近代な病院の建設、最初の水力発電所の設置、各種工場の建設や道路の改良、対露・対英領インドとの貿易の促進など多方面におよんだ。

亡命先のオスマン朝から帰国したマフムード・タルズィー(父親は、ドゥッラーニー系族長にして詩人)が官報『スィラージュル・アフバール(情報の灯火《ともしび》)』紙を創刊し(一九一一〜一八年発行)、調和のとれた近代化を主張するとともに、西欧の帝国主義を激しく非難し、日露戦争での日本の勝利に歓喜の声を表明したのもこのころであった。

主権国家アフガニスタンと「近代化」

おじのナスルッラーを破り即位したアマーヌッラー・ハーンは、一九一九年、第一次世界大戦でのイギリスの疲弊と、インドの混乱に乗じてイギリスにたいする聖戦(ジハード)を宣言、インドに攻め込んだ(第三次アフガン戦争)。そして、その結果締結されたラワルピンディー条約によってアフガニスタンは完全独立をはたした。一九二一年、アマーヌッラー・ハーンはアフガニスタンの独立を最初に承認した新生ソヴィエトとのあいだに友好条約を締結するが、これには、ブハーラー、ヒヴァ両国への支援、パンジデフ地区の返還など、パン＝イスラーム主義に傾倒する彼のひそかな期待がこめられていたが、ソヴィエト側はその履行を拒んだ。

「近代化」に腐心したアマーヌッラーの内政でもっとも重要な事績は一九二三年に制定されたアフガニスタン史上はじめての憲法である。ベルギー憲法やトルコ憲法、それにイラン憲法に範をとって制定され

1964年10月に開催された制憲のロヤ・ジルガ
ロヤ・ジルガはアフガニスタンにおける伝統的な最高の意思決定機関。部族長，宗教指導者など全土の有力者を招集して開催され，合議制を基本とする。

たこの憲法は、全七三条からなり、立憲君主体制の基礎固めと、国家とイスラームとの関係の制度化をねらったものであった。この憲法では、第一条および第四条で王権の絶対性と世襲制をうたい、第二条ではイスラームを国教とすることが規定され、君主は信仰の守護者とされている(第五条)。一方で、国家の諮問機関および評議会の設置や、緊急時の大長老会議(ロヤ・ジルガ)の招集も定められた(第三九〜四九条)。また、教育、通商、戦争、司法、財務、公安の各大臣からなる内閣にかんする規定も設けられた(第二七条)。立憲体制とはいえ、君主はいぜんとして強力な絶対権を保持するかたちになっているが、それでもあまりに急進的な改革であるとして、各方面から批判が続出し、翌年には修正をよぎなくされた。

トルコにおけるアタテュルクの革命、イランにおけるレザー・シャー体制に強い影響を受けた彼は、国家とイスラームとの分離政策を推し進め、一九二六年にはムハンマドザーイー歴代の君主の旧称であるアミールをやめ、パーデシャー(皇帝)を称した。しかし、一方ではこうした彼の世俗的・非

バッチャイェ・サカゥ

伝統的な制度の導入政策に反対する部族反乱が拡大し、混乱を避けるべく自ら退位した彼はイタリアに亡命し、当地で没した。アマーヌッラー・ハーンは、アフガニスタン近代化の象徴的存在として、のちに政権をとるハーフィズッラー・アミーンやバブラク・カールマルらのマルクス主義者たちからも近代化の殉教者として讃えられた。

一九二九年、アマーヌッラー・ハーンにたいしてジハードを宣言してカーブルを占領、自らアミールを称して九カ月間ほど(一月十七日〜十月十三日)君臨したハビーブッラー・ガーズィー(バッチャイェ・サカゥの通称で呼ばれたタージーク人。非パシュトゥーン人が政権を掌握したはじめての例)を放逐して即位したムハンマドザーイー族出身のナーディル・シャーは、よりイスラーム色を強めた一九三一年憲法の制定以外には、ほとんど実質的改革に着手することなく暗殺された。これを受けてわずかに十九歳で即位したザーヒル・シャーの治世は四〇年の長きにわたることになるが、彼の治世を特徴づけているのは、彼自身のイニシアティヴというよりは、彼を取り巻く一族の連携に立脚した統治であった。

彼の即位から第二次世界大戦直後まで首相として実権を握っていたのがナーディル・シャーの弟、つまり国王のおじにあたるムハンマド・ハーシム・ハーンであり、これを継いだのがシャー・マフムード(在位一九四六〜五三)、そしてそのつぎの一〇年間は従兄弟にあたるムハンマド・ダーヴードが首相を務めた。この三〇年間は国内政治的には比較的安定した時期であり、国際政治の面でも、第二次世界大戦には中立を宣言し、その後の東西冷戦の期間、ソヴィエトとアメリカとのいわば等距離外交を展開した。

この間、一九三〇年代から四〇年代にかけてはフランスによる考古学的発掘が進み、アフガニスタンの豊かな歴史的過去がつぎつぎと明らかにされると、栄光のアフガニスタンの復活を期待するアフガニスタン・ナショナリズムが醸成されていった。

2　革命、混乱、そして再興へ

共和国の実験から赤旗のアフガニスタンへ

一九七三年七月十七日、もと首相であったムハンマド・ダーヴードは人民民主党パルチャム派の支援を受けて軍事クーデタを決行し、王制を廃して共和制を宣言、自ら大統領に就任した。新政権は、国内政策としては、経済の発展、生活水準の向上、基本的社会変革を優先課題として掲げた。外交面では、対パキスタン強硬派として知られた彼ではあったが、パシュトゥーニスターン問題の平和的解決を主張した。また、イランとの懸案であったヘルマンド河水利問題にかんしては検討中であるとして、クーデタ直前にイランとのあいだで成立していた合意の事実上の棚上げを明らかにした。

ついで七月二十六日にだされた大統領布告では、(1)王政時代の一九六四年憲法を無効にすること、(2)軍人、公務員、裁判官は共和国への忠誠を宣誓したあとにはじめて職務を続行しうること、(3)司法にかんする国王および最高裁判所長官の権限をそれぞれ大統領と法務大臣に移譲し、最高裁判所の権限は司法省の司法評議会に移譲すること、が定められ、王政時代との決別が表明された。一方で、王制下の法律は共和国布告とその精神に抵触しないかぎりで継続されることをうたい、その継承性を全面的に否定するものでもなかった。

ダーヴード大統領は、経済政策としては重工業に重点をおいた産業の保護育成、貿易の振興、外国為替の管理強化を打ち出し、農地改革に着手した。この時期のアフガニスタンでは有力地主の多くをパシュトゥーン系が占めていたが、農地改革は激しい抵抗に遭遇し、実際、十一月にはじめて実施に移された農民への土地配分も国有地を配分するにとどまった。

懸案の新憲法作成作業は一九七五年三月から起草委員会により作業が続けられ、七七年一月三十一日、村会表決による代表二〇〇名、大統領任命一三〇名、および閣僚・軍・司法代表の計四〇〇名から構成されるロヤ・ジルガに提出され、採択された。こうしてクーデタによる非常事態が解除され民政に復帰し、大統領は新内閣を組織して自らの権力基盤を固めたかにみえた七八年四月二十七日、人民民主党が軍部と結んでクーデタを断行、首謀者カディール空軍副司令官はただちにヌール・ムハンマド・タラキー人民民主党書記長を釈放した。こうして、四月三十日には彼を議長とする革命評議会が結成され、「アフガニスタン民主共和国」の樹立を宣言した。同時に国会は閉鎖され、七七年に採択された憲法も停止された。この新政権を担う人民民主党は、六五年一月にタラキー、ハーフィズラー・アミーン、バブラク・カールマルらにより創設された左翼政党で、七三年クーデタのあとに、階級闘争路線を主張するタラキー率いるハルグ(人民)派と、民族民主路線に傾きダーヴード政権に協力する方針をとったバブラク・カールマルらのパルチャム(旗)派に分裂した。その後、七七年十月に再統一が実現していた。

タラキーはパシュトゥーン人はギルザーイー族出身のジャーナリストで、政府の下級官吏、アメリカ大使館の通訳官をへて人民民主党の創設にかかわり、初代の書記長に就任し、党の機関誌「ハルグ」の編集人も務めた。アミーンも、同じくパシュトゥーン系のギルザーイー族出身で、カーブル大学卒業後、ウィスコンシン大学、コロンビア大学で教育学を専攻した。帰国後はカーブル大学教育学部講師をへて教育省に入省、初等教育局長を務めたエリートであった。一方のカールマルは、同じパシュトゥーン人でも旧王家の出身母体であるドゥッラーニー部族連合の出であり、将軍にして地方知事の父親をもつ。カーブル大学の学生リーダーから人民民主党の創設に参加した。

タラキー政権は一九七八年七月の革命評議会布告では、農民の負債を棒引とする一種の徳政令をだし、ついで十月の布告では婦人の地位の向上をうたい、続く十二月の布告では、土地改革の実施を約束した。農民の私有地は六ヘクタールに制限され、大地主や富農から無償収用された約一二一万ヘクタールのうちの三〇万ヘクタールが分配されたといわれる。しかし、土地の境界を策定する作業が混乱した結果、七九年には耕地の一五%が耕作されずじまいだった。また、農民は債務からは解放されたものの、耕作資金を融資する者もいなくなり、農業は多大な打撃を受けることとなった。さらに七九年から発足する予定だった第一次五カ年計画も策定されなかった。

タラキー政権による性急な社会変革の実施は、旧来の社会構造と秩序に多大な混乱を招く結果となったばかりか、イスラーム諸勢力の反発を誘発した。これら諸勢力はつぎつぎとタラキー政権にたいして聖戦(ジハード)を宣告し、一九七九年にはいると全土二九州のうちの大半を制圧する勢いであった。

こうしたなか、九月十六日、突然タラキー議長が「健康上の理由」で辞任し、同日開催された人民民主党の中央委臨時総会では満場一致でアミーン首相(三月に首相昇格)の革命評議会議長兼同党書記長への就任を承認したことが報じられた。しかし、このアミーンも同年十二月二十四〜二十五日にかけてアフガニスタンに侵攻したソヴィエト軍によって殺害され、かわって、人民民主党パルチャム派の指導者で、一九七八年のクーデタ後はタラキーのもとで革命評議会副議長を務めたものの、タラキー、アミーンらハルグ派との権力闘争に敗れ東欧で亡命生活を送っていたカールマルが議長に就任した。カールマル政権は八〇年三月、小規模な内閣改造や高級官僚の人事をおこない、マイノリティであるハザーラ出身者(カールマル議長自身がハザーラ人)や、ザーヒル・シャー時代の閣僚の登用に踏み切った。さらに、公式の集会ではクルアーンの朗唱をおこない、国旗にイスラームの緑を用いるなど、イスラーム尊重をアピールして反政府勢力の懐柔に努めた。

また、「四月革命」(一九七八年四月のクーデタ)以来の最重要課題であった農地改革にもカールマル政権により大きな手直しが加えられた。つまり、八一年八月の布告によって、さまざまなカテゴリーの土地所有者(モスク、宗教学者、愛国的部族長、将校、近代的農法導入農民など)が農地改革の対象から除外されることとなり、これは事実上の農地改革放棄宣言を意味していた。さらに、八四年には「国家権力・行政機関」にかんする布告が発せられ、地方の部族長たちに広範な権限が付与された。つまり、従来の社会慣行を追認し、伝統的な行政機構としてのジルガの機能を復活させることで、反政府勢力の懐柔を試みた。もっとも、これはさまざまな民族・部族の自治的権限を全面的に黙認するものではなく、革命路線と伝統的社会機構との融合をめざしたと考えられる。

しかし、ソ連軍の侵攻と、左翼政権による急激な社会改造の試みとによる国内の混乱は一向におさまる気配はなく、アフガニスタンからの難民流失はふえつづけた。国連難民高等弁務官事務所が一九八一年春に発表したところによれば、パキスタン国内への難民は一七〇万人にのぼり、イラン国内のアフガン・ゲリラ筋の発表では、イラン国内のアフガン難民の数は五〇万人に達したという。

イスラームへの回帰と内戦の激化

一九八六年五月、人民民主党の中央委員会第一八回総会で、「健康上の理由」によりカールマル書記長は突然辞任し、かわって、同政権下で秘密警察の長官を務めたムハンマド・ナジーブッラーが後任に選出された。ナジーブッラーもパシュトゥーン人のアフマドザーイー族出身であり、医学士の学位をもち、人民民主党の創設にもかかわった。七八年のクーデタ後、ハルグ派により事実上の亡命をよぎなくされていたが、ソ連軍の侵攻と同時に帰国した。

このナジーブッラー政権は、反政府ゲリラとの戦いにおける軍事的勝利を断念し、政治的解決の方向に踏み切った。一九八七年一月にアフガニスタン革命評議会が採択した国民和解宣言は、⑴国民祖国戦線、部族長老などで構成される国民和解最高特別委員会の設置、⑵「平和地帯」を宣言した地区住民への恩恵の保障と地方機関への権力分与、⑶策定中の新憲法ではイスラームを国教とする旨の明記、などをうたっていた。新憲法草案は七月中旬に発表され、四カ月半におよぶ審議の末、ロヤ・ジルガにかけられ採択され、発効した(十一月三十日)。新憲法で注目すべき点は、国名をアフガニスタン共和国と改めたうえで、人民民主党の一党独裁体制から複数政党制への移行をうたい(前文)、イスラームを国教と規定していること(第二条)、民族的・歴史的伝統に合致した国民の最高の意思表示の形態としてロヤ・ジルガを規定していること(第六五条〜六七条)、ロヤ・ジルガに責任をおう大統領制の採用(第七二条)、そしていかなる軍事ブロックにも属さず、外国軍隊に基地を提供しない非同盟政策を貫くことを明記している点(第三条)などである。

一九八八年四月におこなわれた国民議会選挙によって、上院一一五名、下院一八四名の議員が選出されたが、人民民主党員の当選者に占める割合は二二%であった。こうして開催された国民議会によって、「四月革命」以来の最高議決機関であった革命評議会の廃止が宣言された。イスラームへの配慮も目立った。同年三月にはカーブルにイスラーム大学が設立され、十月末にカーブルで開催された国際イスラーム会議では、メッカにおいて政権側とゲリラ側の代表が話し合うことも提案された。またナジーブッラー大統領は、八八年中に六〇〇〇人のメッカ巡礼者を送り出し、過去五年間に二三一のモスクを建立、一〇二六カ所のモスクを修復、二億一〇〇〇万アフガニーの資金を費やしたことを明らかにした。国会議員選挙には党員三〇〇〇名の人民イスラーム党から上院一名、下院三名の候補が当選した。

しかし一方で、一九八九年二月十五日に九年余りにおよんだソ連軍のアフガニスタン駐留に終止符が打たれると、ナジーブッラー政権と反政府勢力(ムジャーヒディーン)との攻防戦は激化の一途をたどり、九二年四月二十八日には、アフガニスタン人民民主党改めアフガニスタン祖国党の政権が崩壊し、ムジャーヒディーン勢力による新政権が誕生した。一四年間にわたる同党支配とソ連軍の侵攻は結果として、七〇〇万人の難民と、一〇〇万人の戦争犠牲者、それに多数の戦争孤児・戦争障害者をだしたのみであった。

これに先立ち、ペシャーワルのムジャーヒディーン指導者たちはパキスタンのシャリーフ首相の斡旋のもと、権力の受け皿となる「暫定評議会」(臨時政府)を設置することで合意に達していた(ペシャーワル合意)。それによれば、「暫定評議会」はムジャーヒディーン組織代表一〇名、宗教界代表一〇名、国内(現地)ムジャーヒディーン司令官三〇名に臨時大統領、セブガトゥッラー・ムジャッディディー国民解放戦線代表(パシュトゥーン人の宗教指導者)を加えた合計五一名からなり、その任務は二カ月間として、権力の移譲を受け、首都カーブルの治安を確保すること、ついでイスラーム協会ブルハヌッディーン・ラッバーニー代表(バダフシャーン地方のタージーク人。カーブル大学イスラーム学部の宗教学者)を大統領とする「指導者評議会」が「暫定評議会」より全権力を引き継ぎ、四カ月の任期のうちに暫定政権を発足させ、暫定政府は一八カ月のうちに総選挙を実施することになっていた。

こうして、アフガニスタン史上、はじめてイスラーム主義を掲げる政治勢力が権力を掌握することとなった。しかし、ギルザーイー系パシュトゥーン人を主体とするヘクマティヤール首相率いるイスラーム党勢力などからのラッバーニー臨時政権にたいする攻撃は激しさを増し、首都カーブルをめぐる政治的対立、派閥間の確執、宗派・イデオロギー抗争は一層激化していった。

ターリバーン時代、そして再興への道

一九九四年十一月、各派入り乱れて抗争を繰り返すアフガニスタン南部で、トルクメニスタンへ向かっていたパキスタン政府の支援物資を積載したトラック輸送隊がムジャーヒディーン部隊に奪取されるという事件が突発した。これを救出したイスラーム宗教学校の学生やムジャーヒディーンからなる武装グループは「ターリバーン」を名乗り、またたくまにカンダハール市およびアフガニスタン南部の諸州を制圧していった。「ターリバーン」はイスラーム宗教学校の教師であったムハンマド・ウマル師とその友人数名によって九四年三月ごろ結成されたと思われる。ウマル師は、臨時政権樹立後のムジャーヒディーン各派による権力闘争を非難し、アフガニスタンにイスラーム国家を樹立し、国内の安全と平和を確立することを目的に立ち上がったと述べ、ムジャーヒディーン各派の解散と武装解除をめざして聖戦を宣言した。パキスタン政府のひそかな支援を受けていたといわれる彼らは、破竹の進撃を続け、九六年九月二十七日には首都カーブルも制圧した。「ターリバーン」勢力による支配は、たしかに、ラッバーニー政権がなしえなかった一時的な治安の回復をもたらし、一部での経済活動の再開に弾みをつけ、難民の帰還をうながす契機となった。その一方で、男性は顎鬚《あごひげ》をはやすこと、女性の外出時のヴェール(ブルカ)の着用、女性の社会的職種への就業禁止、タバコ吸引の禁止、非イスラーム的音楽の禁止などを、イスラームの原則を遵

守するという名目のもとに強制したために、多くの国民におそれの感情をいだかせ、これをきらう人々のアフガニスタンからの流出という事態も招いた。

しかし、五年間にわたりアフガニスタンの大部分を実効支配してきたターリバーン勢力も、二〇〇一年九月十一日にアメリカで発生した「同時多発テロ」の首謀者と目されるウサーマ・ビン・ラーディンとその組織(アル・カーイダ)に保護を与え、共闘路線を打ち出したことで、アメリカなどの諸国による激しい空爆とこれに呼応した北部同盟軍の攻撃にさらされ、十二月にはいると最後の拠点カンダハールも放棄するにおよんで、事実上崩壊した。

こうした事態を受けて、十二月五日、国連主導のもとにボンで開催された主要四派政治協議において、パシュトゥーン人であるハミード・カルザーイーを議長とする暫定行政機構の立上げが決定された(ボン合意)。十二月二十三日、同機構の発足式典に臨んだカルザーイー議長は、イスラーム法の遵守、領土保全とテロの撲滅、言論と信教の自由、法治国家の樹立、女性の尊重、安全と平和の維持、能力に応じた政府役職の分配、亡命アフガン人に向けての国家建設への協力要請、財政の乱用禁止、国軍の創設、教育制度の再建、国連決議の尊重、近隣諸国との友好関係の樹立の一三項目におよぶ施政方針を表明した。また、二〇〇二年一月二十一日には東京にてアフガニスタン復興支援会議が開催され、再興に向けての国際社会の支援体制も着々と整えられていった。

しかし、この暫定行政機構はあくまでも移行政権を選出するための緊急ロヤ・ジルガ招集に向けての地ならしを主要任務とするものである。こうして組織された移行政権が憲法制定のロヤ・ジルガをふたたび招集、しかるのちに、新憲法に基づく選挙を実施して新生国家樹立にこぎ着けるというのが、今後の筋書である。しかし、地方に割拠するさまざまな政治勢力、民族集団の利害関係が入り乱れ、中央政府の威信が全土にゆきわたるにはいまだ多くの困難が予想され、基本的な治安の維持さえままならないのが実情である。このように、ますます複雑化する厳しい情勢のなかで、どの勢力も、国民国家アフガニスタンの枠組みそのものの解体とか、自治あるいは独立政権樹立といった政治構想を表明するにいたっていないことは、アフガニスタン情勢の大きな特徴であり、今後のアフガニスタンのゆくえを見定めるうえで重要な鍵を提供しているといえよう。

西アジア(イラン・トルコ・アフガニスタン)
1：18,700,000
0
200
400
600
800
1000km
60°
70°
40
30
20
アラル海
アム川
ャン
トルクメニスタン
ウズベキスタン
タシュケント
クルグズ
タジキスタン
中　国
ドゥシャンベ
パミール高原
カラクーム砂漠
アシュガバート
ヒンドゥークシュ山脈
マザーレ・シャリーフ
ルズ山脈
マシュハド
カビール砂漠
バーミヤーン
カーブル
ヘラート
イ　ラ　ン
アフガニスタン
イスラマバード
ルート砂漠
(エスファハーン)
ヤズド
カンダハール
イラン高原
スライマン山脈
パキスタン
ニューデリー
インダス川
バンダレ・アッバース
イ　ン　ド
ブダビ
オマーン湾
国連邦
マスカット
オマーン
ア　ラ　ビ　ア　海

新版 世界各国史 全28巻　　全巻完結

1 日本史　宮地正人編
2 朝鮮史　武田幸男編
3 中国史　尾形 勇・岸本美緒編
4 中央ユーラシア史　小松久男編
5 東南アジア史 Ⅰ 大陸部　石井米雄・桜井由躬雄編
6 東南アジア史 Ⅱ 島嶼部　池端雪浦編
7 南アジア史　辛島 昇編
8 西アジア史 Ⅰ アラブ　佐藤次高編
9 西アジア史 Ⅱ イラン・トルコ　永田雄三編
10 アフリカ史　川田順造編
11 イギリス史　川北 稔編
12 フランス史　福井憲彦編
13 ドイツ史　木村靖二編
14 スイス・ベネルクス史　森田安一編
15 イタリア史　北原 敦編
16 スペイン・ポルトガル史　立石博高編
17 ギリシア史　桜井万里子編
18 バルカン史　柴 宜弘編
19 ドナウ・ヨーロッパ史　南塚信吾編
20 ポーランド・ウクライナ・バルト史　伊東孝之・井内敏夫・中井和夫編
21 北欧史　百瀬 宏・熊野 聰・村井誠人編
22 ロシア史　和田春樹編
23 カナダ史　木村和男編
24 アメリカ史　紀平英作編
25 ラテン・アメリカ史 Ⅰ メキシコ・中央アメリカ・カリブ海　増田義郎・山田睦男編
26 ラテン・アメリカ史 Ⅱ 南アメリカ　増田義郎編
27 オセアニア史　山本真鳥編
28 世界各国便覧　山川出版社編集部編

新版《しんぱん》 世界各国史《せかいかっこくし》 9
西《にし》アジア史《し》II

2002年 8 月25日　1 版 1 刷　発行
2020年 7 月25日　1 版 3 刷　発行

編　者　永田《ながた》 雄三《ゆうぞう》

発行者　野澤伸平

発行所　株式会社 山川出版社
〒101-0047　東京都千代田区内神田 1-13-13
電話　03(3293)8131(営業)　8134(編集)
https://www.yamakawa.co.jp/
振替　00120-9-43993

印刷所　図書印刷株式会社

製本所　株式会社 ブロケード

装　幀　菊地信義

 ISBN 978-4-634-41390-0

執筆者紹介(執筆順)

永田 雄三　ながた ゆうぞう
1939年生まれ。イスタンブル大学文学部史学科博士課程修了(Ph. D.)
現在，公益財団法人東洋文庫研究員
主要著書：『中東現代史Ⅰ　トルコ・イラン・アフガニスタン』(共著，山川出版社 1982)，『成熟のイスラーム社会』(共著，中央公論社 1998)，『歴史上の地方名士』(トルコ語，Ankara, 1997)
執筆担当：序章，第 6 章

川瀬 豊子　かわせ とよこ
1950年生まれ。大阪大学大学院文学研究科博士課程単位取得退学
大阪樟蔭女子大学名誉教授
主要著書・論文：“Female Workers ‘pašap’ in the Persepolis Royal Economy”(*Acta Sumerologica* 6, 1984)，『銭湯へ行こう　イスラム編』(共著，TOTO 出版 1993)，「ハカーマニシュ朝ペルシアの交通・通信システム」(『岩波講座世界歴史 2　オリエント世界』，岩波書店 1998)
執筆担当：第 1 章

清水 宏祐　しみず こうすけ
1947年生まれ。東京大学大学院人文科学研究科博士課程中退
九州大学名誉教授
主要著書・論文：『イスラム社会のヤクザ――歴史を生きる任侠と無頼』(共著，第三書館 1994)，「ゴウハル・アーイーンの生涯」(『東洋学報76-1』1994)，“The Bow and Arrow on Saljuqid Coins”(The Memoires of the Toyo Bunko, 1998)
執筆担当：第 2 章

井谷 鋼造　いたに こうぞう
1955年生まれ。京都大学大学院文学研究科博士後期課程中退
京都大学名誉教授
主要論文：「モンゴル侵入後のルーム」(『東洋史研究39-2』1980)，「『大セルジューク朝』と『ルーム・セルジューク朝』」(『西南アジア研究41』1994)，「トルコ民族の台頭と十字軍」(『アジアの歴史と文化 9　西アジア史』，同朋舎出版 2000)
執筆担当：第 3 章

羽田 正　はねだ まさし
1953年生まれ。パリ第 3 大学博士課程修了(Ph.D.)
東京大学名誉教授
主要著書・論文：『勲爵士シャルダンの生涯――17世紀ヨーロッパとイスラーム世界』(中央公論社 1999)，『成熟のイスラーム社会』(共著，中央公論社 1998)，「三つのイスラーム国家」(『岩波講座世界歴史14　イスラーム・環インド洋世界』，岩波書店 2000)
執筆担当：第 4 章

林 佳世子　はやし かよこ

1958年生まれ。東京大学大学院人文科学研究科博士課程中退
現在，東京外国語大学学長
主要著書・論文：『オスマン帝国の時代』（山川出版社 1997），「イスラーム法の刷新——オスマン朝における新賃貸契約慣行の誕生をめぐって」（『岩波講座世界歴史14　イスラーム・環インド洋世界』，岩波書店 2000），「都市を支えたワクフ制度——イスラム世界の宗教寄進制度の経済的側面」（『地中海世界史3　ネットワークの中の地中海』，青木書店 1999）
執筆担当：第５章

八尾師 誠　はちおし まこと

1950年生まれ。北海道大学大学院文学研究科博士課程単位取得退学
東京外国語大学名誉教授
主要著書：『イラン近代の原像——英雄サッタール・ハーンの革命』（東京大学出版会 1998），『中東における中央権力と地域性——イランとエジプト』（共著，アジア経済研究所 1997），「イランとイラン人のあいだ」（『歴史と地理』，山川出版社 1999）
執筆担当：第７章，第８章３～６節，第９章

新井 政美　あらい まさみ

1953年生まれ。東京大学大学院人文科学研究科博士課程単位取得退学
東京外国語大学名誉教授
主要著書・訳書：『トルコ近現代史——イスラム国家から国民国家へ』（みすず書房 2001），『オスマン vs.ヨーロッパ——＜トルコの脅威＞とは何だったのか』（講談社 2002），『トルコ音楽にみる伝統と近代』（訳書，東海大学出版会 1994）
執筆担当：第８章１・２節

付　録

■索 引

人名索引

●アーオ

アーガー・モハンマド・ハーン(ガージャール) 226,328,329,330
Āqā Muḥammad Khān Qājār 位 1779-97
アーギャーフ・エフェンディ 315
Agâh Efendi 1832-85
アクバル 456
Jalāl al-Dīn Akbar 位 1556-1605
アステュアゲス 30-32
Astyágēs 位前 585?-前 550
アタテュルク──→ムスタファ・ケマル
アターマリク・ジュヴァイニー 129,136,148
'Atā' Malik Juvaynī ?-1283
アッシュルバニパル(アシュールバニパル) 26,27,29
Aššur-banipal 位前 668-前 627?
アッタロス1世 54
Áttalos I 位前 241-前 197
アッタロス3世 54
Áttalos III 位前 138-前 133
アッバース1世 208-217,227,251,338,456
'Abbas I 位 1587-1629
アッバース2世 215,456
'Abbas II 位 1642-66
アッバース3世 223
'Abbas III 位 1732-36
アッバース・ホヴェイダー 443,447
'Abbas Hoveyda 1919-79
アッバース・ミールザー 339,352,354
'Abbas Mīrza 1789-1833
アトスズ 112,113,119,126,127
Atsız 位 1127-56
アドナン・メンデレス 389,391-396
Adnan Menderes 1899-1961
アバカ 138,141,165
Abaqa 位 1265-81
アバザ・ハサン・パシャ 256
Abaza Hasan Paşa ?-1659
アバザ・メフメト・パシャ 254
Abaza Mehmed Paşa ?-1634
アブー・サイード(イルハン朝) 140-145,169,170
Abū Sa'īd 位 1316-35
アブー・サイード(ティムール朝) 185-187,190
Abū Sa'īd 位 1451-69
アブデュルハミト2世 303-305,307,308,310,314,315,317,320,322
ikinci Abdulhamid 位 1876-1909
アブデュルメジド 289,314,315
Abdulmecid 位 1839-61
アブドゥッラ・オジャラン 409
Abdullah Öcalan 1947?-
アブドゥル・ラフマーン(ハーン) 453,460,462,463
'Abd al-Raḥmān Khān 位 1880-1901
アブドッラー・ベフベハーニー 358,369
'Abd Allāh Behbahānī 1840-1910
アフマド(テグデル) 138,145,167
Aḥmad(Tegüder) 位 1281-84
アフマド・シャー 368,422
Aḥmad Shāh 位 1909-25
アフマド・ハーン・アブダーリー(アフマド・シャー) 224,459
Aḥmad Shāh Abdālī 位 1747-73
アフメット・セゼル 410
Ahmet Sezer 1941-
アフメト1世 254
Birinci Ahmed 位 1603-17
アフメト3世 271,272,274,276
Üçüncü Ahmed 位 1703-30
アフメト・ヴェフィク・パシャ 315
Ahmed Vefik Paşa 1823?-91
アフメト・ジェヴデト・パシャ 299
Ahmed Cevdet Paşa 1823-95
アフメト・ミドハト 315
Ahmed Midhad 1844-1912
アフメト・ルザー 318,319

Ahmed Rıza　1859-1930
アブル・カースィム・バーブル　185, 186
Abū al-Qāsim Bābur
アマーヌッラー・ハーン　464,466
Amānullāh Khan　位 1919-29
アミーノッ・ソルターン　348,365
Amīn al-Solṭān
アミーレ・キャビール(ミールザー・タギー・ハーン)　330,351,352
Mīrzā Taqī Khān Amīr-e Kabīr　1807-52
アーヤトッラー・カーシャーニー　438
Āyat Allāh Kāshānī　1882-1962
アラー・アッディーン・ムハンマド(2世)　128
'Alā al-Dīn Muḥammad　位 1200-20
アリー　14,75,90,195,196,212
'Alī ibn Abī Ṭālib　?-661
アリー・シール・ナヴァーイー　188, 189
Alisher Navoiy　1441-1501
アーリー・パシャ　298,302
Ali Paşa　1815-71
アリー・ハーメネイー　448,450
'Alī Khāmene'ī
アリー・フアト　382
Ali Fuad　1882-1968
アリー・モハンマド(バーブ)　351
Seyyed 'Alī Moḥammad　?-1850
アリュアッテス　30
Alyattes　位前 610-前 560
アルグン　138,144,167,169
Arγun　位1284-91
アルサケス　55
Arsákēs　位前 250 頃-前 248 頃
アルスラン　116,117
Arslan
アルスラーン・イスラーイール　81,82
Arslan Isrā'īl
アルスランシャー　119
Arslan Shāh　位 1161-76
アルタクセルクセス1世　48
Artaxšaça I　位前 465-前 424
アルタクセルクセス2世　48
Artaxšaça II　位前 404-前 358
アルタクセルクセス3世　48
Artaxšaça III　位前 358-前 336
アルダシール1世　56
Ardashīr I　位 224-241
アルタバヌス4世　56
Artabanus V　位 216-224
アルパルスラン・テュルケシ　399,397
Alparslan Türkeş　1917-97
アルプ・アルスラーン(アルスラン)　79,86,87,91,94,97,104,105,118,151,152, 154
Alp Arslan　位 1063-72
アルプ・ティギーン(アルプ・テキン)　80
Alptegin　?-963
アレクサンドル1世　336,337,339
Aleksandr I Pavlovich　位 1801-25
アレクサンドロス3世　50,52-55
Aléxandros III　位前 336-前 323
アレムダル・ムスタファ・パシャ　283, 284
Alemdar Mustafa Paşa　1765-1808
アンヴァリー　94
Anvarī Abīvardī　1116 頃-87
アンティゴノス3世　54
Antīgonos III　位前 223-前 187
イスカンダル　185,188
Iskandar　位 1420-38
イスカンダル・ムンシー　216
Iskandar Munshī　1561/2-1634
イスマーイール　69
Isma'īl Sāmānī　位 892-907
イスマーイール1世　193,194,196-200, 202-205,211
Isma'īl ibn Haydar　1487-1524(位 1501-24)
イスマーイール2世　207
Isma'īl II　位 1576-77
イスマーイール3世　226
Isma'īl III　?-1773
イスメト(イスメット・イノニュ)　318, 378,380,385-391,394-397,399,404
İsmet İnönü　1884-1973
イブラヒム1世　254,255
İbrahim　位 1640-48

イブラーヒーム・イナール　86
Ibrāhīm Ināl
イブラヒム・シナースィー　314,315
İbrahim Şinasi　1826-71
イブラヒム・テモ　317
İbrahim Temo　1865-1942
イブラヒム・パシャ　272
İbrahim Paşa　1789-1848
イブラーヒーム・パシャ　288
Ibrāhīm Pasha　?-1848
イブン・アルアラビー　176
Ibn al-'Arabī　1165-1240
イブン・スィーナー(アヴィセンナ)　10,125,126
Ibn Sīnā　980-1037
イブン・ハウカル　64
Ibn Ḥawqal　?-990頃
イブン・バットゥータ　150,172,178,179,454
Ibn Baṭṭūṭa　1304-68/9
イブン・ビービー　159,166,168,172
Ibn Bībī　?-1285
イブン・ファドラーン　79
Ibn Faḍlān
イマード・アルダウラ　77
'Imād al-Dawla
ヴァッサーフ　147
Vaṣṣāf
ヴァフデティー　322
Derviş Vahdetî　?-1909
ヴィルヘルム2世　310
Wilhelm II　位1888-1918
ヴェニゼロス　374
Eleutherios Venizelos　1864-1936
ウサーマ・ビン・ラーディン　475
Usāma ibn Ladīn　1957-
ウズン・ハサン　171,174,186,190-192,196,235,236
Uzun Hasan　位1453-78
ウマル・ハイヤーム(オマル・ハイヤーム)　94,122
'Umar Khayyām　1048-1131
ウルグベグ　185,188,189
Ulugh Bek　位1447-49
ウルバヌス2世　107
Urbanus II　1042頃-?(位1088-99)
エウメネス1世　54
Eumenes I　位前197-前160
エフサーノッラー・ハーン(エフサノッラー・ハーン)　415,420
Eḥsan Allāh Khān　1883-?
エブースード・エフェンディ　248,249
Ebü'ss'ûd Efendi　1490-1574
エンヴェル　318,320,324,327,373
Enver Paşa　1881-1922
オスマン　174
Osman　1258?-1326
オスマン2世　254,263
İkinci Osman　位1618-22
オメル・セイフェッティン　315
Ömer Seyfeddin　1884-1920
オルハン・ベグ　173,174
Orhan Beg　位1326-60?

●カ—コ

カイ・カーウース　89
Kaykāwūs　位1049-?
カイカーウス1世　157-159,176
Kaykāwūs I　位1210-19
カイカーウス2世　163,164,166,167
Kaykāwūs II　位1245-60
カイクバード　131,157-162,175,177
Kayqubādh　位1219-37
カイホスロウ1世　95,156-158,175
Kaykhusraw I　位1192-96,1205-11
カイホスロウ3世　165,167
Kaykhusraw III　位1266-84
カイホスロウ2世　132,161,162
Kaykhusraw II　位1237-45
ガヴァーム　435
Qavām
ガーエム・マガーム　352
Qā'em magām
ガザーリー　87,123,124
al-Ghazālī　1058-1111
ガザン・ハン(マフムード)　138-141,147
Ghazan Khan　位1295-1304
カーシュガリー(マフムード・カーシュガリー)　100-103,172
Maḥmūd al-Kāshgharī

ガズヴィーニー　454
Muḥammad Qazvīnī　1203頃-83
カラ・ムスタファ・パシャ　261
Kara Mustafa Paşa　1634/5-83
カラ・ユースフ　185
Qara Yūsuf　位 1385-1420
カリーム(キャリーム)・ハーン・ザンド　225,226,328
Karīm Khān Zand　位 1750-79
カレンデルオール　254
Kalenderoğlu
カンビュセス　34,35
Kambýsēs II　位前 530-前 522
キャサクレス　30,31
Kyaxárēs　位前 625-前 585 頃
キャーズム・カラベキル　318,375,378,380,382
Kâzım Karabekir　1882-1948
キャーティブ・チェレビー　266
Kâtib Çelebi　1609-57
キャーミル・パシャ　323
Kâmil Paşa　1832-1912
ギュゲス　30
Gyges　位前 685-前 657
キュロス　48
Cyrus　前 424 頃-401
キュロス 2 世　30,32-35
Cyrus II　位前 559-前 530
キョセム・スルタン　254,255
Mahpeyker Kösem Sultan　1590-1650
キョプリュリュ・メフメト・パシャ　256,260,261
Köprülü Mehmet Paşa　?-1661
クセノフォン　40,42,49
Xenophôn　前 430 頃-前 354 頃
クセルクセス 1 世　45-48
Xšayarçan I　位前 486-前 465
クタルミシュ(クタルムシュ)　86,105,151,152,154
Qutalmısh　?-1064
クビライ・カアン　132,136
Qubilai Khan　位 1215-94
グユク・ハン　132,163
Güyüg Khan　位 1246-48
クユジュ・ムラト・パシャ　254
Kuyucu Murad Paşa　?-1611
クーラシュ(キュロス 1 世)　27
Cyrus
グリボエドーフ　349,350
Griboedov
クルチ・アルスラン 1 世　107,108,152-154,156
Qılıch Arslan I　位 1077-1107
クルチ・アルスラン 3 世　157
Qılıch Arslan III　位 1204-1205
クルチ・アルスラン 2 世　154-157
Qılıch Arslan II　位 1155-1192
クルチ・アルスラン 4 世　163-165
Qılıch Arslan IV　位 1260-1266
クロイソス　30
Kroîsos　位前 560-前 546
ケナン・エヴレン　403,406
Kenan Evren　1918-

●サ―ソ

サアディー　148
Sa'dī Shīrāzī　1210 頃-92 頃
サイイド・ザイン・アッディーン・ジュルジャーニー　126
Sayyid Zayn al-Dīn Jurjānī
サッタール・ハーン　367,369
Sattār Khān　1867/8-1914
ザーヒル・シャー　466,470
Zāhir Shāh　位 1933-73
サフィー 1 世　217
Ṣafī I　位 1629-1642
サフィー・アッディーン・イスハーク　194
Ṣafī al-Dīn Ishāq　1252/3-1334
サブク・ティギーン(セビュク・デキン)　80
Sebüktigin　位 977-998
サーマーン・フダー　69
Sāmān Khudā
サラーフ・アッディーン・ユースフ　109,121,155,156
Ṣalāḥ al-Dīn Yūsuf　位 1169-93
サルゴン　20
Sargon　位前 2340-前 2284
サルゴン 2 世　28,29
Sargon II　位前 721-前 705
サルダーレ・アスァド　368

Sardār-e As'ad
サルドゥーリ1世　27
Sarduris I　位前840頃
サルドゥーリ2世　28
Sarduris II　位前760頃-前730頃
ザンギー　120,121
Zangī
サンジャル　92-94,106,110-114,116,118,119,122,126,127,129,130
Sanjar Aḥmad　位1118-1157
シェイフ・モハンマド・ヒヤーバーニー　417-419,433
Sheykh Moḥammad Khiyābānī
ジェマール　323,324,327
Ahmed Cemal Paşa　1872-1922
ジェマル・ギュルセル　394,395
Cemal Gürsel　1895-1966
ジェム　237,238
Cem Sultan　1459-95
ジェラール・バヤル　386,389,391,392,394,395,406
Celal Bayar　1883-1985
シェール・アリー　460,462,463
Shēr 'Alī　位1869-79
シナン　247
Mimar Sinan　1494-1588
シャー・イスマーイール　238
Shāh Isma'īl　位1501-24
シャイバーニー・ハーン　186,198
Shaibānī Khān　位1500-10
シャー・ジャハーン　456
Shāh Jahān　位1628-58
ジャハーンシャー　185,186,190,192
Jahānshāh　位1434-67
ジャファル・ピーシェヴァリー　372,433,434
Ja'far Pīshevarī
シャープフル1世　56,59
Shāpūr I　位240頃-272頃
シャープフル2世　56
Shāpūr II　位309-379
シャフルバーヌー　76
Shahr Bānū
シャープール・バフティヤール　446
Shāpūr Bakhtiyār
ジャマール・アッディーン・アル・アフガーニー(セイエド・ジャマーロッディーン・アサダーバーディー)　307,325,372
Jamāl al-Dīn al-Afghānī　1838/9-97
シャムス・アッディーン・ジュヴァイニー　130,147,165
Shams al-Dīn Juvaynī　?-1283
シャムス・タブリーズィー　176
Shams Tabrīzī
ジャラール・アッディーン(ホラズム・シャー)　130-132,134,160,162
Jalāl al-Dīn Khārazm Shāh　位1221-31
シャリーアトマダーリー　449
Seyyed Kāẓem Sharī'atmadārī　1904-86
シャールフ　184,185,187-190
Shāh Rukh　位1409-47
シャルマナセル1世　27
Shalmaneser I　位前1273-前1244
シャルマナセル3世　27
Shalmaneser III　位前858-前824
シュッピルリウマ1世　23
Suppiluliuma I　位前1345-前1320
シュトルク・ナフンテ　26
Shutruk-Nahhunte　位前1185-前1155頃
ジュナイド　195,196
Junayd　?-1460
スィヤーヴシュ　166,167,169
Sīyāvush
ズィヤ・ギョカルプ　326
Ziya Gökalp　1876-1924
スライマーンシャー　116,157
Sulaymān Shāh　位1160-61
スライマーン・ブン・クタルムシュ　105,108,120,151-154
Sulaymān b. Qutalmısh　位1077-86
スルターン・フサイン　217,219-221
Sulṭān Husayn　位1694-1722
スレイマーン　215,217
Suleymān　位1666-94
スレイマン1世　206,232,240-244,247-250,256
Kanunî Sultan Süleyman　位1520

-66
スレイマン・デミレル　395-402,404,406-408,410
Süleyman Demirel　1924-
セイーディ・ヌルスィー　322
Sa'id Nursî　1876-1960
セイフィー・ハラヴィー　454
Seyfī Haravī
セラーニキー　266
Mustafa Selânikî　?-1599 以後
セリム1世　201,202,238-240
Birinci Selim　位 1512-20
セリム2世　248,250
İkinci Selim　位 1566-74
セリム3世　282,283,294,314
Üçüncü Selim　位 1789-1807
セルジューク　151
Seljūq
セレウコス1世　53,54
Séleukos I　位前 305-前 281
ソコッル・メフメト・パシャ　248-250,253
Sokollu Mehmed Paşa　1505-79
ゾロアスター　58,59
Zoroaster

●ター ト

ダキーキー　70
Daqīqī　?-977
タスマースブ・ゴリー・ハーン(のちのナーデル・シャー)　458
Tahmāsb Qolī Khān (Nādir Shāh)　位 1736-47
ダーニシュマンド　107,153
Dānishmand
タバータバーイー(セイエド・ズィヤーオッ・ディーン・タバータバーイー)　416,421,422
Seyyed Moḥammad Ṭabāṭabā'ī　1841-1920
タバリー　10,70
al-Ṭabarī　839-923
ターヒル　66
al-Ṭāhir　位 821-822
タフマースブ(1世)　205-207,211,214,456
Ṭahmāsb I　位 1524-76
タフマースブ2世　221-223,275,276
Shāh Ṭahmāsb　位 1722-32
ダーマード・イブラヒム・パシャ　275
Damad İbrahim Paşa
タラート　318,323,324,327,373
Talat Paşa　1874-1921
ダレイオス1世　34-37,39,42,45
Dārayavau I　位前 522-前 486
ダレイオス2世　48
Dārayavau II　位前 424-前 405
ダレイオス3世　48,50
Dārayavau III　位前 336-前 330
タンス・チルレル　408
Tansu Çiller　1946-
チンギス(チンギズ)・ハーン(ハン，カン)　12,125,129-132,142,146,147,162,203
Činggis qan　1167?-1227(位 1206-27)
ティグラトピレセル1世　28
Tiglath-pileser I　位前 1114-前 1076
ティグラトピレセル3世　28
Tiglath-pileser III　位前 744-前 727
ティプゥ・ソルターン　336,337
Tipu Sultan　1750 頃-99
ティムール　145,146,170,173,182-184,186,187,190,203
Tīmūr　1336-1405
テヴフィク・フィクレット　315
Tevfik Fikret　1867-1915
テキシュ　114,117,127,128,160
Tekish　位 1172-1200
テペデレンリ・アリー・パシャ　287
Tepedelenli Ali Paşa　1744-1822
テミストクレス　43,45,49
Themistoklês　前 528 頃-前 462 頃
デモステネス　51
Dēmosthénēs　前 384-前 322
トゥグリク・ベク(トグリル・ベグ)　82,83,85,86,88,96,104,117,118,122,151
Ṭughril Beg　位 1038-63
トゥトゥシュ　106,119,120,152,154
Tutush　?-1095
トゥルグット・オザル　402,404,406-408
Turgut Özal　1927-93

トゥルハン・スルタン　255
Turhan Sultan　1627-82
トグリル(1世)　111,116
Ṭughril I　?-1134
トグリル2世　117,123,128,158,160
Ṭughril II　位 1132-34
ドースト・モハンマド・ハーン　460,461
Dōst Muḥammad Khān　位 1826-38,42-63
トトメス3世　22
Thutmes III　位前 1479-前 1425 頃
トラヤヌス　55
Trajanus　52-117(位 98-117)

●ナーノ

ナーイマー　266
Mustafa Naima　1655-1716
ナスィール・アッディーン・トゥースィー　147,176
Nāṣir al-Dīn Tūsī
ナースィル・ホスロウ　95
Nāsir b. Khusraw　1004-?
ナスル　69
Naṣr　位 864-92
ナーセロッ・ディーン・シャー　343,349,352,372
Nāṣer al-Dīn Shāh　位 1848-96
ナーディル・シャー(ナーディルクリー・ベグ・アフシャール)　222-225,275,276,458,466
Nādir Shāh　1688-1747
ナボポラッサル　31
Nabopolassar　位前 626-前 605
ナムク・ケマル　303,304,315
Namık Kemal　1840-88
ニザーミー　122
Niẓāmī Ganjawī　1141?-1209?
ニザーム・アルムルク　87,89,91,96,104,106,110,115,123,124
Niẓām al-Mulk　1018?-92
ニザール　110
Nizār
ニハト・エリム　398,399,402
Nihat Erim　1912-80
ヌール・アッディーン・マフムード　121,154
Nūr al-Dīn Maḥumūd　位 1146-74
ネジメッティン・エルバカン　397-399,402,406-410
Necmettin Erbakan　1926-
ネフィー　266
Nefî　1572-1635
ネブカドネザル1世　26
Nebuchadnezzar I　位前 1125-前 1104
ネブカドネザル2世　31,33
Nebuchadnezzar II　位前 605-前 562

●ハーホ

ハイダル　196
Ḥaydar　?-1488
バイバルス　134,165,166
al-Ẓāhir Baybars　位 1260-77
ハーカーニー　122
Khāqānī
バーキー　266
Bakî　1526-1600
バーゲル・ハーン　367
Bāqer Khān　?-1916
ハサン(第3代イマーム)　76
Ḥasan
ハサン・サッバーフ　76,110
Ḥasan Ṣabbāh
ハサン・タギーザーデ　369,371
Ḥasan Taqīzāde(h)
ハサン・モダッレス　412,420
Ḥasan Modarres
ハーシェミー・ラフサンジャーニー　448,450
Hāshemī Rafsanjānī　1934-
バトゥ　132,163
Batu　位 1227-55
バニー・サドル　450
Abū al-Ḥasan Banī Sadr　1933-
バーバー・イスハーク　161
Bābā Ishāk　?-1241
ハビーブッラー・ハーン　460,463
Habīb Allāh Khān　位 1901-19
ハーフィズ　148
Ḥāfiz　1326?-89

ハーフズ・オスマン　267
　Hafiz Osman　1642-98
バーブル　187,188
　Bābur　位 1526-30
ハミード・カルザーイー　475
　Hamid Karzai　1958-
バヤズィド(バヤズィト)1世　170,173,183
　Birinci Bayezid　位 1389-1403
バヤズィト2世　237,238
　İkinci Bayezid　位 1481-1512
ハリル・パシャ　233
　Halil Paşa
ハリール・マレキー　372,437
　Khalīl Malekī
バルバロス　241
　Barbaros Hayreddin Paşa
　1466・83?-1546
ハンムラビ　33
　Hammurabi　位前 1792?-前 1750?
ヒュセイン・ラウフ　375,381
　Hüseyin Rauf　1881-1964
ビュレント・エジェヴィット　397,399-401,404,406,410
　Bülent Ecevit　1925-
ピール・アフメト・ベイ　171,235
　Pīr Ahmed Bey
ビールーニー　81
　al-Bīrūnī　973-1050
ファズル・アフメト・パシャ　261
　Fazıl Ahmed Paşa　1635-76
フアト・パシャ　298,302
　Fuat Paşa　1815-69
ファトフ・アリー・アーホンドザーデ　371
　Fath ʻAlī Ākhondzāde(h)
ファトフ・アリー・シャー　329,330,342
　Fath ʻAlī Shāh　位 1797-1834
ファフル・アッディーン・アリー(サーヒブ・アタ)　167,168
　Fakhr al-Dīn ʻAlī
ファフル・アッディーン・ゴルガーニー　122
　Fakhr al-Dīn Gurgānī
フィリッポス2世　50
　Phílippos II　位前 359-前 336
フェイズッラー・エフェンディ　271
　Feyzullah Efendī　1638/39-1703
フェルドウスィー　10,60,70,95,122,149,427
　Firdawsī　934-1025
フサイン(ホセイン)　13,75,446
　al-Ḥusayn b. ʻAlī　626-680
フサイン・バーイーカラー　186
　Mīlzā Ḥusayn　位 1469-1506
ブハーリー　10
　al-Bukhārī　810-70
ブルハヌッディーン・ラッバーニー　473,474
　Burhānuddīn Rabbānī　1940-
フレグ・ハン　132-138,140-144,147,163-165
　Hülegü　位 1256-65
プレンス・サバハッティン　318,319
　Prens Sabahaddīn　1878-1948
ブワイフ　77
　Buwayh
フンバラジュ・アフメト・パシャ　276
　Humbaracı Ahmed Paşa　1675-1747
ヘイダル・ハーン　372,416
　Ḥeydar Khān　1880-1921
ヘクマティヤール　473
　Ḥekmatiyār
ペリクレス　46
　Periklês　前 495?-前 429
ヘロドトス　31,32,34,36,37,40,46
　Hērodotus　前 484-前 425
ホスロー1世　57
　Khosro I　位 531-579
ホメイニー　445-452
　Rūḥollāh Mūsavī Khomeynī　1902-89

●マ―モ

マカリオス　393,399
　Makários　1913-77
マクマホン　344
　Arthur Henry McMahon　1862-1949
マスウード1世(ガズナ朝)　70,80
　Masʻūd I　位 1031-41
マヌエル・コムネノス　155

Manuel I Komnēnós　位 1143-80
マフムード(ガズナ朝)　80,82,125,151
Maḥmūd　位 998-1030
マフムード(セルジューク朝)　105,106
Maḥmūd I　位 1092-94
マフムード　218,220-222
Maḥmūd
マフムト 2 世　283-289,291,292,294,302,314,315,383
İkinci Mahmud　位 1808-39
マフムト・シェヴケト・パシャ　322,324
Mahmud Şevket Paşa　1856-1913
マフムード・ハン(カラハン朝)　112,114,127
Maḥmūd Khan
マームーン　64,66,125
al-Mā'mūn　位 813-17
マリク・シャー(マリクシャー)　87-89,92,94,96,104 - 106,110,112,115,119,120,122-124,151-153
Malik Shāh　位 1072-92
マリク・シャー(マリクシャー) 3 世　116
Malik Shāh III　位 1152-53
マルコム・ハーン　371
Mirzā Malkom Khān　1833-1908
マーワルディー　67
al-Māwardī　975-1058
ミドハト・パシャ　304
Midhad Paşa　1822-84
ミール・ヴァイス(ミール・ワイス)　218,220,458
Mīr Vays
ミールザー・クーチェク・ハーン　413,415,416
Mīrzā Kūchek Khān　1880/1-1921
ミールザー・シーラーズィー　356
Mīrzā Shīrāzī
ミールザー・ホセイン・ハーン(セパフサーラール)　354
Mīrzā Hoseyn Khān Sepahsālār
ムイッズ・アルダウラ　77,78
Mu'īzz al-Dawla　915/6-67
ムスタファ 2 世　267,270
İkinci Mustafa　位 1695-1703
ムスタファ・ケマル(アタテュルク)　318,322,375,376,378-385,390,392,393,401,408,465
Mustafa Kemal Atatürk　1881-1938
ムスタファ・レシト・パシャ　288,289,293,297,298,314
Mustafa Resid Paşa　1800-58
ムスタンスィル　110
al-Mustanşir　位 1226-42
ムッラー・サドラー　215
Mulla Sadra　1571/2-1640
ムハンマド(第 12 代イマーム)　75
Muhammad
ムハンマド(セルジューク朝)　109,116,153,154
Muḥammad　位 1105-18
ムハンマド(ホラズムシャー朝)　129,130
Muḥammad
ムハンマド(預言者)　10,14,76,133,351
Muḥammad
ムハンマド・アリー　283-285,288,289
Muḥammad 'Alī　位 1805-48
ムハンマド・ウマル　474
Muḥammad 'Umar
ムハンマドシャー　119
Muḥammad Shāh
ムハンマド・ダーヴード　467,468
Muḥanmmad Daud　1909-78
ムハンマド・タパル　106,110,111,118,119
Muḥammad Tapar　位 1105-18
ムハンマド・ナジーブッラー　471-473
Muḥanmmad Najībullāh　1947-96
ムハンマド・ベグ(カラマン家)　166-169,179
Muḥammad Beg
ムハンマド・ホダーバンデ　207,208
Muḥammad Khudāvanda　位 1578-87
ムスタファ・アーリー　266
Mustafa Âlī
ムフタール　75
al-Mukhtār　622-687
ムラト 4 世　254,266
Dörtüncü Murad　位 1623-40
ムラト 1 世　170,173,174

Birinci Murad　位 1360-89
ムラト2世　173
İkinci Murad　位 1421-44,45,46-51
メスート・ユルマズ　408
Mesut Yılmaz
メフディー・バーザルガーン　447-449,
Mehdī Bāzargān
メフメト1世　170,173
Birinci Mehmed　位 1413-21
メフメト2世　171,173,191,232-235,237,
238
İkinci Mehmed　位 1444-46,51-81
メフメト4世　255,260
Dörtüncü Mehmed　位 1648-87
モザッファロッ・ディーン・シャー
368
Mozaffar al-Dīn Shāh　位 1896-
1907
モシーロッ・ドウレ　417
Moshīr al-Dowle(h)
モスタファー・バルザーニー　435
Mustafā Barzānī　1904?-79
モハンマド・アリー・シャー　363,365,
368
Mohammad 'Alī Shāh　位 1907-09
モハンマド・キャマレイー　420
Moḥammad Kamare'ī
モハンマド・タギー・ハーン・ペスィヤーン　419
Moḥammad Pesiyān
モハンマド・タバータバーイー　358
Seyyed Moḥammad Tabātabā'ī
1841-1920
モハンマド・ハータミー　452
Moḥammad Khātamī　1943-
モハンマド・ベヘシュティー　448,450
Moḥammad Ḥoseyn Beheshtī
1928-81
モハンマド・モサッデグ　337,371,438
Moḥammad Moṣaddeq　1880-
1967
モハンマド・ラジャーイー　450
Moḥammad 'Alī Rajā'ī　1933-81
モハンマド・レザー　431,439
Moḥammad Reza　位　1941-79
モルガン・シャスター　370,417
Morgan Shuster
モンケ・カアン　132,134,163
Möngke　位 1251-59

●ヤ―ヨ

ヤークーブ　191-193
Ya'qub　位 1478-90
ヤークーブ・ブン・アルライス　72,73
Ya'qub b. al-Layth　位 867-79
ヤズドギルド3世(ヤズデギルド3世)
57,76
Yazdegird III　位 632-651
ユスフ・アクチュラ　325
Yusuf Akçura　1876-1935

●ラ―ロ

ラーヴァンディー　95,157,158,175
Rāvandī
ラシード・アッディーン　139,141,142,
148,150
Rashīd al-Dīn　1249/50-1318
ラマルティーヌ　314,315
Lamartine　1790-1869
ラーミー・メフメト・パシャ　270
Rami Mehmed Paşa　1654-1706
ラムセス2世　24
Rameses II　位前 1304-前 1237
ルーダキー　70
Rūdakī　?-940/1
ルーミー(ジャラール・アッディーン・ムハンマド・ルーミー)　13,175,176
Jalāl al-Dīn Rūmī　1207-73
ルム・メフメト・パシャ　233
Rum Mehmed Paşa
レヴニー　272
Levnî　?-1732
レザー・アッバースィー　214
Reżā 'Abbāsī
レザー・シャー・パフラヴィー(レザー・ハーン)　371,416,421-425,427-433,
437,465
Rezā Shāh　位 1925-41
ロマノス・ディオゲネス　92
Romanos IV Diogenes

事項索引

●アーオ

●カーコ

●サーソ

●タート

●マ―モ

●ヤーヨ

●ラーロ

●ワ

●A—Z

■ 年　表

〔略号〕I：イラン　T：トルコ　A：アフガニスタン

年代	事　　項
前7000年紀	アナトリア高原にチャタル・フユック，ハジュラルなどの初期農耕・牧畜村落出現。イラン高原にガンジュ・ダッレなどの初期農耕村落出現
前4000年紀末	イラン高原にエラム文化。原文字(プロト・エラム文字)の発明
前22世紀頃	エラムの古王朝時代始まる
前3000年紀末	インド・ヨーロッパ語族系のヒッタイト人がアナトリアに進出
前2000年紀	インド・ヨーロッパ語族系のイラン人がイラン高原に定住開始
前2000年紀末～前1000年頃	イラン系のメディア人がイラン高原に進出
前1650頃	ヒッタイト古王国成立
前1595頃	ヒッタイトのムルシリ１世，バビロン第１王朝を滅ぼす
前1400頃	ヒッタイト，浸炭法による製鉄技術を開発
前14世紀中頃	ヒッタイト新王国成立
前14世紀頃	イゲ・ハルキがエラム王を称し，エラムの中王国時代始まる
前1285	ヒッタイト王ムワタリ２世，エジプト王ラムセス２世とカデシュで会戦(前1286説あり)
前1269	ヒッタイト王ハットゥシリ３世，エジプト王ラムセス２世と平和条約締結。世界最古の「相互不可侵条約」
前1200頃	ヒッタイト王国の都ハットゥシャ，「海の民」やフリュギア人の侵入により陥落し，ヒッタイト王国滅亡。アナトリアは長期間の「暗黒時代」にはいる
前1200～前1100	ゾロアスターがゾロアスター教を創始
前12世紀	エラム王国，シュトルク・ナフンテ王の治下で最盛期を迎える
前９世紀中頃	アナトリアのヴァン湖周辺を拠点にウラルトゥ王国成立
前８世紀後半	フリュギア人，アナトリア高原のゴルディオンを都に王国を形成
前８世紀後半～前６世紀後半	メディア，王国を形成
前685頃	フリュギア王国，イラン系のキンメリア人の侵入を受け滅亡
前７世紀前半	エラム王国，アッシリア王国の侵攻を受け滅亡
前７世紀	アナトリア西部にインド・ヨーロッパ語族系のリュディア王国成立
前６世紀初頭	ウラルトゥ解体
前612	メディア，新バビロニアと結んでアッシリアを滅ぼす
前550	アンシャン王キュロス(キュロス２世)がメディアから独立し，アカイメネス朝ペルシア創始
前546	キュロス，リュディア王国を併合(前547説あり)
前539	キュロス，バビロンを占領。新バビロニア王国滅亡
前530	キュロス戦死
前525	アカイメネス朝のカンビュセス，上下エジプトの王位に就く
前522	アカイメネス朝でダレイオス１世即位。サトラップ制の導入など諸改革を実施し，中央集権体制を強化

前492	ペルシア軍，ギリシア本土に遠征するも暴風雨に遭い撤退
前490	ペルシア軍，ギリシアに再遠征するもマラトンの戦いで敗北
前480	アカイメネス朝クセルクセス１世，ギリシアに出征。サラミスの海戦で敗北
前479	アカイメネス朝軍，プラタイアの戦いでギリシア連合軍に敗退
前449	アカイメネス朝，アテネとカリアスの和約締結
前441	アカイメネス朝，ゾロアスター教暦導入(従来のバビロニア暦と併用)
前333	イッソスの戦い。ペルシア軍，アレクサンドロス軍に敗北
前330	ダレイオス３世が殺害され，アカイメネス朝ペルシア滅亡
前262	セレウコス朝からペルガモン王国が離反して独立。アナトリア北西部を支配
前247頃	セレウコス朝からパルティア(アルサケス朝)が独立。イラン高原とメソポタミアを支配
前３世紀末	黒海南岸にポントス王国成立
前162	コマゲネ王国成立。ネムルート・ダーの霊廟を造営
前133	ペルガモン王アッタロス３世，領土をローマに遺贈。その後，ペルガモンはローマの属州アシアとなる
51	パルティアでヴォロゲセス１世即位。パルティアのイラン化進む。伝承によるとその治下でアヴェスタ編纂
226	アルダシール１世，パルティアを滅ぼし，サーサーン朝ペルシアを興す
240	サーサーン朝でシャープール１世即位
260	シャープール１世，エデッサの戦いでローマ皇帝ヴァレリアヌスを捕虜とする
276	サーサーン朝でワラフラン２世即位。その治下でゾロアスター教国教化
277頃	マニ教の開祖マーニー獄死
309	サーサーン朝でシャープール２世即位。初期サーサーン朝の支配体制を確立
５世紀末	サーサーン朝でマズダクがマズダク教を創始。６世紀前半に弾圧され，消滅
531	サーサーン朝でホスロー１世即位。サーサーン朝の最盛期を現出
559頃	サーサーン朝，突厥と結んでエフタルを滅ぼす
562	サーサーン朝，ビザンツと50年の和平条約締結
642	ニハーヴァンドの戦い。アラブ軍がサーサーン朝軍を破る(年号異説あり)
651	ヤズデギルド３世が殺害され，サーサーン朝滅亡
661	第４代正統カリフでシーア派初代イマームのアリー暗殺される
680	シーア派第３代イマームのフサイン，カルバラーで殉教
760	シーア派第６代イマーム，ジャーファル・アッサーディクの長男イスマーイール没。彼を第７代イマームと奉ずる人々がイスマーイール派(７イマーム派)を形成
816	バーバクの乱(～837)。ホッラム教(マズダク教と極端シーア派の混淆)を説くバーバクが，アゼルバイジャン住民を率いて蜂起

821		カリフよりホラーサーン総督に任ぜられたターヒルがターヒル朝を興す(～873)
864		ハサン・ブン・アリー，タバリスターンにザイド派のアリー朝(ザイド朝)建国(～928)
867		スィースターンのアイヤール，ヤークーブ・ビン・ライスがサッファール朝建国(～903)
873		サッファール朝がホラーサーンに侵入。ターヒル朝滅亡
874		シーア派第12代イマーム，ムハンマド・アルムンタザルが隠れ，十二イマーム派が成立。イスラーム神秘家ビスターミー没
875		サーマーン家のナスルがカリフよりマー・ワラー・アンナフル総督に任ぜられ，サーマーン朝(～999)の礎を築く
900	*5*	サーマーン朝のイスマーイールがサッファール朝を破り，ホラーサーンを併合
927		マルダーウィージュがダイラム地方でアリー朝から独立。ズィヤール朝を興し(～1090頃)，ギーラーン地方を支配
932		ズィヤール朝下のダイラム人のブワイフ家が独立し，ブワイフ朝建国(～1062)
940		「ペルシア詩人の父」ルーダキー没(941説あり)
946		ブワイフ家のアフマドがバグダードに入城。大アミールに就任し，ムイッズ・アッダウラを称する。ムイッズ・アッダウラはダイラム人高官やトルコ人軍人にたいしてイクターを支給(イクター制の成立)
960		伝承によると，カラハン朝下の20万帳のトルコ人がイスラームに改宗
962		サーマーン朝のトルコ人グラーム，アルプ・テギンがガズナを占領。ガズナ朝の礎を築く
963	*2*	ムイッズ・アッダウラがアーシューラーとガディール・フンム祭を公式に施行し，シーア派を支持
977		ペルシアの詩人ダキーキー没。トルコ人グラーム，セビュク・テギンがガズナ朝を開く(～1186)
982		ブワイフ朝のアドゥド・アッダウラ没。以後，ブワイフ朝の内紛が表面化
998		ガズナ朝でマフムード即位。同朝の最大版図を実現
999	*10*	カラハン朝，ブハラを占領。サーマーン朝滅亡
1001		ガズナ朝のマフムードが北インド遠征を開始。同地のイスラーム化を促す
1008		ブワイフ朝からカークワイフ朝が自立(～51)
1020		『シャー・ナーメ(王書)』の作者フェルドゥスィー没(年号異説あり)
1038		トゥグリル・ベクがニーシャープールに無血入城し，セルジューク朝を開く(～1149)
1040		セルジューク朝軍がガズナ朝軍を破り，ホラズム，ホラーサーンの支配を確立
1055	*1*	セルジューク朝のトゥグリル・ベクがバグダードに入城
1061		ペルシアの旅行家，詩人ナースィル・ホスロー没(年号諸説あり)
1062		ケルマーン・セルジューク朝のカーヴルドがシーラーズを占領。ブワイフ朝滅亡
1063		アルプ・アルスラーンがセルジューク朝スルタンに即位。ニザーム・アル

		ムルクが宰相に就任
1071		マラーズギルドの戦い。セルジューク軍がビザンツ軍を破り，アナトリアのトルコ化，イスラーム化が進む。トゥルクマーン系アミールのダーニシュマンド，中央アナトリアにダーニシュマンド侯国建国(～1178)
1077		セルジューク朝グラームのアヌーシュテキン，ホラズム・シャー朝建国(～1231)。ルーム・セルジューク朝成立(～1308)
1092	***10***	セルジューク朝の宰相ニザーム・アルムルクが暗殺される。***11*** マリク・シャー没。以後セルジューク朝の分裂が進む
1097		十字軍がニカイアを占領。ルーム・セルジューク朝は首都をコンヤに移す
1131		ペルシアの詩人，天文学者，数学者オマル・ハイヤーム没
1141		セルジューク朝スルタン，サンジャルがカラ・キタイ軍に大敗
1149		ガズナ朝からゴール朝が自立(～1215)
1157		スルタンのサンジャルが没し，セルジューク朝解体。各地にアター・ベグ政権が自立
1178		ルーム・セルジューク朝がマラティヤを占領。ダーニシュマンド侯国滅亡
1186		ガズナ朝，ゴール朝に本拠地ガズナを奪われ滅亡
1194		ホラズム・シャー朝テキシュがイラク・セルジューク朝を破り，セルジューク朝滅亡
1205		ルーム・セルジューク朝宮廷，イスラーム神秘主義思想家イブン・アラビーを招聘
1209		ペルシアの詩人ニザーミー没。代表作『ホスローとシーリーン』
1219		ルーム・セルジューク朝でカイクバード1世即位。チンギス・ハーン率いるモンゴル軍のホラズム遠征始まる。ホラズム・シャー朝は事実上崩壊
1221		モンゴル軍，バルフ，メルヴ，ニーシャープール，ヘラートなどホラーサーン諸都市を攻略
1231		ジャラールッディーンがディヤルバクルで殺害され，ホラズム・シャー朝滅亡(1077～)
1240		バーバー・イスハーク率いるトゥルクマーンの対ルーム・セルジューク朝宗教反乱(バーバーイ運動)
1243	***6***	キョセ・ダグの戦いでルーム・セルジューク朝がモンゴルに敗れ，以後服属
1256		フレグ率いるモンゴル軍，イラン各地のニザール派(暗殺教団)の山城群を攻略。同教団壊滅
1258	***2***	モンゴル軍がバグダードに侵攻。カリフのムスタースィムが殺害され，アッバース朝滅亡
1260		イルハン国建国(～1353)
1273		メヴレヴィー教団の開祖ジェラールッディーン・ルーミー没
1292		ペルシアの詩人サーディー没
1295		イルハン国でガザン・ハン即位。ラシードゥッディーンを宰相に登用して行財政改革をおこなう。イスラームに改宗し，モンゴル人のイスラーム化を促進
1299		トルコ系オグズ族のオスマンがオスマン朝を開く(年代諸説あり，～1922)
1308		ルーム・セルジューク朝スルタン，マスウード2世没。ルーム・セルジュ

		ーク朝滅亡(1077〜)
1314		ヤズドに土着イラン系のムザッファル朝興る(〜92)
1318		イルハン国の宰相で『集史』の著者ラシードゥッディーン没
1321		オスマン朝の民衆詩人ユヌス・エムレ没
1326		オスマン朝，ブルサを攻略し首都とする。オスマンが没し，オルハン即位
1334		サファヴィー教団の開祖サフィー・アッディーン・イスハーク没
1336		ホラーサーンに，宗教勢力を後ろ盾とするサルバダール政権成立。オスマン朝，カレスィ侯国を併合(年号諸説あり)
1337		ベクタシー教団の名祖ハジ・ベクタシュ没
1353		イルハン国滅亡(1260〜)
1354		オスマン朝軍がゲリボルを攻略。バルカン進出の拠点を確保
1361		オスマン朝，アドリアノープルを攻略。のちにエディルネと改称し，新首都とする(年号諸説あり)
1362		オスマン朝でムラト1世即位
1370		ティムール朝成立(〜1507)
1375		トゥルクマーン系カラコユンル族がジャラーイール朝から独立し，カラコユンル(黒羊)朝成立(〜1469)
1378		トゥルクマーン系アクコユンル族がアクコユンル(白羊)朝建国(〜1508)
1381		ティムールの第1次イラン遠征。ホラーサーンのクルト朝，サルダバール政権服属
1389		第1次コソヴォの戦い。オスマン朝がドナウ川以南のバルカン半島を掌握。ムラト1世が暗殺され，バヤズィト1世が即位。ペルシアの詩人ハーフィズ没
1396	***9***	ニコポリスの戦い。オスマン朝軍がハンガリー王率いる対オスマン朝「十字軍」を破る
1397		オスマン朝，カラマン侯国を破り，西アナトリアを併合
1399		オスマン朝，ドゥルカドゥル侯国を破り，ユーフラテス川以西の東アナトリアを併合
1402	***7***	アンカラの戦いでティムール軍がオスマン軍に勝利。オスマン朝は空位時代にはいる(〜13)
1411		カラコユンル朝がジャラーイール朝を滅ぼす
1413		メフメト1世が即位し，オスマン朝の空位時代が終了
1418		宗教家シェイフ・ベドレッディンがマフディーを称してオスマン朝に反乱(〜20)
1421		オスマン朝でムラト2世即位
1429/30		バイラミー教団の開祖ハジ・バイラム没
1451		オスマン朝でメフメト2世再び即位
1453	***5***	オスマン朝，コンスタンティノープル攻略。ビザンツ帝国滅亡
1454	***4***	オスマン朝，ヴェネツィアと通商和平条約締結(〜63)
1460		オスマン朝，モレア(現ペロポネソス)半島併合
1461		オスマン朝，トレビゾンド王国併合
1462		オスマン朝，ワラキア公国属国化
1463		オスマン朝，ボスニアを征服。ヴェネツィアと開戦(〜79)

1464		オスマン朝がヴェネツィアに奪われたモレア半島を再征服
1469		アクコユンル朝のウズン・ハサンがティムール朝軍を破り，カラコユンル朝を併合。東部アナトリアからイラン高原一帯を統一
1473	***8***	オスマン朝軍がオトゥルクベリの戦いでアクコユンル朝軍に勝利。ユーフラテス川以西の東アナトリアを再度併合
1475		オスマン朝がクリム・ハーン国を宗主権下におく
1478		イスタンブルに新宮殿(トプカプ宮殿)完成
1479	***4***	オスマン朝，ヴェネツィアと和平条約締結。オスマン朝が黒海の制海権を掌握
1481		オスマン朝でバヤズィト2世即位
1499		オスマン朝・ヴェネツィア戦争(～1503)
1500		サファヴィー教団教主イスマーイールのもとに，キズィルバシュがエルジンジャンに集結
1501		サファヴィー軍がタブリーズに入城。サファヴィー朝成立(～1736)。十二イマーム派の国教宣言
1503		オスマン朝，ヴェネツィアと和平条約締結
1507		ウズベク族のシャイバーニー・ハーンがヘラートを攻略。ティムール朝滅亡(1370～)
1508		サファヴィー朝，バクダードを占領。アクコユンル朝滅亡
1510		サファヴィー朝軍がシャイバーン朝軍を破る。シャイバーニー・ハーン戦死
1512		オスマン朝でセリム1世即位
1514	***8***	チャルディラーン(チャルドゥラン)の戦い。オスマン朝軍がサファヴィー朝軍を破る
1516	***8***	マルジ・ダービクの戦い。オスマン朝軍がマムルーク朝軍を破り，シリアを併合
1517	***1***	ライダーニーヤの戦い。オスマン朝軍がマムルーク朝軍を破り，エジプトを併合。マムルーク朝滅亡(1250～)。***7*** オスマン朝，メッカ，メディナを保護下におく
1520	***9***	セリム1世没。スレイマン1世即位。オスマン朝の最盛期の到来
1521	***8***	オスマン朝軍，第1次ハンガリー遠征をおこないベオグラードを占領
1522	***12***	オスマン朝，ロードス島征服
1524	***5***	サファヴィー朝でイスマイール1世が没し，シャー・タフマースブが即位
1526	***8***	モハーチの戦い。オスマン朝軍がハンガリー軍に大勝
1529	***9***	オスマン朝軍の第1次ウィーン包囲
1534		オスマン朝軍バグダードに入城。イラクを併合
1536		オスマン朝がフランスにカピチュレーションを付与(年代諸説あり)
1537		サファヴィー朝軍のホラーサーン遠征。ヘラートをシャイバーン朝から奪還
1538		プレヴェサの海戦。オスマン朝艦隊がスペイン・ヴェネツィア連合艦隊を破る。オスマン朝艦隊のインド遠征。イエメン沿岸部を征服
1540		サファヴィー朝軍のグルジア遠征(～53，計4回)
1541		オスマン朝，ハンガリーを併合して直接統治開始。ティマール制施行

1543		オスマン・フランス連合艦隊がニースを占領
1544		タフマースブ，タブリーズからカズヴィーンに遷都(年号諸説あり)
1555	***5-29***	オスマン朝，サファヴィー朝とアマスィヤの和約締結
1555頃		イスタンブルに最初のコーヒーハウス開店
1557		イスタンブルに建築家スィナン設計のスレイマニエ・モスク完成
1564		ソコッル・メフメト・パシャがオスマン朝大宰相に就任
1566		スレイマン1世没。セリム2世即位
1571	***8***	オスマン朝，キプロス島をヴェネツィアから奪還。***10-7*** レパント沖の海戦。オスマン朝艦隊がヴェネツィア・スペイン・教皇庁の連合艦隊に大敗
1579	***10***	オスマン朝大宰相ソコッル・メフメト・パシャ暗殺される。この年イスタンブルに天体観測所開設
1580		オスマン朝，イギリスにカピチュレーション付与
1584頃		オスマン朝でインフレ激化。貨幣改鋳による経済混乱，社会不安が増大
1585	***9***	オスマン朝軍，タブリーズを占領
1587		サファヴィー朝でアッバース1世が父ムハンマドを廃して即位。同朝の最盛期を現出
1588		オスマン朝の建築家スィナン没
1589	***4***	イスタンブルで初のイェニチェリ反乱
1598		アッバース1世，カズヴィーンからイスファハーンに遷都。シャイバーン朝からマシュハド，ヘラートを奪還
1599		カラ・ヤズジュの乱。アナトリアでこの頃よりジェラーリー諸反乱が頻発
1600		オスマン朝の詩人バーキー没
1603	***1***	イスタンブルでデヴシルメ制に反対するスィパーヒーたちの反乱。***10*** サファヴィー朝，オスマン朝からタブリーズを含むアゼルバイジャンを奪還
1604		サファヴィー朝，アルメニアを征服。ジョルファー住民をイスファハーンに強制移住させる
1605頃		イギリスからオスマン朝に煙草が伝来
1606	***11***	オスマン朝，ハプスブルグ家とツィトバ・トロク講和条約締結。1593年以来の戦争が終結
1612		アッバース1世が「王のモスク」の建設を命令。オスマン朝とサファヴィー朝が和約締結。オスマン朝，オランダにカピチュレーション付与
1613	***7***	オスマン朝アフメト1世，全土に禁酒令発布
1617		イギリス東インド会社代表がサファヴィー朝に来朝。イスタンブルにスルタン・アフメト・ジャーミー(通称ブルー・モスク)完成
1622	***4***	サファヴィー朝，イギリス東インド会社の協力でポルトガルからホルムズを奪還。***5*** オスマン朝オスマン2世がイェニチェリの反乱で廃位(その後暗殺される)。この年，東アナトリアでアバザ・メフメト・シャの反乱(~28)
1629		アッバース1世没
1633	***9***	オスマン朝ムラト4世がコーヒーハウスの閉鎖と酒・タバコの禁止を布告
1635		イエメンからオスマン朝が撤退し，ザイド派イマームによる支配確立(~1872)
1638		オスマン朝，サファヴィー朝から再度バグダードを奪還

1639	***5**-17*	オスマン朝・サファヴィー朝間でカスリ・シーリーン条約締結。現トルコ・イラン国境の原型を画定
1640		十二イマーム派神学者，哲学者モッラー・サドラー没
1645	***4***	オスマン朝がクレタ島に遠征し，ヴェネツィアと開戦(～69)
1656		オスマン朝でキョプリュリュ・メフメト・パシャが大宰相に就任。「キョプリュリュ時代」始まる(～1719)
1657		オスマン朝の百科全書的学者キャーティブ・チェレビー没
1664	***8**-10*	オスマン朝，ハプスブルグ家とヴァシュヴァールの和約締結
1669	***9***	オスマン朝，クレタ島併合
1681	***1***	オスマン朝，ロシアとバフチェサライ条約締結
1683	***7***	オスマン朝軍の第2次ウィーン包囲
1684	***7**-15*	オーストリア・ヴェネツィア・ポーランドが神聖同盟を結成して，オスマン朝に宣戦(～99)
1684?		オスマン朝の旅行家エヴリヤ・チェレビー没
1699	***1**-26*	オスマン朝，神聖同盟とカルロヴィッツ条約締結。ハンガリーなどを割譲
1703	***8***	オスマン朝でムスタファ2世が廃され，アフメト3世即位(エディルネ事件)
1709		ギルザーイー族長ミール・ワイス，サファヴィー朝支配から独立
1710		オスマン朝，スウェーデンと同盟してロシアに宣戦。プルート条約(11)によりアゾフを奪還
1715		イスファハーンでパン価格高騰に端を発する住民暴動
1716	***4**-13*	オーストリア・オスマン朝戦争(～18，***7**-21*)。この年オスマン朝の歴史家ナイーマー没
		ヘラートのアブダーリー部族連合，サファヴィー朝から自立
1718	***5***	オスマン朝の大宰相にネヴシェヒルリ・イブラヒム・パシャが就任。「チューリップ時代」始まる(～30)。***7**-21* オスマン朝，オーストリア・ヴェネツィアとパッサロヴィッツ講和条約締結
1720		オスマン朝，イルミセキズ・チェレビーを団長とする使節団をフランスに派遣(～21)
1722		サファヴィー朝スルターン，フサイン退位。王子タフマースブがカズヴィーンで王位継承
1723		オスマン朝軍，アゼルバイジャンに出兵
1727	***12***	オスマン朝，印刷所設立の勅許
1729		タフマースブ2世のワキール，ナーディルクリー・ハーンがイスファハーンを奪還
1730	***9**-28*	イスタンブルでパトロナ・ハリルの乱。***10**-1* アフメト3世が廃され，「チューリップ時代」終焉。マフムト1世即位。この年，オスマン朝の宮廷詩人ネディム没
1736	***3***	ナーディルクリー・ハーン，自らシャーを名乗りアフシャール朝を興す(～96)。サファヴィー朝は実質的に滅亡
1739	***9**-1*	オスマン朝，ロシア・オーストリアとベオグラード条約締結
1747		ナーディル・シャー暗殺される。アフマド・ハーンがシャーを名乗り，ドゥッラーニー朝を創始(～1842)

1756			イスタンブルで大火。2日間で2000戸を焼失
1757		***10**-30*	オスマン朝でムスタファ3世即位
1765	I		カリーム・ハーン・ザンド，アフシャール朝領のホラーサーンを除くイランを統一。ザンド朝成立(～94)
1768		***10**-8*	露土戦争(～74)
1770			モレア半島でギリシア人反乱
1772			ドゥッラーニー朝のティムール・シャー，カンダハールからカーブルに遷都(年号異説あり)
1773		***11***	ハンガリー出身のフランス砲兵将校バロン・ド・トットがイスタンブルに数学校開設(のちに海軍工学校に改組)
			サファヴィー朝最後の名目的なシャー，イスマイール3世没
1774		***7**-21*	オスマン朝，ロシアとキュチュク・カイナルジャ講和条約締結
1779	I	***3***	カリーム・ハーン・ザンド没。アーガー・モハンマドが自立し，ガージャール朝の礎を築く
1785	I		アーガー・モハンマド，中央高原地域を征圧。この頃，テヘランを首都に定める
1787		***8**-13*	露土戦争(～91)
1789		***4**-7*	オスマン朝で改革派スルタンのセリム3世即位
1792		***1**-9*	オスマン朝，ロシアとヤッシー条約締結。クリミア半島を割譲
1793		***2**-24*	セリム3世がニザーム・ジェディード(新体制)と称される改革計画を発表。同名の西欧式軍隊設置へ
			オスマン朝，ロンドンに駐在大使館を常設(パリは1796年，ベルリンとウィーンは1797年に開設)
1794	I		アーガー・モハンマド，ザンド朝の残存勢力を殲滅。ザンド朝滅亡
1796	I	***5***	アーガー・モハンマド，正式にシャーに即位(ガージャール朝，～1925)。ホラーサーンのアフシャール朝を滅ぼし，イランを統一
1797	I	***5**-31*	アーガー・モハンマドが暗殺され，98年，ファトフ・アリー・シャー即位
1799			オスマン朝，ワッハーブ派追討軍を派兵
1801	I	***1**-28*	ガージャール朝，イギリスと通商条約，軍事同盟締結
1804		***2***	セルビアの対オスマン朝第1次蜂起(～13)
	I	***5***	第1次イラン・ロシア戦争(～13)
1806		***12**-22*	露土戦争(～12)
1807	I	***5**-4*	フランスとヒンケンシュタイン条約調印。**12** 仏軍事顧問団着任(～09，***2***)
		5	オスマン朝で守旧派勢力がセリム3世を廃位，監禁(翌年に処刑)し，ムスタファ4世を推戴
1808		***7***	オスマン朝でブルガリア北部のアーヤーン，アレムダール・ムスタファ・パシャが大宰相府を襲撃して守旧派を掃討。マフムート2世を推戴して，自らは大宰相に就任。***10**-7* マフムート2世とアーヤーンたちとの「同盟の誓約」
1812		***5**-28*	オスマン朝，ロシアとブカレスト講和条約締結
1813	I	***10**-12*	ロシアとゴレスターン講和条約締結。カフカース地方の大半を喪失

1815		***4***	セルビア第2次蜂起
1821		***2***	ギリシア独立戦争始まる(～29)
1822			マフムート2世の軍隊が北部ギリシアのアーヤーン，テペデレンリ・アリー・パシャを討伐
1826		***6***	マフムート2世がイェニチェリ軍団を撃滅し，西欧式新軍団のムハンマド常勝軍を新設。***7*** ベクタシー教団を閉鎖
	I	***7***-*23*	第2次イラン・ロシア戦争(～28)
	A		ドゥースト・ムハンマド，カーブルでアミールを称して即位。ムハンマドザーイー朝創始(～1973)
1827		***3***	イスタンブルに軍医学校開設。***10***-*20* ナヴァリノの海戦。英・仏・露連合艦隊がオスマン・エジプト連合艦隊を殲滅
1828	**I**	***2***-*22*	ロシアとトゥルクマーンチャーイ条約締結。対露国境が確定。関税自主権を喪失
		4-*26*	露土戦争(～29)
1829		***2***-*11*	ロシア使節グリボエードフ，テヘランで暴徒に殺害される。***3*** オスマン朝，服装規定公布。官吏の服装の洋装化とターバンにかわるトルコ帽の推奨。***9***-*14* オスマン朝，ロシアとアドリアノープル条約締結。ギリシアの独立とセルビアの自治を承認
1830			フルフ・エフェンディが初のオスマン語訳『コーラン』を出版
1831			オスマン朝で初の官報(オスマン語版・仏語版)の創刊，全国国勢調査の実施，財産登記の開始，ティマール制の全廃，紙幣の発行などの一連の改革
1833		***7***-*8*	オスマン朝，ロシアとヒュンキャル・イスケレスィ条約締結。ボスフォラス・ダーダネルス両海峡を開放
			オスマン朝，翻訳局設置
	I		ガージャール朝改革派の皇太子アッバース・ミールザー没
1834			オスマン朝で陸軍士官学校の開設(翌年に正式開校)，郵便制度の開始
1836		***3***	オスマン朝で内務省，外務省が大宰相府から独立
1838		***3***	オスマン朝，最高司法審議会設置(～68)。***8*** オスマン朝，イギリスと通商条約(バルタ・リマヌ条約)締結。イギリスに特権付与(61 改定)
	A		イギリス，ドゥースト・ムハンマドの廃位とシャー・シュジャーの復位を求め，第1次アフガン戦争勃発(～42)
1839		***7***	オスマン朝でマフムート2世が没し，アブデュルメジト1世即位。***11***-*3* オスマン朝，「ギュルハーネ勅令」発布。タンズィマート時代始まる(～76)
	A		イギリス軍，カーブル占領。ドゥースト・ムハンマドはブハラに亡命
1841	**I**	***10***-*28*	イギリスと通商条約締結
1842	**A**	***1***	イギリス占領軍，カーブルより撤退。***4*** シャー・シュジャー暗殺される。翌年，ドゥースト・ムハンマド帰国し，復位
1844	**I**		セイエド・アリー・モハンマドがバーブ教を創始
1846		***7***	オスマン朝，一般教育審議会設置(翌年に文部省に改組)
1847	**I**	***7***-*2*	イランとオスマン朝，エルズルム条約締結。両国国境が確定
			オスマン朝，商事・刑事混合裁判所，農業学校開設

1848	I	***10***	ナーセロッディーン・シャー即位。ミールザー・タキー・ハーン，宰相に就任(～51, ***11***)。官報創刊
			バーブ教徒の反乱(～52)，イラン全土に拡大
1852	I		イラン初の西欧式高等教育機関ダーロル・フォヌーン開校
1853			クリミア戦争(～56)
1854		***6***	オスマン朝，クリミア戦争の戦費捻出のために初めて英・仏から外資導入
1855			オスマン朝，ジズヤ廃止
1856		***2****-18*	オスマン朝，「改革勅令」発布。***3****-30* パリ講和条約締結され，クリミア戦争終結。***6*** イスタンブルにドルマバフチェ宮殿完成(1842～)
	I		イラン軍，ヘラートを占領。イギリス軍，これに対抗してイラン本土に侵攻
1857	I	***3****-4*	イギリスとパリ条約締結。ヘラートとアフガニスタンにおける主権を放棄
1858	I	***8***	宰相職廃止。かわって外務・財務・内務など6省設置
			オスマン朝，土地法公布。国有地制度が崩れて私有地制度が伸張
1859			イスタンブルでクレリ事件起こる(未遂)。オスマン朝で官僚養成のための行政学院(のちにアンカラ大学政治学部に改組)，女子高等小学校開設
	I		シャーの任命による諮問会議設置
1860			シナースィらが『テルジュマヌ・アフヴァール(諸情勢の翻訳者)』紙創刊
1862	I	***12****-17*	イギリスにたいし電信線敷設利権を譲渡。外国への利権譲渡の始まり
			シナースィ，『タスヴィーリー・エフキャール(世論の叙述)』紙創刊。「新オスマン人」運動の世論を牽引
1863			黒海沿岸ゾングルダクの炭鉱労働者による，オスマン朝で最初のストライキ
1864		***12****-31*	オスマン朝，出版条令発布
1865		***6***	ナームク・ケマルらが反専制秘密組織(のちの「新オスマン人協会」)を結成
	I		ギーラーン地方で微粒子病の流行。最大の輸出品である生糸生産に打撃
1866			イギリス資本によるイズミル・アイドゥン線とイズミル・カサバ線開通(アナトリア初の鉄道)
1867		***6****-10*	オスマン朝，58年土地法の改正により外国人の土地所有を事実上承認
1868		***6***	オスマン赤新月社設立。***9*** イスタンブルにフランス式教育のガラタサライ・リセ開校
1870		***2***	イスタンブルにダーリュル・フュヌーン開校(のちにイスタンブル大学に改組)
1871	I	***11****-13*	ミールザー・ホセイン・ハーン，宰相に就任(～73)。外資導入を推進
			オスマン朝の啓蒙家シナースィ没
1872	I	***7****-25*	イギリス人ロイターに包括的な利権を譲渡
			シェムセッディン・サーミー，『タラートとフィトナトの恋』を発表。オスマン人による最初の近代小説
1873	I		ナーセロッディーン・シャー，第1回ヨーロッパ旅行

			ナームク・ケマルの戯曲『祖国あるいはスィリストリア』初演
1875		***10***	オスマン朝，外債の利子支払い不能を宣言して事実上破産
1876	I	***1***	イスタンブルでペルシア語紙『アフタル(星)』創刊
		8-30	オスマン朝でアブデュルハミト2世即位。***12***-*23* オスマン朝，大宰相ミドハト・パシャ起草の「ミドハト憲法」公布
			オスマン朝でジェヴデト・パシャら草案のメジェッレ(民法典)完成。史上初のイスラーム法典
1877		***2***-*5*	ミドハト・パシャ失脚(84年処刑)。***3***-*19* 議会召集。第1次立憲政の開始(～78)。***4***-*24* 露土戦争(～78)
1878		***2***-*14*	アブデュルハミト2世，憲法を停止し議会を閉鎖。専制政治開始(～1908)。***3***-*3* オスマン朝，ロシアとサン・ステファノ条約調印(同年7月のベルリン条約で同条約破棄)。***4*** イギリス，キプロス島を併合
	A		英印軍，カーブルへ侵攻(第2次アフガン戦争，～80)
1880	A		アブドゥル・ラフマーン，国王に即位。イギリスに外交権を与えるガンダマク条約(1879年)を受諾。イギリスもこれを承認して英軍撤退(アフガニスタンの保護国化)
1881	I	***9***-*21*	ロシアとアハル・ホラーサーン条約締結。東部国境が確定
		12-*20*	オスマン債務管理局が設立され，欧州列強諸国による財政管理開始
1888		***12***-*2*	啓蒙家，立憲運動家ナームク・ケマル没
1889	I	***1***-*30*	ペルシア帝国銀行設立利権をイギリスに供与。財政・金融面でのイギリス支配の開始
		6	陸軍軍医学校生徒のイブラヒム・テモらが反専制秘密組織「オスマンの統一」を結成(94年に「オスマン統一と進歩委員会」に改称)
1890	I	***3***-*8*	イギリス人投機家に期限50年のタバコ利権を供与
			マルコム・ハーン，ロンドンでペルシア語紙『カーヌーン(法)』創刊
1891	I	***12***	イラン全土にタバコ・ボイコット運動拡大
			ロシア，ペルシア手形割引銀行設立
1892	I	***1***-*4*	タバコ利権譲渡を撤回
			最初の外債発行
1893	A	***11***	アフガニスタン，イギリスの関与により英領インドとの国境(デュアランド・ライン)画定
1894			オスマン朝でアルメニア人とムスリムとの大規模な衝突。いわゆる「アルメニア人虐殺」起こる(～96)
1896	I		ナーセロッディーン・シャー暗殺される
1901	I	***5***-*21*	イギリス人ダーシーに天然ガス，原油の探査，採掘，販売などの独占的利権を譲渡
1902		***2***-*4*	パリで第1回青年トルコ人会議開催
1903		***3***-*5*	ドイツとオスマン朝，バグダード鉄道建設の本協定調印。1940年に全面開通
1905	I	***12***	テヘラン市民約2000人がシャー・アブドル・アズィーム廟にバスト(聖所避難による政治的示威行動)。立憲革命の開始
1906	I	***7***	テヘラン市民約1000人がコムにバスト。***8***-*5* 国民議会召集の詔勅。***10***-*7* 第1議会開催。***12***-*30* 基本法(憲法)第1部公布

1907	I	8-31	英露協商締結され，イランは英勢力圏・露勢力圏・中立地帯に分割
		9	パリの「オスマン進歩と統一委員会」とサロニカの「オスマン自由委員会」が合併
1908	I	5-26	マスジェデ・ソレイマーンでイラン最初の油田発見。6 モハンマド・アリー・シャーによるクーデタ。戒厳令を布告し，議会を解散。タブリーズ蜂起始まる
		7-23	統一と進歩委員会指導の青年トルコ人革命。アブデュルハミト 2 世が憲法の復活を宣言し，第 2 次立憲政開始(～18)
1909	I	2	ラシュト蜂起
		4	ナクシュバンディー教団シャイフ，デルヴィーシュ・ヴァフデティがムハンマド統一協会を結成。機関誌『ヴォルカン(火山)』。4-13　3 月31日事件。-27 アブデュルハミト 2 世退位
	I	4-14	アングロ・ペルシアン石油会社設立。7 立憲派部隊がテヘランを制圧。シャーは退位し，アフマド・シャー即位
1911		9-28	イタリアがトリポリに侵攻。-29 オスマン朝に宣戦布告(伊土戦争，～12, 10)。11-21 反「統一派」の野党「自由と連合党」結成
	I	12	ロシア軍，北部イランに侵攻。タブリーズの立憲派組織壊滅。議会閉鎖(イラン立憲革命の終焉)
	A		マフムード・タルズィー，官報『スィラージュル・アフバール(情報の灯火)』発刊(～18)。青年アフガン人運動を牽引
1912		3-25	トルコ民族主義団体「トルコ人の炉辺」設立。10-8 第 1 次バルカン戦争始まる
1913		1-23	オスマン朝でエンヴェルらによるクーデタ。エンヴェル，ジェマル，タラートによる三頭政治開始へ。5-30 オスマン朝，ロンドン条約に調印。第 1 次バルカン戦争終結
1914		7-28	第一次世界大戦勃発
	I	11-1	第一次世界大戦に中立宣言。イギリス軍は南部油田地帯を制圧。ロシア軍は北部より侵攻
		11-11	オスマン朝，第一次世界大戦に参戦
1915	I	3	英仏露とコンスタンティノープル協定締結。11 ロシア軍の首都進攻を恐れる一部議員がテヘランを離れてコムに移動，臨時移転政府を樹立 ギーラーン地方でクーチェク・ハーン率いるジャンギャリー運動起こる
		5	オスマン朝，アルメニア人強制移住令発布。いわゆる「アルメニア人虐殺」起こる(～16)。この年ダーリュル・フュヌーンに女子部開設
1916		5-16	英・仏・露，オスマン朝分割に関する秘密協定(サイクス・ピコ協定)調印
1917		11	オスマン朝，家族法制定。一夫多妻制を禁止
1918	I	8-12	親英派のヴォスーゴッ・ドウレ内閣成立(～20, 6)
		10	イスタンブルで地下抵抗組織「カラコル(見張り)」結成。10-30 オスマン朝，ムドロス休戦協定に調印し降伏。11-1 エンヴェル，ジェマル，タラートら統一と進歩委員会の要人亡命。12-4 イスタンブルで東部諸州国民権利擁護協会結成。12-17 イスタンブルでクルディスターン復興協会結成

1919	A	5-3	アマヌッラー・ハーン，イギリスに宣戦布告(第３次アフガン戦争)。8-8 アフガニスタン，ラワンピルディー条約により外交権を回復し独立
		5-15	ギリシア軍，イズミルに上陸。イズミルを含むエーゲ海沿岸地域を占領。5-19 ムスタファ・ケマル，サムスンに上陸。アナトリアで抵抗運動の組織化に着手。7-23 エルズルム会議(～8-7)。9-4 スィヴァス会議(～11)。アナトリア・ルーメリア権利擁護協会結成。10-20 アマスィヤ会談(～22)
	I	8-9	イギリス・イラン協定調印。イギリス，イランの保護国化を図る
1920		1-28	オスマン朝下院議会が「国民誓約」を採択。3-16 連合国軍，イスタンブルを占領。4-10 国民軍を叛徒とするシェイヒュル・イスラームのファトワー。4-23 アンカラに大国民議会召集(翌年にトルコ大国民議会に改称)。大国民議会政府(アンカラ政府)成立へ。5-30 大国民議会政府，フランスと休戦協定締結。8-10 オスマン朝政府，セーブル条約調印。12-2/3 大国民議会政府，ダシナク派アルメニア政権と講和条約(ギュムリュ条約)締結
	I	4-7	タブリーズでアゼルバイジャン民主党のヒヤーバーニーの蜂起。6-4 ラシュトでクーチェク・ハーンらによるイラン社会主義ソヴィエト共和国(ギーラーン共和国)建国宣言。7-23 公正党，バンダレ・アンザリーで第１回党大会開催。イラン共産党に党名変更。9 アーザーディスターン政権，中央政府軍の攻撃で崩壊
1921	T	1-20	トルコ大国民議会，憲法(基本組織法)制定。3-16 トルコ大国民議会政府，ソヴィエトと友好条約(モスクワ条約)締結。8-23 サカリヤ川の戦い(～9-13)。トルコ軍がギリシア軍を破る
	I	2-21	ズィヤーウッディーンを首謀者とするクーデタ。レザー・ハーン麾下のカサーク師団がテヘランを制圧。2-26 イラン・ソヴィエト友好条約。7 マシュハドでモハンマド・タキー・ハーンの蜂起(～10)。8-4 ギーラーン・ソヴィエト共和国樹立。10 赤軍撤退完了。各地の地方政権，政府軍の攻勢により壊滅
1922	T	8-4	エンヴェル，バスマチ運動で戦死(1881～)。8-30 ドゥムルプナルの戦いでトルコ軍勝利。9-9 トルコ軍，イズミルに入城。10-11 トルコ大国民議会政府，連合国とムダニヤ休戦協定締結。11-1 トルコ大国民議会，スルタン制廃止を決議。11-4 オスマン朝滅亡(1299～)
1923	T	1-30	ローザンヌ会議でトルコ・ギリシア住民交換協定調印。9-11 人民党結成(党首ムスタファ・ケマル。翌年に共和人民党に改称)。10-13 アンカラに遷都。10-29 共和制宣言(トルコ共和国成立)。ムスタファ・ケマル，初代大統領に選出(～38)
	A	4-9	アフガニスタンで初の憲法発布
		7-14	ローザンヌ講和条約締結
	I	10-28	レザー・ハーン内閣成立
1924	T	3-3	カリフ制廃止，シャリーア・ワクフ省廃止，教育統一法制定，オスマン王家一族の国外追放。4-8 シャリーア法廷廃止。4-20 新憲法制定(～61)。10-25 思想家，社会学者ズィヤ・ギョカルプ没
1925	T	2-13	シャイフ・サイードの反乱(～5-31)。6-3 進歩主義者共和党閉鎖。

			6-28/29 シャイフ・サイード処刑される。11-25 鍔つき西洋帽(シャプカ)着用法制定。11-30 タリーカの集会場・修道場・聖廟の閉鎖。12-8「クルド」「クルディスターン」などの用語の使用を禁ずる教育省通達。12-26 太陽暦採用
	I	10-31	国民議会がガージャール朝の廃絶を決議。12-16 レザー・ハーン，国民議会によりシャーに推戴され，レザー・シャー・パフラヴィーとして即位(パフラヴィー朝成立) 姓名法，徴兵法，戸籍法制定
1926	T	2-17	新民法制定(10-4 発効)。3-1 新刑法制定(7-1 発効)，5-29 新商法制定(10-4 発効)。法体系の西欧化
	I	4-9	国民議会，イラン縦貫鉄道建設法案を可決。4-25 レザー・シャー戴冠式
	IT	4-22	イラン・トルコ友好条約調印
1927	I	5-10	治外法権の撤廃を宣言
	IA	11-27	イラン・アフガニスタン友好安全保障条約調印
1928	T	4-10	イスラームを国教とする憲法条項の削除。11-1 ローマ字使用に関する法律制定。翌月から施行
	I	5	関税自主権を回復。5-8 新民法第1部，国民議会に上程。法体系の西欧化。12-8 国民議会，男子服装改革令を可決。洋服の着用を義務づける
1929	T	8	ローザンヌ条約の規定により，関税自主権を回復。9-1 公立学校でのアラビア語，ペルシア語授業廃止
	A	10-16	ナーディル・シャー，カーブルを占領。17日，即位
1930	T	4-3	女性参政権(市議会選挙投票権)承認。12-23 ナクシュバンディー教団員らによる将校殺害事件(メネメン事件)
1931	T	4-15	トルコ歴史研究協会設立(35年にトルコ歴史協会に改称)。5-10 第5回共和人民党大会(～18)。いわゆるケマリズム6原則を採択
	A	10	新憲法発布。二院制からなる議会創設
	I	11-30	国民議会，シャリーア法廷閉鎖に関する法案を可決
1932	T	2-19	共和人民党の国民啓蒙施設「人民の家」の設置始まる。7-12 トルコ言語研究協会設立(36年にトルコ言語協会に改称)。トルコ語純化運動を推進
1933	T	6-3	国営シュメール銀行設立(7-11 業務開始)
	A	11-8	ザーヒル・シャー即位
1934	T	1-8	第1次5カ年計画。6-21 姓名法制定。12-5 国政選挙全般に女性参政権承認
1935	I	2-5	テヘラン大学創立。3 国名をペルシアからイランに改称 ファルハンゲスターン(言語・文芸アカデミー)創設。ペルシア語純化運動を推進
1936	T	7-20	モントルー条約。ボスフォラス・ダーダネルス両海峡の主権を回復。12-27 イスラーム思想家，詩人メフメト・アーキフ没
	I	7	女性のヘジャーブ着用の禁止
1937	T	3	政府軍によるデルスィム制圧(～38, 9)。住民強制移住，虐殺起こる

		7	イラン・トルコ・イラク・アフガニスタン，サーダーバード条約調印
	I	11	国家行政区分法制定。エラーヤト・ヴェラーヤト制が廃止され，オスターン(州)・シャフレスターン(県)制導入
1938	T	11-10	ムスタファ・ケマル・アタテュルク大統領没。11-11 イスメト・イノニュ首相，第2代大統領に就任
1939	T	6-23	ハタイ割譲に関するトルコ・フランス協定(アンカラ協定)。トルコ，ハタイを併合(30)
	I	9-4	第二次世界大戦に際し中立を宣言
1941		8-25	英・ソ両軍がイラン侵攻
	I	9-16	レザー・シャー退位し，モハンマド・レザー即位。9-29 トゥーデ(大衆)党結成
1942	I	1-29	英ソ両国と同盟条約調印。8 クルディスターン復興委員会(コマラ)結成
	T	11-11	財産税導入(翌年廃止)
1943	I	9-9	対独宣戦布告
		11-28	ローズヴェルト，チャーチル，スターリンによるテヘラン会談(～12-1)
1945	T	2-23	対日・独宣戦布告。6-11 農地分配法制定
	I	2-28	対日宣戦布告。8 クルディスターン民主党結成。コマラを吸収。12 タブリーズにアゼルバイジャン国民政府成立(～46, 12 崩壊)
1946	T	1-7	民主党結成(党首ジェラール・バヤル)。7-21 総選挙で共和人民党勝利(複数政党制による初の選挙)
	I	1	マハーバードにクルディスターン共和国成立(～46年末崩壊)。3 思想家アフマド・キャスラヴィー暗殺される。5-26 ソ連軍完全撤退。5 石油産業労働者による大規模ストライキ
1948	I	2	トゥーデ党非合法化
	T	7-4	トルコ・アメリカ経済協力協定(マーシャル・プラン援助の受入れ開始)
1949	T	2-15	小学校に宗教教育導入(選択科目)。3-28 イスラエルを承認。8-8 ヨーロッパ評議会に加盟
	I	10	モサッデク指導下に国民戦線結成。イランの石油国有化運動を指導
1950	T	5-14	総選挙で民主党圧勝。5-22 ジェラール・バヤル，第3代大統領に就任。6-2 第1次メンデレス内閣成立。6-16 アラビア語によるアザーンの自由化。以後，民主党政権下で世俗化政策の緩和進む。7-25 韓国派兵(国連軍への参加)を正式に表明(9-21 1個旅団がイスケンデルン港を出発)
1951	I	3-15	国民議会，石油国有化法案可決(-17 上院)。4-29 モサッデクが首相に就任。4 作家サーデク・ヘダーヤト，パリで自殺。代表作『盲目の梟』。5-2 アングロ・イラニアン石油会社の国有化法発効。イラン国営石油公社設立
	T	6-27	ティジャーニー教団シャイフ，ケマル・ピラーヴオール逮捕。この頃同教団員が各地でアタテュルク像を破壊。7-25 「反アタテュルク行為の犯罪に関する法律」制定
		12	キプロス紛争始まる
1952	T	2-18	NATOに正式加盟

1953	I	*8-13*	モハンマド・レザー・シャー，モサッデク首相を罷免。ザーヘディー将軍を首相に任命。*8-16* シャー，国外に脱出。*8-19* ザーヘディー将軍によるクーデタ。ザーヘディー，首相就任。モサッデク逮捕
1954	T	*5-2*	総選挙で民主党が再び圧勝
			作家サイト・ファーイク没
	I	***9***	コンソーシアムとの石油協定に調印
1955	T	*2-24*	トルコ・イラク間でバグダード条約締結(9月にパキスタン，10月にイランが加盟し，バグダード条約機構成立)。翌年にイラクが脱退し，かわって中央条約機構(CENTO)成立
1957	I	***2***	国家公安情報機関(SAVAK)創設
	T	*10-27*	総選挙で民主党勝利
1959	T	*9-16*	スレイマンジュ運動の創始者スレイマン・ヒルミー・トゥナハン没
1960	T	*3-23*	ヌルジュ運動の創始者サイト・ヌルスィー没。*5-27* 軍事クーデタ。ギュルセル陸軍大将を議長とする国民統一委員会が全権掌握。バヤル大統領，メンデレス首相らを逮捕。民主党政権崩壊。*-28* ギュルセル大将が国家元首，首相兼国防相，参謀総長に就任
		9-14	OPEC(石油輸出国機構)設立(原加盟国イラン，イラク，サウディアラビア，クウェート，ベネズエラ)
1961	T	*5-27*	新憲法，制憲議会で承認(*7-9* 国民投票で承認)。*9-17* メンデレス前首相の死刑執行。*10-15* 民政移管のための総選挙実施。共和人民党辛勝。*10-26* ギュルセル国民統一委員会議長，第4代大統領に選出。*10-30* 西ドイツと雇用双務協定締結。*11-20* 第1次イノニュ内閣成立
1962	I	*1-9*	農地改革法成立(63, *1-17* に追加条項)
1963	I	*1-26*	シャーによる改革プログラム(「白色革命」)，国民投票で承認。*6-5* 白色革命反対デモ。ホメイニー逮捕
	T		詩人ナーズム・ヒクメト，亡命先のモスクワで死去
1964	A	***10***	立憲君主制にたつ憲法発布
1965	A	*1-1*	アフガニスタン人民民主党結成
	T	*8-1*	国民情報機関(MIT)設立。*10-10* 総選挙で公正党が第1党となる。*-27* 第1次デミレル内閣成立
	I		反体制ゲリラ組織モジャーヘディーネ・ハルク(イラン人民戦士機構)結成
1966	T	*4-10*	トルコ労働組合連合(1952年設立)から革命的労働組合連合が分立
1968	T		トルコ国営放送がテレビ放送開始(週3日，1日3時間)
1970	T	*1-26*	ネジメッティン・エルバカン，国民秩序党結成(**71** 非合法化，**72** 後継政党の国民救済党結成)。*11-23* EC に準加盟
1971	T	*3-12*	軍部の「3月12日書簡」によるクーデタ。デミレル内閣総辞職
	I	*10-12*	ペルセポリスで建国2500年祭式典
1973	A	*7-17*	ダーウード元首相を中心とする軍部と人民民主党のクーデタ。王制が廃され共和制に移行。*-19* ダーウードが新共和国の大統領兼首相に就任(共和制革命)。ソ連，新政権を承認
	T	*10-14*	総選挙で共和人民党(党首ビュレント・エジェヴィト)が第1党となる
1974	T	*1-26*	共和人民党・国民救済党連立の第1次エジェヴィト内閣発足(〜*9-18*)

		7-15	キプロスで軍事クーデタ。*-20* トルコ軍がキプロスに侵攻し，北部を制圧
1975	I	*3-2*	シャー，王政翼賛の単一政党ラスターヒーズ(復興)党設立を発表。***3***-*6* イラン・イラク間でアルジェ協定締結。両国国境をシャトル・アラブ川中央線とする
1976	A	*8-5*	土地改革法発効
1977	T	***1***-*3*	イラク・トルコ(キルクーク＝イスケンデルン)原油輸送パイプライン完成。***5***-*1* イスタンブルで「血のメーデー事件」。***6***-*7* 総選挙で共和人民党が引き続き第１党に
	A	***2***-*13*	ロヤ・ジルガ(国民大会議)，新憲法採択(*24* 発効)
	I	***6***	政治思想家アリー・シャリーアティー，ロンドンで暗殺される。イラン革命に思想的影響
1978	I	***1***-*9*	コムで反政府暴動。これが引き金となり反政府暴動が全土に波及。***9***-*8* テヘランで王制打倒の大規模デモに軍が無差別発砲。多数の死傷者が発生。***9***-*16* タバス地方で大地震。死者２万5000人。***12***-*10*〜*11* テヘランでアーシュラーの100万〜200万人規模のデモ
	A	***4***-*27*	人民民主党と軍部のクーデタ。*-30* タラキー人民民主党書記長を議長とする革命評議会が発足。77年憲法失効。国名をアフガニスタン共和国からアフガニスタン民主共和国に改称(４月革命)。***6***-*1* イスラーム党など８つの右派政党がアフガニスタン救国戦線を結成。***12***-*5* アフガニスタン・ソ連友好善隣協力条約
	T	***12***-*23*	カフラマンマラシュでスンナ派住民とアレヴィー住民が衝突し，多数の死傷者を出す
1979	I	***1***-*16*	モハンマド・レザー・シャー，国外脱出(80, ***7***-*27* カイロで死去)。***2***-*1* ホメイニー帰国。***2***-*11* ホメイニー支持派が権力掌握。国軍が完全中立を宣言し，バフティヤール政権崩壊(イラン革命)。***3***-*30*〜*31* 国民投票でイスラーム共和制承認。***4***-*1* イラン・イスラーム共和国成立。***7***-*5* 重要産業部門の国有化を発表。***11***-*4* ホメイニー支持派の学生グループが，在テヘラン米国大使館を占拠。館員人質に。***12***-*2*〜*3* 国民投票で新憲法承認
	A	***9***-*16*	タラキー革命評議会議長辞任。アミーン首相，革命評議会議長に就任。***12***-*27* ソ連の軍事介入によるクーデタ。親ソ派のカールマルが革命評議会議長に就任。アミーン大統領処刑
1980		***4***-*7*	アメリカ，イランと国交断交
	I	***9***-*17*	イラク，アルジェ協定(75)の破棄を一方的に宣言(イラン・イラク戦争)
	T	***9***-*6*	コンヤで国民救済党の大規模集会。世俗主義を公然と非難(コンヤ事件)。***9***-*12* 軍事クーデタ。ケナン・エヴレン参謀総長を議長とする国家保安評議会が全権掌握。議会解散，憲法停止。トルコのナクシュバンディー教団シャイフ，ムハンメド・ザーヒド・コトゥク没
1981	I	***6***-*28*	イスラーム共和党本部爆破事件。ベヘシュティー党首など死亡。***8***-*30* 首相府爆破。ラジャイー大統領，バーホナル首相ら死亡。***10***-*2* 大統領選挙。ハーメネイー，第３代大統領に選出される
1982	T	***11***-*7*	国民投票で新憲法承認。新憲法規定によりエヴレン議長が第７代大統領

			に選出される(～*8*)
	I	***12**-15*	司法のイスラーム化に関するホメイニーの布告
1983	T	***4***	政党活動解禁(民政移管)。***11**-6* 総選挙で母国党が過半数を獲得。***12**-13* 第1次オザル母国党内閣成立
		***11**-15*	キプロス北部のトルコ系住民が北キプロス・トルコ共和国樹立を宣言。トルコはこれを承認
1984	T		クルディスターン労働者党(PKK, 78 結成), 反政府武装闘争を開始
1985		***1**-28*	経済協力機構(ECO)創設(原加盟国イラン・トルコ・パキスタン。92 アフガニスタン・アゼルバイジャン・ウズベキスタン・トルクメニスタン・タジキスタン・キルギスが加盟)
1986	A	***5***	カールマル革命評議会議長辞任。後任に秘密警察長官ナジーブッラーが就任
1987	A	***1***	ナジーブッラー政権の国民和解宣言
	T	***4**-14*	ECへの正式加盟を申請。***9**-6* 国民投票で旧指導者の政治活動が承認され, デミレル, エルバカン, エジェヴィトらが政界に復帰。***11**-29* 総選挙で母国党圧勝
	I	***6**-2*	与党イスラーム共和党活動停止
1988	A	***5**-29*	国民議会開設。革命評議会廃止
	I	***7**-18*	国連安保理の即時停戦決議第598号を受諾。イラン・イラク戦争停戦へ
1989	A	***2**-15*	アフガニスタン駐留ソ連軍の撤退完了
	I	***3***	ホメイニーの後継者に指名されていたモンタゼリー失脚。***6**-3* ホメイニー没。ハーメネイー大統領, 最高指導者に選出される(*-4*)。***7**-28* ラフサンジャーニー国会議長, 大統領に就任
	T	***10**-31*	オザル首相, 第8代大統領に選出
1990	I	***6***	ルードバール, マンジールで大地震。死者5万人
		***8**-2*	イラク, クウェートを侵攻
1991		***1**-16*	米軍中心の多国籍軍, イラク空爆開始(湾岸戦争)
1992		***2***	イラン主導のカスピ海経済協力機構発足
	A	***4**-16*	ムジャーヒディーン諸派の攻勢により, ナジーブッラー大統領失脚。***4**-28* ムジャーヒディーン暫定評議会に全権委譲
		***6**-24*	トルコ主導の黒海経済協力機構(BSEC)発足
1993	T	***1**-24*	ジャーナリスト, ウーウル・ムムジュ暗殺される。***5**-16* オザル大統領の死去(***4**-17*)にともない, デミレル首相が第9代大統領に選出される。***7**-2* スィヴァス事件。スィヴァスでホテル放火(左翼・アレヴィー系作家らが宿泊)。***7**-5* 第1次チルレル連立内閣成立(～95, ***9**-21*)。トルコ初の女性首相
	A	***1***	ラバニー暫定評議会議長が大統領に就任するも, 大統領派と反大統領派との内戦激化
1994	T	***3**-27*	統一地方選挙で福祉党伸長
	A	***3***頃	ムッラー・ムハンマド・オマルを代表にターリバーン結成(結成当時は自称がなく, 同年11月の内戦への参入後に「ターリバーン」の呼称が定着)
1995		***5**-6*	アメリカ, 対イラン経済制裁措置発動。***12**-13* 欧州議会, トルコと

			EUとの関税同盟を承認(96, 1-1 から発効)
	T	7-6	風刺作家アズィズ・ネスィン没。12-24 総選挙で福祉党が第1党に躍進
1996	A	5頃	ウサーマ・ビン・ラーディン，アフガニスタン入国。その後ターリバーンの庇護下にはいる。9-27 ターリバーン，首都カーブルを制圧し，臨時暫定政府を樹立。その後，さらに支配地域を拡大。10 反ターリバーン諸派が共闘で合意し，アフガニスタン救国全国イスラーム連合戦線(北部同盟)結成
	T	7-8	エルバカン福祉党党首を首班とする福祉党・正道党連立内閣発足。8-28 イスラエルと軍事産業協力協定締結。11-3 ススルルクでの交通事故を発端に，政界，警察，マフィアの癒着発覚
1997	T	2-28	国家安全保障会議が福祉党政権のイスラーム傾斜に警告。6-18 エルバカン首相辞任。7-12 メスート・ユルマズ母国党党首を首班とする3党連立内閣成立(~98, 11-25)。8-16 義務教育改革法案可決。5年制から小中8年制に延長され，新学期から実施。12-17 福祉党議員が新党の美徳党を結成
	I	5-23	元イスラーム指導相ハータミー，大統領選に圧勝(8-3 第5代大統領に就任)
		6-15	イスタンブルでトルコ主導の開発途上国8カ国首脳会議(D 8)開催
	A	10	ターリバーン政権がオマルを首長とするアフガニスタン・イスラーム首長国の樹立を宣言
1998	T	1-16	憲法裁判所が福祉党(1983~)に解党命令
1999	T	2-15/16	アブドゥッラー・オジャランPKK党首，ナイロビで逮捕。トルコへ連行(11-25 死刑が確定)。4-18 総選挙で民主左派党，第1党となる。民族主義者行動党が第2党に躍進。6-9 エジェヴィト民主左派党党首を首班とする3党連立内閣成立。8-17 トルコ北西部のコジャエリ県で大地震。1万5千人余死亡。12-30 EU加盟候補国となる
	A	11-14	国連安保理によるターリバーン政権への制裁決議発効
2000	T	2-9	PKK，武装闘争の停止を声明。5-16 アフメト・ネジメト・セゼル，第10代大統領に就任
	I	2-18	総選挙がおこなわれ，ハータミー大統領派大勝
2001	T	2-4	トルコのナクシュバンディー教団シャイフ，エサド・ジョシャンがオーストラリアで交通事故死。2-22 経済危機により変動相場制に移行。6-22 憲法裁判所が美徳党に解党命令(7-22 旧美徳党保守派が至福党，8-14 同改革派が公正発展党を結成し，旧美徳党勢力は分裂)
	A	3	ターリバーン，バーミヤーンの磨崖仏を破壊。9-11 アメリカで同時多発テロ発生
	A	10-7	米英合同軍によるアフガニスタン空爆開始。11-13 北部同盟，カーブルに無血入城。ターリバーン政権は事実上崩壊。12-5 国連調停下にアフガニスタン暫定行政機構(議長ハミード・カルザーイー)発足
2002	A	6-14	ロヤ・ジルガ，新暫定政府の国家元首にハミード・カルザーイーを選出。行政監視機関としてシューラー(評議会)設置(-15)
	A	6-19	アフガニスタン・イスラーム暫定政府発足

■ 参考文献

Ⅰ　西アジア(イラン・トルコ)史全体に関するもの

A　通史・概説

(1) 『岩波講座世界歴史 8　中世 2　西アジア世界』岩波書店　1969(他各巻)
(2) 前嶋信次編『西アジア史(新版)』(世界各国史11) 山川出版社　1972
(3) 本田實信『イスラム世界の発展』(ビジュアル版世界の歴史 6) 講談社　1975
(4) 屋形禎亮・佐藤次高・永田雄三・加藤博『西アジア史』上・下 (地域からの世界史) 朝日新聞社　1993
(5) 間野英二編『西アジア史』(アジアの歴史と文化 9) 同朋舎　2000
(6) 佐藤次高・鈴木董・坂本勉編『新書イスラームの世界史』 1 ～ 3 (講談社現代新書) 講談社　1993
(7) 板垣雄三・佐藤次高編『概説イスラーム史』有斐閣　1986
(8) 板垣雄三監修『講座イスラーム世界』全 5 巻・別巻 1　栄光教育文化研究所　1994～95
(9) 三橋冨治男『トルコの歴史』(紀伊国屋新書) 紀伊国屋書店　1962
(10) 蒲生礼一『イラン史』(現代選書) 修道社　1957
(11) 林佳世子『オスマン帝国の時代』(世界史リブレット19) 山川出版社　1997
(12) 永田雄三・羽田正『成熟のイスラーム社会』(世界の歴史15) 中央公論社　1998
(13) 大野盛雄訳『イラン――その国土と人々』帝国書院　1979
(14) 尾高晋己訳『トルコ――その人々の歴史』帝国書院　1981
(15) R. N. Frye, *Iran*, London, 1960. (revised edition 1968)
(16) *The Cambridge History of Iran*, 7 vols., 1968-91.
(17) S. J. Shaw & E. K. Shaw, *History of the Ottoman Empire and Modern Turkey*, 2 vols., Cambridge Univ. Press, 1976-77.
(18) R. Mantran (ed.), *Histoire de l'Empire Ottman*, Fayard, 1989.

本書の対象地域であるイラン・トルコ地域だけを対象とした通史的概説

書は存在しない。(1)は戦後日本の世界史研究を集大成したシリーズの一巻で，近代以前の西アジア史研究を一冊にまとめたもの。近代以後はこのシリーズの各巻に分散掲載されている。(2)は本各国史シリーズの旧版であるが，古代から現代にいたるバランスのとれた古典的な概説書。(3)は一般向けの概説書であるが，著者がイラン史およびモンゴル史を専門とするため，その部分がよく書き込まれている。(4)は新書版であるため，各時代に関する叙述は簡略であるが，最新の研究成果を取り入れた概説書。古代から現代にいたる西アジア史の流れをつかむのに便利。(5)も古代から現代をカヴァーする最新の概説書であるが，モンゴルやトルコ族の活動が詳しく書き込まれているところに特徴がある。(6)は新書版であるが，イスラーム史研究の最近の成果をわかりやすくまとめたもの。(7)(8)は通史というよりは西アジア史上の重要なテーマを基本に編纂された論集。(9)は戦後のトルコ史研究を担った著者による平明で視野の広い概説書。(10)はすでに古いものであるが，戦後のイラン史研究を担った著者による簡便な概説書。(11)は手軽な読み物の体裁をとっているが，最新の研究成果を盛り込んだ好著。(12)はオスマン帝国とサファヴィー朝を対象とした一般向けの著書であるが，文化や人々の暮らしに焦点のあてられているところに特徴がある。(13)(14)は，それぞれイランとトルコにおける教科書の翻訳。これらの国々における歴史叙述の特徴と歴史観が反映されている。(15)はイラン学の泰斗による簡潔な概説書。(16)はいまだ完結していないが，欧米のイラン史研究を集大成したもの。(17)は批判もあるが，オスマン帝国からトルコ共和国にいたるトルコ史に関する欧文による簡便な概説書として有用。(18)はフランスにおけるオスマン帝国史研究の水準を伝える最新の概説書。

B　研究史・研究案内・歴史地図

(1)　『内陸アジア・西アジア』（アジア歴史研究入門４）同朋舎　1984

(2)　川村喜一・小川英雄・嶋田襄平・永田雄三「西アジア史研究の現状」１～３『歴史と地理』山川出版社　1971～72

(3)　三浦徹・東長靖・黒木英充編『イスラーム研究ハンドブック』栄光教育文化研究所　1995

(4)　史学会編『日本歴史学界の回顧と展望――『史学雑誌』第59-95編第５号復刻　19 西アジア・アフリカ 1949-85』山川出版社　1988

(5)　羽田正・三浦徹編『イスラム都市研究［歴史と展望］』東京大学出版会　1991

⑹　佐藤次高「西アジア・イスラーム学の継承と発展」『東方学』100号　2000
⑺　Claude Cahen (ed.), *Jean Sauvaget's Introduction to the History of the Muslim East: A Bibliographical Guide*, Univ. of Calfornia Press, 1965.
⑻　T. Sato, "The Present Situation of Islamic and Middle Eastern Studies in Japan"『日本中東学会年報』7号　1992
⑼　Special Issue: Middle Eastern and Islamic Studies in Japan, *Annales of Japan Association for Middle Eastern Studies*, 17-2, 2002.
⑽　W. C. Brice (ed.), *An Historical Atlas of Islam*, Leiden, 1981.
⑾　Hugh Kennedy (ed.), *An Historical Atlas of Islam*, Leiden, Boston, Köln, 2002.
⑿　W. Barthold (ed.), *An Historical Geography of Iran*, Princeton Univ. Press, 1984.
⒀　W. M. Ramsay, *The Historical Geography of Asia Minor*, London, 1890. (repr. Amsterdam, 1962)
⒁　D. M. Pitcher, *Historical Geography of the Ottoman Empire*, Leiden, J. E. Bril, 1972.

⑴は表題の各地域の古代から現代にいたる各時代における内外の研究状況，基本史料の解説，工具書などについて詳しく解説した高度な入門書。⑵は雑誌の特集であり，すでに古くなった部分が少なくないなどの欠点があるが，⑴に比べて研究史が詳しいところに特徴がある。⑶は中堅・若手研究者による，イスラム学，および西アジアを越えたイスラーム世界各地域の政治・経済・社会・文化などに関する最新の研究動向を解説した総合的で高度な入門書。巻頭の研究案内や巻末のグロッサリーなども詳しく，有用である。⑷は日本におけるイスラーム研究の動向を時代を追って知ることのできる便利なもの。⑸はアラブ，トルコ，イラン，中央アジアに関するイスラーム都市研究の歴史を詳細に検討し，将来の研究方向を展望した高度な内容をもつ。⑹は中東および欧米のイスラーム学研究を踏まえて日本の西アジア・イスラーム学研究の位置づけと展望をおこなったもの。⑺はイスラーム研究のための史料，工具書，欧米における東方イスラーム(マシュリク)世界に成立した各王朝に関する研究史を紹介した便利な入門書。⑻は日本における戦後のイスラーム研究史を概観し，かつ中東・イスラーム研究に関連する大学，研究機関を紹介したもの。⑼は日本における

イスラーム研究を世界に向けて紹介する目的で編まれたもの。⑽は西アジアに限らず，イベリア半島やインド・東南アジアも含めた地域に展開したイスラーム史の歴史地図。⑾は⑽の改訂版で，CD-ROM付。⑿はロシアの偉大な東洋学者バルトリドによるもので，1971年にロシア語で出版されたものの英訳。⒀は古代におけるアナトリア(小アジア)の歴史地図であるが，それ以後の時代に関しても有用。⒁はオスマン帝国に関する唯一の歴史地図。

C　文献目録

⑴　ユネスコ東アジア文化研究センター編『日本における中東・イスラーム研究文献目録　1868年-1988年』1989
⑵　ユネスコ東アジア文化研究センター編『日本における中央アジア関係文献目録　1879年-1987年3月』1988-89
⑶　J. D. Peason & G. Roper (ed.), *Index Islamicus*, Cambridge, 1958-
⑷　*Turkologischer Anzeiger* (*Turkology Annual*), Institut für Orientalistik der Universität Wien, 1975-
⑸　E. G. Browne, *A Literary History of Persia*, 4 vols., London & Cambridge, 1902-1924.
⑹　L. P. Elwell-Sutton (ed.), *Bibliographical Guide to Iran*, Sussex & New Jersey, 1983.
⑺　C. A. Story, *Persian Literature: A Bio-bibliographical Survey*, London, 1927-
⑻　F. C. H. Babinger, *Die Geschichtsschreiber der Osmanen und ihre Werke*, Leipzig, 1927.

⑴⑵は，それぞれの地域に関して明治以来の日本における単行本・研究論文・エッセーなどを広く網羅した便利な文献目録。インターネットによる検索も可能。⑶は欧文で発表されたイスラム関係論文の目録で，1981年以降は著書も収録されるようになった。CD-ROM版もある。⑷はトルコ学に関する総合的な文献目録で，欧文で著わされた著書・論文のみならず，日本語，トルコ語，ギリシア語など世界各国語によるものを含む点が画期的である。「トルコ」の概念もオスマン帝国時代のバルカンやアラブ地域を含む広いものである。⑸は文学史と銘打っているが，歴史研究者にとっても必読の古典的名著。⑹は欧文およびペルシア語で発表された研究の文献目録。⑺はイランの，⑻はオスマン朝の歴史家の経歴と彼らによる基本

的文献を解説した古典的な書誌学的研究。

D　事典などの工具書

(1)　大塚和夫他編『岩波イスラーム辞典』岩波書店　2002
(2)　日本イスラム協会監修『新イスラム事典』平凡社　2002
(3)　片倉もとこ他編『イスラーム世界事典』明石書店　2002
(4)　黒田壽郎編『イスラーム辞典』東京堂出版　1983
(5)　板垣雄三編『新・中東ハンドブック』講談社　1992
(6)　板垣雄三・後藤明編『事典イスラームの都市性』亜紀書房　1992
(7)　*The Encyclopaedia of Islam*, 1st ed., 1913-42；new ed., 1960-
(8)　C. E. Bosworth, *The New Islamic Dynasties*, Edinburgh, 1996.
(9)　W. Hinz, *Islamische Masse und Gewichte*, Leiden, 1955.

(1)は現代のイスラームに重点の置かれた最新の辞典。(2)は旧版(1982年)に全面的な改訂・増補を加えた最新版。(3)は写真の豊富な点に特色がある。(4)はイスラームに関する諸事項を分野別に解説したもの。以上の4点はすべて小項目によるハンディな辞典・事典である。(5)は中東諸国に出かける際に携帯すると便利なもので，中東各国に関する基本的な知識を提供する。(6)は中東の都市に焦点をあてた大項目による事典。(7)は世界における最新のイスラーム研究を集大成した大部な百科事典として定評がある。(8)は最新のイスラーム諸王朝表。(9)はたいへん古いものであるが，現在度量衡に関しては，今のところこれを参照する以外に方法がない。

E　学術雑誌

(1)　『オリエント』日本オリエント学会　1955-
(2)　『イスラム世界』日本イスラム協会　1968-
(3)　『日本中東学会年報』日本中東学会　1986-
(4)　『西南アジア研究』西南アジア研究会　1957-
(5)　*International Journal of Middle East Studies*, 1970-
(6)　*International Journal of Turkish Studies*, 1979-
(7)　*Middle East Journal*, 1947-
(8)　*Journal of the Economic and Social History of the Orient*, 1957-
(9)　*Turcica*, 1969-
(10)　*Iranian Studies*, 1968-
(11)　*Studia Iranica*, 1972-

⑴〜⑷は，西アジアあるいはイスラム史に関する和文による研究論文の掲載される雑誌である。これら以外にも，たとえば『史学雑誌』『歴史学研究』のような歴史学全体を扱う雑誌，あるいは『東洋学報』『東洋史研究』のような東洋史専門の雑誌にも西アジア史関係の論文が掲載される。⑸は中東全体，⑹⑼はトルコ，⑽⑾はイランに関する研究論文を扱う。⑺は中東の現代に関するもので，巻末の各国別年表が便利である。⑻はイスラム史全体を扱うが，社会経済史を中心とするところに特色がある。

II　各章に関するもの

第１章　古代オリエント世界

⑴　前川和也編『オリエント世界』(岩波講座世界歴史２) 岩波書店　1998
⑵　小川英雄・山本由美子『オリエント世界の発展』(世界の歴史４) 中央公論社　1997
⑶　小川英雄『古代のオリエント』(ビジュアル版世界の歴史2) 講談社　1984
⑷　日本オリエント学会監修『メソポタミアの世界』NHK 学園　1998
⑸　マイケル・ローフ，松谷敏夫監訳『古代のメソポタミア』朝倉書店　1994
⑹　大村幸弘『鉄を生みだした帝国』日本放送出版協会　1981
⑺　クルート・ビッテル，大村幸弘・吉田大輔訳『ヒッタイト王国の発見』山本書店　1991
⑻　ホルスト・クレンゲル，江上波夫・五味亨訳『古代オリエント商人の世界』山川出版社　1983
⑼　ピエール・ブリアン，小川英雄監修『ペルシア帝国』創元社　1996
⑽　ピエール・ブリアン，桜井万里子監修『アレクサンダー大王』創元社　1991
⑾　本村凌二・鶴間和幸編『帝国と支配――古代の遺産』(岩波講座世界歴史５) 岩波書店　1998
⑿　大戸千之『ヘレニズムとオリエント』ミネルヴァ書房　1993
⒀　ニールソン・C・デベボイス，児玉新次郎・伊吹寛子訳『パルティアの歴史』山川出版社　1993
⒁　山本由美子『マニ教とゾロアスター教』(世界史リブレット４) 山川

出版社　1998
⒂　メアリ・ボイス，山本由美子訳『ゾロアスター教』筑摩書房　1983
⒃　伊藤義教『ゾロアスター教論集』平川出版社　2001
⒄　尚樹啓太郎『ビザンツ帝国史』有斐閣　1998
⒅　Amelie KUHRT, *The Ancient Near East c.3000-330 BC*, Vol. I, II, London, 1995.

古代アナトリア高原・イラン高原の諸地域にとって，シュメール人がメソポタミア南部に人類最古の文明を築いて以来，つねに経済・文化の最先進地域であったメソポタミア／バビロニアとの関係こそが，対立／共存いずれにせよ，最大の関心であった。古代アナトリア・イランの歴史的発展あるいは歴史的世界としての独自性を理解するためには，『西アジア史I』第1章「古代オリエントの世界」を熟読することが必要不可欠である。

本章では，基本的に1980年代以降の邦文，邦訳で利用できる参考文献に限定した。

⑴は古代オリエント史研究に関する国内外の最新情報を提供，現段階でもっとも信頼に値する著作であるといってよい。古代オリエント史の邦文入門書としては，⑵⑶⑷がある。ただし概説書であるため，細部に不正確な記述もあり，参照の際には注意を要する。⑸はカラフルな図版を多用，考古学的成果や生活文化の諸相を紹介する。交易活動を焦点に論じたものとしては⑻がある。研究対象として古代オリエント史を専攻する人には，上記原則に反するが，⒅を入門書として勧めたい。執筆者の研究スタンスには，筆者自身，一部異論もあるが，古代オリエント史を通観し，各自の研究対象の位置づけを考え，かつ世界のオリエント史研究動向を知るうえで有効である。⒅公刊後も，数多くの研究成果が報告されている。近年ヒッタイトにたいする関心は急速に高まりをみせているが，それに応える邦文文献は多くない。⒅⑹⑺を参考に，独自に欧文文献を調査する必要がある。製鉄技術の開発時期については，中近東文化センター(東京都)によるカマン・カレホユック発掘調査の成果に基づいて，見直しが求められている。

史上はじめてオリエント世界を統一したアカイメネス朝ペルシア帝国の全体像を知るためにはP. ブリアンの邦訳⑼⑽がある。ただしブリアンの主情報はおもにギリシア語史料，すなわち外部史料に基づくものであるため，アカイメネス朝側の史料を主要な情報源とする⑴川瀬論考と比較検討する必要がある。⑾掲載の森本論考と⑿も，基本的にブリアンと同じ研究スタンスである。

パルティア・サーサーン朝期のオリエント世界に関しては，史料の制約もあり，その実態は必ずしも明らかではない。ゾロアスター教に関しては，故伊藤義教氏の詳細な教義論⒃をはじめ，山本由美子氏の著作⒁や翻訳⒂があるが，歴史学的・社会史的な考察は少ない。紀元後のアナトリア半島に関しては，帝政期ローマ・ビザンツ帝国を含む本シリーズ『イタリア史』『ギリシア史』『バルカン史』を参照。

第２章　イラン世界の変容

⑴　本田實信「Ⅳ　イラン」『アジア歴史研究入門』同朋社　1984

⑵　本田實信『イスラム世界の発展』（ビジュアル版世界の歴史６）講談社　1985

⑶　黒柳恒男『ペルシア文芸思潮』近藤出版社　1977

⑷　羽田正・三浦徹編『イスラム都市研究』東京大学出版会　1991

⑸　清水宏祐「大変動の時代」「トルコ人の登場」『都市の文明イスラーム』（講談社現代新書）講談社　1994

⑹　佐藤次高・清水宏祐・八尾師誠・三浦徹『イスラーム社会のヤクザ——歴史を生きる任侠と無頼』第三書館　1993

⑺　清水宏祐「イブラーヒーム・イナールとイナーリヤーン——セルジューク朝初期の Turkmān 集団」『イスラム世界』10　1975

⑻　清水宏祐「貨幣史料によるセルジューク朝研究序説」『イスラム世界』25・26　1986

⑼　清水宏祐「トゥグリル・ベクとカリフ・アルカーイムの外交交渉——文献史料と貨幣史料より見た称号問題」『東洋史研究』45　1986

⑽　清水宏祐「ゴウハル・アーイーンの生涯」『東洋学報』76-1･2　1994

⑾　佐藤次高『イスラーム世界の興隆』中央公論社　2001

⑿　長野芳彦「ターヒル朝のタバリスターンにおける拠点設定について」『イスラム世界』56　2001

⒀　Kafesoğlu, *Melikşah Zamanında Büyük Selçuklu İmparatorluğu*, İstanbul, 1952.

⒁　J. A. Boyle (ed.), *The Cambridge History of Iran V: The Saljuq and Mongol Periods*, Cambridge University Press, 1968.

⒂　O. Turan, *Selçuklular Tarihi ve Türk İslam Medeniyeti*, İstanbul, 1969.

⒃　R. W. Bulliet, *Conversion to Islam in the Medieval Period: An Essay*

in Quantitative History, Cambridge/Mass. & London, 1979.
⒄　M. A. Köyman, *Büyük Selçuklu İmparatorluğu Tarihi*, Ankara, 1992.
⒅　A. Sevim & E. Merçil, *Selçuklu Devletleri Tarihi*, Ankara, 1995.
⒆　Z. Sonmez, *Anadolu Türk-İslam Mimarisinde Sanatçılar*, Ankara, 1995.
⒇　M. Zakeri, *Sasanid Soldiers in Early Muslim Society*, Wiesbaden, 1993.

まず，イラン史関係の代表的な研究と一次史料とを知るには，今でも⑴が有用である。⑵は本田氏自身の撮影による写真が多く使われていて，イメージをつかむのに役立つ。⑶はペルシア文学を概観する数少ない書。詩，散文，歴史史料にも触れている。⑷はイランばかりでなく，イスラム世界の都市を考えるうえでの重要な情報を与えてくれる必読の書。　⑸は逸話をまじえた概説。⑹はイスラム世界の任俠集団についての概説書。イラン世界と，アラブ世界での任俠の徒のありかたの違いを通じて，「イラン的」なものが窺われるか。⑺⑻⑼⑽は，筆者のセルジューク朝についての専論。本稿を読んで興味をもたれた方は参照されたい。

⑾は最新の研究を織り込んだ概説書。⑿はイラン北部のタバリスターンにおける地域性や道の問題を扱う。イランでも気候・風土の異なる地域について知る材料。⒀⒂⒄は，それぞれに少なからぬ問題を含むが，トルコ共和国における代表的なセルジューク朝研究の文献であることは確かであろう。

⒁も古くなったとはいえ，やはり必読の書。⒃はイラン世界におけるムスリム人口についての「計量歴史学」の試み。史料が少ないことなどの問題はあるが，興味深い結論を提示する。現代であれば，データベース構築により，さらに説得力のある研究が可能であろう。ひながたとして読むべきもの。⒅は比較的新しいトルコの研究書。⒆はイラン史とトルコ史の間に橋をかけるような移動の問題を提示する。銘文を史料として使う可能性を追求している。⒇は任俠集団の起源をめぐって，サーサーン朝時代とイスラム期とのあいだに連続性をみようとするもの。

第３章　トルコ民族の活動と西アジアのモンゴル支配時代

⑴　本田實信『イスラム世界の発展』（ビジュアル版世界の歴史６）講談社　1985

⑵　本田實信『モンゴル時代史研究』東京大学出版会　1991
⑶　佐藤次高『イスラームの「英雄」サラディン　十字軍と戦った男』（講談社選書メチエ）講談社　1996
⑷　根津由喜夫『ビザンツ　幻影の世界帝国』（講談社選書メチエ）講談社　1999
⑸　岩武昭男『西のモンゴル帝国――イルハン朝』（K. G. りぶれっと）関西学院大学出版会　2001
⑹　岩武昭男「ニザーム家のワクフと14世紀のヤズド」『史林』72-3　1989
⑺　岩武昭男「ガザン・ハンのダールッスィヤーダ」『東洋史研究』50-4　1992
⑻　井谷鋼造「トゥルク民族とイスラーム――アイデンティティの観点から」『多文化を受容するアジア』和泉書院　2000
⑼　井谷鋼造「トルコ民族の台頭と十字軍」『西アジア史』（アジアの歴史と文化９）同朋舎出版　2000
⑽　井谷鋼造「『大セルジュク朝』と『ルーム・セルジュク朝』」『西南アジア研究』41　1994
⑾　井谷鋼造「モンゴル侵入後のルーム――兄弟間のスルタン位争いをめぐって」『東洋史研究』39-2　1980
⑿　井谷鋼造「イルハン国とルーム」『イスラム世界』23・24　1985
⒀　井谷鋼造「モンゴル侵入直前のルーム――バーバーの反乱をめぐって」『オリエント』30-1　1987
⒁　井谷鋼造「ルーム・サルタナトとホラズムシャー」『東洋史研究』47-1　1988

⑴はモンゴルのイラン支配時代の専門家による，前近代イスラーム世界史。この概説書の特長は，従来，日本のイスラーム史研究の大半が扱ってきたアラブ地域のみを中心とせず，イラン地域やトルコ，モンゴル民族のイスラーム世界における活動を詳しく説明している点にある。⑵は⑴の著者によるモンゴル時代に関する論考の集成。イルハン国の国制，ガザン・ハンの税制改革，ラシード・アッディーンの著作『集史』についての水準の高い本格的な論文が集められている。⑴⑵の著者本田氏は日本におけるペルシア語史料研究の先駆者であり，御自身がモンゴル時代に書かれた，ジュヴァイニーやラシード・アッディーンなどの有名な歴史書を解読してすぐれた業績を遺された。

⑶はアラブ・イスラーム史研究の専門家による「サラディン」についての著作。十字軍と戦ったイスラームの「英雄サラディン」登場の背景や，西アジア側からみた十字軍の歴史が，丹念なアラビア語史料の研究と現地調査を踏まえて詳しく描写されている。⑷はビザンツ帝国史研究者による12世紀コムネノス朝時代，ビザンツ帝国の政治史，社会史の概説。イスラーム世界やルーム・セルジューク朝についての言及もあり，ビザンツ側の同時代史料に基づいて，12世紀のコンスタンティノープルを中心とするビザンツ帝国の歴史を活写したものとして貴重であり，有益である。

⑸⑹⑺はイルハン国の歴史を同時代のワクフ文書研究から探求しようとした意欲的かつ画期的な研究の成果である。セルジューク朝からモンゴル時代を経て，イラン地域を中心に，ワクフ制度を核とした，イスラーム世界に独特の社会組織や文化が発展するが，現存するワクフ文書を精細に分析・研究することで地域社会の内側に入り込み，ワクフの設定や運営，継承の実態を明らかにした岩武氏の功績は非常に大きい。⑸はワクフ研究の成果を基にイルハン国の歴史をごく簡潔に概説したもの。

⑻以下は本章の筆者によるセルジューク朝，ルーム・セルジューク朝の主として政治史に関する論考。⑻はとくにイスラームへの改宗後のトルコ民族のアイデンティティを，マフムード・カーシュガリーの『トルコ人の言語集成』の記述のうちに探ったもの。⑼は短いものであるが，セルジューク朝史を中心にした西アジアにおけるトルコ民族史の概説。ただし，ルーム・セルジューク朝の歴史はほとんど触れられていない。⑽はセルジューク朝とルーム・セルジューク朝の関係を歴史の実態および歴史意識の両面から明らかにしたもの。ルーム・セルジューク朝の政治史を扱った一連の論考⑾⑿⒀⒁は，13世紀後半にルーム・セルジューク朝の宮廷で書かれた，イブン・ビービーのペルシア語による歴史書の解読を基本として発表されたもの。

第４章　東方イスラーム世界の形成と変容

⑴　間野英二『バーブル・ナーマの研究』全４巻 松香堂　1995-2001
⑵　間野英二責任編集『西アジア史』（アジアの歴史と文化）同朋舎　2000
⑶　加藤和秀『ティムール朝成立史の研究』北海道大学図書刊行会　1999
⑷　永田雄三・羽田正『成熟のイスラーム社会』中央公論社　1997
⑸　羽田正編著『シャルダン「イスファハーン誌」研究』東京大学出版会

1996
(6) 『イスラーム・環インド洋世界　16-18世紀』(岩波講座世界歴史14) 岩波書店　2000
(7) John E. Woods, *The Aqquyunlu. Clan, Confederation, Empire,* Minneapolis & Chicago, Bibliotheca Islamica, 1976.
(8) Peter Jackson (ed.), The Timurid and Safavid Periods, *The Cambridge History of Iran,* Vol. 6, Cambridge University Press, 1986.
(9) Peter Avery, Gavin Hambly & Charles Melville, From Nadir Shah to the Islamic Republic, *The Cambridge History of Iran,* Vol. 7, Cambridge University Press, 1991.
(10) David Morgan, *Medieval Persia 1040-1797,* London & New York, 1988.
(11) Jean Calmard (ed.), *Etudes Safavides,* Paris & Téhéran, Institut français de recherche en Iran, 1993.
(12) Charles Melville (ed.), *Safavid Persia,* London & New York, I.B. Tauris, 1996.
(13) Laurence Lockhart, *The Fall of the Safavi Dynasty and the Afghan Occupation of Persia,* The Cambridge University Press, 1958.
(14) Willem Floor, *The Afghan Occupation of Safavid Persia 1721-1729,* Leuven, Peeters, 1998.
(15) Laurence Lochhart, *Nadir Shah,* London, Luzac & Co., 1938.
(16) John R. Perry, *Karim Khan Zand. A History of Iran, 1747-1779,* The University of Chicago Press, 1979.

(1)はチャガタイ・トルコ語で記されたティムール朝の王子バーブルの自伝の校訂テキスト，索引，訳注，それにバーブルやティムール朝に関連する論考集からなり，ティムール朝研究の基本テキスト。(2)は11世紀以後のトルコ，イラン地域に重点を置いた通史。(3)はティムールとその時代に関する論文集。(4)は一般向けの書物で，サファヴィー朝時代の政治，社会，文化を概説。(5)は17世紀サファヴィー朝の都，イスファハーンを描写したシャルダンのテキストの訳と詳細な注，資料集からなる。(6)では16～18世紀の東方イスラーム世界史の特徴が，オスマン朝史，ムガル朝史と比較する形で検討される。(7)はアクコユンル朝史研究，(8)(9)は，ティムール朝から現代にいたるまでの代表的な通史。(10)はコンパクトにまとまった政治史の叙述。(11)(12)は，それぞれ，1989年にパリ，1993年にケンブリッジで開催

された「サファヴィー朝史研究ラウンドテーブル」の報告集。テーマは多岐にわたるが，世界の学界で現在議論されているテーマを知るには最適。⒀⒂はやや古いが，サファヴィー朝滅亡期，ナーディルシャー時代の通史としては依然有用。⒁はオランダ東インド会社文書を利用したサファヴィー朝末期の事件史。⒃は文字通り，カリーム・ハーン・ザンド時代の通史。

第５章　オスマン帝国の時代

⑴　永田雄三・羽田正『成熟のイスラーム社会』(世界の歴史15）中央公論社　1998
⑵　永田雄三・加藤博『西アジア』(地域からの世界史８）朝日新聞社　1993
⑶　鈴木董『オスマン帝国——柔らかい専制』(講談社現代新書）講談社　1992
⑷　林佳世子『オスマン帝国の時代』(世界史リブレット19）山川出版社　1997
⑸　新井政美『オスマン vs.ヨーロッパ』(講談社選書メチエ）講談社　2002
⑹　テルーズ・ビタール，鈴木董監修『オスマン帝国の栄光』創元社　1996
⑺　鈴木董『オスマン帝国の権力とエリート』東京大学出版会　1993
⑻　鈴木董『オスマン帝国とイスラム世界』東京大学出版会　1997
⑼　ランシマン，護雅夫訳『コンスタンティノープル陥落す』みすず書房　1969
⑽　アンドレ・クロー，浜田正美訳『スレイマン大帝とその時代』法政大学出版局　1992
⑾　ラウフ・S・ハトックス，斉藤富美子・田村愛理訳『コーヒーとコーヒーハウス』同文館　1993
⑿　国重正昭・ヤマンラール水野美奈子他『チューリップ・ブック』八坂書店　2002
⒀　ジェム・ベハール，新井政美訳『トルコ音楽にみる伝統と近代』東海大学出版会　1994
⒁　陣内秀信・谷水潤編『トルコ都市巡礼(Process: Architecture 93)』プロセス・アーキテクチュア　1990
⒂　鈴木董『図説イスタンブル歴史散歩』河出書房新社　1993

⒃ H. Inalcik, *The Ottoman Empire: The Classical Age 1300-1600*, London, 1973.
⒄ Stanford Shaw, *History of the Ottoman Empire and Modern Turkey*, Vol. 1, Cambridge University Press, 1976.
⒅ Robert Mantran, *Histoire de l'Empire Ottoman*, Fayard: Paris, 1989.
⒆ Halil Inalcik & Donald Quataert, *An Economic and Social History of the Ottoman Empire, 1300-1914*, Cambridge University Press, 1994.
⒇ Donald Quateart, *The Ottoman Empire, 1700-1922*, Cambridge University Press, 2000.
(21) Suraiya Faroqhi, *Approaching Ottoman History: An Introduction to the Source*s, Cambridge University Press, 1999.
(22) Klaus Kreiser, *Der Osmanische Staat 1300-1922*, Munchen, 2001.

⑴⑵⑶⑷⑸⑹は，第5章で扱った時期を含む邦文でのオスマン帝国史概説。⑴は文化や生活にも目をくばる。⑶は「柔らかい専制」国家という鮮明なオスマン帝国イメージを打ち出す。⑷は本章著者によるより詳しい概説。⑸はトルコ民族史のなかでオスマン帝国を描く。⑺⑻はオスマン帝国の統治・支配システムのさまざまな側面を比較制度史の視点から扱う。特定の時代を扱ったものとしては⑼⑽。オスマン帝国だけを対象とするものではないが，その時代の「香り」を感じさせてくれる文化史の著作には，コーヒーの流行を題材にした⑾，チューリップをめぐる⑿，音楽の変容から社会をみる⒀がある。また，建築に関しては⒁がトルコ全体をサーヴェイし，イスタンブルに関しては⒂がある。

欧文での概説としては，⒃⒄⒅。とくに⒃は16世紀末までを扱う「古典」。出版から時間を経たが全体をみわたす類書は現れていない。⒆は社会経済史の大部な通史。研究入門書としては，すぐれた3冊⒇(21)(22)が近年，相次いで出版された。⒇は18世紀以後を扱うが，オスマン史全体の理解にも目をくばる。(21)(22)は，史料の特徴とその扱い方，研究の動向を示し，オスマン史研究への導入の役目を果たす。欧文・トルコ語での研究文献目録も有用。ここで紹介しきれない各分野の重要な研究書・論文については，それらを参照されたい。

第6章　オスマン帝国の改革

⑴ 新井政美『トルコ近現代史——イスラム国家から国民国家へ』みすず

書房　2001

(2)　永田雄三・加賀谷寛・勝藤猛『中東現代史Ⅰ　トルコ・イラン・アフガニスタン』(世界現代史 11) 山川出版社　1982

(3)　鈴木董『イスラムの家からバベルの塔へ――オスマン帝国における諸民族の統合と共存』リブロポート　1993

(4)　坂本勉「中東イスラーム世界の国際商人」『岩波講座世界歴史15　商人と市場　ネットワークの中の国家』岩波書店　1999(他各巻)

(5)　設楽國廣「アブデュル・ハミド2世の専制政治構造」『日本中東学会年報』3　1988

(6)　新井政美「『青年トルコ』革命以前におけるナショナリストの動向」『史学雑誌』89-11　1980

(7)　設楽國廣「『青年トルコ人』運動の展開をめぐって」『イスラム世界』11　1976

(8)　D. Quataert, *The Ottoman Empire 1700-1922*, Cambridge Univ. Press, 2000.

(9)　B. Lewis, *The Emergence of Modern Turkey*, Oxford Univ. Press, 1961.

(10)　Stanford J. Shaw, *Between Old and New: The Ottoman Empire under Sultan Selim III 1789-1807*, Harvard Univ. Press, 1971.

(11)　R. H. Davison, *Reform in the Ottoman Empire 1856-1876*, New York, 1973

(12)　N. Berkes, *The Development of Secularism in Turkey*, Montreal, McGill Univ. Press, 1998.

(13)　Ş. Mardin, *The Genesis of Young Ottoman Thought: A Study in the Modernization of Turkish Political Ideas*, Princeton Univ. Press, 1962. (repr.2000)

(14)　Arai Masami, *Turkish Nationalism in the Young Turk Era*, Leiden, E. J. Brill, 1992.

(15)　B. Braud & B. Lewis (eds.), *Christians and Jews in the Ottoman Empire: The Functioning of a Plural Society*, 2 vols., New York, London, 1982.

(16)　H. İnalcık & D. Quataert, *An Economic and Social History of the Ottoman Empire 1300-1914*, Cambridge Univ. Press, 1994.

(17)　D. Quataert, *Ottoman Manufacturing in the Age of the Industrial*

Revolution, Cambridge Univ. Press, 1993.
(18) Feroz Ahmad, *The Young Turks: The Committee of Union and Progress in Turkish Politics 1908-1914*, Oxford, 1969.
(19) M. Ş. Hanioğlu, *Preparation for a Revolution: The Young Turks, 1902-1908*, Oxford Univ. Press, 2001.
(20) M. Ş. Hanioğlu, *The Young Turks in Opposition,* Oxford Univ. Press, 1995.

(1)はトルコ近現代史に関する最も詳しい概説書である。オスマン帝国からトルコ共和国への歴史過程を連続的にとらえるなど最新の研究動向を伝えてくれる。(2)はオスマン帝国時代から現代までを扱い，社会経済史的側面に重点がおかれているが，すでに古くなった部分もある。(3)は多宗教・多民族の共存するオスマン帝国のシステム崩壊の過程を政治学の視点から論じたもの。(4)は非イスラーム教徒商人の広範な商業ネットワークの重要性を明らかにしたもの。(5)はアブデュルハミト2世時代に関する唯一の個別研究。(6)(7)は，「青年トルコ人」時代に関する最新の研究論文。(14)は著者の長年の研究成果を世界に向けて発信したもの。(8)はオスマン帝国末期の経済史研究の第一人者によるオスマン帝国後期に関する手頃だが斬新な概説書。(9)は古い研究ではあるが，現在なお参照するに値する示唆に富んだ卓抜な研究書。(10)は最初の組織的な西洋化改革に着手したセリム3世の時代とその改革に関する古典的な書物。巻末の文献および文書に関する情報も役に立つ。(11)はタンズィマート後期の時代に関する定評のある概説書。トルコ語文書は使われていないが，ヨーロッパ諸国の文献と文書類が広く使われている。(12)は18世紀初頭にはじまるオスマン帝国の西洋化ないし「近代化」の過程を詳細に論じた古典的な研究書の新版。(13)もオスマン帝国の政治的近代化に関する代表的な書物。(15)の第一巻はオスマン帝国の非アラブ地域における非ムスリム臣民の役割などを論じている。第二巻は同じくアラブ地域を扱う。(16)は第一線の研究者たちによるオスマン帝国社会経済史に関する大部な最新の概説書。(17)は19世紀オスマン帝国の経済が世界経済に周縁化されるなかで，土着の産業がかえって発展した部分のあることを論じた斬新な研究。(18)は「青年トルコ人」に関してこれまで定評のある概説書とされてきたものであるが，(19)(20)はいずれも，膨大な数にのぼる文献と文書を駆使し，詳細きわまる注とともに論じてこのテーマの研究水準を一挙に引き上げた労作である。

第7章　近代イランの社会

(1)　加賀谷寛『イラン現代史』近藤出版社　1975
(2)　永田雄三・加賀谷寛・藤本猛『中東現代史Ⅰ　トルコ・イラン・アフガニスタン』(世界現代史11) 山川出版社　1982
(3)　八尾師誠『イラン近代の原像』東京大学出版会　1998
(4)　J. モーリア，岡崎正孝・江浦公治・高橋和夫訳『ハジババの冒険』2巻 (東洋文庫) 平凡社　1984
(5)　タージ・アッサルタネ，アッバース・アマーナト編，田隅恒生訳『ペルシア王宮物語』(東洋文庫) 平凡社　1998
(6)　Ann K. S. Lambton, *Qajar Pĕrsia,* London, 1987.
(7)　E. Boswroth & C. Hillenbrand (ed.), *Qajar Iran: Political Social and Cultural Change 1800-1925,* Edinburgh, 1983.
(8)　Edward G. Browne, *The Persian Revolution 1905-1909,* London, 1966. (New Imp.)
(9)　Vanessa Martin, *Islam and Modernism: The Iranian Revolution of 1906,* London, 1989.
(10)　Mangol Bayat, *Iran's First Revolution: Shi'ism and the Constitutional Revolution of 1905-1909,* Oxford, 1991.
(11)　Janet Afary, *The Constitutional Revolution (1906-1911): Grassroots Democracy, Social Democracy, the Origins of Feminism,* New York, 1996.
(12)　Nikki R. Keddie, *Iran: Religion and Rebelion in Iran: The Iranian Tabacco Protest of 1891-1892,* London, 1966.

(1)は日本人研究者の手になる唯一のイラン近現代通史として長年にわたって参照されてきた。(2)のイランの部分は同じ著者によるその改訂版。(3)はイランにおける国民国家の形成と展開という側面に着目して書かれたイラン近現代史。(4)は小説の体裁をとってはいるものの，ガージャール朝下のイラン社会を外国人が皮肉を込めて描写した有名な作品の良質な翻訳。ガージャール朝中期の宮廷生活を女性の視点から描いた(5)は，訳者渾身の良訳もさることながら，当時の貴重な資料を提供してくれている点でも注目される。長いあいだ，世界におけるイラン史，イラン地域研究をリードしてきたラムトンの論文集である(6)は，ガージャール朝時代を通史的に考察できる数少ない文献としても貴重。また，(7)も論文集ではあるが，政治史のみならず社会史，文化史の分野に関する論文を収録したものとして欠

かせない一書。イランにおける国民国家形成史のうえで大きな転機となる立憲革命史研究に関しては，⑻が長いあいだ大きな影響力を及ぼしてきたが，近年立て続けに⑼⑽⑾が出版され，社会史，女性史といった新しい観点も導入され研究はあらたな段階にはいった。⑿は立憲革命とならんでイラン近代史上の重要な画期をなす，タバコ・ボイコット運動に関する数少ないモノグラフのひとつ。

第８章　現代のトルコ，イラン

［トルコ］

⑴　松原正毅『遊牧の世界――トルコ系遊牧民ユルックの民族誌から』(中公新書) 中央公論社　1983
⑵　松原正毅『トルコの人びと――語り継ぐ歴史のなかで』(ＮＨＫブックス) 日本放送出版協会　1988
⑶　M. マカル，尾高晋己・勝田茂訳『トルコの村から――マフムト先生のルポ』社会思想社　1981
⑷　松谷浩尚『現代トルコの政治と外交』勁草書房　1987
⑸　松谷浩尚『現代トルコの経済と産業――トルコ財閥の研究』中東調査会　1989
⑹　内藤正典『ドイツ再統一とトルコ人移民労働者』明石書店　1991
⑺　内藤正典『アッラーのヨーロッパ――移民とイスラム復興』東京大学出版会　1996
⑻　野中恵子『ゾーリンゲンの悲劇――トルコ人労働者移民放火殺人』三一書房　1996
⑼　山内昌之『納得しなかった男――エンヴェル・パシャ，中東から中央アジアへ』岩波書店　1999
⑽　中山紀子『イスラームの性と俗――トルコ農村女性の民族誌』アカデミア出版　1999
⑾　鈴木董『オスマン帝国の解体――文化世界と国民国家』(ちくま新書) 筑摩書房　2000
⑿　中川喜与志『クルド人とクルディスターン――拒絶される民族』南方新社　2001
⒀　新井政美『トルコ近現代史――イスラム国家から国民国家へ』みすず書房　2001
⒁　澤江史子「新たなるビジョンの探求――トルコの「イスラーム政党」

の変遷」『現代の中東』29号　2000
⒂　Erik Jan Zürcher, *Turkey: A Modern History*, London, I. B. Tauris, 1993.
⒃　William Hale, *Turkish Foreign Policy 1774-2000*, London, Frank Cass, 2000.
⒄　Andrew Mango, *Atatürk*, London, John Murray, 1999.
⒅　Richard Tapper (ed.), *Islam in Modern Turkey: Religion, Politics and Literature in a Secular State*, London, I. B. Tauris, 1991.

⑴は政府の定住化政策によって姿を消そうとする遊牧民について，1970年代末におこなわれた貴重な調査の報告。⑵はそうした調査の結果生まれた，庶民の目からみた「独立戦争」前後のありさま。⑶は1940年代後半，近代化が推進されている，まさにそうした時期の農村の実状を描いた重要な記録。⑽は人類学者による黒海地域の農村調査に基づく最新の民族誌。以上四つの著作では，通常の歴史研究では掬い取ることが困難な，「名もない」人々の視点から，トルコ近代化の一側面が活写されている。⑷⑸は外交官としてトルコと長く関わってきた著者による詳細な研究。⑹⑺⑻はヨーロッパ，とくにドイツへのトルコ人移民の問題を扱う。⑼は第２次立憲政期の重要人物エンヴェルを通して，「独立戦争」期を中心とする時代を描く。⑾はバルカンや中東における民族紛争の源流としてのオスマン帝国解体過程を，現代政治に連なる観点から描く。⑿はトルコのみに限定されず，クルド問題についての包括的なアプローチを試みた研究。⒀は註と参考文献が比較的豊富な通史。第２版(2002年)で若干の修正が施された。⒁はイスラム主義政党の歴史と現状についての重要なサーヴェイ。⒂は世界各国で入門用に使われている標準的通史。ただし註がついていない。⒃は外交に的を絞ったイギリスの大家による意欲的な通史。⒄は共和国初代大統領についての最新の評伝。⒅は若干古くなったが，トルコにおけるイスラム主義に関する基本的な文献。歴史的に把握するうえで必読と思われる。

［イラン］

⑴　加賀谷寛『イラン現代史』近藤出版社　1975
⑵　永田雄三・加賀谷寛・藤本猛『中東現代史Ⅰ　トルコ・イラン・アフガニスタン』(世界現代史11) 山川出版社　1982
⑶　八尾師誠『イラン近代の原像』東京大学出版会　1998

(4) 後藤晃・鈴木均編『中東における中央権力と地域性』アジア経済研究所 1997
(5) 原隆一・岩崎葉子編『イラン国民経済のダイナミズム』アジア経済研究所 1999
(6) 加納弘勝『イラン社会を解剖する』(オリエント選書 4) 東京新聞出版局 1980
(7) 富田健次『アーヤトッラーたちのイラン――イスラーム統治体制の矛盾と展開』第三書館 1993
(8) 桜井啓子『革命イランの教科書メディア――イスラームとナショナリズムの相克』岩波書店 1999
(9) 桜井啓子『現代イラン』(岩波新書) 岩波書店 2001
(10) 中西久枝『イスラムとヴェール――現代イランに生きる女たち』晃洋書房 1996
(11) 上岡弘二『暮らしがわかるアジア読本 イラン』河出書房新社 1999
(12) 大野盛雄『ペルシアの農村――むらの実体調査』東京大学出版会 1971
(13) 原隆一『イランの水と社会』古今書院 1997
(14) 後藤晃『中東の農業社会と国家――イラン近現代史の中の村』お茶の水書房 2002
(15) 岡崎正孝『カナート イランの地下水路』論創社 1988
(16) アン・K.S.ラムトン，岡崎正孝訳『ペルシアの地主と農民――土地保有と地税行政の研究』岩波書店 1976
(17) ジョセフ・ヴェルヌー，田川恒夫訳『モッラーのイラン――スラムに見る宗教と政治』世界書院 1992
(18) フレッド・ハリディー，岩永博・菊地弘・伏見楚代子訳『イラン――独裁と経済発展』(りぶらりあ) 法政大学出版局 1980
(19) B.ニールマンド，岡田良夫訳『怒りのイラン――石油と帝国主義』敬文堂 1972
(20) 読売新聞戦後史班編『イラン石油を求めて――日章丸事件』冬樹社 1981

(1)は日本人研究者の手になる唯一のイラン近現代通史として長年にわたって参照されてきた。(2)のイランの部分は同じ著者によるその改訂版。(3)はイランにおける国民国家の形成と展開という側面に着目して書かれたイラン近現代史。1979年に勃発したイラン・イスラーム革命は日本における

イラン研究にも大きな衝撃を与え，従来のような研究者の個別的関心に任せた恣意的研究から，イラン地域研究を明確に意識した体系的研究が開始された。イラン研究者相互の交流，共同研究も盛んになってきた。(4)(5)は，こうしたあらたな研究状況の成果として編まれた論文集。イラン・イスラーム革命に触発されたイラン地域研究の嚆矢ともいうべき研究が(6)であり，社会学の立場から革命の背景を分析したもの。(7)は革命の際だった特徴であるウラマー層のリーダーシップと政治権力の詳細な分析を試みた力作。(8)は教育および教育制度の視点から革命の意味を問うた研究であり，(9)は(8)をもとにしてわかりやすく書かれた現代イラン論。(10)もわが国におけるこうした研究状況から生まれた成果のひとつであるが，フェミニズム，女性運動研究に大きな刺激を与えた。(11)は庶民の視線からのイラン社会論。イラン地域研究において日本が世界の研究水準に勝るとも劣らない成果をあげている分野に農村調査がある。その先鞭をつけた貴重な研究が(12)であり，(13)(14)はその蓄積をさらに豊かにするものとして注目される。同様に，農業を中心とするイランの経済史に強い関心を示してきた著者による(15)も，類書の少ない貴重な研究として欠かせない。(16)はイランの農業経済史に多大な影響を与えた研究であり，今もってその価値は高い。イラン・イスラーム革命関係では翻訳書も数多く出版されたが，(17)(18)はそれらのなかでも良質なものに属する。(19)はモサッデグによる石油国有化問題を扱った比較的早い時期の訳書であるが，原著の水準は高い。イランにおける石油国有化問題といえば，忘れてならない文献が(20)であり，石油を巡るわが国とイランとのつながりを詳細に裏づけた良書。

第9章　近・現代のアフガニスタン

(1)　永田雄三・加賀谷寛・藤本猛『中東現代史 Ⅰ　トルコ・イラン・アフガニスタン』（世界現代史11）山川出版社　1982
(2)　大野盛雄『アフガニスタンの農村から――比較文化の視点と方法』（岩波新書）岩波書店　1971
(3)　津田元一郎『アフガニスタンとイラン――人とこころ』（アジアを見る眼）アジア経済研究所　1977
(4)　佐々木徹『アフガンの四季』（中公新書）中央公論社　1981
(5)　アハメド・ラシッド，坂井定雄・伊藤力司訳『タリバン――イスラム原理主義の戦士たち』講談社　2000
(6)　遠藤義雄・柴田和重・藤原和彦『ポスト・タリバン』（中公新書ラク

レ）中央公論新社　2001
(7) 広瀬崇子・堀本武功編『アフガニスタン――南西アジア情勢を読み解く』明石書店　2002
(8) Louis Dupree, *Afghanistan*, Princeton, 1973.
(9) Olivier Roy, *Islam and Resistance in Afghanistan*, Cambridge, 1985.
(10) Vartan Gregorian, *The Emergence of Modern Afghanistan Politics of Reform and Modernization, 1880-1964*, California, 1969.
(11) Ralph H. Magnus and Eden Naby, *Afghanistan Mullah*, Marx and Mujahid, Boulder, 2000.
(12) Sir Olaf Caroe, *The Pathans with an Epilogue on Russia*, Karachi, 1958.

アフガニスタン地域研究はわが国のみならず，世界的にも研究の遅れが目立つ分野であるが，(1)は邦語で読める唯一といってよいアフガニスタン近・現代通史である。(2)(3)(4)は，いずれも著者の現地体験やフィールド調査に基づく著作である。(2)は学術的体裁はとっていないが，日本人による数少ないアフガニスタンの農村調査の貴重な記録と分析であり，(3)(4)は現地体験を綴ったものであるが，単なる印象記ではなく，著者のしっかりとした視点に支えられた叙述は，学術的にも貴重な材料を提供してくれる。2001年9月11日のアメリカにおける「同時多発テロ」事件とそれに続くアメリカをはじめとする諸国によるアフガニスタン空爆は，にわかにアフガニスタンにたいする世界の関心を呼び起こし，雨後の竹の子のごとく関連文献が世に問われたが，そうしたなかで，(5)(6)(7)は情報の質，分析の視点においていわゆる時流に便乗した際物とは一線を画している。(8)はいまやスタンダードともいえるアフガニスタン総覧である。(9)は王政廃止後のアフガニスタンを分析したものとしては良質の研究書であり，(10)はアフガニスタン近代史に関する重厚な研究書。(11)は手頃なアフガニスタン近・現代史の解説書で，ペルシア語訳もイランでは出版されている。(12)はアフガニスタンの主要民族であるパシュトゥーン(パターン)人に関する詳細な民族史。

■ 王朝系図

サーサーン朝

破線は血縁関係が明らかでないことを示す。

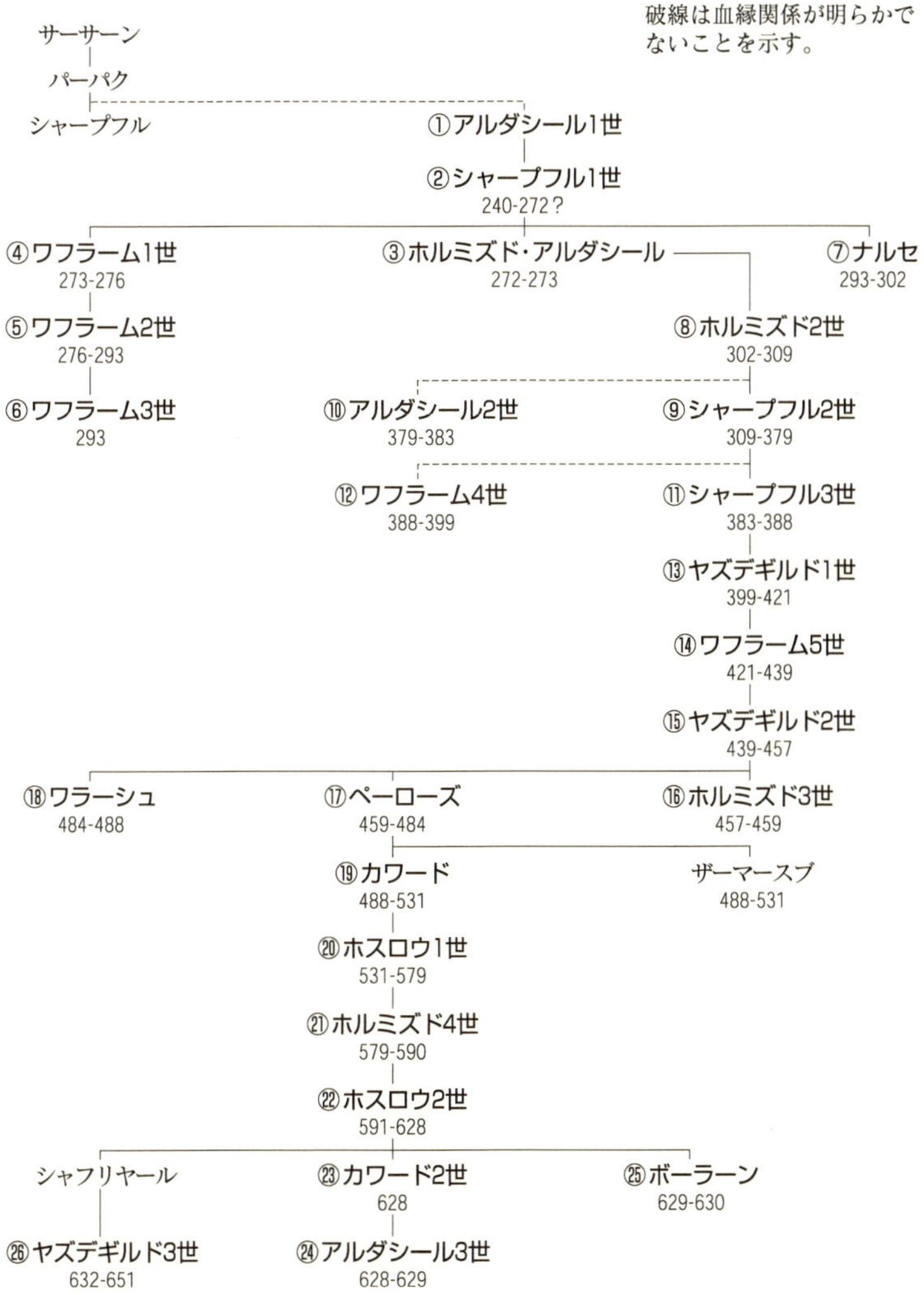
サーサーン
パーパク
シャープフル
①アルダシール1世
②シャープフル1世
240-272?
④ワフラーム1世
273-276
③ホルミズド・アルダシール
272-273
⑦ナルセ
293-302
⑤ワフラーム2世
276-293
⑧ホルミズド2世
302-309
⑥ワフラーム3世
293
⑩アルダシール2世
379-383
⑨シャープフル2世
309-379
⑫ワフラーム4世
388-399
⑪シャープフル3世
383-388
⑬ヤズデギルド1世
399-421
⑭ワフラーム5世
421-439
⑮ヤズデギルド2世
439-457
⑱ワラーシュ
484-488
⑰ペーローズ
459-484
⑯ホルミズド3世
457-459
⑲カワード
488-531
ザーマースプ
488-531
⑳ホスロウ1世
531-579
㉑ホルミズド4世
579-590
㉒ホスロウ2世
591-628
シャフリヤール
㉓カワード2世
628
㉕ボーラーン
629-630
㉖ヤズデギルド3世
632-651
㉔アルダシール3世
628-629

ガズナ朝

注）1041④ムハンマド短期間復位
1052⑩奴隷軍人トゥグリルの王位簒奪

①セビュク・テギン
977-97

③マフムード
998-1030

②イスマーイール
997-998

⑤マスウード1世
1031-41

④ムハンマド
1030,1041

⑨アブドゥル・ラシード
1049-52

⑥マウドゥード
1041-48

⑧アリー
1048

⑪ファッルフザード
1052-59

⑫イブラーヒーム
1059-99

⑦マスウード2世
1048

⑬マスウード3世
1089-1114

⑭シールザード
1114-15

⑮マリク・アルスラーン
1115-17

⑯バフラーム・シャー
1117-57

⑰ホスロー・シャー
1157-60

⑱ホスロー・マリク
1160-86

セルジューク朝

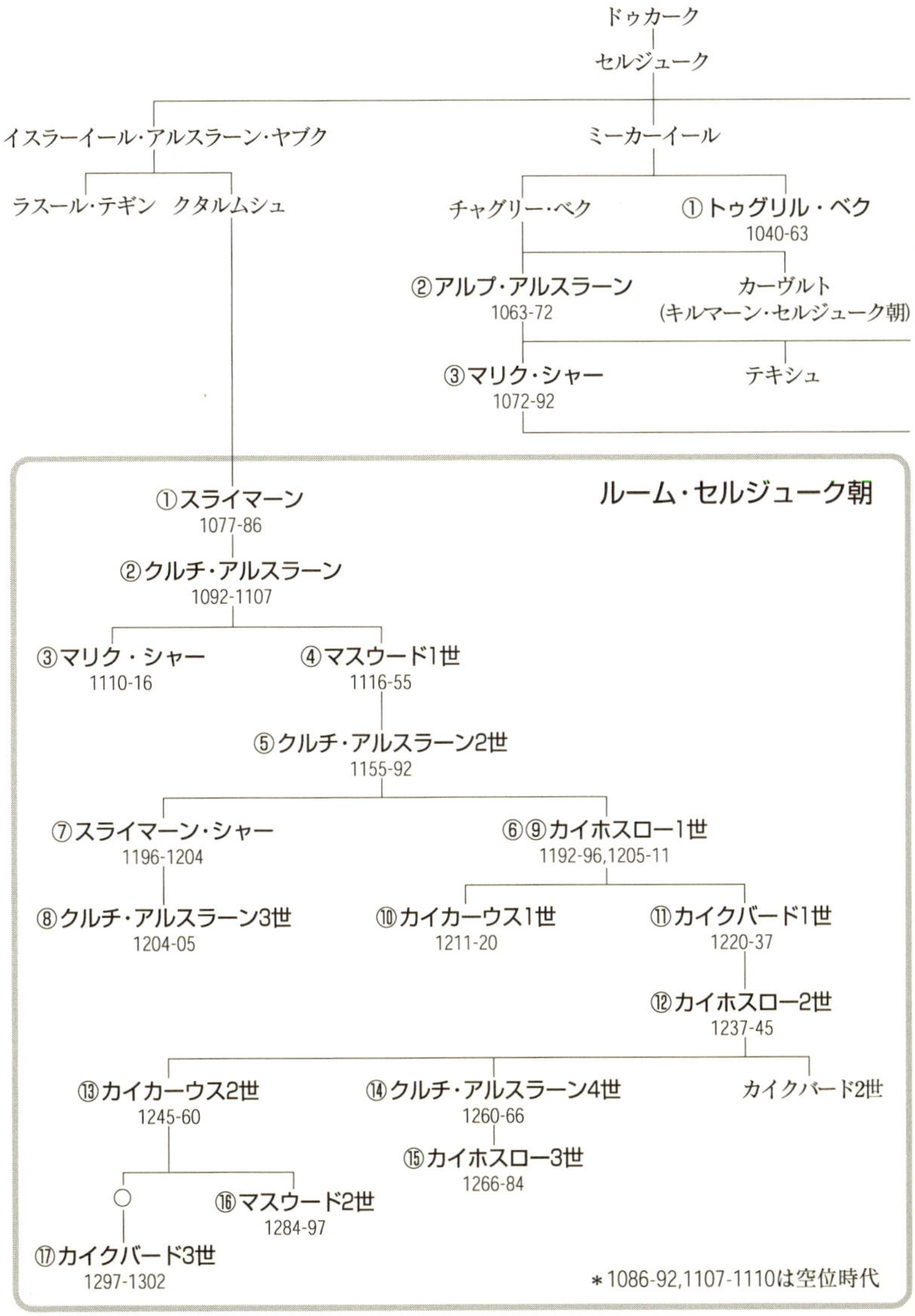
ドゥカーク
セルジューク
イスラーイール・アルスラーン・ヤブグ
ミーカーイール
ラスール・テギン
クタルムシュ
チャグリー・ベク
①トゥグリル・ベク
1040-63
②アルプ・アルスラーン
1063-72
カーヴルト
(キルマーン・セルジューク朝)
③マリク・シャー
1072-92
テキシュ
ルーム・セルジューク朝
①スライマーン
1077-86
②クルチ・アルスラーン
1092-1107
③マリク・シャー
1110-16
④マスウード1世
1116-55
⑤クルチ・アルスラーン2世
1155-92
⑦スライマーン・シャー
1196-1204
⑥⑨カイホスロー1世
1192-96,1205-11
⑧クルチ・アルスラーン3世
1204-05
⑩カイカーウス1世
1211-20
⑪カイクバード1世
1220-37
⑫カイホスロー2世
1237-45
⑬カイカーウス2世
1245-60
⑭クルチ・アルスラーン4世
1260-66
カイクバード2世
⑮カイホスロー3世
1266-84
⑯マスウード2世
1284-97
⑰カイクバード3世
1297-1302
＊1086-92,1107-1110は空位時代

ムーサー・ヤブク

ユースフ・イナール

イブラーヒーム・イナール

トゥトゥシュ
(シリア・セルジューク朝)

⑤バルキヤールク
1093-1104

⑥マリク・シャー2世
1104-5

⑧サンジャル
1118-57

④マフムード
1092-93

⑦ムハンマド・タパル
1105-18

マフムード2世
(イラク・セルジューク朝)

イルハン朝

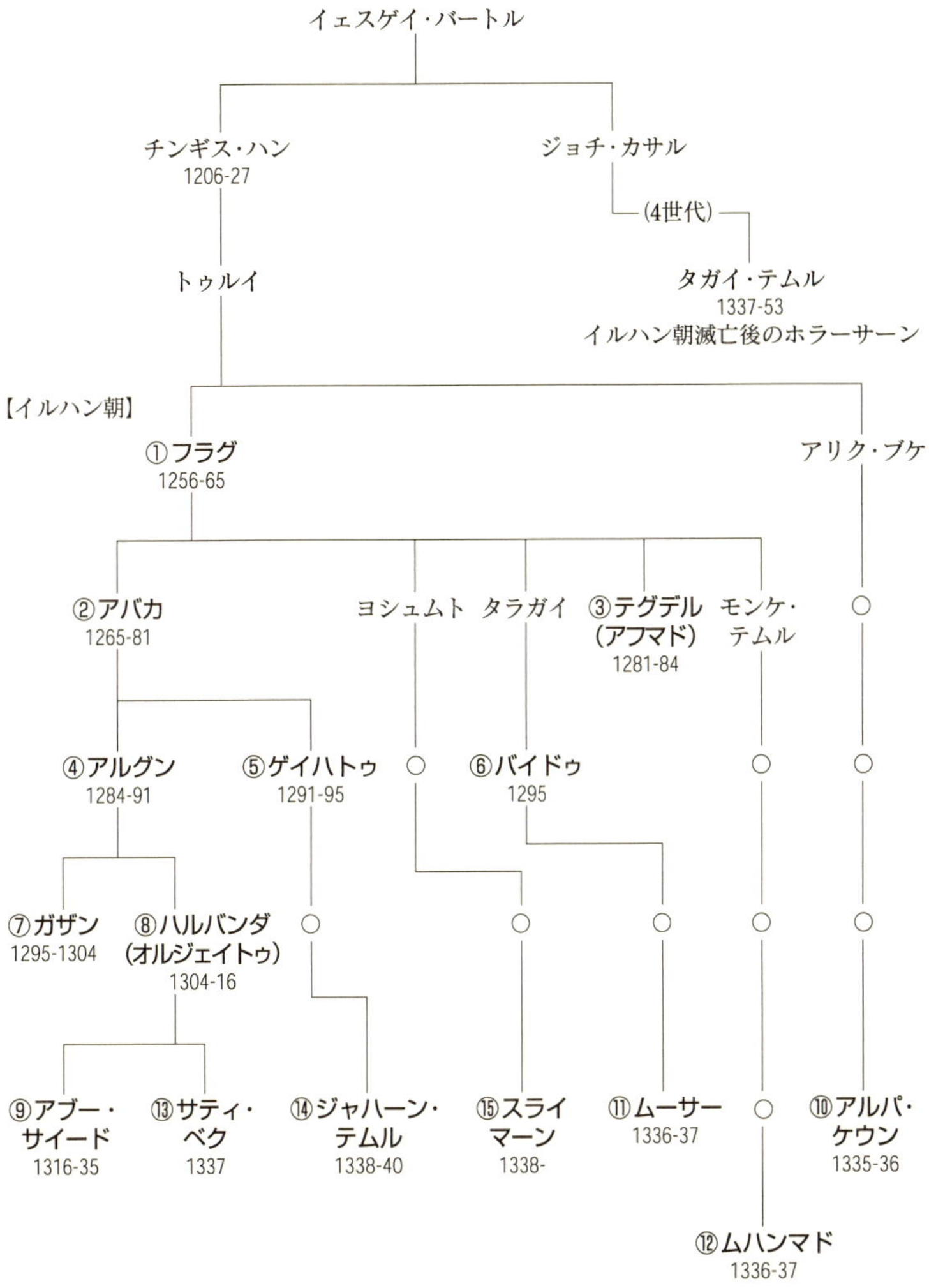
イェスゲイ・バートル
チンギス・ハン
1206-27
ジョチ・カサル
(4世代)
トゥルイ
タガイ・テムル
1337-53
イルハン朝滅亡後のホラーサーン
【イルハン朝】
①フラグ
1256-65
アリク・ブケ
②アバカ
1265-81
ヨシュムト
タラガイ
③テグデル
(アフマド)
1281-84
モンケ・
テムル
④アルグン
1284-91
⑤ゲイハトゥ
1291-95
⑥バイドゥ
1295
⑦ガザン
1295-1304
⑧ハルバンダ
(オルジェイトゥ)
1304-16
⑨アブー・
サイード
1316-35
⑬サティ・
ベク
1337
⑭ジャハーン・
テムル
1338-40
⑮スライ
マーン
1338-
⑪ムーサー
1336-37
⑩アルパ・
ケウン
1335-36
⑫ムハンマド
1336-37

オスマン帝国

＊1402-13は空位時代
①オスマン1世
1299-1326
②オルハン
1326-62
スレイマン・パシャ
③ムラト1世
1362-89
④バヤズィト1世
1389-1402＊
スレイマン・チェレビー
ムスタファ
⑤メフメト1世
1413-21
イーサー・チェレビー
ムーサー・チェレビー
⑥ムラト2世
1421-44,1446-51
ムスタファ
アラエッティン・アリー
⑦メフメト2世
1444-46,1451-81
アフメト
⑧バヤズィト2世
1481-1512
ジェム
⑨セリム1世
1512-20
⑩スレイマン1世
1520-66
ムスタファ
メフメト
⑪セリム2世
1566-74
バヤズィト
⑫ムラト3世
1574-95
⑬メフメト3世
1595-1603
⑭アフメト1世
1603-17
⑮ムスタファ1世
1617-18,1622-23
⑯オスマン2世
1618-22
⑰ムラト4世
1623-40
⑱イブラヒム
1640-48
⑲メフメト4世
1648-87
⑳スレイマン2世
1687-91
㉑アフメト2世
1691-95
㉒ムスタファ2世
1695-1703
㉓アフメト3世
1703-30
㉔マフムト1世
1730-54
㉕オスマン3世
1754-57
㉖ムスタファ3世
1757-74
㉗アブデュルハミト1世
1774-89
㉘セリム3世
1789-1807
㉙ムスタファ4世
1807-08
㉚マフムト2世
1808-39
㉛アブデュルメジト1世
1839-61
㉜アブデュルアズィーズ
1861-76
㉝ムラト5世
1876
㉞アブデュルハミト2世
1876-1909
㉟メフメト5世
1909-18
㊱メフメト6世
1918-22
アブデュルメジト2世
1922-24 カリフ位のみ

サファヴィー朝

- ①イスマーイール1世 1501-24
  - ②タフマースブ1世 1524-76
    - ③イスマーイール2世 1576-78
    - ④ムハンマド・フダーバンデ 1578-87
      - ⑤アッバース1世 1587-1629
        - サフィー・ミルザー
          - ⑥サフィー1世 1629-42
            - ⑦アッバース2世 1642-66
              - ⑧スレイマーン1世 1666-94
                - ⑨フサイン1世 1694-1722
                  - ⑩タフマースブ2世 1722-32
                    - ⑪アッバース3世 1732-36
      - ハムザ
    - ハイダル

ガージャール朝

- シャー・コリー・ハーン・ガージャール・コユンル
  - ファトフ・アリー・ハーン
    - モハンマド・ハサン・ハーン
      - ①アーガー・モハンマド・シャー 1796-97
      - ホセイン・コリー・ハーン
        - ②ファトフ・アリー・シャー 1797-1834
          - アッバース・ミールザー
            - ③モハンマド・シャー 1834-48
              - ④ナーセロッディーン・シャー 1848-96
                - ⑤モザッファロッディーン・シャー 1896-1907
                  - ⑥モハンマド・アリー 1907-09
                    - ⑦アフマド 1909-25

■ 写真引用一覧

1 ……Michael Roaf, *Cultual Atlas of Mesopotamia and the Ancient Near East*, Oxford, 1990.

2 ……ブリティッシュライブラリー所蔵

3 ……Norah M. Titley, *Persian miniature painting and its influence on the art of Turkey and India*, London, The British Library, 1983.

4 ……Obshchestvo Okhrany Pamjatnikov Istorii i Kul'tury, *Turkmenskoj SSR*, Pamjatniki Arkhitektury Turkmenistana, Leningrad, Strojizdat Leningradskoe Otdelenie, 1974.

5 ……David Talbot Rice, Basil Gray (ed.), *The Illustrations to the 'World History' of Rashīd al-Dīn*, Edinburgh University Press, 1976.

6 ……Adamova, A. T., Gjuzal'jan, L. T., *Miniatjury Rukopisi*, Po'emy Shakh-name 1333 goda, Leningrad, Iskusstvo Leningradskoe Otdelenie, 1985.

7 ……Rüçhan Arik, *Kubad Abad, Selçuklu Saray ve Çinileri*, İstanbul, 2000.

8 ……Naṣūḥü's -Silāḥī (Maṭrāḳçī), *Beyān-ı Menāzil-i Sefer-i 'Iraḳeyn-i Sülṭān Süleymān Ḫān*, (ed.) Hüseyn G. Yurdaydin, Ankara 1976.

9 ……Gholam Hossein Arab, *Isfahan*, Tehran, Yassavoli, 1999.

10……ルーブル美術館蔵(RMN-Gérard Blot)

11……Jean Chardin, *Voyages de Monsieur le Chevalier Chardin en Perse et autres lieux de l'Orient*, Amsterdam, 1711.

12……L. Lockhart, *Nadir Shah*, Luzac & Co. 1938.

13……J. M. Rogers (ed.), *The Topkapi Saray Museum*, London, 1986.

14……*Padişahın Portresi*, Istanbul, 2000.

15……M. D'Ohsson, *Tableau général de l'Empire Ottoman*, Paris, vol. 3, 1820.

16……*Savaş ve Barış*, Istanbul, 1999.

17……M. D'Ohsson, *Tableau général de l'Empire Ottoman*, Paris, vol. 2, 1790.

18……Gül Irepoğlu, *Levni*, Istanbul, 1999.

19……*Tanzimat'tan Cumhuriyet'e Türkiye Ansiklopedisi*, 1. Cilt, İstanbul, İletişim Yayınları, 1985.

20……*Mufassal Osmanlı Tarihi*, İstanbul, 1958-63.

21……*Tanzimat'tan Cumhuriyet'e Türkiye Ansiklopedisi*, 2. Cilt, İstanbul, İletişim Yayınları, 1985.

22……*Tanzimat'tan Cumhuriyet'e Türkiye Ansiklopedisi*, 5. Cilt, İstanbul, İletişim Yayınları, 1985.

23……Nāzem ol-Eslām Kermānī, 'Alī Akbar Sa'īd Sīrjānī, *Tārīkh-e Bīdārī-ye Īrāniyān*, Tehrān, Enteshārāt-e Bonyād-e Farhang-e Īrān, 1967.

24……Yahya Zoka, *The History of Photography and Pioneer Photographers in Iran*, Tehran, 1997.

25……Mītrā Mo'tazed, Khosrow Mo'tazed, *Īrān dar Āstāne-ye Qarn-e Bīstom*, Tehrān, Nashr-e Alborz, 1997/8.

26……Frances Bostock, Grigori Gerenstein, Judith Nichol, *Banking and Empire in*

Iran; The History of The British Bank of the Middle East, Vol. 1, Cambridge University Press, 1986.

27…… J. H. Bamberg, *The History of The British Petroleum Company, Vol. 2, The Anglo-Iranian Years 1928-1954*, Cambridge University Press, 1994.

28…… Iraj Afshar, *A Treasury of Early Iranian Photographs together with A Concise Account of How Photography Was First Introduced in Iran*, Tehran, Nashr-e Farhang-e Iran, 1992.

29…… Denis Wright, *The English Amongst The Persians*, London, Heinemann, 1977.

30…… Benoist-Méchin, Jaques, *Turkey 1908-1938: The End of the Ottoman Empire; A History in Documentary Photographs*, Zug (Schweiz), Swan, 1989.

31…… Richard D. Robinson, *The First Turkish Republic: A Case Study in National Development*, Harvard University Press, 1965.

32…… James Pettifer, *The Turkish Labyrinth; Ataturk and the New Islam*, London, Viking, 1997.

33…… Donald N. Wilber, Riza Shah Pahlavi: *The Resurrection and Reconstruction of Iran 1878-1944*, Exposition Press, Hicksville, NewYork, 1975.

34…… Mohammad Hossein Taromi (ed.), *Iranian Contemporary History; Quartely Journal of The Institute for Iranian Contemporary Historical Studies*, Vol. 1, No. 4, Tehran, 1998.

35…… Hossein Amirsadeghi (ed.), *Twentieth Century Iran*, London, Heinemann, 1977.

36…… Mohammad Hossein Taromi (ed.), *Iranian Contemporary History; Quartely Journal of The Institute for Iranian Contemporary Historical Studies*, Vol. 2, No. 8, Tehran, 1999.

37…… *General Atlas of Afghanistan*, Tehran, Sahab Geographic & Drafting Institute.

38…… Louis Dupree, *Afghanistan*, Princeton University Press, 1980.

39…… Vartan Gregorian, *The Emergence of Modern Afghanistan, Politics of Reform and Modernizarion, 1880-1946*, Stanford University Press, 1969.

口絵 p.1上——世界文化フォト提供
p.1下——ユニフォトプレス提供
p.2上——世界文化フォト提供
p.2下——世界文化フォト提供
p.3上——世界文化フォト提供
p.3下——*Skylife Ekım*, October, 1999.
p.4上——WPS 提供
p.4下——Vivian C. Wood, *Iran & Iranians*, Tehran, Yassavoli Publications, 1998.

p.8——著者(永田)提供
p.13——著者(永田)提供
p.17——**1**, p.44
p.24——**1**, p.137
p.40——著者(川瀬)提供
p.44——**1**, p.218
p.51——著者(川瀬)提供
p.63——著者(清水)提供
p.68——著者(清水)提供
p.76——著者(清水)提供
p.90——**2**
p.93——著者(清水)提供
p.97——著者(清水)提供
p.103——著者(井谷)提供
p.107——著者(井谷)提供
p.113——著者(井谷)提供
p.123——**3**, p.34
p.127——**4**, p.187
p.135——**5**, p.154
p.141——著者(井谷)提供
p.149——**6**, pp.132-133

p.155——著者(井谷)提供
p.159——著者(井谷)提供
p.167——著者(井谷)提供
p.177——著者(井谷)提供
p.178——**7**, p.54
p.188——著者(羽田)提供
p.193——8, fol. 27b-28a.
p.199——**9**, p.28
p.209——**10**
p.213——著者(羽田)提供
p.219——**11** vol.3
p.223——**12**, 口絵
p.231下——**13**, pl.150
p.233——著者(林)提供
p.245上——著者(林)提供
p.245下——著者(林)提供
p.255——**14**, p.318
p.257——**15**, pl.178
p.265——**16**, p.208
p.267——**17**, pl.133
p.273——**18**, p.194
p.274——**16**, p.212
p.285——**19**, p.13
p.290——**20**, p.2981
p.303——**19**, p.253
p.312——**21**, p.294
p.313——**22**, p.1356
p.319——**20**, p.3461
p.334——**23**
p.335——**24**, p.536
p.345——**25**, pp.94-95
p.346——**26**, pp.296-297
p.347——**27**, p.351
p.353——**28**
p.356——**25**, pp.100-101
p.364——**29**, pp.156-157
p.367——**28**
p.375——**30**, p.205
p.384——**30**, p.225
p.389——**31**, pp.144-145
p.403——**32**, pp.124-125
p.413——**28**
p.423——**33**, pp.98-99
p.437——**34**
p.441——**35**, pp.112-113
p.447——**36**
p.461——**37**, p.69
p.463——**37**, p.73
p.465——**38**, p.521
p.466——**39**, pp.196-197